普通高等教育"十一五"国家级规划教材

新时代高等学校会计学、财务管理专业基础课程精品系列

企业内部控制

（第四版）

程新生 主编

高等教育出版社·北京

内容简介

　　本书是普通高等教育"十一五"国家级规划教材。全书分为三篇：一是内部控制要素篇，介绍了内部控制的构成、程序和方法。二是内部风险控制篇，从人员与组织行为、资金活动、信息传递三个方面分析了风险控制的方法与案例。三是内部控制层次篇，从流程与任务控制、管理控制、公司治理层面进行分析。它们对应于企业不同的组织活动，因此采取的控制活动也有所差异。本书既有系统的理论分析，又有大量翔实的案例，从控制论、组织行为学理论、代理理论以及权变理论等不同的理论、不同的视角剖析了内部控制，对内部控制实务进行了较翔实的分析，强调内部控制是一个全员参与的过程，它能够促进组织中的个体合作，使其向着组织的既定目标共同努力。

　　本书的读者对象为从事会计学、管理学、经济学和公司治理教学与科研的广大学者，管理类专业高年级本科生、研究生（包括 MBA、MPAcc、EM-BA 学员等）以及工商业企业管理人员、银行和保险公司管理人员、政府监管部门和证券交易所等部门和单位的相关人士。

图书在版编目（ＣＩＰ）数据

　　企业内部控制／程新生主编．-- 4 版．-- 北京：高等教育出版社，2021.9（2022.3 重印）

　　ISBN 978-7-04-055954-5

　　Ⅰ．①企⋯　Ⅱ．①程⋯　Ⅲ．①企业内部管理-高等学校-教材　Ⅳ．①F272.3

　　中国版本图书馆 CIP 数据核字（2021）第 054874 号

Qiye Neibu Kongzhi

| 策划编辑 | 谢睿芳 | 责任编辑 | 谢睿芳 | 封面设计 | 张　楠 | 版式设计 | 王艳红 |
| 责任校对 | 马鑫蕊 | 责任印制 | 刘思涵 | | | | |

出版发行	高等教育出版社		网　　址	http://www.hep.edu.cn	
社　　址	北京市西城区德外大街 4 号			http://www.hep.com.cn	
邮政编码	100120		网上订购	http://www.hepmall.com.cn	
印　　刷	北京玥实印刷有限公司			http://www.hepmall.com	
开　　本	787 mm×1092 mm　1/16			http://www.hepmall.cn	
印　　张	16.75		版　　次	2007 年 12 月第 1 版	
字　　数	410 千字			2021 年 9 月第 4 版	
购书热线	010-58581118		印　　次	2022 年 3 月第 2 次印刷	
咨询电话	400-810-0598		定　　价	39.80 元	

第四版前言

《企业内部控制》第一版自 2007 年问世以来，已被多所高校的会计学、管理学专业选作教材和参考书目。受美国《萨班斯法案》的影响，加之我国《企业内部控制基本规范》的实施，内部控制实践在不断深化。本书既有系统的理论分析，又有大量翔实的案例，并结合最新的有关内部控制法律法规、实践及研究成果，对全书的框架结构进行了完善与优化，及时更新了有关内容，更加符合专业教学要求，满足读者需要。

本书首先阐述了内部控制的概念，强调内部控制是一个全员参与的过程，它能够促进组织中不同个体的目标趋于一致。与第一版、第二版、第三版不同的是，第四版在对内部控制框架进行了总括性的描述后，进一步从控制论、组织行为学理论、代理理论以及权变理论等不同的理论角度、不同的层面更加深刻地剖析了内部控制的内涵，并根据控制环境将内部控制要素篇进行了整合，内容上更加紧密，从而使读者能够全方位、多角度、多层次地理解内部控制。

控制的范围从广义的政策到有效的监督，以董事会为起点分布在管理层和其他各个层次，控制目标和控制活动存在于企业的经营管理过程中。不以规矩，不能成方圆，企业发展达到一定规模后，如果没有基本的制度规范作基础，必然会陷入混乱状态。为了改善内部控制，一些大型公司设立审计部或控制部，将控制职能从财务部门或内部审计部门分离出来。本书还对内部控制实务进行了较翔实的剖析。例如，为什么有的企业设置两个副总会计师？信任与控制是什么关系？如何运用"7C"（品质、能力、资本、抵押、条件、公司治理、保险）系统？为什么要进行尽职调查或高管团队建设？等等。

企业的内部控制涉及不同的层面。公司治理层面内部控制、管理控制以及流程与任务控制，它们对应于企业不同的组织活动，因此采取的控制活动也有所差异，需要处理好短期绩效评价与创新发展等长期绩效评价的关系。面对疫情防控，企业更加重视风险管理。本书第三篇对此进行了阐述与分析。

本书是程新生教授长期研究内部控制理论和实践总结而成的成果。在本书写作前期，程新生从事着国家自然科学基金课题（71672085、71972105）、教育部人文社会科学重点研究基地——南开大学中国公司治理研究院重大项目（16JJD630003）以及一些机构和企业委托的课题研究。本书吸收了上述相关课题的研究成果，博采众家之长。本书在写作过程中还征求了本专业领域知名学者和实务界人士的意见，在此表示感谢。程新生提出总体规划、写作思路，并负责各章节的写作、补充、修改，最终完成统稿。刘振华、程昱、汪娇娇、李玉沁、周国晴、张欣如、徐钰婷、郭林林、徐晓丹、孙红艳、武琼、李倩、修浩鑫、杜舒康、苏日娜等参与了资料收集、整理，在此一并感谢。

本书不足之处在所难免，敬请读者批评指正。

编　者
2021 年 6 月

第一版前言

内部控制的核心是促进组织中目标不完全一致的个体进行合作，向着组织的既定目标努力。内部控制是企业设计的免疫系统，控制的范围从广义的政策到有效的监督，以董事会为起点分布在管理层和其他各个层次。如果把企业比喻为一辆行驶的汽车，预算管理是它的"全球卫星系统"（车载导航系统），各种规章制度是它必须遵守的"交通法规"，资金控制系统就是"油料供应系统"，信息控制系统是它的"电子电路系统"，委派的财务总监是"预警和刹车系统"，内部审计是"自洁和过滤系统"，绩效考核与管理是"助推装置"，高管层基调建设则使"驾驶员神志清醒"。

"不以规矩，不能成方圆"，企业发展达到一定规模之后，如果没有基本的制度规范作基础，必然会陷入混乱状态。为了改善内部控制，有些大型跨国公司设立控制部，将控制职能从财务部门分离出来，或取代原来的内部审计部门。本书以控制论、代理理论、组织行为理论等为指导，研究企业内部控制，而且根据内部控制理论与实践的发展，及时更新了有关内容。例如对公司治理层次和管理层次的内部控制研究，分析了中国银行构建的由三道防线构成的内部控制，对正式控制与非正式控制（软控制）的关系进行解析，对内部控制方式加以分析等。本书还对内部控制实务进行了较翔实的剖析，例如为什么有的企业设置两个副总会计师，信任与控制是什么关系，如何运用"6C"系统，为什么要进行高管层基调建设，分支机构的公章上如何刻字才能防止被滥用，如何防止特别嗜好的员工出现错弊问题等。

本书是程新生教授长期理论研究和实践总结而成的成果。在本书写作前期和写作过程中，程新生教授从事着国家自然科学基金课题（70372028、70771048）、教育部人文社科基金课题（06JA630030）、国家自然科学基金重点课题（70532001）、南开大学"985"课题以及一些企业的委托咨询课题研究。本书吸收了上述相关课题的研究成果，博采众家之长。在写作过程中征求了本专业领域知名学者和实务界人士的意见，在此表示感谢。他（她）们是长江学者特聘教授：南开大学商学院李维安先生，南开大学商学院博士生导师刘志远教授、周晓苏教授和张继勋教授，北京大学光华管理学院博士生导师王立彦教授，国家审计署鲍国明司长，北京工商大学谢志华教授，中南财经政法大学罗飞教授，重庆国际集团董事长朱大伦先生，北京国家会计学院刘霄仑博士等。

参加本书编写的主要学者包括南开大学商学院程新生教授、梅丹副教授等，天津财经大学商学院田昆儒教授等，华中科技大学管理学院张兆国教授、何威风博士，对外经济贸易大学国际商学院叶陈刚教授等，天津商业大学管理学院胡阳博士。各章初稿的执笔人分别是：

总论：程新生、申拴亮

第一章　公司治理的内部控制：田昆儒、王丽丽

第二章　管理控制：张兆国、王丽丽

I

第三章　人员控制：胡阳

第四章　资金控制：梅丹、尹方义

第五章　信息控制：杜娉、程新生

第六章　正式控制与非正式控制：王薇、尹方义

第七章　委托型控制与直接型控制：申拴亮、程新生

第八章　结果控制：胡阳

第九章　过程控制：吴秋生、耿祎雯

第十章　内部审计：叶陈刚、扈豪

第十一章　公司治理的内部控制评价：程新生、耿祎雯

第十二章　管理控制评价：耿祎雯、扈豪

程新生提出总体规划、写作思路，并负责部分章节的写作和各章节的补充、修改，最终完成统稿。华中科技大学管理学院何威风，南开大学商学院任立涛、李春芽、孙婧、孙利军、季迎欣、王琦、尹芳、彭昕秋、张学威、寇政、刘燕，MBA 学员辛国栋、郭金旺、刘平、于静、孙奎来、杨秀萍、孙素艳等，MPAcc 学员李心月等，对外经济贸易大学和天津财经大学吴永明、杨娜、林野萌、杜冰、郭丹，中国民生银行（天津分行）段海南等参加了资料收集、整理，并对本书编写提供了有益的建议，在此一并感谢。

本书不足之处在所难免，敬请读者批评指正。

编　者

2007 年 9 月

目　　录

内部控制要素篇

内部风险控制篇

内部控制层次篇

内部控制绩效篇

总　　论

【引言】 内部控制是由企业董事会、监事会、经理层和全体员工实施的、旨在实现控制目标的过程（《企业内部控制基本规范》）。控制的范围是从广义的政策到有效的监督，以董事会为起点分布在管理层和其他各个层次，控制目标和控制活动存在于企业的经营管理过程中。内部控制的核心是促进组织中目标不完全一致的个体进行合作，向着组织的既定目标努力，其目的是将风险控制在可接受范围内。

企业内部控制理论主要有控制论、组织行为学理论、代理理论、权变理论等。从强制程度分类，有法律法规强制要求的内部控制和企业经营管理自行设计的内部控制。内部控制是组织的免疫系统和组织运行的基础，但内部控制也有其局限性。

第一节　什么是内部控制

建立内部控制的第一个原因是促使组织成员了解组织的目标，引导其做企业希望做的事，告诉组织成员怎样为实现企业目标而努力；建立内部控制的第二个原因是人的行为动机问题，防止组织成员以牺牲企业利益来追求个人利益；建立内部控制的第三个原因是个人能力的限制，即使组织成员知道企业的期望，也有良好的工作动机和道德素质，但根据彼得定理（员工最终会被提拔到他/她们不能胜任的岗位），个人能力的限制也会产生控制问题；建立内部控制的第四个原因是环境的不确定性，通过内部控制防范风险，例如，千里之堤溃于蚁穴，但如何识别蚁穴？如何防止出现蚁穴？

一、不同学科和机构对内部控制的解释

不同学科和不同的机构、组织，对内部控制解释存在一定的差异，并可能建立不同的框架体系。会计学界和审计界对内部控制较早进行了系统研究，管理学界也对管理控制进行了长期研究。近年来，学者们从公司治理角度对内部控制进行解释，而一些机构或组织如美国COSO委员会、中国财政部等五部委、加拿大特许会计师协会控制标准委员会、巴塞尔委员会也从不同角度对内部控制做出了自己的解释。本书以控制论、组织行为学理论、代理理论、权变理论等为指导，研究企业内部控制。

（一）会计学界和审计界对内部控制的解释

在会计学中，对内部控制的理解和应用更强调会计控制，认为会计控制是财会人员通过会计系统参与控制本单位的经营活动和财务活动，以保证资产的安全完整，防范财务风

险，提供相关真实的会计信息。在国内会计学界，对财务控制的定义与会计控制类似，但国外管理学学者和相关研究文献将财务控制解释为结果控制（与行为控制相对应），是以财务绩效目标（例如预算目标）为导向的一种控制形式，通过财务绩效目标引导组织成员的行为。

（二）管理学界对管理控制的解释

在管理学研究中，人们认为管理的四大职能是计划、组织、领导、控制。控制是指在追求某一期望的目标和状态的过程中，通过建立标准而使系统的要素变得更加可以预测的过程。管理学中通用的概念是管理控制，管理控制是按照目标或计划标准衡量计划的完成情况、纠正计划执行中的偏差，以确保目标的实现，或适当修改计划，使计划更加适合于实际情况。管理学关于管理控制的内容包括战略执行、预算、运营控制、绩效评价、行为约束与引导等。管理控制的目标主要有两个：限制偏差的累积和适应环境的变化。

（三）从公司治理角度对内部控制的解释

从公司治理角度来看，内部控制分为两个层次：第一个层次是所有者对经营者的激励和约束，即通过制定绩效目标，对经营者进行激励和约束，促使经营者努力经营、做出科学决策；第二个层次是经营者对企业战略、业务流程和财务活动进行监控，解决经营者的经营管理能力问题，目的是实施有效管理并实现绩效目标。从公司治理角度对内部控制的研究颇受关注，例如英格兰及威尔士特许会计师协会（ICAEW，1999，2005）发布的特恩布尔（Turnbull）内部控制报告主要针对公司治理。

（四）美国 COSO 委员会关于内部控制的解释

美国 COSO 委员会[①]的报告（1994）将内部控制定义为：内部控制伴随着组织的形成而产生，是由公司董事会、经理层以及其他员工实施的，旨在为实现经营活动的效率和效果、财务报告的可靠性、相关法律法规的遵循等目标而提供合理保证的过程，包括控制环境、风险评估、控制活动、信息与沟通、监督五个方面。该定义关注人员、过程、目标、合理保证，内部控制受人的因素影响、注重过程、受目标驱动，有其局限性。COSO 委员会于 2004 年提出企业风险管理（ERM）8 个要素，即内部环境、目标设定、事件识别、风险评估、风险应对、控制活动、信息与沟通、监控。这个框架于 2013 年进行修订，拓展了内部控制的内容，强调非财务报告内部控制的重要性。2017 年 9 月，COSO 委员会正式发布了新版的 ERM 框架，即第二版企业风险管理框架。新版框架使用了构成元素加原则的结构，包括 5 个构成元素，细分为 23 条原则，这种新的结构加强了新版框架的可读性、可用性和一致性。此外，新版框架还对相关概念和逻辑关系进行了补充和深化。

（五）加拿大 CoCo 委员会对内部控制的扩展

加拿大特许会计师协会（CICA）控制标准委员会（Criteria of Control Board，简写为 CoCo 委员会）发布的《控制指南》（Guidance on Control，1995，2000，2003）将"内部控制"的概念扩展到"控制"，认为控制是一家企业各要素的集合体，包括资源、系统、过程、文化、结构和任务等，这些要素结合在一起，支持达成该企业的目标。CoCo 委员会从

---

① COSO 委员会由美国注册会计师协会（AICPA）、国际内部审计师协会（IIA）、财务经理人协会（FEI）、美国管理会计师协会（IMA）、美国会计学会（AAA）组成。

目的、承诺、能力、监督与学习四个方面提出 20 项控制标准，控制内容涉及企业目标、面临的风险和机遇、经营方针、计划、业绩目标及其评价指标、对企业内外部环境的考察、对经营业绩的考核、追踪调查及后续行动程序的建立等方面。CoCo 委员会还明确了控制需要企业所有成员的参与，包括董事会、管理层和所有其他员工；控制对达成企业目标只能提供合理的保证，而不是绝对的保证；控制的终极目的是创造价值。

（六）巴塞尔委员会的内部控制

巴塞尔委员会在其发布的《银行组织内部控制系统框架》（FICSBO）（以下简称《框架》）中，明确银行内部控制的五要素是：管理层监督和控制文化、风险识别与评估、控制活动及职责分离、信息与沟通、监督评审活动与纠正缺陷，并增加了激励与诱导机制、精神指导等内容。《框架》在信息控制目标中把管理信息包括进来，明确要求实现财务和管理信息的可靠性、完整性和及时性；将管理层监督纳入控制框架，进一步强调董事会和高级管理层对内部控制的影响，组织中的各级人员都必须参加内部控制过程；明确了董事会对建立和维护内部控制有效性最终负责；要求管理层对内部控制进行检查和评价，并将其作为内部控制不可忽视的内容。美国 COSO 委员会认为，错误的纠正行动不应属于内部控制活动，但巴塞尔委员会将其列入内部控制的范围。

（七）中国《企业内部控制基本规范》

中国财政部、证监会、审计署、银监会、保监会五部委于 2008 年发布的《企业内部控制基本规范》指出，内部控制是由企业董事会、监事会、经理层和全体员工实施的、旨在实现控制目标的过程，包括内部环境、风险评估、控制活动、信息与沟通、内部监督五个方面。在该基本规范的基础上，2010 年发布了企业内部控制应用指引，涉及组织架构、发展战略、人力资源、社会责任、企业文化、资金活动、采购业务、资产管理、销售业务、研究与开发、工程项目、担保业务、业务外包、财务报告、全面预算、合同管理、内部信息传递、信息系统等具体方面，以及企业内部控制评价指引和企业内部控制审计指引。

在大型企业，根据风险管理的需要，可建立内部控制的三道线，即职能管理、合规控制和内部稽核（内部审计）。第一道线是职能管理，由业务经营机构和业务职能管理部门组成，主要履行对各项业务操作流程实时或及时的合规监督及自我评估职责，具体由涉及业务经营、操作、管理、保障等业务运营层面的，包括机构操作风险主管责任人及按相关制度设立的事中复核、事后监督、授权、审批等部门和人员负责，形成从总部到基层网点、条线和机构结合的保证体系。

第二道线是合规控制，由各级机构的法律与合规部门牵头负责，由业务部门的合规团队或职位组成，主要履行内部控制的建立、管理和对第一道线的指导、检查、监督和评估的职责，具体包括规章制度建设、操作风险管理、案件防范、业务检查、问题整改、离任审计等职能；根据风险管理的有关政策制度，建立和完善本部门（条线）的操作风险管理制度，运用有关的方法、工具和标准实施操作风险的管理和监控，等等。

第三道线由稽核部门（内部审计部门）负责，内部审计职责由"监督与评价活动"转变为"确认与咨询活动"。稽核部门通过系统化和规范化的方式，审查评价经营活动、风险管理、内部控制和公司治理的适当性和有效性，目标是协助董事会和管理层履行职责，保证法律法规、方针政策的贯彻执行，改善组织运营，有效控制风险，增加企业价值。稽核部门履行稽核确认、内部控制评价、咨询、反舞弊等职责。三道线的控制机制如图 1 所示。

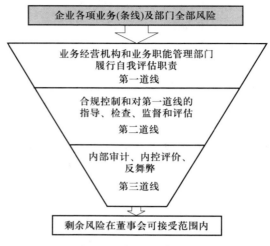

图 1　三道线的控制机制

为保证整个内部控制顺畅地运行，三道线之间建立了信息交流和联系机制，一是保证内部控制评价标准、相关工作方法等在三道线间的一致性和标准化；二是为保证资源利用的有效性，在制定年度工作计划时，第二、第三道线之间应充分协调和沟通，确保检查范围充分并最大限度地减少重复工作；三是各道线之间应做到有关检查成果信息的共享和充分利用，审计稽核部门的审计稽核报告应及时抄送法律与合规部门以及相关业务职能部门，法律与合规部门及相关业务职能部门的合规检查报告、离任审计报告应及时抄送审计稽核部门。

（八）中国《小企业内部控制规范（试行）》

财政部于 2017 年 6 月 29 日发布了《小企业内部控制规范（试行）》（以下简称《规范》）。本《规范》是在《企业内部控制基本规范》的基础上针对小企业制定的内部控制政策文件，旨在有针对性地指导我国小企业建立和有效实施内部控制，提高经营管理水平和风险防范能力。《规范》指出内部控制是由小企业负责人及全体员工共同实施的、旨在实现控制目标的过程。在第二章"内部控制建立与实施"部分，列明了小企业内部控制措施，主要包括：不相容岗位相分离控制、内部授权审批控制、会计控制、财产保护控制、单据控制等。在第三章"内部控制监督"部分，明确指明了实施内部控制的责任人开展自我检查不能替代监督，监督应由具备胜任能力的人员或部门（单位）实施，而胜任能力至少包括独立性、专业知识和技能。

（九）本书对内部控制的定义

综合以上分析，本书对内部控制的定义如下：内部控制是促进组织中目标不完全一致的个体进行合作，以董事会为起点，包括经理层和所有其他员工实施的、旨在实现控制目标的过程。对企业如下目标提供合理的保证：资产的安全完整、经营的效率和效果、财务报告的可靠、相关法律法规的遵循、实现发展战略。内部控制的目的主要是怎样采取具体的行动达到使组织业务活动不偏离预定的目标，将企业经营管理风险控制在可接受的范围内。

内部控制应该嵌入组织架构中，并成为企业治理结构、经营管理系统的有机组成部分。一些人错误地认为，应把重点放在控制及制定各项制度政策之上，认为这个控制或那个控制必须存在。实际上，有许多不同的控制方法可以用来实现企业的目标，管理层及内部控制人员应该寻找最有效的控制方法来实现企业目标并且使经营活动更加有效。内部控制不能过分强调董事会和管理层对内部控制产生影响，而应该强调组织中的所有人员的参与并对内部控制产生影响。内部控制的很多内容与管理学界提出的管理控制是相同的，但内部控制涵盖的范围要比管理控制广。

二、什么是好的内部控制

内部控制是组织的免疫系统，内部控制如果建立在合理的标准流程基础之上，经营管理效率就会提高，此时的内部控制将成为标准流程的一部分，否则，内部控制成本会较一般水平高。好的内部控制应该做到：经营有序，管理规范；实施动态考核与绩效评价制度；实施及时可靠的信息系统、督导制度；建立独立、灵敏的监督组织；实施定期与不定期的检查制度；实施责任追究制度；建立和实施风险容量与风险容忍度制度；风险管理机构与权限结构合理等。好的内部控制应具备如下几个特征。

（一）内部控制的参与人员包括全体组织成员

好的内部控制首先要求管理者率先垂范，然后全体组织成员参与。有些人对控制的理解是上级对下级的管理和控制。实际上，内部控制应该是一个全员参与的过程。当企业的每个成员为实现企业目标共同努力时，就会主动控制成本、提高效率，这时的控制成本最低、组织效率最高。

（二）正式控制和非正式控制有机结合

正式控制和非正式控制相结合，能使企业的凝聚力增强，控制效果提高，帮助企业家和管理团队驾驭企业。例如，正式的管理控制要做到：流程规范，前后作业顺序清楚；控制点明确，并关注重点；手续齐全；标准清楚，包括质量标准（办成什么样）、时间标准（何时办成）、责任（谁来办理、管理）等。非正式控制包括企业文化、价值观等隐形契约，要形成健康的组织文化、良好的高管层基调建设等。

（三）确保企业具有免疫能力、能够防范风险、维持适度的控制成本

企业在经营过程中会碰到各种各样的机遇和风险，好的内部控制是一个自我证明系统，能够让企业的组织体系具备净化功能和免疫能力。有了免疫力的企业更能抵御风险，保证经营效率，降低控制成本，从而更有可能基业长青。

良好的内部控制可以保证企业基业长青，如果内部控制存在缺陷，轻则会给企业带来一定的经济损失，重则会影响企业的持续经营。例如巴林银行内部控制失控，导致该银行破产。中国航油股份（新加坡）公司申请破产保护的例子说明，有了内部控制和《风险管理手册》，还要重视实施。为了改善内部控制，有些大型跨国公司单独设立控制部，将控制职能从财务部门分离出来。

三、哪些利益相关主体关注内部控制

企业的许多利益相关者关注内部控制，包括股东、董事会和审计委员会、管理层、潜在投资者、债权人、员工、外部监管者、内部和外部的审计人员、供应商和客户，特别是那些通过网络进行贸易的客户及潜在客户、潜在投资者、潜在债权人等，他（她）们从不同的角度关注企业内部控制的建立和运行情况。例如国际内部审计师协会（IIA，2003）调查表明，管理层和审计委员会关注企业的七项活动：内部控制、法律法规遵循性、风险、计算机系统、经营评价、道德遵循性及激进的会计政策。关注的程度为：法律法规遵循性（80%）、风险（75%）、内部控制（90%），对经营评价、计算机系统、道德遵循性及激进的会计政策的关注均超过了50%。[1]

四、内部控制成本与局限性

内部控制有可能失控，而且控制本身也要发生成本，如行为失范、经营延误、消极态度、改进内部控制增加的费用以及控制环节增多使经营效率下降等。有关学者对控制有效实施的因素进行了研究，将其归类为三种障碍因素[2]：

一是控制系统障碍，包括控制系统本身缺乏效率；不同业务所要求的控制目标不一样，一个控制系统不能满足所有业务的目标等。例如，建立标准化控制系统，在此基础上针对多样化业务再逐渐加载，但容易造成控制系统庞大、关系复杂，对于动态的环境变化不能给予较快的反映；管理者处理的信息容量太多、信息过多又导致战略控制信号误判；控制系统复杂，需要花费很多的时间学习，而且再行改进的难度大。

二是行为障碍（控制主体行为有限理性），包括认知偏差、能力限制、偏好、经验、惯性等。由于偏好因素的存在，高层管理者只注意到感兴趣的数据，而忽略了其他重要的数据和信息等，导致控制主体对控制系统提供的信号不能做出正确反应。

三是政治障碍，战略变化会引起团队之间几种力量的政治争议。例如，战略控制人和规划人之间存在认知偏差；由于存在既得利益约束，他们各自都不愿意放弃自己的特权，从而形成矛盾；下层管理者掌握关键的数据，有可能会报喜不报忧。这些因素都会影响战略控制的效果。既得利益约束的存在，会影响控制主体不能对战略控制信号做出正确的反应。

（一）内部控制成本

1. 内部控制本身的成本

所有者与经营者之间存在的代理关系也有成本，有学者将所有者和经营者利益目标相冲突而导致的经济损失称为"代理成本"。内部控制本身是具有成本的，这包括设计内部控制的成本、员工培训费用、改进内部控制增加的费用，以及过于烦琐的规定可能导致的经营效率下降等。有机构调查表明，美国《萨班斯法案》404条款导致企业控制成本平均上升到了

① Internal Audit Reporting Relationships. Serving Two Masters [J]. The IIA Research Foundation, 2003 (11).
② Lorange Peter, Murphy Declan. Considerations in implementing strategic control [J]. *The Journal of Business Strategy*, 1984 (3)：121-139.

436 万美元，比 2004 年的估计值上升了 39%（Financial Executives International，FEI）。美国某上市公司的一位财务人员抱怨道："哪怕是几百块钱的一笔支出款项，也要签上 20 多个名字，有时需要几个月的时间。审核项目太多，审核的内容过于繁杂，一些管理者没有专业的财务经验，虽然签了 20 多个名字，但没有改变原来的控制方式。按照《萨班斯法案》404条款的要求，每年必须有外部审计师对公司内部控制出具评价报告，审计师可能死抠法案的实施细则，提出成本极高又无法实行的整改建议。"

2. 过度的内部控制可能抑制企业创新、引发组织成员抵触情绪

企业创新需要组织成员有一定的自由度，创新没有一个固定的范式，需要组织成员在一定的权限内可以自主支配自己的活动。内部控制过度，会使创新活动受到限制，可能导致创新能力下降，从而间接导致企业成本的上升。从心理学角度分析，每个人都希望被人信任。如果内部控制过度，组织成员可能产生抵触心理，甚至可能消极怠工。Jermier（1998）指出，各类组织一直在考虑怎样把"铁拳"（强制政策）包装成"天鹅绒手套"（怀柔政策）来控制其成员。目标管理（MBO）要求高管层对目标实现过程监督，而顾问制度（mentoring）鼓励中层坦白他们的失败和其他内部实情，使他们的行为符合组织的期望；两种新的组织控制方式（电子监视和团队管理）渗入和扩展了现有控制模型，电子眼的使用对人的自由和尊严提出了挑战。

（二）内部控制的局限性

内部控制有其局限性，它不能绝对保证预防、察觉错误或异常现象。这些错误或异常主要来自：

1. 成本效益权衡

成本效益原则要求内部控制的实施成本不得超过预期的效益。出于控制成本的考虑，企业可能忽略某些控制制度。实践中许多控制成本和效益是难以确定的，需要主观判断，而判断的失误会使得必要的控制未实施而造成损失。

2. 例外控制

内部控制一般是为重复发生的业务而制定的，但在制定制度时有许多无法预料的因素。内部控制只适于常规且经常反复出现的业务，对例外事项（包括意外事故）则不适用。内部控制可以不断完善，但很难尽善尽美。

3. 内部控制执行人员渎职或串通作弊

如果关键岗位的员工有道德问题或者犯罪动机，可能导致企业的内部控制失效。内部控制可以降低单个员工犯错误的概率，但很难防范数个关键岗位的人员串通作弊。例如，2007年邯郸市某银行金库近 5 100 万元被转移，除了银行现金管理中心主任一人外，其余 4 名能够出入金库的员工都参与了犯罪。

4. 管理层滥用授权

如果负有管理职责的管理层缺乏职业道德，滥用职权，会导致内部控制失效。例如，具有良好职业道德和具有企业家精神的人员管理的企业，要比职业道德沦丧、喜好独断专行的人员管理的企业内部控制风险更小。

（三）内部控制的收益

内部控制收益是指因实施内部控制给企业带来的效率提高、价值增加、风险防范能力提

高等。卡马拉（Kamala，2006）对《萨班斯法案（the Sarbanes-Oxley Act，SOA）》的实施效果进行了实证研究，分析了新法案实施给商业银行带来的额外成本和负担问题。银行管理层对于继《萨班斯法案》后，又一监管指引《操作风险高级衡量法（AMA，即巴塞尔文件Basel Ⅱ）》的高成本调整负担怨声不断。但《萨班斯法案》的引入和公司高级管理人员资格能力的审查机制大大增强了立法者和投资者们的信心。来自立法者和提倡加强公司治理的人士们的意见与公司财务官（CFO）们的意见恰好相反，他们极力倡导履行经调整的监管法案，并提倡高级职员认证制度以强化内部控制。

在早期，商业银行的内部控制（FDICIA）注重的是与银行业运营相关的控制问题；SOA 主要关注与财务报告相联系的内部控制问题；AMA 风险框架强调风险控制，拓展了SOA 中的监管机制。通过对这三种法案的比较及其交叠部分的研究，分析了遵循上述法案对于公司来说具有哪些竞争性优势，并进一步讨论了是否存在一种路径可以保证新法案的有效实施，同时又不会给商业银行带来过多的成本负担。遵守 SOA 和 Basel Ⅱ（AMA）的行为是否与商业银行遵守早期的 FDICIA 法案具有协同效用，甚至具有放大其作用的杠杆效用。三种法案的关系如图 2 所示。

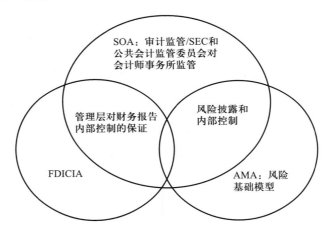

图 2　SOA、FDICIA 和 Basel Ⅱ（AMA）

从商业银行内部角度来看，迫于新法案相关条例的要求，这些内控不足及存在明显治理缺陷的公司在披露其相关信息后，不但公司调整成本有所提高，而且公司 CFO 的任期也大大缩短。相关法案的频繁修正对于公司运营效率来说，其利弊关系应如何权衡？通过对金融部门 CFO 及相关领域人士就三个法案的意见调查，从各个角度将 SOA、Basel Ⅱ（AMA）和FDICIA 进行了对比，剖析了三个法案之间是否存在互补或排斥现象，以及遵循上述三项条例对公司的影响（控制成本上升、CFO 任期缩短、运营效率下降等）。

经过上述对比分析后，发现严格遵循 FDICIA 的公司在继续遵循 SOA、Basel Ⅱ（AMA）时的确具有竞争优势。当然，遵循新法案的调整成本对于这些金融行业来说也是不容忽视的负担。虽然像 Basel Ⅱ（AMA）这样的协议是针对不同规模的金融公司分类实施的，但对于那些规模较小、起步较晚的公司来说其劣势将会更加明显。信息技术（IT）治理在相关内控法案及治理指引中，一直占据着重要的地位，将 IT 治理机制引入公司的战略目标是非常必要的。公司的高管层应充分意识到 IT 治理对于整个公司的运营效率和治理效力的重要性，并尽快将 IT 治理理念渗入公司战略规划和产品要求当中去。商业银行越是提早进入状态、提早应对调整后的新法案，在资本要求、成本控制及未来发展等方面越将占据优势。

第二节　内部控制的产生与发展

内部控制作为一个专用名词和完整概念，是在 20 世纪 30 年代被人们提出、认识和接受的。内部控制的发展与会计控制密切相关。从会计学视角来分析，内部控制理论的发展大致经历了四个阶段。

一、内部牵制阶段——20 世纪 40 年代以前

现代内部控制制度是由早期的内部牵制（internal check）机制发展而成的。我国西周的庄园管理就有内部牵制的思想。在古罗马时代，会计账簿记录实施"双人记账制"。当一笔经济业务发生后，由两名记账人员同时在各自的账簿上登记，然后定期核对双方账簿记录，以检查有无记账差错或舞弊行为，进而达到控制的目的。在我国元代和明代的商业组织，会计、出纳、业务和保管已有了明确的分工。

1494 年，意大利数学家卢卡·帕乔利的《算术、几何、比与比例概要》提到了内部分工：会计人员分别掌管现金与实物、财产盘点、信用控制，要求会计人员是良好的簿记员和有智慧的数学家，经常进行财产盘点并按适当的顺序正确记账。19 世纪末到 20 世纪 30 年代，大型企业开始出现，内部牵制的主要内容是账目间的相互核对、岗位分离、职责分工，目的是确保账目准确无误和财产的安全完整。

北京"八大祥"之一的"瑞蚨祥"于 1893 年开业，1926 年达到鼎盛，营业额超过 60 万两白银，利润 32 000 两白银。"瑞蚨祥"在北京、天津、上海等地共有 13 家商业企业，各地区设经营负责人，由信楼（财会机构）协助其工作。信楼除了负责总号的会计工作外，还负责掌柜（经理）交办的其他工作。总经理通过信楼掌握分号的经营状况、盈亏。年终东家（股东）召集经理"写账"，审核账目、结算全年盈亏、确定利益分配、核算存货数量和作价、研究下年购销。

18 世纪末期，美国铁路公司为了对遍及各方的客/货运输业务进行控制与考核，采用了内部稽核制度，由于效果显著，各大企业纷纷效仿。管理学家法约尔曾提出了分工、职权和职责对等、授权、检查职务与业务部门分设等，对内部控制理论产生了重要影响。[①] 迪科塞尔（Dicksee，1905）认为内部牵制由三个要素构成：职责分工、会计记录、人员轮换。1934 年美国《证券交易法》首先提出了"内部会计控制"，以查错防弊为目的，以职务分离和账目核对为手段，以钱、账、物等会计事项为主要控制对象。目前的内部牵制可分为两类：一是实物牵制，如贵重物品、仓库钥匙由两个以上人员持有；二是流程和制度牵制，如一项业务由不同部门或人员共同完成。

---

① 法约尔. 工业管理与一般管理 [M]. 周安华，等，译. 北京：中国社会科学出版社，1998：22—55.

二、内部控制阶段——20 世纪 40 年代至 80 年代

在 20 世纪 40 年代，美国成立了内部审计师协会，内部审计实践促进了控制理论的发展。1949 年，美国注册会计师协会所属的审计程序委员会，第一次提出了内部控制的概念，内部控制包括组织的计划及该组织为保护其财产、检查其会计资料的准确性和可靠性，提高经营效率，保证既定的管理政策得以实施而采取的所有方法和措施。该定义认为，内部控制超出了财务、会计的范围。

1947 年，美国《审计准则暂行公告》提出了以内部控制为基础的审计程序。1953 年美国注册会计师协会公布的《审计程序说明》第 19 号公告将内部控制分为会计控制和管理控制，认为会计控制是由组织计划以及与保护资产和保证财务资料可靠性有关的程序和记录构成，旨在保证经济业务的执行符合管理部门的一般授权或特殊授权的要求。控制层次从日常业务执行层拓展至管理层；控制的内容不仅仅是职务分离、账户核对，还涉及组织的设计和协调，但未涉及控制环境。内部控制定义的演变反映出审计人员在开展审计时所运用的控制概念是一种纯技术的、专业化的、具有严格限定的适用范围、旨在防范审计风险的概念，认为内部控制的宗旨是预防和发现错误与舞弊、改善企业经营效率，限定内部控制的含义是为了减轻审计责任和降低审计风险。

1972 年，美国审计准则委员会在公布的审计准则第 1 号公告中对内部控制做出了如下的解释：管理控制包括但不仅限于组织计划以及与管理部门授权办理经济业务决策有关的程序及记录。会计控制包括组织计划以及与保护资产和保证财务资料可靠性有关的程序和记录。美国 1977 年颁布的《反海外贿赂法》要求公开上市公司必须建立足以达到控制目标的内部会计控制。企业竞争的加剧，促使内部控制扩大到企业内部的各个领域，使内部控制的内容更加丰富。同时对内部控制的认识也有了提高：内部控制并不是因为审计师的需要而存在，它是由于组织本身及其管理部门的需要而存在的；内部控制不仅是一切审计工作的基础，而是企业管理的基础。管理部门都不愿意看到由于错误、舞弊或根据不可靠的财务信息做出决策而遭受损失。内部控制正是这样一种工具，它帮助企业高效率地运行，保证组织达到目标。

三、内部控制结构阶段——20 世纪 80 年代末至 90 年代初

20 世纪 80 年代后期以来，会计界研究重点逐步从一般定义向具体内容深化。1988 年，美国注册会计师协会发布《审计准则公告第 55 号》（SAS NO. 55），建议从 1990 年 1 月起以该公告取代 1972 年发布的审计准则第 1 号公告，首次将控制环境纳入内部控制结构，不再区分会计控制和管理控制，形成了一个包括了控制环境、会计系统和控制程序三个要素的结构体系，内部控制结构包括为实现企业目标提供合理保证而建立的各种政策和程序。我国财政部 1996 年颁布了《会计基础工作规范》，以法规形式正式提出"内部会计控制"。

四、内部控制的整体框架阶段——20 世纪 90 年代以后

在实践方面，美国 1992 年"反对虚假财务报告委员会"下属的几个机构组成 COSO 委

员会，于1994年发布了《内部控制——整体框架》，该框架由五部分组成：控制环境、风险评估、控制活动、信息与沟通、监督。该委员会于2004年提出《企业风险管理——整合框架》，强调风险管理，指出企业风险管理的要素包括内部环境、目标设定、事件识别、风险评估、风险应对、控制活动、信息与沟通、监控八个方面。企业风险管理是一个由企业的董事会、管理层和其他员工共同参与的，应用于企业战略制定和企业内部各个层次和部门的，用于识别可能对企业造成潜在影响的事项并在其风险偏好范围内管理风险的，为企业目标的实现提供合理保证的过程。内部控制与风险管理关系如图3所示。2006年7月15日，经国务院批准，由财政部牵头发起，证监会、审计署、银监会、保监会、国资委共同参与成立了企业内部控制标准委员会，研究和发布企业内部控制基本规范。

图 3　内部控制与风险管理的关系

第三节　企业内部控制理论

用于指导企业内部控制研究的理论有控制论、组织行为学理论、代理理论、权变理论等。以控制论来解释，控制是指为了改善某个或某些受控对象的功能或发展，通过信息采集、反馈，作用于该对象的过程。以组织行为学理论分析，控制系统的核心是促进组织中目标不完全一致的个体进行合作，向着组织的既定目标努力。以代理理论解释，内部控制是降低代理成本、解决代理问题进而提高企业绩效的方式之一。而权变理论认为，不存在普遍适用的、最好的控制系统，强调内部控制要适应其环境变化。

一、控制论

控制论是研究复杂系统控制规律的科学。该理论从系统控制功能、行为方式及变动趋势方面入手，研究对象和过程的各个组成部分之间的信息传送过程，即控制信息的输入、被控制对象的状况和控制信号执行过程的反馈信息。依照控制论的观点，控制系统所共有的基本特性是信息的交换和反馈过程，利用这些特征可以达到对系统的认识、分析和控制的目的。运用控制论中的平衡偏差原理，可以对企业经营管理及其活动过程进行调节、沟通和约束。

管理活动中运用控制论，是使管理对象按照预定的计划和预期目标运行并保持某种状态。任何系统在确定整体目标之后，必须通过控制来调整其运行状态，纠正偏离整体目标及与计划的差异，以保证系统运行的最佳适应状态，最终实现目标。系统需要达到的状态为系统目标即控制目标；为实现控制目标采取措施的实施者为控制主体；影响系统不能达到目标的因素、控制活动的承担者是控制客体；控制主体所采取的作用于控制客体的方法是控制措施手段；在整个控制过程中，控制主体与控制客体依靠信息沟通渠道进行信息交流。控制范围突破组织的界限，延伸至价值链中的价值创造过程，将内部控制转变为驾驭企业的整体控制。

二、组织行为学理论

组织行为学研究组织中人的心理和行为的规律。以美国管理学家约翰逊等为代表的系统管理理论认为组织是个大系统，该系统包括信息处理系统、决策系统、控制系统、制造加工系统等。以加拿大管理学家亨利·明茨伯格为代表的组织结构设计理论将组织划分为战略管理层、中间层、操作层、技术及分析等职能机构、协同人员五个部分。以组织行为学理论分析管理控制，认为控制系统的核心是促进组织中目标不完全一致的个体进行合作，向着组织的既定目标努力。

组织行为学研究组织中人的心理和行为，涉及组织结构与设计理论、组织行为学理论（如 X 理论和 Y 理论、组织公民理论、心理契约理论）等，这些理论对内部控制研究具有指导意义。以美国管理学家巴纳德为代表的社会系统学派认为，组织是人与人的合作系统，组织功能的发挥在于使员工愿意为实现某些共同目标而做出贡献，组织是由三大要素构成的：组织目标、信息沟通、合作的意愿。

（一）X 理论和 Y 理论

心理学教授道格拉斯·麦格雷戈（Douglas McGregor, 1960）提出了两种极端的管理模式：X 理论和 Y 理论。X 理论建立在"经济人"假说基础上，是一种专制型的管理模式。这一理论假设绝大多数人厌恶并尽可能设法逃避劳动、以自我为中心、逃避责任。该理论强调激励和控制，认为要保证管理活动卓有成效，办法是采取强制性监控，管理者的作用就是施以监督、控制。Y 理论建立在"自我实现人"假说基础上，认为员工有承担责任和实现企业目标的愿望，管理部门的责任是创造条件，以保证员工在实现企业目标进程中最佳地完成其任务，员工会自我调节、自我控制。莫尔斯（Morse J. J）和洛希（Lorscn J. W.）（1970）提出了一种既区别于 X 理论又区别于 Y 理论的"超 Y 理论"，又称为"权变理论"。权变理论建立在"复杂人"假说基础之上，认为人是复杂的、可变的；人的需要是多种多样的，会随着人的发展和生活条件的变化而变化，同时需要的层次也会不断改变；人在不同组织或同一组织的不同部门的动机可能是不同的；人们能够对各种不同的管理策略做出反应等。

以上各种理论对内部控制的影响如表 1 所示。

表 1　组织行为学理论对内部控制的影响

人性假设	理论基础	内部控制特征
经济人	X 理论	追求高效率，采用经济性奖励，强调权力、控制系统、严格的规章制度
自我实现人	Y 理论	个人目标与组织目标相融合，强调发挥职工潜力、实行自我控制
复杂人	权变理论	随机、灵活地因时、因人、因事而异实施内部控制

（二）组织公民理论

组织公民行为被定义为职务外行为，是有益于组织运行成效的行为，主要指对同事的帮助和对组织的责任感。组织公民行为的前因变量包括个人特征、任务特征、组织特征和领导行为等，其结果变量主要是对组织绩效的影响。组织公民行为是组织运行的"润滑剂"，可减少组织各个"部件"运行时的相互摩擦，从而可以促进整个组织效率的提高。培育和提高员工的组织公民行为是企业平稳运行与和谐建设的保障之一，也是提高组织绩效和生存能力的关键因素。提高组织公民行为，可从培育和提高员工的心理所有权入手。除了实施员工财产权制度之外，主要是建立和实行规范的管理，培育和提高员工对制度与规则的信任，使其形成和加强对企业的责任感，产生、加强和提高对企业的规范承诺；广泛和充分地听取员工的意见，有效沟通，鼓励、吸引和支持员工参与决策、管理，多关心员工的工作和生活，提供学习和培训机会，增强员工对企业及其文化的认同，形成对企业的情感承诺。

（三）心理契约理论

心理契约存在广义和狭义的两种理解。广义的心理契约是契约双方基于各种形式的（书面的、口头的、组织制度和组织惯例约定的）承诺对交换关系中彼此义务的主观理解；狭义的心理契约是员工出于对组织政策、实践和文化的理解及对各级组织代理人做出的各种承诺的感知而产生的一系列信念，其本质是对建立在承诺基础上的相互义务的主观感知。员工心理所有权对员工的态度和行为等产生影响，而组织公民行为是心理所有权的结果变量之一。所有权的维度是双重的，第一个维度是员工正式拥有的所有权，包括资产权、控制权或施加影响的权利、知情权或信息权三个部分；第二个维度是员工心理感受到的所有权，这种所有权是心理所有权。正式所有权并不直接或者独立地对拥有该所有权的员工产生态度、动机和行为上的影响，而是由正式所有权形成心理所有权，再间接地通过心理所有权对员工的工作态度、动机、行为及工作绩效产生作用。如图4所示。

图4　心理契约对员工动机和行为影响

心理所有权也有消极作用，员工心理所有权太强，会拒绝与同事分享目标物（工具、工作空间）的所有权，不利于团队的合作和共享信息。管理者的心理所有权太强，会拒绝合理的授权。心理所有权太强，可能引起破坏组织的反常活动，威胁组织的正常运转和其他员工的工作。心理所有权比员工满意度、组织承诺能更好地预测组织公民行为。职业经理人职务侵占行为与心理所有权有关，职业经理人在行使控制权、知情权时会产生心理所有权，一旦经理人的心理所有权未得到满足，则有可能产生侵占倾向和侵占行为。

三、代理理论

委托代理理论是在研究信息不对称和激励问题基础上发展起来的，核心是研究在利益相冲突和信息不对称的环境下，委托人如何设计最优契约激励代理人。在委托代理的关系中，由于委托人与代理人的效用函数不一样，导致两者之间存在利益冲突。组织内部的谈判、监督、执行和约束等，要求有一系列的制度安排来维持契约的有效性，从而保证企业的整体效率。为了预防和惩治代理人的败德行为，委托人一方面对其代理人进行激励，力求实现激励相容；另一方面对代理过程实行监督，从而使得代理人的行为符合委托人的效用函数。

随着企业规模的不断扩大，以及所有权和控制权逐渐分离，由此便形成了委托代理关系，由于所有者和管理者利益不一致及信息不对称，管理者有可能利用自己拥有的控制权及信息优势，为自己谋取利益而损害投资者利益，降低企业价值，产生代理成本。内部控制机制有利于所有者在某种程度上保护自己的利益不受管理者侵害，这些内部控制机制包括董事会、管理者报酬计划、所有权结构、资本结构及内部审计等。内部控制机制一方面是对管理者的行为进行监督，另一方面对管理者进行激励，其目的都是尽可能地使管理者按照股东利益最大化进行决策。

股东与管理者之间的委托代理问题产生的原因主要有两个：一是股东与经理人目标的不一致，二是信息的不对称。在所有权和控制权两权分离的情况下，作为非所有者的管理者并不能像所有者那样完全追求公司利益最大化。当一个人或一些人（委托人）授权另一些人（代理人）为他们的利益从事某些活动，包括授予代理人某些决策权时，委托代理关系就发生了。公司是一个法律实体，是管理者、股东、供应商、消费者、员工以及其他利益相关者之间契约的连接。有两种方式可以降低代理成本：一是在公司业绩不佳时更换管理者；二是支付监督成本。

由于信息的私有性以及信息本身与信息载体的不可完全分离性，形成了委托人和代理人之间信息的不对称，代理人拥有委托人没有的信息资源。信息不对称主要有两种类型：第一种是事前的信息不对称，称为逆向选择，例如投资者可能不了解公司价值，股东可能不了解管理人员的能力；第二种是事后的信息不对称，称为道德风险，道德风险又因内容不同分为隐藏行动的道德风险和隐藏信息的道德风险。隐藏行动的道德风险指签约时双方拥有的信息是对称的，但是建立委托-代理关系以后，信息出现不对称性，代理人行动的选择具有隐藏性，委托人只能观测到与行动相关的结果，而不能观测到代理人的行动本身。隐藏信息的道德风险指签约时信息是对称的，签约后信息出现不对称，代理人拥有委托人不知道的更多信息，向委托人披露好的信息、隐藏不好的信息，为自己谋利。

四、权变理论

权变理论是 20 世纪 70 年代在经验主义学说的基础上发展起来的理论。该理论认为，不存在普遍适用的控制系统，强调内部控制要适应环境变化，在不同的情况下要采取不同的控制制度和方法。该理论把内部控制看成一个既受外界环境影响，又对外界环境施加影响的"开放系统"；内部控制同环境之间存在一定的函数关系，但不一定是因果关系。从权变理论的视角对内部控制进行研究，侧重于对控制系统适应控制环境及其影响因素的分析。该理论认为，不存在普遍适用的、最佳的控制系统，强调内部控制要适应其环境变化。权变理论认为，企业内部控制是由环境决定的。

权变理论是从系统观点来考察问题的，它的理论核心就是通过组织的各子系统内部和各子系统之间的相互联系，以及组织和它所处的环境之间的联系，来确定各种变数的关系类型和结构类型。它强调在管理中要根据组织所处的内外部条件随机应变，针对不同的具体条件寻求最合适的控制模式、方案或方法。权变理论认为：① 要把环境对管理的作用具体化，并使管理理论与管理实践紧密地联系起来；② 环境是自变量，而管理制度和技术是因变量；③ 权变理论的核心内容是环境变量与管理变量之间的函数关系，就是权变关系。环境可分为外部环境和内部环境，外部环境又可以分为两种：一种是由社会、技术、经济和政治、法律等所组成；另一种是由股东、供应者、顾客、竞争者、员工等组成。

外部环境是权变理论研究的基础，对环境的研究主要是集中于不确定性。早期对基于权变理论的组织设计研究主要集中于不确定性对组织结构的影响。市场控制利用竞争性价格评估组织效率；标准化的制度控制适用于环境和技术稳定的情况；团队自我控制如共同的价值观、信任关系建立等，适用于横向团队大量出现、业绩衡量难度增大的复杂环境中；制度控制应用最为广泛，但严密的控制可能抑制创造性、制约创新和机会的把握。在大型电子产品制造公司，市场营销部和研发部门所面对的环境条件存在差异，在营销部门，预算参与降低了管理绩效；在研发部门，预算与管理绩效之间有更强的正向相关关系。

根据权变理论区分环境的不同维度，如不确定性、风险性和复杂性，对于内部控制系统的设计非常重要。环境的不同维度需要清晰划分，在不确定的、风险大和复杂的环境中设计合适的内部控制系统方面的研究空间很大。环境具有变化性特征，大多数组织要面对外部环境如环境生态、员工和社会福利等问题带来的社会压力。随着组织网络化，包括合资企业、供应商和顾客联盟，内部控制和外部控制的边界变得模糊了，内部控制系统作用也会发生变化。值得注意的是，基于权变理论的内部控制研究主要集中于大型生产企业。

第四节　企业内部控制目标

内部控制目标从最初的"查错防弊"发展到风险监控，其总体目标是促进组织中目标不完全一致的个体进行合作，向着组织的既定目标努力，将风险控制在可接受的范围内。内部控制是一个由企业的各级人员参与实现的过程，该过程可以为实现内部控制目标提供合理保证。

一、企业内部控制目标设定

目标设定是内部控制的起点，目标设定后才进行风险识别和风险评估，确定控制方法等，即实行"目标—风险—控制"程序。目标设定有两层意义，一是设定内部控制总体上的目标，例如内部控制的目标包括合理保证企业经营管理合法合规，资产安全，财务报告及相关信息真实完整，提高经营效率和效果，促进企业实现发展战略，企业可根据具体情况，例如依据控制风险的高低确定重点控制目标。二是在控制过程中，对业务单元或流程设定具体目标。目标设定对组织成员的活动具有指导意义，并且可以激励组织成员为实现共同的目标而努力，尤其是当目标实现与报酬激励联系在一起时。目标设定理论反映了目标设定、激励、绩效之间的关系。[①]

---

① Stephen P. Robbins, Mary Coulter. 组织行为学 [M]. 李其维，等，译. 上海：华东师范大学出版社，2001.

（一）内部控制总体目标设定

在内部控制的五大目标中，战略目标既是制定其他目标的出发点，同时战略目标又是企业在较长期内的终极目标，其他目标必须服从于战略目标。（详见"第七章管理控制"有关内容）经营效率目标（详见"第六章流程与任务控制"有关内容）和资产保护目标是管理者对企业内部管理经营提出的要求，而财务报告目标与法律法规遵循性目标可以说是包括监管机构、投资者等主体对企业的要求，管理者必须将这些利益相关者的要求纳入企业内部控制的目标系统内。资产保护目标与法律法规遵循性目标是内部控制的基础目标，相对容易实现；在公众公司（上市公司），强制性内部控制要求将财务报告目标作为重要的目标。（详见第五章第二节财务报告内部控制有关内容）

（二）业务单元或流程控制目标设定

内部控制总体目标要与各有关方面的具体目标有机地结合，对业务单元或流程设定具体目标有助于提高业务绩效，而且有绩效反馈比没有绩效反馈表现更好。目标设定理论认为，难度大但明确的目标比诸如"尽力而为"这样的模糊目标带来更高的产出，容易实现的目标更容易使业务单元或员工接受。然而，员工一旦接受了一项难度较大的任务，可能会更努力地工作。当员工获得关于目标进展情况的反馈时，他们会做得更好。反馈帮助人们识别差距，并将实际得到的奖励和期望得到的奖励比较。有些目标的实现，例如经营效率目标（投资报酬率、市场占有率、新产品线投产）并不完全处在控制范围之内，对于这些目标，通过及时反馈目标实现的程度，控制系统才能提供合理的保证。

二、企业内部控制目标的具体要求

中国《企业内部控制基本规范》提出，内部控制的目标是合理保证企业经营管理合法合规，资产安全，财务报告及相关信息真实完整，提高经营效率和效果，促进企业实现发展战略。

（一）企业经营管理合法合规

遵守社会的基本规范，包括法律规范和道德规范，是一个企业持续经营乃至长远发展的基础。因此，企业建立健全内部控制的一个重要目标就是使企业的各项活动和事项遵守相关的法律规范。这里的法律规范也应包括企业根据自身所处的环境或经营处理的业务惯例而制定实施的办法、规则、制度等。

（二）资产安全

资产保护目标是指企业通过内部控制程序保证经营活动赖以持续的财产物资的安全性，是内部控制的基本目标之一，要求企业注重现金和银行存款、应收款项等流动性强的资产的安全性，还要注重存货、固定资产和无形资产的安全性。

（三）财务报告及相关信息真实完整

财务报告目标致力于保证所披露的财务信息的可靠性，包括对可能的财务报告欺诈的预防。它们首先受制于外部的需要。企业内部控制要通过实现财务报告目标来满足社会责任的需要。可靠的财务报告是吸引投资者或者债权人资本的一个先决条件，是对特定契约的回报并对处理特定的供应商关系具有关键作用。投资者、债权人、顾客和供应商经常依靠财务报告来评价管理绩效，也用它和同行业以及其他可供选择的投资进行比较。

（四）提高经营效率和效果

经营效率目标是对内部控制提出的较资产保护目标更高一层的要求，经营效率目标的实现要与反映特定的业务、行业等企业经营的经济环境相联系。例如，经营效率目标要考虑产品质量或竞争压力等因素，是需要缩短产品从生产到销售的周期还是需要进行技术方面的变革等。如果一个企业的经营效率目标不清楚或不完善，那么它的资源使用就可能被误导，造成资源使用的低效甚至无效。所以，只有提高了经营的效果和效率，才可能言及战略目标等其他更高层次的目标。

（五）促进企业实现发展战略

战略目标要求管理者从企业发展的长远利益来设计内部控制程序，关注企业长期绩效的提高，强调企业核心业务的长期发展。战略控制对于企业保持自主创新的氛围是非常重要的，设计良好的战略控制系统可以激励员工从事需要经过很长时间才能进入市场但意义重大的产品开发和创新过程。企业在考虑实现战略目标的各种方案时，必须考虑与各种战略相伴的风险及其影响，应当选择与企业风险承受能力相一致的战略目标，要对当前的经营状况及面临的机遇和挑战进行评估，分析内、外部环境因素，不断审视当前的目标与使命。必要时，还需要修正战略。

目标的多样性要求管理人员正确排列目标的优先次序，并将目标按优先次序分配给相关责任主体，如图5所示。

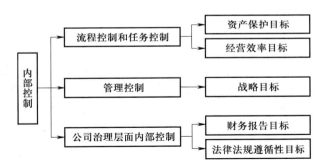

图5　内部控制层次与内部控制目标

第五节　内部控制框架

内部控制框架将内部控制范畴的有关要素设计为一个相互联系、相互制约的整体。内部控制可划分为三个层面：流程控制和任务控制层、管理控制层、公司治理层。每一个层面都包括五个部分：控制环境、风险评估、控制活动、信息传递与沟通、监督，这五个部分在每一个层面都构成一个完整的循环。各个层面与它们的组成部分的关系如图6所示。

一、流程控制和任务控制

在流程控制和任务控制中，流程控制是对业务流程进行的控制，如供应链过程控制；任务控制包括审核、定期盘点与对账、账实核对等具体任务的控制。这个层面的内部控制如果

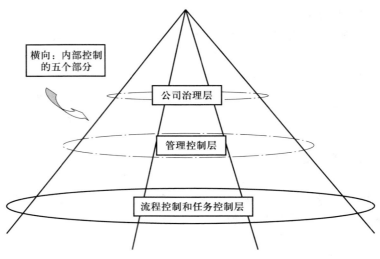

图 6　内部控制框架

建立在完善的标准流程基础之上，控制效率会很高，否则控制成本会上升。企业可以通过技巧学习与惯例固化实现组织成员自适应学习，改善控制效率和效果。业务流程控制的局限在于：一是内部控制的成本效益；二是内部控制经营环境变化，如出现例外事项；三是串通舞弊；四是内部控制修订跟不上经营管理或技术变化（时效性）。

二、管理控制

管理控制是指企业管理者实施战略，协调企业内部各类业务、各个业务流程，进行预算，考核绩效，促使这些相关部门和人员统一行动，共同追求企业管理目标的过程。管理控制分为战略导向控制和财务导向控制。战略导向控制强调战略绩效，财务导向控制强调财务绩效。霍斯金森等（Hoskisson et al.，1994）认为，战略导向控制使用长期的战略性标准来评价经理人绩效。罗伯特·西蒙斯（Simons R.，2004）提出信念控制、边界控制、诊断控制、交互控制，作为管理控制的框架。对战略实施评价的内容包括：预算管理是否贯彻了战略目标？企业内部是否形成了适合于企业战略的组织文化？战略目标与财务报表主要的账户余额（比如存货或应收账款）的关系是什么？企业的销售收入和利润增长目标是否达到预期？企业的盈利能力能否持续增长？等等。管理控制的三大问题是：一是业绩计量能否真实反映经营业绩，既反映企业整体的经营业绩，又反映企业某一部门的经营业绩；二是业绩标准如何制定，如何为各部门分别制定标准；三是如何进行有效的奖惩。

三、公司治理层面内部控制

公司治理层面内部控制，是居于内部控制的最高层次，主要是所有者通过制定绩效目标，对经营者进行激励、监督。例如，董事会安排经理层的人员组成，以使经理层内部可以形成制衡机制。又如，可以安排两个性格差异较大的人做副总经理，以利于经理层做出合理的决策（不过分激进或过分保守）。治理层的资金控制涉及董事会对重大财务事项的决策权、审批权配置，财务制度的设计等，治理层的信息控制涉及财务报告内部控制等。公司治理层面内部控制的难点是：一是管理层滥用职权；二是对经营者的约束与信任关系矛盾；三是激励约束的有效性问题，如强激励与弱约束，或弱激励与弱约束。

（一）公司治理

公司治理是关于公司各利益主体之间权、责、利关系的制度安排，涉及决策、激励、监督三大机制。公司治理的理论基础是控制权与剩余索取权分配，有三种不同的治理理论：一是资本雇佣劳动理论，物质资本所有者拥有控制权和剩余索取权；二是劳动雇用资本理论，人力资本所有者掌握控制权和剩余索取权；三是利益相关者分享理论，控制权和剩余索取权由所有利益相关者掌握。在实践中，公司治理形成了股东利益至上的治理结构、经营者为核心的治理结构、利益相关者共同参与的治理结构。在所有权与控制权相分离的情况下，控制权最终将落入经营者手中。

在公司治理层，董事会通过对经理层人员的任免来保证经理层行为不能偏离董事会的战略目标。董事会还要恰当地安排经理层的人员组成，以使经理层内部可以形成制衡机制，比如可以设置两个副总会计师，分别负责不同的业务、相互制衡。公司治理效率在于能否有效化解分歧、凝聚力量，降低各利益相关者的治理成本并在公司价值增值中获得相应的回报，实现科学决策。

（二）公司治理与内部控制的区别

公司治理与内部控制从约束的主体而言，二者是相互独立的两个方面，主要表现在：公司治理是用来约束经营者的行为，是一种权利、责任安排。内部控制是企业董事会及经理层为确保企业资产安全完整、信息真实完整、战略实施以及各项规定的贯彻实施而采取的一系列措施，解决的是管理当局与其下属之间的管理控制关系。虽然公司治理与内部控制都与委托代理有关，但它们的委托代理层次不同。公司治理是企业参与者与管理者之间的委托代理关系，而内部控制是上、下级之间的委托代理关系，主要是上级管理人员防止其下属贪污、舞弊等行为，从而保证经营管理的目标实现。

（三）公司治理与内部控制的联系

内部控制作为管理当局为实现各管理经营目标而建立的一系列规则、政策和组织实施程序，与公司治理及公司管理是密不可分的。内部控制与公司治理在思想上具有同源性，在作用上具有链接性和互动性。沃尔什等（1990）认为，基于组织管理的内部控制机制和基于市场的外部治理机制促使管理层与股东利益一致，将内部控制与外部治理看作一个整体，认为两者存在互补关系，当内部控制失效时，会引发外部机制发挥作用。

两者的联系主要表现在：① 目标的一致性。不论是公司治理还是内部控制，运行的目的都是实现总的经营目标，都是保证企业利润最大化或股东财富最大化。② 公司治理是内部控制运行的基础。公司治理结构是内部控制的环境，而环境因素是内部控制实施效果的重要影响因素之一。好的公司治理结构会使内部控制运行通畅，内部控制功能得到较好发挥，企业错误、舞弊行为减少，企业风险降低，各种措施得以有效实施。相应地，若内部控制有效运行，也有助于公司治理的改进和完善。公司治理与内部控制关系及其对企业目标的影响见图7。

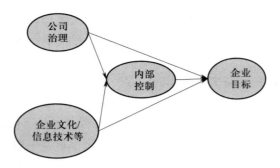

图 7　公司治理与内部控制关系及其对企业目标的影响

四、各个控制层次中经营管理人员的职责

董事会对企业的风险管理负有监督职责，主要通过以下方式实现其职责：了解管理者在企业内部建立有效的风险管理的程度；获知并认可企业的风险偏好；复核企业的风险组合观并与企业的风险偏好相比较；评估企业最重要的风险并评估管理者的风险反应是否适当。经营管理负责人（首席执行官）对企业的风险管理最终负责，企业的高层管理者确定风险管理的基调，从而影响企业内部环境中的员工操守和价值观及其他因素。企业风险管理是企业内每一个员工的责任，因此，风险管理应是企业内每一个员工的工作手册的一部分内容。

本章小结

本部分是全书内容的梗概和统领全书的大纲，对内部控制的含义进行了界定，以多种理论对内部控制的研究来阐述内部控制的产生和发展过程。内部控制框架将内部控制范畴的有关要素设计为一个相互联系、相互制约的整体。内部控制可划分为三个层面：流程控制和任务控制层、管理控制层、公司治理层。每一个层面都包括五个部分：控制环境、风险评估、控制活动、信息传递与沟通、监督。内部控制目标决定着内部控制运行方式和方向，也是认识内部控制的出发点。从内部控制发展的过程来看，经过了内部牵制、内部控制、内部控制结构、内部控制整体框架等阶段。

关键词

内部控制	Internal control
内部牵制	Internal check
控制环境	Control environment
风险评估	Risk assessment
控制活动	Control activities
信息与沟通	Information and communication
监督	Monitoring
企业风险管理	Enterprise risk management

控制论	Control theory
组织行为学理论	Organizational behavior theory
代理理论	Agency theory
权变理论	Contingency theory
控制目标	Control objectives

即测即评

请扫描右侧二维码进行在线答题并查看答案。

思考题

1. 内部控制对于企业管理有何意义？
2. 内部控制的目标有哪些？
3. 如何理解内部控制"335"（三个层次、三道防线、五个构成要素）？
4. 我国一些企业建立了以账户核对和职务分工为主要内容的内部控制。但总的来看，这些制度比较零散、不系统，致使一些企业内部控制低效、控制弱化。你如何看待这个问题？
5. 代理问题产生的原因有哪些？代理成本由哪些部分组成？
6. 权变理论认为，不存在普遍适用的、最佳的控制系统，你是如何理解的？

案例讨论题

1. MT 公司的内部控制有效吗？

MT 公司曾一次丢失 200 部手机，但业务主管未在规定的 48 小时内报告，直到月末盘点时才发现，并向总部报告。哪一道防线失效？哪一道防线有效？

2. "千里之堤，溃于蚁穴"——巴林银行的倒闭

1763 年，弗朗西斯·巴林爵士在伦敦创建了巴林银行。里森于 1989 年 7 月 10 日正式到巴林银行工作。这之前，他是摩根·斯坦利银行清算部的一名职员。由于他富有耐心和毅力，善于逻辑推理，解决了以前未能解决的许多问题，被视为期货与期权结算方面的专家，巴林银行伦敦总部于 1992 年派他到新加坡分行任期货与期权交易部门经理兼交易员。

里森 1992 年到新加坡任期货交易员时，巴林银行原本有一个账号为"99905"的"错误账户"，专门处理交易过程中因疏忽所造成的错误。这原是一个金融系统运作过程中正常的错误账户。1992 年夏天，伦敦总部要求里森另设立一个"错误账户"，记录较小的错误，并自行在新加坡处理。这个"错误账户"为"88888"。几周之后，伦敦总部又打来电话，要求新加坡分行还是按老规矩行事，所有的错误记录仍由"99905"账户直接向伦敦总部报告。这样，"88888"错误账户刚刚建立就被搁置不用了，但它却成为一个真正的"错误账户"存于计算机之中。总部这时已经注意到新加坡分行出现的错误很多，但里森都巧妙地

搪塞而过。"88888"这个被人忽略的账户,为里森日后制造假账提供了机会。如果当时取消这一账户,则巴林银行的历史可能会重写了。

里森将出现的错误记入"88888"账户是举手之劳,但有三个问题困扰着他,一是如何弥补这些错误。二是将错误记入"88888"账户后如何躲避伦敦总部月末的内部审计。三是新加坡国际金融交易所(SIMEX)每天都要他们追加保证金,他们会计算出新加坡分行每天赔多少。"88888"账户也可以被显示在 SIMEX 大屏幕上。为了赚回足够的钱来补偿所有损失,里森承担越来越大的风险。1993 年 7 月,他已将"88888"账户亏损的 600 万英镑转为略有盈余,当时他的年薪为 5 万英镑,年终奖金则将近 10 万英镑。如果里森就此停住,那么,巴林银行的历史也会改变。

1993 年下半年,用于清算记录的电脑屏幕故障频繁,无数笔交易的入账工作都积压起来。因为系统无法正常工作,交易记录都靠人力,等到发现各种错误时,里森在一天之内的损失已高达将近 170 万英镑。在无路可走的情况下,里森决定继续掩盖这些失误。到 1994 年,里森对损失的金额已经麻木了,"88888"账户的损失由 2 000 万英镑猛增到 5 000 万英镑。1995 年 2 月 23 日,里森给巴林银行所带来的损失达到了 86 000 万英镑的高点,最终导致巴林银行倒闭。

作为一名交易员,里森的本职工作是代客户买卖衍生性金融商品,代客操作,风险由客户自己承担,他只是赚取佣金,而套利行为亦只赚取市场间的差价。为防止交易风险太大,许可额度是有限制的。通过清算部门每天的结算工作,银行对其交易风险的情况可以有效掌握。但里森一人身兼交易与清算两个不相容职务,掩盖了这些问题。

在损失达到 5 000 万英镑时,巴林银行曾派人调查里森的账目。事实上,每天都有一张资产负债表,每天都有明显的记录,可看出里森的问题。在月底,里森为掩盖问题所制造的假账,也很容易被发现。里森伪造了 5 000 万英镑的花旗银行存款,这 5 000 万英镑被挪用来补偿"88888"账户中的损失。查了一个月账,却没有人核对花旗银行账目,以致没有人发现花旗银行账户中并没有 5 000 万英镑的存款。

1994 年第三季度,审计师们对巴林期货(新加坡)公司进行了内部审计。他们在开始前做了很好的准备工作,确定了要在新加坡调查的关键问题。内部审计报告指出,内部控制被置之不理,由此可能造成很大的风险,但有关部门未采取任何行动来纠正这种状况。内部审计报告还指出,鉴于里森所进行的交易都是为巴林银行集团其他实体完成的,这些交易都应进行对账控制,因为这种控制可以减轻越轨行为,而实际上这种对账控制措施根本不存在。管理当局未采纳内部审计的成果。

讨论:巴林银行倒闭的原因是什么?好的内部控制可以避免巴林银行倒闭吗?

延伸阅读材料

内部控制要素篇

内部控制要素是指构成内部控制的主要内容，具体要素包括控制环境、风险评估、控制活动、信息传递、内部监督。本篇对以上五个要素分别阐述。第一章介绍企业内部控制环境与风险评估，第二章介绍控制活动与信息传递、内部监督。

第一章　企业内部控制环境与风险评估

【引言】内部控制环境是内部控制建立和运行的外在条件，包括内部环境和外部环境。我国《企业内部控制基本规范》涉及的内部环境包括组织架构/组织结构（包括公司治理结构、经营管理机构设置及权责分配）、发展战略、人力资源、社会责任、企业文化等方面，特定的内部环境一定程度上决定了内部控制。企业外部环境包括营商环境、法律环境和产业链环境等。企业经营管理面临着各种风险，需要对重要风险进行识别、评估，以便将风险控制在可接受范围之内。

第一节　企业内部控制环境

从系统论的观点看，所谓环境，就是指被研究系统之外的、对被研究系统有影响作用的一切系统的总和。内部控制环境是对内部控制建立和运行有影响的一切事物的总和。美国COSO委员会的报告（1994）中内部控制环境主要包括：诚信原则和道德价值观、执行与技能、董事会、管理哲学与经营风格、组织结构、责任分配与授权、人力资源政策与实施。美国《萨班斯法案》要求内部控制达标方案应该建立在一个紧密的控制环境基础之上。内部控制环境除了组织架构/组织结构、发展战略、人力资源、社会责任、企业文化外，还包括外部环境、技术特点、企业的年龄和经理人任期、企业规模、舞弊风险等方面，内部环境是企业实施内部控制的基础。管理系统的本体和情境不可分，不研究情境难以探明管理系统的真谛（李怀祖，2004）。

一、外部环境

对外部环境的研究涉及经营风险与不确定性、法律法规等。区分风险与不确定性非常重要，风险是指决策者面临的这样一种状态，即能够事先知道事件最终呈现的可能状态，并且可以根据经验知识或历史数据比较准确地预知可能状态出现的可能性大小，就知道整个事件发生的概率分布。而在不确定性的状态下，决策者是不能预知事件发生最终结果的可能状态以及相应的可能性大小，即概率分布，甚至具体事件都不能预知。在以权变理论为基础的内部控制研究中，不确定性作为主要变量，其作用越来越被重视。例如，在新冠疫情的影响下，企业更加重视风险管理。

企业经营环境要素具体包括：不稳定性（风险、不可预测性、波动），威胁（压力、控制、局限性），多样性（产品种类、投入、顾客），复杂性（迅速发展的技术）。在内部控制研究领域中，不确定性通常与信息的相关性和及时性有关。一些研究表明，在不确定环境中，传统预算控制和比较灵活的人员控制经常结合使用。职能部门，尤其是研发部门，由于市场的不断变化而面临着更高的不确定性，预算参与有利于提高绩效。环境的不确定性越高，就越强调预算评价，并要求解释偏差，同时加强管理者与下属员工的参与和人际关系的相互了解。环境的不确定性对实现财务目标产生一定的压力，但通过信息控制可以增强灵活性。

激烈竞争带来的环境威胁主要依靠正式控制、先进的会计控制、生产控制和统计控制方式来解决。环境的复杂性（除了供应商和政府外）和职能部门的独立性提高时，企业管理层就会较少强调预算控制。在带有不确定性、威胁和不稳定的环境中，最合适的控制系统是什么样的？组织设计的相关文献提出面临短期生存压力的企业开始进行严格控制，然后采取更有机的控制。有效的组织能够将正式控制和公开的、非正式的、灵活的信息系统整合在一起。

出于资本市场发展、投资者保护、市场秩序维护等考虑而颁布的相关法律法规，会影响内部控制的建立和运行。例如，为加强投资者保护，各国在公司治理和内部控制方面相继出台了法律法规。产品和服务市场的竞争对提高企业效率很重要，但它能否单独解决公司治理问题值得怀疑。产品市场竞争可能减少资本回报并因此减少经理人员可能侵占的总量，但是它不能阻止经理人侵占或转移企业资产。经理人的有效控制权以及他们决定分配资金的空间，比法律或中小投资者积极介入具体契约的执行更为宽广。经理人可能用自由现金再投资，追求其偏好的项目，这些项目对经理人有利，而对企业和投资者可能不利。

内部控制设计需要考虑经理人市场和法律惩罚程度，如果职业经理人市场不成熟，那么就可能存在如下情况：在职业经理人市场不存在其过去行为的信息，这样就不会有不良记录，经理人就不会有"后顾之忧"，以后还可以进入经理人市场谋职；如果法律对舞弊和违规行为惩罚力度较弱，经理人或员工采取机会主义行为能够获取巨大的利益并可以回避风险，则经理人或员工采取机会主义行为的概率会增大。因此，内部控制制度建设需要分析经理人市场的健全情况和可能施加的法律惩罚力度。外部环境与内部控制的影响关系见图1-1。

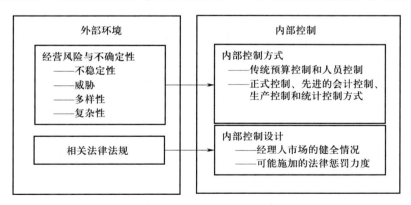

图1-1　外部环境与内部控制的影响关系

二、组织架构/组织结构

组织架构是指企业按照国家有关法律法规、股东会决议和企业章程，结合本企业实际，明确股东会、董事会、监事会、经理层和企业内部各层级机构设置、职责权限、人员编制、工作程序和相关要求的制度安排。中国《企业内部控制应用指引第 1 号——组织架构》（2010）指出，企业应当根据组织架构的设计规范，确保本企业治理结构、内部机构设置和运行机制等符合现代企业制度要求。应当重点关注董事会、监事会、经理层的运行效果，关注内部机构设置的合理性和运行的有效性。内部机构设置和运行中存在职能交叉、缺失或运行效率低下的，应当及时解决。企业拥有子公司的，应当建立科学的投资管控制度。组织架构是企业内部控制的基础，也是广义上内部控制的顶层结构，本书第八章"公司治理层面内部控制"将进行更为详细的介绍。

组织结构是对组织成员、工作任务的不同角色的正式划分，以保证组织活动的正常运行。组织结构安排影响工作效率、员工激励、信息流和控制系统，能够帮助规划组织的未来。组织结构是组织实现差异化和整体化的过程。差异化指的是不同部门经理某种程度上扮演企业家的角色，而整体化指的是不同部门的运作与组织目标一致；实现差异化的运行机制是分权，而实现整体化包括具体的规则、运行程序、委员会等内部控制设计应该与组织结构保持一致。企业实施战略必须采取恰当的组织结构，两者的共同作用决定了企业经营绩效。组织结构既定时，在企业内部形成了固定的权力规范、惯例、流程与程序，战略通常是基于这些权力规范、惯例与流程制定的。

企业发展到一定阶段，在其内部形成固定的权力规范、惯例以及习俗，以此为表现形式的组织资本决定了企业的发展轨迹，并在一定条件下形成路径依赖。在管理控制方面，将控制系统与组织结构要素结合起来，以实现差异化和整体化方式的研究非常有意义，需要灵活的、开放式的信息系统而不是紧预算系统。具备先进技术的分权式组织结构的大型企业往往强调正规的控制系统，而且大型的、多元化的、分权式组织结构的企业更倾向使用行政控制手段，如预算、正式沟通和预算参与。职能部门差异与环境不确定性存在联系，例如相对于营销部门来说，研发部门更适合使用预算参与。

中国《企业内部控制应用指引第 1 号——组织架构》（2010）指出，需要关注企业是否存在以下风险：治理结构形同虚设，缺乏科学决策、良性运行机制和执行力，可能导致企业经营失败，难以实现发展战略；内部机构设计不科学，权责分配不合理，可能导致机构重叠、职能交叉或缺失、推诿扯皮，运行效率低下。需要明确董事会、监事会、经理层的职责权限、任职条件、议事规则和工作程序，确保决策、执行和监督相互分离，形成制衡。

三、发展战略

发展战略是指企业在对现实状况和未来趋势进行综合分析和科学预测的基础上，制定并实施的长远发展目标与战略规划。在战略和成本控制以及绩效评价之间存在一定的联系。在企业家冒险战略中，更倾向使用紧控制，这可能是为了控制企业过度创新行为，培养企业在不确定环境中的学习能力。保守的、防御型和成本领先战略比企业家为中心、进攻型和产品差异化的战略更适合使用成本控制、流程目标具体化和预算控制方法。预算紧控制更适合在保守型战略中使用，而在冒险型战略中也使用紧控制，更重要的是紧控制与灵活的决策结合使用，这就存在明显的冲突：灵活的管理系统鼓励创新，而紧控制约束创新行为。

企业创建初期主要采用非专业化生产技术，绩效评价比较容易，适合更为非正式的控制方法，而产品差异化战略并不强调预算控制。西蒙斯（1994）认为，控制的四个维度与战略相关：信念控制——树立基本价值观和使命；边界控制——建立边界系统和规则；诊断控制——纠正偏差；交互控制——学习与交流。这些措施能够使高层管理者与其下属融合在一起。例如，处于战略变化环境的医院常使用交互式预算方法，侧重对话、沟通、学习等更加有机的控制系统。虽然在战略与预算松弛之间没有直接联系，但是产品差异化战略对预算控制要求比较宽松，导致预算松弛。战略呈动态变化特征，控制系统帮助管理者制定战略，控制系统又被应用在战略执行和战略监督过程中，提供反馈信息，从而有助于学习、修正现行战略以及调整未来的战略。

大多数企业既要求低成本，又要求产品能够高质量、及时、可靠地提供给顾客，导致了战略的复杂化。中国《企业内部控制应用指引第 2 号——发展战略》（2010）指出，应关注以下风险：一是缺乏明确的发展战略或战略实施不到位，可能导致企业盲目发展，难以形成竞争优势，丧失发展机遇和动力；二是发展战略过于激进，脱离企业实际能力或偏离主业，可能导致企业过度扩张，甚至经营失败；三是发展战略因主观原因频繁变动，可能导致资源浪费，甚至危及企业的生存和发展。企业应当根据发展目标制定战略规划，确定每个发展阶段的具体目标、工作任务和实施路径；应当在董事会下设战略委员会，或指定相关机构负责发展战略管理工作，履行相应职责；应当根据发展战略，制定年度工作计划，编制全面预算，将年度目标分解、落实，同时完善发展战略管理制度，确保发展战略有效实施。

四、人力资源

人力资源是指企业组织生产经营活动而录用或任用的各种人员，包括董事、监事、高级管理人员和全体员工。中国《企业内部控制应用指引第 3 号——人力资源》（2010）指出，人力资源管理至少应当关注下列风险：一是人力资源缺乏或过剩、结构不合理、开发机制不健全，可能导致企业发展战略难以实现；二是人力资源激励约束制度不合理、关键岗位人员管理不完善，可能导致人才流失、经营效率低下或关键技术、商业秘密和国家机密泄露；三是人力资源退出机制不当，可能导致法律诉讼或企业声誉受损。企业人力资源政策及其实施会影响员工心理活动，并进而影响内部控制的制定和执行。人员和组织行为控制也是内部控制的重要组成内容（详见第三章"人员与组织行为风险控制"）。

五、社会责任

社会责任是指企业在经营发展过程中应当履行的社会职责和义务，主要包括安全生产、产品质量（含服务）、环境保护、资源节约、促进就业、员工权益保护等。中国《企业内部控制应用指引第 4 号——社会责任》（2010）指出，企业应当关注履行社会责任方面的下列风险：一是安全生产措施不到位，责任不落实，可能导致企业发生安全事故；二是产品（服务）质量低劣，侵害消费者利益，可能导致企业巨额赔偿、形象受损，甚至破产；三是环境保护投入不足，资源耗费大，造成环境污染或资源枯竭，可能导致企业巨额赔偿、缺乏发展后劲，甚至停业；四是促进就业和员工权益保护不够，可能导致员工积极性受挫，影响企业发展和社会稳定。企业在履行社会责任的过程中，需要建立相应的管理系统，从而影响内部控制的设计和执行。

六、企业文化

企业文化是指企业领导人倡导的，在生产经营实践中逐步形成的、为整体团队所认同并遵守的价值观、经营理念和企业精神以及在此基础上形成的行为规范的总称。研究内部控制与企业文化之间的联系，是从关注组织到关注社会的延伸。大量出现的跨国公司以及企业兼并重组，需要考虑文化在内部控制中的影响。霍夫斯塔德（Hofstede，1984）把文化定义为权利距离（衡量权利不平等分配的程度的尺度），个体主义与集体主义（个体主义结构中，人们只关心自己的和直系亲属的利益，而集体主义是一种紧密结合的社会结构），不确定性规避（衡量人们承受风险和非传统行为程度的文化尺度），生活的数量与质量（生活的数量表现为过分自信以及追求金钱和物质财富，生活的质量则表现为重视人与人之间的关系），同时基于以上的文化维度研究对内部控制的影响。

内部控制研究已经考虑了文化维度和控制系统特征（如正规化、绩效评价和预算参与）之间的关系，但是文化对控制系统是否存在影响的研究结论并不一致，这是因为考虑文化维度、控制系统的角度不同，发现个人主义文化是控制系统的主要影响因素。文化价值观值得研究，但也有一定局限性，而且有关文化的一些因素（宗教、信仰、语言等）没有被考虑，从人类学、社会学抽象出来的文化理论与方法更适合研究这些因素对控制系统的影响。

中国《企业内部控制应用指引第 5 号——企业文化》（2010）指出，加强企业文化建设至少应当关注下列风险：一是缺乏积极向上的企业文化，可能导致员工丧失对企业的信心和认同感，企业缺乏凝聚力和竞争力；二是缺乏开拓创新、团队协作和风险意识，可能导致企业发展目标难以实现，影响可持续发展；三是缺乏诚实守信的经营理念，可能导致舞弊事件的发生，造成企业损失，影响企业信誉；四是忽视企业间的文化差异和理念冲突，可能导致并购重组失败。企业应当采取切实有效的措施，积极培育具有自身特色的企业文化，引导和规范员工行为，打造以主业为核心的企业品牌，形成整体团队的向心力，促进企业长远发展。

企业应当培育体现企业特色的发展愿景、积极向上的价值观、诚实守信的经营理念、履行社会责任和开拓创新的企业精神以及团队协作和风险防范意识。企业应当重视并购重组后的企业文化建设，平等对待被并购方的员工，促进并购双方的文化融合。企业应当根据发展战略和实际情况，总结优良传统，挖掘文化底蕴，提炼核心价值，确定文化建设的目标和内容，形成企业文化规范，使其构成员工行为守则的重要组成部分。

董事、监事、经理和其他高级管理人员应当在企业文化建设中发挥主导和垂范作用，以自身的优秀品格和脚踏实地的工作作风，带动、影响整个团队，共同营造积极向上的企业文化环境。企业应当促进文化建设在内部各层级的有效沟通，加强企业文化的宣传贯彻，确保全体员工共同遵守。企业文化建设应当融入生产经营全过程，切实做到文化建设与发展战略的有机结合，增强员工的责任感和使命感，规范员工行为方式，使员工自身价值在企业发展中得到充分体现。企业应当加强对员工的文化教育和熏陶，全面提升员工的文化修养和内在素质。内部控制与相关影响因素关系见图 1-2。

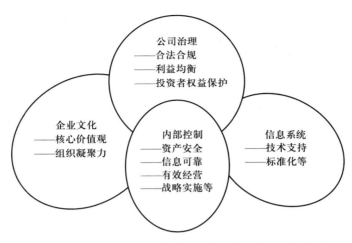

图 1-2　公司治理与内部控制、企业文化、信息系统关系

七、技术特点

在研究组织行为时，技术的影响较大。技术指的是组织工作流程的具体运作方式（投入产出的转换方式）、硬件（如机器、工具等）、材料、人、软件和知识。从有关组织文献中概括出来的对内部控制系统设计比较重要的三种基本技术特点为：复杂性、任务的不确定性和相互依赖性。复杂性来源于工作流程的标准化、大批量生产（例如高度自动化生产）、加工流程和小批量个体技术水平日益复杂。任务的不确定性指的是任务的可变性和执行任务方法的可分解性，可变性越高、方法越不可分解的任务，控制的难度越大，需要更为有机的控制系统。而相互依赖性增加了协调的难度。依靠传统的行政型内部控制，包括以财务指标为主导的控制系统不可能达到所要求的灵活性和公开性，而非正式控制更适合管理相互依赖性。在有条件的企业，可以将控制程序固化在 ERP 系统中，从而提高控制效率。

在过去几十年里，控制系统研究了现代技术的作用，例如将 JIT（及时制生产）、TQM（全面质量管理）、AMS（敏捷制造系统）、ERP（企业资源规划系统）作为环境维度来研究。JIT 需要开放的、非正规的、有机的控制系统，有机的控制系统能够管理 JIT 带来的生产流程的弹性，也能够满足对顾客的需要，包括协调跨价值链环节的相互依赖。TQM 和 AMS 包括有效管理生产流程内的相互依赖关系，如顾客、供应商和其他外部群体之间的联系。标准化/自动化较高的流程技术适合于较传统的正式控制系统和预算控制。任务可分解性高的技术较高程度地依赖于标准的运作程序、项目和计划；难度大、可变性高的任务则较低程度地依赖会计绩效方法；任务转换知识和行为控制联系在一起，可分解性高的技术与会计控制存在低程度的联系。

难度低的任务适合预算参与和预算紧控制，而难度高的任务不强调预算紧控制。高参与和高任务困难与预算紧控制不相关，而高参与和预算紧控制在任务难度低的条件下可以提高业绩。依赖程度低的组织强调预算分析和管理者对预算的影响，但是和上级的相互作用较少，而且对预算不需要太多的解释。在复杂的环境里（彼此间相互依赖），更少强调预算，上下级之间存在更多的相互作用。技术将会改变复杂、不确定和相互依赖程度，从而会产生新的控制问题。在创新获得成功时，也可能成为一种威胁。这是因为，此时需要有适合于企业快速成长的控制系统，即能够展示出哪种努力和投资是成功之所在，并阻止过度扩张的那种控制系统。

八、企业生命周期和经理人特征

对正式控制系统在企业建立初期、成长期、成熟期和衰退期的作用的研究非常重要，特别是内部控制在多大程度上帮助企业从成长期向成熟期过渡。生命周期与生存阶段有关，成熟的企业相对于年轻企业来说更能够存活下来。企业在存续期间可以积累经验，与学习曲线作用类似。即使企业不成长，通过学习也持续改进内部控制。随着企业的成长，将非正式控制转化为正式控制系统。

随着企业发展，创业者的替换是另一个影响企业从非正式组织向正式组织迈进的重要影响因素。创业理论认为，大多数企业家的个人特征更适于年轻企业的成长阶段所面临的不确定性环境；但并不适于更加结构化和大型组织的管理。经理人特征影响其对风险的态度以及违法违规行为。由于企业家对风险的态度和承受能力不同，他们会采取不同的控制机制。

九、企业规模

企业可通过兼并、接管、许可证贸易或其他合作方式来扩大规模，为企业的全球扩张提供资源。此外，生产过程复杂程度、全球伙伴公司间的相互依赖程度等的提高，都需要增加控制手段。企业规模扩大，可以运用大规模批量生产技术减少任务的不确定性，从而实现有效控制。然而，随着组织规模越来越大，管理者要处理的信息增多，需要建立和完善控制手段。早期的研究已经发现，在规模和行政管理安排之间存在一定的联系，如随着规模的扩大，组织具有更高程度的专门化、部门化、集权化、正规化，规则条例也越多，但这种关系并不是线性的。尽管许多机构已经认识到管理控制的重要性，但直到最近的实证研究，它们才将注意力放到该系统对企业生命周期的重要影响上。管理控制方法的选用对处于成长期的企业最为重要，因为协调与控制问题已经不能通过信息互动而解决了。

大规模的、多元化经营的企业分权程度高、预算参与复杂，采用正规的沟通渠道。大多数研究将较大规模的企业作为研究对象，认为大规模企业倾向使用正规的内部控制。管理人力资源是小型成长企业面临的挑战之一。大型企业拥有多条产品生产线，使用批量生产技术，有多个事业分部，控制手段相对复杂，收集诸如预测、市场等方面的环境信息。有两种控制形式与组织规模相关：大型企业常用行政控制系统，小型企业则倾向使用人际关系控制系统。行政控制系统包括更复杂的技术、正规的操作程序、规则、条例等。人际关系控制系统包括以决策为中心、员工参与相关业务的预算活动、解释预算偏差、个体对他们的上下级关系的满意程度。大型企业使用正规的控制系统，而各种控制手段是否恰当取决于企业规模，小型企业不大重视内部控制的作用。因规模不同及规模变化速度的不同，企业所使用的行政控制和人际关系控制也有所区别。如果非正式控制引起了合作与控制成本的增加，那么非正式系统的管理效率将随着规模快速递减，规模同样反映了不断增加的复杂性。

十、舞弊风险

舞弊风险较大的企业或行业，需要设计更为严格的控制系统。舞弊产生的因素主要有动机、机会及忠诚性的缺乏。阿尔布里特（W. Steve Albrecht，1995）提出舞弊三角理论，他认为舞弊三角形的三个顶点是"压力、机会和自我合理化"，如图1-3所示。压力包括财务压力、恶习等；机会包括控制措施的缺乏、无法评价工作质量绩效、缺乏惩罚措施、信息不对称、无能力察觉舞弊行为、无审计轨迹；人们在舞弊时通常并没有想到自己的忠诚性受到破坏，而是会找各种借口说明自己，让自己的舞弊行为成为自我想象中的可接受行为，这时忠诚性缺乏就转化为自我合理化（Rationalization）。自我合理化实际上是一种个人的道德价值判断。只要这三者中的任意一个或两个因素的可能性增加，舞弊的可能性也就会增加，当三个因素的可能性都增加时，舞弊概率很高。

图1-3　舞弊三角理论

舞弊分为员工舞弊（Employee fraud）与管理层舞弊（Management Fraud）。员工舞弊是指企业内部员工以欺骗性手段不正当地获取企业资产或损害企业利益的行为。例如，虚假单据、越权行为、欺骗、虚构应付账款、将企业资产转变为个人使用以及违背员工行为守则等。针对员工舞弊，除了改善内部控制、针对三个因素防范之外，还有其他措施，例如，可将员工忠诚保险作为防止员工舞弊的手段，一些国外公司对于管理现金或其他流动性强的资产的员工均要求投保忠诚保险。管理层舞弊是企业管理当局蓄谋的舞弊行为，主要的目的是虚增资产、收入和利润，虚减负债、费用，通过公布的误导性或严重歪曲的财务报告来欺骗投资者和债权人。企业管理层舞弊，希望能从舞弊中得到企业所需资金、操纵公司股票价格、美化经营绩效、转移公司资产或业务等。防范管理层舞弊的机制主要是改善公司治理层面内部控制。在舞弊风险较高的环境中，需要强化内部控制。

第二节　风险识别

风险是指可能对目标的实现产生影响的事件发生的不确定性。中国财政部等五部委关于《企业内部控制基本规范》指出，风险评估是企业及时识别、系统分析经营活动中与实现内部控制目标相关的风险，应合理确定风险应对策略。内部控制的具体目的是将风险控制在可接受的范围内，企业的风险可能来自产品或服务的缺陷、产品开发能力、材料供应、从业人员的资质、法规的遵守、违反内部控制等。风险管理与控制程序包括控制目标设定、风险识别、风险评估、风险应对和控制活动等。

一、风险管理概述

按照内部控制的目标来划分，风险可分为合法合规类风险、资产安全类风险、财务报告及相关信息类风险、经营类风险、战略类风险等，风险管理包括风险与事项识别、风险评估、风险应对等。风险管理源于20世纪30年代，在风险定性分析的基础上，把保险作为处理风险的主要方法；到了 50 年代，概率论和数理统计的运用，使得人们对风险的分析发生了质的飞跃；60 年代后，许多学者开始系统地研究风险管理；自 70 年代以来，风险管理逐渐发展成为一门在全球范围内被广泛认可的新兴管理学科；80 年代后，企业的风险管理不再局限于信用风险管理，而转向财务风险管理（包括资本市场风险、信用风险等）；到 90 年代后期进入了全方位的企业风险管理。

（一）企业风险管理的作用

风险管理的流程可分为四个步骤：风险识别、风险评估、风险应对以及控制活动。认定一个企业的风险管理是否有效，要在控制程序存在和有效运行的基础上做出判断。如果控制程序存在并且正常运行，风险就可能被控制在组织的风险容量范围之内。风险管理主要有下列作用：① 协调风险容量与战略。管理当局在评价备选的战略、设定相关目标和建立相关风险的管理机制的过程中，需要考虑所在组织的风险容量。② 控制或减少经营意外和损失以使组织识别潜在事项和实施应对的能力得以增强，从而减少意外情况以及由此带来的成本或损失。

企业风险管理具有重要作用，但也存在局限，局限主要源于下列方面：人们在决策过程中的判断可能有纰漏，有关应对风险和建立控制的决策需要考虑相关的成本和效益；不可控的事项、差错或不当报告偶尔也会发生，控制可能因为两个或多个人员的串通而被规避；管理层有可能凌驾于企业风险决策之上等。这些局限使得董事会和经理层难以就组织目标的实现提供绝对保证。即使在一些大公司，因风险管理与内部控制不力，也会导致破产或蒙受重大损失，如表 1-1 所示。

表 1-1　风险管理失控发生的损失

公　　司	损　　失	未评估的风险
Barclays Bank，巴克莱银行	由于在香港的交易商大量投资于金融衍生品，蒙受了重大损失	大量投资于金融衍生品；通过超额奖金激励交易者，缺乏风险防范措施
WorldCom，世通公司	由于控制不完善、财务错报和贷款给 CEO 导致公司破产	财务报告涵盖了三个以上地点；对 CEO 的贷款没有抵押物；以股价为基础激励，内部控制失效
Daimler - Chrysler，戴姆勒克莱斯勒公司	由于 Chrysler 公司收购 Daimler 公司而遭受重大财务和股价损失	为了增加盈利，Chrysler 将未达到 Daimler 质量的新产品打入市场
中航油（新加坡）	破产保护	缺乏有效的风险监控系统

（二）《企业风险管理——整合框架》

2004 年美国 COSO 委员会发布了《企业风险管理——整合框架》（Enterprise Risk Management，ERM，2013 年修订），为企业管理当局评价和改进其所在组织的风险管理提供了一个框架。ERM 认为，企业风险管理是一个过程，它由董事会、管理层和其他人员实施，应用于战略制定并贯彻执行之中，管理风险以使其在该组织的风险容量之内，为组织目标的实现提供合理保证。ERM 明确了以下内容：风险管理是一个过程，受人的影响，应用于战略制定，贯穿企业的所有层级和单位，旨在识别影响组织的事件并在组织的风险偏好范围内管理风险，为了实现各类目标提供合理保证。

ERM 包括八个关联的部分：① 内部环境，为人员如何认识和对待风险设定了基础，包括风险管理理念和风险容量、诚信和道德价值观以及所处的经营环境;② 目标设定;③ 事项识别,必须识别影响组织目标实现的内部和外部事项,区分风险和机会,使机会被反馈到管理层的战略或目标制定过程中;④ 风险评估,通过考虑风险的可能性和影响来对其加以分析,并以此作为如何进行管理的依据;⑤ 风险应对,管理层选择风险应对策略,如回避、承担、降低或者分担风险,以便把风险控制在组织的风险容忍度和风险容量以内;⑥ 控制活动;⑦ 信息和沟通;⑧ 监督,监督可以通过持续的管理活动、个别评价或两者结合起来完成。ERM 的上述八个要素并不是一个严格的顺次过程,一个构成要素并不是仅仅影响接下来的那个构成要素。它是一个多方向的、反复的过程,在这个过程中几乎每个构成要素都可能影响其他构成要素。

ERM 增加了目标设定、事项识别和风险应对这三个内容,增强了内部控制的目的性,强调风险应对和机会的利用,强化了风险应对和控制要与组织的风险容量和风险容忍度相协调的观念。在内部环境要素方面,ERM 强化了内部控制框架中至少要有多名独立董事。在风险评估方面,ERM 拓展了内部控制框架要求从一个给定的风险将会发生的可能性和它的潜在影响的角度来评估风险,而且要求从固有风险和剩余风险的角度来观察风险评估结果,要求风险评估的时间范围应该与组织的战略目标相一致。

ERM 要求组织对风险关注,既要在分别考虑实现企业目标的过程中进行控制,也要从"组合"的角度考虑复合风险,建立了风险的组合观。风险的组合观要求关注和应对各种风险,也要抓住和利用各种机会,要关注各种风险的相互关联性(包括相互对冲),要关注各种单独的事项是否会产生多重的风险;负责业务单元、职能部门、流程或其他活动的人员,应从不同的角度对风险进行复合评估,管理当局应从企业整体去考察风险。

ERM 引入风险容量和风险容忍度的概念。风险容量即风险偏好,是企业在追求其使命/愿景的过程中所愿意承受的风险度,在战略的制定和相关目标的选择中起引导作用。风险容忍度是相对于目标的实现而言所能接受的偏离程度,在确定风险容忍度的过程中,管理层应当考虑相关目标的相对重要性,并使风险容忍度与风险容量相协调。在一定的风险容量和风险容忍度之内,可以为实现企业目标提供保证。因此,这两个概念的引入,有助于防范风险或者防止过度谨慎。

(三)中国企业风险管理

在风险管理过程中,我国企业重视流程风险控制。流程风险是因缺乏有效的流程管理而导致的风险,包括生产流程风险、交易流程风险、产品或服务风险,例如生产能力风险、生产周期风险、生产中断风险、存货保持风险等。风险可能发生在采购环节,企业对于供应商或客户的评估不当、原材料缺货或成本过高、原材料的质量问题均可能引起风险。在交易过程中,顾客声誉、顾客资产评价是否真实、与顾客交易是否能增强企业本身竞争力、交易记录的确认、交易账户的清算等都会产生风险。

《企业内部控制基本规范》有专门针对风险管理的内容,例如风险评估应包含如下几个程序:确定风险承受度,识别企业内部、外部风险,进行风险分析与评估,制定风险应对策略。企业应当根据设定的控制目标,全面系统持续地收集相关信息,结合实际情况,及时进行风险评估。企业开展风险评估,应当准确识别与实现控制目标相关的内部风险和外部风险,确定相应的风险承受度。风险承受度是企业能够承担的风险限度,包括整体风险承受能力和业务层面的可接受风险水平。

1. 企业识别内部风险

企业识别内部风险，应当关注下列因素：

（1）董事、监事、经理及其他高级管理人员的职业操守、员工专业胜任能力等人力资源因素。

（2）组织机构、经营方式、资产管理、业务流程等管理因素。

（3）研究开发、技术投入、信息技术运用等自主创新因素。

（4）财务状况、经营成果、现金流量等财务因素。

（5）营运安全、员工健康、环境保护等安全环保因素。

（6）其他有关内部风险因素。

2. 企业识别外部风险

企业识别外部风险，应当关注下列因素：

（1）经济形势、产业政策、融资环境、市场竞争、资源供给等经济因素。

（2）法律法规、监管要求等法律因素。

（3）安全稳定、文化传统、社会信用、教育水平、消费者行为等社会因素。

（4）技术进步、工艺改进等科学技术因素。

（5）自然灾害、环境状况等自然环境因素。

（6）其他有关外部风险因素。

全面风险管理是企业围绕总体经营目标，通过在企业管理的各个环节和经营过程中执行风险管理的基本流程，培育良好的风险管理文化，建立健全全面风险管理体系，包括风险管理策略与措施、风险管理的组织体系、风险管理信息系统和内部控制，为实现风险管理的总体目标提供合理保证的过程和方法。

全面风险管理基本流程包括以下主要工作：① 收集风险管理初始信息；② 进行风险评估；③ 制定风险管理策略；④ 提出和实施风险管理解决方案；⑤ 风险管理的监督与改进。企业开展全面风险管理工作应与其他管理工作紧密结合，把风险管理的各项要求融入企业管理和业务流程中。大型企业需要建立风险管理三道防线，各有关职能部门和业务单位为第一道防线；风险管理职能部门和董事会下设的风险管理委员会为第二道防线；内部审计部门和董事会下设的审计委员会为第三道防线。风险分类是以内部控制目标的类别为基础的适当调整，如图1-4所示。

某企业对所有业务板块进行了流程梳理和风险识别，已完成6大板块、53个业务流程和472个业务子流程的风险、控制环节的识别、梳理工作；进行了风险控制自我评估，筛选关键风险指标，并按季度形成操作风险评估报告。信用评级IT系统已整合入ERP系统中，抓住重点领域，持续开展专项风险排查，逐步形成日常风险过滤与专项风险排查相结合的监控模式。进行反欺诈管理系统的开发，利用计算机工具自动识别和预警欺诈嫌疑事项。

该企业成立了反欺诈工作团队，设立专职反欺诈工作人员，并进行了专业知识和技能培训。持续

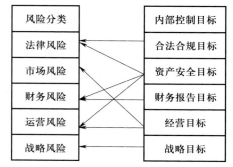

图1-4 风险管理与内部控制关系

优化防伪系统和电子对账系统的功能，控制票据、印鉴和账户管理中的突出风险。建立综合集中验证系统，统一认证各业务系统下的用户权限，以保证数据的安全性、准确性。以"目标—风险—控制"流程为指导，对所有的可能风险进行分析，包括管理层关注的事项以及引起责任人员注意的风险领域。关注高风险的领域，全面排查，重点监控。通过这一系列的内控程序，企业实现了对风险的有效监控，保证了其盈利水平稳步提升。

二、过程控制

企业建立内部控制的目的是通过对已存在及潜在风险的控制来保证企业正常的生产经营活动，避免其遭受重大损失。过程控制是为实现内部控制目标，通过外部和内在的力量使组织成员的行为和各类业务流程符合规范和要求，减少控制目标实现过程中的行为偏差，将风险控制在可接受范围内。为了确保组织成员遵守这些流程，需要标准化的控制流程、绩效计量、监控和信息反馈。过程控制涉及企业的各个层级，包括整个企业、各职能部门、各条业务线、组织中的每个成员及下属各子公司的控制责任。最高管理者负有首要责任，其他管理人员承担相应责任，例如，业务经理负有关键的责任，在各自的责任范围内依据风险容忍度控制风险。企业外部的利益相关者，例如顾客、供应商、商业伙伴、外部审计师、监管者和财务分析师，常常提供有用信息，但他们不是责任承担者。

过程控制有助于实现内部控制的目标，降低损失、减少重大负面事件发生的概率，为企业提供早期风险警告机制，改进企业实现其经营管理目标的能力，使风险转移合理化，提高企业价值。管理者可以选择不同的控制方式，如结果控制、过程控制、人员控制以及预算紧控制和松控制等。依据不同成因将员工越轨行为分为个人型越轨行为、组织型越轨行为和任务型越轨行为三类，并针对这三类越轨行为提出了三种不同的组织控制策略：内在控制、过程控制和结果控制。

激励理论主要是通过改变回报来控制行为的；契约与委托代理理论则把行为控制关系看作是委托代理关系，侧重研究回报机制的设计与优化，认为资源、项目和回报是行为发生的必要条件，三者缺一不可。通过项目控制法、资源控制法和回报控制法来达到控制的目的，使组织成员从事有利于目标实现的行为，不能、不愿或不敢从事不利于目标实现的行为。战略控制强调战略竞争导向和战略效益导向，关注长期的绩效，是一种过程控制。图1-5 显示了过程控制的步骤以及各步骤之间的逻辑关系。

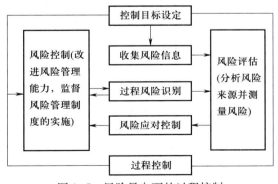

图 1-5 风险导向下的过程控制

第三节　风险评估与应对

风险评估是企业及时识别、系统分析经营活动中与实现内部控制目标相关的风险，并合理确定风险应对策略的过程。风险评估首先应找到"风险动因"，而不能简单地将业务部门或行政区域作为风险评估的对象，对"风险动因"的具体元素进行逐个评估后，风险既可以进行横向汇总对机构风险进行排序，也可以对不同业务进行纵向汇总对业务风险进行排序。对业务风险的评估和排序结果是进行专项检查的重要依据，为提高业务水平提供了可能。以病理学观点来分析，将组织比拟为有机体，潜在的错误恰如病原，系统越是复杂，越不透明，各种潜在错误就越多。一个健康的组织并非能超脱潜在错误，而是能不断致力于找出潜在错误并随时消除它们。

一、风险评估与应对概述

风险评估有三个非常重要的因素：对风险估计的商业过程透彻地理解、讨论风险的框架和共同的语言以及建立一套鼓励对风险本质和机会进行分析的机制。风险评估与应对是风险管理的核心内容，中国《企业内部控制基本规范》指出，企业应当采用定性与定量相结合的方法，按照风险发生的可能性及其影响程度等，对识别的风险进行分析和排序，确定关注重点和优先控制的风险。企业进行风险分析，应当充分吸收专业人员，组成风险分析团队，按照严格规范的程序开展工作，确保风险分析结果的准确性。企业应当根据风险分析的结果，结合风险承受度，权衡风险与收益，确定风险应对策略。企业应当合理分析、准确掌握董事、经理及其他高级管理人员、关键岗位员工的风险偏好，采取适当的控制措施，避免因个人风险偏好给企业经营带来重大损失。

企业应当综合运用风险规避、风险降低、风险分担和风险承受等风险应对策略，实现对风险的有效控制。风险规避是企业对超出风险承受度的风险，通过放弃或者停止与该风险相关的业务活动以避免和减轻损失的策略。风险降低是企业在权衡成本效益之后，准备采取适当的控制措施降低风险或者减轻损失，将风险控制在风险承受度之内的策略。风险分担是企业准备借助他人力量，采取业务分包、购买保险等方式和适当的控制措施，将风险控制在风险承受度之内的策略。风险承受是企业对风险承受度之内的风险，在权衡成本效益之后，不准备采取控制措施降低风险或者减轻损失的策略。企业应当结合不同发展阶段和业务拓展情况，持续收集与风险变化相关的信息，进行风险识别和风险分析，及时调整风险应对策略。

二、风险承受度判断

企业在设定目标尤其是设定战略目标时必须要考虑企业的风险承受能力。企业应当选择与企业风险承受能力相一致的战略目标，若不一致，则需修正战略。确立风险承受度，需要解决以下三个问题：首先，要确定企业的风险偏好程度。即采用定性和定量的方法确定企业为了实现既定的目标而愿意承受的风险的程度。其次，要明确企业的风险容忍度，即企业对目标实现差异的可承受能力。企业的风险承受能力都是有限的，所以，企业在目标实现过程中，应结合相关目标的重要性以及企业的风险偏好程度来确定其风险容忍度。最后，在对待单位风险时要考虑企业总体的风险组合。这是因为，企业的各个子单位在目标设定的过程中往往只从本单位的利益出发，只考虑本单位的风险容忍度，而没有考虑企业整体的风险偏好，这样的倾向很可能会使企业总体的风险超出偏好范围，所以，子单位在设定目标的过程中，一定要以风险组合观来对待单位风险。

三、风险识别

风险识别是指对企业所面临的以及潜在的风险加以判断、归类和鉴定风险性质的过程，即确定企业正在或将要面临哪些风险。风险识别必须识别影响主体目标实现的风险，将风险反馈到管理当局的战略或目标制定过程中。风险识别是风险评估的基础，它是一个连续的过程，即使进行了系统的识别工作，新的风险也有可能出现。风险识别没有一个单一的方法和工具，它是一个知识管理过程，每个企业需要把项目管理的知识和经验逐步积累起来，形成自己的项目管理知识库。企业风险识别的目的，在于全面了解企业经营中所面临的各类风险的暴露情况，并对各类风险的大小及影响程度做出初步的评估和判断，以便针对其风险特点，确定风险管理的重点和应对策略。风险识别的重点是收集风险信息、确认风险来源以及风险的性质，常用的风险识别方法有：风险清单分析法、现场调查法、财务报表分析法、组织结构图分析法、流程图法、因果图法、事故树法、管理评分法、专家意见法、公司治理风险识别。

（一）风险清单分析法

风险清单列示了已识别的、常见的企业风险，如故障、员工疏忽和欺诈行为、外部欺诈、专利权的失效、存货短缺、管理失误等。例如，思科公司某年的股价是其每股销售收入的 6 倍，公司 β 值（资本市场上一种度量风险的指标）高达 1.13，公司的风险较高，但为股东创造了价值。该公司关注的主要风险有增长率、毛利、并购、对新产品开发的依赖、进入新的市场、竞争性风险因素、员工变动、组织变更、供应商等。

（二）现场调查法

现场调查法一般分为三步，即调查前的准备工作、现场调查以及形成调查报告。调查前的准备工作要设计出调查表或调查问卷，内容包括调查的时间、地点、对象等。调查表可以采用事实陈述的方式，或是针对问题的方式，可在调查表中设计具体的标准。现场调查表优点在于可以获得第一手的资料，调查表或调查问卷可以反复使用；其缺点在于初次设计调查表或问卷时比较耗时，并且调查过程或形成报告阶段的成本较高。这种方法一般适用于年度的或较长间隔期的风险识别。表 1-2 是某公司设计的一个调查表。

表 1-2　销售与收款循环风险控制

风　　　险	客户主数据维护和信用审核	是或否	风险程度
未按规定维护客户主数据，系统失控	是否由使用单位填写客户主数据申请表或变更表		
	营销部门主数据维护员按审核后的客户信息在 ERP 系统中维护客户主数据或变更客户主数据；系统默认信用主数据应为高风险级别或零信用		

续表

风　　险	客户主数据维护和信用审核	是或否	风险程度
信用审批不严，造成损失	信用管理领导小组负责制定公司的信用政策和信用总体规模		
	营销部门是否根据客户的资金、信用等状况，在规定的信用政策和信用总体规模内拟订客户具体信用限额和时限，经同级财务部门审核后按规定权限报批		
	客户信用限额和时限审批后是否由信用主数据维护人员进行维护，营销部门是否维护总体和单个信用控制范围内的最大额度，并及时进行下一校验		
	是否及时上报信用管理月报表，对客户的应收账款情况进行动态管理		
	营销和财务部门是否共同建立客户信用动态档案，并至少每年更新一次，由不相容岗位人员提出划分、调整客户信用等级的方案		
赊销不当导致货款不能及时回笼	相应责任人在客户信用限额内，按照规定权限签订赊销合同并签订《货款回笼责任书》（单笔或汇总）		

（三）财务报表分析法

财务报表分析法具体包括趋势分析法、比率分析法、因素分析法和模型分析法。趋势分析法是指根据企业连续期间的财务报表数据，比较前后期同一项目的增减变化幅度和方向，揭示当期该项目合理的增减变化幅度和方向，并识别是否存在风险事件。比率分析法是指根据同期的财务报表数据，将相关数据进行运算，得出评价比率，并与参照值（行业值等）进行比较，分析企业是否存在风险事件。因素分析法是固定非被测因素，测量被测因素对风险事故的影响。模型分析法运用数理模型，对关键指标进行分析，如评价财务风险的 Z 值法。

（四）组织结构图分析法

组织结构图分析法是利用组织的结构简图分析寻找出现风险的区域。其方法是根据需要画出企业或部门的整体结构图，寻找部门之间是否存在重复性、依赖性或集中性；也可在组织结构图上标注该部门的原料供应量、收入、利润等，管理人员可以清楚地看到各部门的责任和风险，也可以借鉴战略地图对风险进行描述。

（五）流程图法

流程图法是一种常用的识别企业面临的潜在损失的系统方法，它将风险主体按照生产经营的过程、经营活动内在的逻辑关系绘制成流程图，并针对流程中的关键环节和薄弱环节识别风险。流程图可以是实物形式的，也可以是价值形式的，其复杂程度视需要而定。流程图配有解释表，用来具体说明各流程阶段会发生的风险种类，可以直观地反映易发生风险的流程以及它对其他流程的影响。

（六）因果图法

因果图法是一种分析风险事故与导致风险事故因素之间因果关系的有效工具。这一方法的关键是绘制因果图。图中主骨代表被分析的风险事件，大骨代表导致风险事件的主要原因，中骨表示导致大骨的主要原因，依此类推，将导致风险事件的因素尽可能地在图中表示。该图不但可以揭示各原因之间的逻辑关系，还可以表示各风险因素的重要程度。例如，青岛啤酒公司把海外市场从发达国家市场扩展到包括发展中国家在内的全世界市场的战略，它能否实现的一个关键要素在于公司是否具备这样的营销能力。如果公司营销能力差，就说明该战略与竞争能力不匹配，公司就有潜在战略风险。

（七）事故树法

事故树法也称故障树法，其本质是定量的分析方法，但也可作为定性的分析方法。事故树法是由某一风险事件出发，运用逻辑推理的方法推导出其引发风险的原因。按顶上事件（风险事件）—中间事件—基本事件的流程进行事故树的结构图分析，从而确定风险源。

（八）管理评分法

管理评分法将有关风险的各种现象和标志性因素列出，然后依据它们对企业经营失败的影响大小进行赋值，最后将一个企业的所得分值汇总，判断风险程度。该方法将有关因素分为三大类，并依据各因素对企业经营失败的影响大小进行赋值，关键是对风险因素的处理，如表1-3所示。

表1-3　风险因素及其记分值

项　　目	风 险 因 素	各项总分值	总　　值	临 界 值
经营特点	管理活动不深入	1	43	10
	管理技能不全面	2		
	被动的董事会	2		
	董事长兼任总经理	4		
	总经理独断专行	8		
	应变能力太低	15		
	财务经理不够强	2		
	无过程预算控制	3		
	无现金开支计划	3		
	无成本监督系统	3		
经营错误	负债过多	15	45	15
	缺乏资本的过度经营	15		
	项目风险过大	15		
破产征兆	财务危机信号	4	12	0
	编制假账	4		
	经营秩序混乱	3		
	管理停顿	1		
分值加总		100	100	25

管理评分法打分规则是：每一项的得分要么是 0 分，要么是满分，没有中间分；所得的分值越高，则风险越大；总体风险的临界分值是 25。如果企业的所得总分是 25 分以上，则表示企业已处于高风险区内；如果所得的总分超过 35，企业就处于严重的危机中；25—35（含）称为企业的"黑色区"；企业的安全得分应小于 18；如果企业的得分处于 18（含）—25，则表明企业处于正常风险区。管理评分法的缺点是：一是评价过程具有主观性；二是风险因素是否属于企业主要风险，有可能遗漏重要的因素；三是衡量风险大小的临界值的代表性和预测效果有待实践检验。

（九）专家意见法

专家意见法又称为德尔菲法，是企业组织专家对内外环境进行分析，辨明企业是否存在经营困境发生的诱因，以此预测经营危机发生的可能。这一方法采用函证调查，分别向有关专家提出问题，而后将他们回答的意见整理、归纳，并匿名反馈给有关专家，再次征求意见，然后再综合并反馈，如此多次重复，得到比较一致的意见。

（十）公司治理风险识别

"治理型内部控制"不仅要求风险管理者能够有效地识别各类流程风险，也要求企业对潜在的治理风险进行识别。国内外机构和学者对公司治理风险的预警和识别进行了探索，例如一些机构推出了公司治理风险评级系统，将公司治理风险的内容划分为信息透明度、关联交易、股权性质、合并重组、投票权行使、破产风险、外部监管者态度及证券登记人员品质 7 个一级指标和 20 个二级指标，并给每项要素赋予不同的惩罚分数和打分标准，总分 72 分。分数高于 35 分（含）的上市公司存在严重的治理风险，而低于 17 分（含）的公司相对较安全，介于 17~35 分的公司治理风险等级居中。也有学者将风险划分为很高、高、中、低四个等级，从公司行为、股东诉讼、调解程序以及道德四个方面设计了 28 个问题，采用模糊逻辑模型来评估公司治理的风险。李维安等（2003）基于系统思维视角界定了公司治理风险的内涵，建立公司治理风险预警指标体系，以对公司治理风险进行预警。

四、风险评估

风险评估是指在风险识别的基础上对风险进行定量和定性的综合分析，并确定风险影响的过程。传统的风险分析定性的方法比定量的方法应用得更为普遍，如对风险影响程度的刻画用诸如"严重""轻微"等，随着风险分析技术的不断进步，定量的风险分析方法开始受到重视。风险评估主要是对以下三个方面进行评估：第一，评估风险发生的概率，即可能性；第二，评估风险造成的影响程度，即其严重性；第三，分析采取何种措施应对该风险，如何进行风险的事前、事中及事后管理。

（一）风险评估程序

首先，对风险进行测量，在过去风险资料分析的基础上，借助于历史资料、专家知识系统和经验等，运用概率论和数理统计的方法对某一特定或者几个风险事件发生的损失概率和损失程度做出定量估计。其次，评估风险，即在风险识别和风险测量的基础上，把损失概率、损失程度、风险评估标准以及其他因素综合起来考虑，分析风险对企业的影响。应从固有风险和剩余风险两方面进行风险分析，其中，固有风险是指在不采取任何风险管理措施情况下，企业所面临的风险；而剩余风险是指企业采取了相应措施应对风险后仍然会存留的风险。风险评估应当首先应用于固有风险评估，一旦实施了风险应对措施，管理层就可以随后评估剩余风险。

（二）风险评估内容

企业需要根据事项的重要性分析判断应对哪些事项的风险进行评估。评估风险的时间范围应当与相关战略和目标的时间范围相一致。在评估可能影响特定目标实现的各种事项的风险时，应采用相同的指标来确定其影响。企业在评估风险时，如果风险可能影响多个业务单元，可以将它们并入同类事项类别中，先分单元逐个考虑，然后再从整体的角度把它们放在一起考虑。

如果潜在事项之间并不相关，管理者应对它们分别进行评估；但当事项彼此关联，或者事项结合或相互影响会产生显著不同的可能性或影响时，管理者应把它们放在一起进行分析。因此，风险分析一方面应包括风险之间的关系分析，以便发现各风险之间的自然对冲、风险事件发生的正负相关性等组合效应，从风险策略上对风险进行统一集中管理；另一方面企业在评估多项风险时，应根据对风险发生可能性高低和对目标的影响程度的分析，绘制风险坐标图，对各项风险进行比较，初步确定对各项风险的管理优先顺序和策略。

很多企业为了加强对风险管理，设置风险经理一职，管理团队主要由市场营销专家、产品开发研究专家和财务专家组成。美国 3M 公司建立了风险投资管理机制，为风险投资制定的经营计划包括对预期收益的估计、投资结构平衡、制定资金预算。为确保开发技术的成功，只有在投资项目的收益大大超过损益平衡点时，才投入开发技术；由创新者、管理人员、财会人员共同对新产品、新技术、新工艺进行技术性、商业性评估，一旦证实创新概念具有经济价值，就进入盈利性分析，包括预期的投资收益率，与之相关的、各自不同的风险，达到成熟期所需的时间等。

（三）风险分析

采用定性和定量的方法进行风险分析各有利弊。定性方法实施过程较为简单，成本较低，但精确度不高，适合分析较小的或不重要的风险；而定量的方法克服了定性方法在精确度上存在的缺点，其较高的精确度能为风险管理者提供更好的指导，但缺点在于分析数据较多，分析过程复杂，分析成本较高。

定量的风险分析方法对于较大或相对重要的风险比较适合，常用的风险分析方法有压力测试、风险坐标图法、蒙特卡罗方法等。

1. 压力测试

压力测试是指在极端情景下，评估风险管理模型或内控流程的有效性，发现问题，制定改进措施的方法，目的是防止出现重大损失事件。它是以定量分析为主的风险分析方法，具体操作步骤如下：首先，针对某一风险管理模型或内控流程，假设可能会发生哪些极端情景。极端情景是指在正常情况下发生概率很小，一旦发生，后果十分严重的事情（如地震、火灾、被盗）。然后，评估极端情景发生时，该风险管理模型或内控流程是否有效，并分析对目标可能造成的损失。最后，制定相应措施，进一步修改和完善风险管理模型或内控流程。企业常规的风险管理策略和内控流程在极端情景下不能有效防止重大损失事件，因此，企业需要采取购买保险或相应衍生产品、开发多个交易伙伴等措施来规避或减轻风险。对银行业的风险评估一般都采取压力测试的分析方法。

2. 风险坐标图法

风险坐标图是把风险发生可能性的高低、风险发生后对目标的影响程度，作为两个维度绘制在同一个平面上（即绘制成直角坐标系）。对风险发生可能性的高低、风险对目标影响程度的评估有定性、定量等方法。定性方法是直接用文字描述风险发生可能性的高低、风险对目标的影响程度，如"极低""低""中等""高""极高"等。定量方法是对风险发生可能性的高低、风险对目标影响程度用具有实际意义的数量描述，如对风险发生可能性的高低用概率来表示，对目标影响程度用损失金额来表示。绘制风险坐标图的目的在于对多项风险进行直观的比较，从而确定各风险管理的优先顺序和策略。

3. 蒙特卡罗方法

蒙特卡罗方法是一种随机模拟方法，用来分析评估风险发生可能性、风险的成因、风险造成的损失或带来的机会等变量在未来变化的概率分布。其具体操作步骤为：一是量化风险；二是根据对历史数据的分析，用建模方法，建立能描述该风险变量在未来变化的概率模型；三是计算概率分布初步结果；四是修正完善概率模型；五是利用该模型分析评估风险情况。正态分布是蒙特卡罗风险方法中使用最广泛的一类模型。由于蒙特卡罗方法依赖于模型的选择，模型本身的选择对于计算结果的精确度影响很大。蒙特卡罗方法计算量很大，通常需要借助计算机完成。

（四）风险/内部控制自我评估

风险自我评估或内部控制自我评估（以下简称自我评估）是一种融合组织行为学、内部控制、风险管理、全面质量管理、绩效持续改进等多种理论的方法。自我评估内容包括四个方面：确认风险；评价减少或管理风险的控制过程；制定将风险减少到可接受程度的行动计划；确定实现业务目标的可能性。

内部控制自我评估（CSA）被列为"当前内部审计最佳实务"。中国《企业内部控制基本规范》指出，企业应当结合内部监督情况，定期对内部控制的有效性进行自我评估，出具内部控制自我评估报告。内部控制自我评估的方式、范围、程序和频率，由企业根据经营业务调整、经营环境变化、业务发展状况、实际风险水平等自行确定。

1. 内部控制自我评估的优点

实施自我评估程序可以提高风险管理有效性。由员工、内部审计师、管理人员合作评估控制程序的有效性，成为全员参与式的控制机制。1987年，加拿大阿尔伯特海湾能源公司三位内审人员在一个协调会议上同时对不同小组的员工进行访谈，寻找控制点强弱环节，发现这种方法对于拥有众多部门的大型公司进行内审时效率非常高。

将以前"发现和评价"为主要内容的活动向积极防范和提供解决方案的活动转变，从事后发现问题到事前发现、防范风险转变，从单纯强调控制转向积极关注、利用各种方法改善企业绩效，内部控制自我评估提高了内部控制效率。例如，UDS公司（北美石化公司）采用CSA与传统内部控制技术相结合的方法，提高了内部控制效率，原来在零售部门管理审计项目方面需要8-12周时间，采用自我评估技术后，进行二次研讨会（每次5小时）就确认了该领域最重大的风险，用了不到3周的时间完成了既定审计目标。①

---

① Figg J. The Power of CSA [J]. The Internal Auditor, 1999, 8: 22-23.

内部控制自我评估强调员工的参与性。CSA 或 RSA（风险自我评估）要求有关人员参与控制或风险评估过程中，通过研讨深层次理解自身的职责，同时了解其他部门的流程与职责，加强部门间的合作和互动，从而形成认同，使风险管理和控制得到支持。内部控制自我评估要求进行持续的评估与改进。通过制度化的方法，保证环境变化能够由最先意识到的业务人员及时反馈上来，以及时调整控制措施来降低各种意外风险或加以利用。内部控制自我评估为管理层和员工提供相关教育与培训。通过引导有关人员参与自我评估，将现代管理的理论和方法传授给参与人员，使其更加熟悉本部门的控制过程，更好地履行职责。例如，海空物流公司通过业务操作系统，对成本实时监控分析，对利润率低于 5% 的货物，管理层和业务部门每周至少讨论一次，找出原因，采取措施提高利润率。

2. 风险/内部控制自我评估的内容

国际内部审计师协会（IIA）认为，自我评估内容包括四个方面：确认风险；评价减少或管理风险的控制过程；开发用以将风险减少到可接受程度的行动计划；确定实现业务目标的可能性。并采用以下五种不同的形式展开：

一是以目标为基础。首先确定完成既定目标的现有控制方式，再确认剩余风险（采纳控制措施后依然存在的风险）。评估现有的控制是否有效运作，剩余风险是否维持在可接受的水平。

二是以风险为基础。先列举出影响目标实现的各种风险，然后确定能够管理关键风险的适当控制，即典型的"目标—风险—控制"模式。

三是以控制为基础。在 RSA 之前已确认关键风险和控制，在 RSA 过程中把关注点放在评估内部控制运行的有效性。

四是以过程为基础。识别采购、产品开发、销售等过程中的优点、缺点，致力于评价、改善并简化整个过程，这一方式对流程再造、全面质量管理、持续改进等管理活动提供支持。

五是以部门为基础。关注某个部门在整个组织中的位置，确认帮助部门有效发挥功能以及阻碍部门目标实现的因素。

内部控制自我评估（CSA）或风险自我评估一般采用两种方法：调查问卷法和研讨会。其中后者是自我评估的典型方法。研讨会通常持续 2~4 小时，由管理人员作为会议的引导者与协调者，引导与会人员就某一议题充分讨论交流，在需要进行评估时利用电子记录与投票系统收集信息，直接记录与会者的意见，及时获得反映与会者对解决议案的偏好、优先顺序的量化结果。研讨会结束后，应立即汇总和整理讨论、评估的工作底稿，完成评估报告，协助高管层拟订相应行动方案，最后将评估报告和解决方案提交管理层和所有参与自我评估的部门及人员共享。其他适合我国企业的方法有：与领导面谈、电话会谈、匿名的建议信（避免建议提供人受到事件相关人或其上司的责备）。要注意的是，"报喜不报忧"的企业文化可能影响自我评价效果。

五、风险应对

风险应对是针对风险评估的结果、企业的风险容量和风险容忍度，选择适当的风险管理策略。风险应对策略通常分为以下五类：回避风险、损失控制、分离风险单位、非保险方式的转移风险（包括转移风险源、签订免除责任协议、利用合同中的转移责任条款）和保险。回避意味着所确定的应对方案都不能把风险的可能性和影响降低到一个可接受的水平，降低和分担意味着要把剩余风险降低到与期望的风险容忍度相协调的水平，而承受则意味着固有风险已经在风险容忍度之内。有时，一种风险应对方案就能产生与风险容忍度相一致的剩余风险；有时应对方案的组合才能带来最佳的效果。还可以通过转嫁或与他人共同承担风险，以降低风险的可能性或影响。

在评价了风险应对方案的效果之后，企业就应当选择一个能使风险的可能性和影响处于风险容忍度之内的应对方案或应对方案组合。一定程度的剩余风险总是存在的，这不仅因为资源是有限的，而且还因为所有的经济活动在未来存在不确定性。因此，风险应对并不是要把剩余风险降到最低。如果一个风险应对方案会导致剩余风险明显低于风险容忍度，企业就应当对该应对方案进行反思和修改，或者在必要时重新考虑风险容忍度。平衡风险与风险容忍度是一个不断反复的过程。

在评价固有风险的应对方案时，应当考虑应对方案可能带来的附加风险（不会立即显现出来的风险）。还应当从整个企业范围或组合的角度去考虑，通常管理层首先是从各个业务单元、部门或职能机构的角度去考虑风险应对，不同单元的剩余风险可能处于各该单元的风险容忍度之内，但合并在一起后，风险可能会超过企业的风险容忍度。在这种情况下，就需要另外的或附加的风险应对方案，以便使风险处于企业风险容忍度之内。如果风险能相互抵消，使企业风险在其风险容忍度之内，则不需要追加的风险应对方案。

（一）风险规避

风险规避是事先预测风险发生的可能性，分析和判断风险产生的条件和影响程度，对那些风险程度超过企业风险承受能力而难以控制的活动予以回避或外包。规避策略所对付的是那些无法预防或业已存在的风险，是一种消极、被动的风险防范策略。

（二）风险分散

风险分散主要指企业采取多经营、多方投资、多方筹资、外汇资产多源化、吸引多方供应商、争取多方客户的方式以分散风险。

（三）风险转移

风险转移是指企业通过某种手段把风险转嫁给其他单位承担的方法。该方法主要包括以下三种：一是保险法，通过购买保险，风险由保险公司承担，提高企业财务稳定性。二是合同法，通过签订有关合同，明确合同双方在一定期限内的权利和义务，以便将一定的财务风险转移出去。三是转包法，企业将一些风险较大的活动交给一些专业的机构或部门去完成，尤其是一些具有专业知识和丰富经验技能，拥有专门人员和设备的专业公司。

（四）风险自留

当企业既不能避免风险的发生，也无法分散或转移风险时，就只能以自身的财力来承担风险所造成的损失，采取风险自留策略。风险自留策略并非只是单纯地任凭风险发生，而是需要在接受风险的同时尽量采取措施减轻风险。也就是说，按照稳健性原则，平时在企业内部分期建立起各种风险基金，如偿债基金和各种准备金等，当特定的风险发生并造成损失时，就可以用这些风险基金予以补偿。图1-6列示了企业在面临不同风险时应选择的风险处置手段。

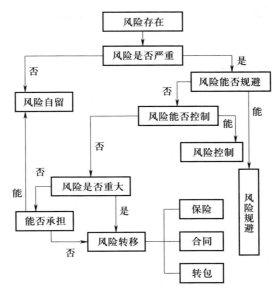

图 1-6 企业风险防范控制系统图

第四节 企业内部控制环境与风险评估案例

风险管理的案例较多，其中"郑百文"公司具有代表性，以下介绍这家公司情况。郑州百文股份有限公司（以下简称"郑百文"），由郑州市百货公司和郑州市钟表文化用品公司于 1987 年 6 月在合并的基础上组建而成，主要经营百货文化用品、五金交电、油墨及印刷器材、家具等。郑百文于 1988 年在全国同行业率先进行股份制改革，1996 年股票上市，当年销售收入 41 亿元，名列全国同行业前茅。1997 年其营业规模和资产收益率等在所有商业上市公司中排第一。然而神话很快破灭了，1998 年郑百文每股净亏 2.54 元，1999 年总亏损 9.8 亿元。有文章描述了郑百文没落之路，"一边是越吹越大的数字，一边是越戴越多的桂冠；一边是冠冕堂皇的理论，一边是移花接木的骗局——把银行牢牢套住；一边是越铺越大的摊子，一边是越堆越高的债务——高速膨胀下的失控加速了郑百文的破灭。"郑百文的由盛而衰，是典型的内部控制失败案例①。

一、控制环境

控制环境影响到内部控制要素能否发挥和如何发挥作用，直接影响控制目标的实现。郑百文公司管理理念混乱，公司年报承认"重经营，轻管理；重商品销售，轻战略经营；重资本经营，轻金融风险防范；重网络硬件建设，轻网络软件完善；重人才引进，轻人员监管和培训。"郑百文以家电经销为主，经销长虹彩电发家的家电分公司的资产及业务量在郑百文中独占鳌头，郑百文拖欠银行债务的 90% 以上在家电分公司。公司管理层提出三角合作关系理论，将商业银行、生产商和销售商捆绑在一起，由中国建设银行河南省分行向四川长

---

① 资料来源：刘雪梅.郑百文涉案四责任人被稽察.21 世纪经济报道，2001 年 11 月 20 日.

虹电器公司出具银行承兑汇票，郑百文买断长虹公司的电视产品，并向下游批发商赊销。这一经营战略的抗风险能力差：一旦郑百文不能在规定期限内将产品销售出去，或资金回笼出现问题，就会引发严重的后果。

一方面，郑百文以银行承兑汇票向厂家买断产品，厂家即将产品的销售风险全部转嫁给郑百文。1998 年以来，由于家电市场竞争激烈，各生产商纷纷降价，长虹为扩大市场份额，一再降价，直接导致郑百文购入的存货实际价值大幅贬值，最终购销价格倒挂，形成亏损。之后，长虹改变销售策略，放弃单纯依靠批发商经销，郑百文货源因此大幅缩水，家电分公司 1998 年销售收入由上年的 65.71 亿元锐减到 24.43 亿元。另一方面，如果郑百文不能及时回流货款，银行会对其开具的银行承兑汇票的逾期资金进行罚息。1998 年的罚息使公司年度财务费用达到 1.3 亿元，同比增长 1 434.27%，之后中国建设银行河南省分行发现其款项不能收回，就停止对郑百文的承兑汇票业务，切断了公司资金链，财务状况恶化。

二、公司治理缺失

现代企业制度要求企业建立规范的公司治理结构与机制，实现股东、董事会、监事会、经理层的制衡与监督。郑百文第一大股东持股 14.64%，前十大股东持股仅占 26%，流通股高达 54%，第一大股东——郑州市国有资产管理局将所持国有股股权划归与郑百文同一法定代表人的郑州百文集团有限公司，股东对公司干预能力较弱。郑百文公司管理层将上市募集的资金以投资、合作为名拆借、挪用，近 2 亿元资金有去无归，公司陷入多起追款讨债的官司中。

三、决策随意

公司于 1992 年以募股资金 680 万元参股组建郑州中意百文鞋业公司，但始终未正常生产。随后又不顾资金紧张，在缺乏可行性论证的情况下，投巨资设立 40 多个分公司，最后成为公司的沉重包袱。郑百文于 1998 年以配股资金的 600 万元兼并了与主营业务毫无关联的郑州化工原料公司。郑百文对于分支机构控制无力，管理滞后，成本居高不下，仅下属三家子公司合并时就产生未确认的投资损失 286.97 万元。郑百文在北京、上海、重庆、深圳等地先后建立营销中心，并将 1998 年配股筹集的 1 亿元资金投入营销网络建设中。公司高管人员天天飞来飞去，忙着各地的销售网络，陶醉在设想的辉煌中。1997 年，资产规模增长 60.12%，股东权益仅增长 24.94%，负债率达到 87.97%。

1998 年配股后，如果将资金用以偿还负债或补充流动资金，公司经营情况或许有所缓和。但郑百文在配股后一年内，在全国 9 个城市和地区建立了 12 家配售中心，支出达 2.7 亿元，更加重了债务负担。此后销售收入没有上升，反而从 1997 年的 70.4 亿元下降到 1998 年的 33.5 亿元，负债率在 1999 年中期高达 134.18%。然而公司对高负债率不以为然，认为"负债经营对公司有利"，郑百文 1997 年销售利润率只有 0.69%，远不能弥补高负债带来的成本和防范潜在的经营风险。

四、激励机制不当

郑百文为激励员工增加营业收入，以销售收入为指标，完成指标者封为副总经理，可以自行配备小轿车。这一机制导致各个销售网点为完成指标不惜购销价格倒挂，大量商品高进低出，亏损严重，最终关门歇业，留下4亿多元应收账款。一些任职仅几年的分公司经理，开上了属于自己的价值上百万元的宝马轿车，住上了价值几百万元的豪宅。

五、信息失真

郑百文上市之前的利润存在大量泡沫，但被虚假信息所掩盖。公司不具备上市资格，但为了能上市圈钱、筹集资金，专门组建了几个做假账目的班子，把各种财务报表、指标做得一应俱全，把亏损做成盈利，在强大公关掩护下蒙混过关。其变亏为盈的常用招数是让厂家以商品返利的形式给郑百文打欠条，然后以应收账款的名目做成盈利入账。同时向厂家保证，所打欠条只供郑百文做账，不作还款依据。股票上市后，郑百文继续掩盖亏损、制造账面假盈利，公司账目混乱。

1999年上半年，公司将1998年度未入账的预期罚息6922万元在调整后的"年初未分配利润"项目中反映。公司在1998年按0.3%的比例计提应收账款坏账准备；1999年6月，公司对其应收账款余额按1年以内10%、1~2年60%、2~3年80%、3年以上100%的比例计提坏账准备，导致当期管理费用增至3.02亿元，其中呆坏账准备高达2.6亿元。注册会计师称，根据公司提供的资料，无法对这些账款中可能收回的数额以及是否需要对公司会计报表中已计提的坏账准备2.6亿元进一步调整做出合理的估计。注册会计师对郑百文1998年年报、1999年年报连续出具无法表示意见审计报告，审计报告指出："贵公司家电分公司缺乏我们可信赖的内部控制制度，会计核算方法具有较大的随意性，而家电分公司的资产及业务量在贵公司占较大比重，致使我们无法取得充分适当的审计证据对贵公司整体会计报表的收入、成本及其相关的报表项目的真实性、合理性予以确认。"

六、内部监督机制效率低下

管理层不重视审计，内部审计对公司经营活动、财务活动关注比较少，即使发现公司出了问题，审计报告交上去，通常没有处理结果。在1998年开始出现亏损时，公司才进行全面的内部审计。公司建立了财务总监制度，但一些财务总监缺乏专业知识或实践经验，不具备监督能力。公司内部一些人员认为"仅凭几个人走马观花，四处看看，这种监督只是走形式"。

七、事件后续

郑百文事件出现以后，公司处于破产边缘。山东三联集团表示愿意接管郑百文公司，原因在于负债累累的郑百文依然保留着资本市场上最重要的"上市公司壳资源"。2001年2月，郑百文召开临时股东大会，通过了包括《关于资产、债务重整的议案》等在内的九项议案。三联集团将总值4亿元的资产（主要是三联集团原有的家电零售业务）置换给郑百文，并以3亿元的价格取得信达资产管理公司对郑百文的14.47亿元债务，最终郑百文将50%的股份过户给三联集团，三联集团成为郑百文最大控股股东。在接手之后，三联集团于当年12月开始对郑百文进行了重大资产与债务重组，并在2003年8月正式将郑百文易名为"三联商社股份有限公司"（后文简称"三联商社"）。三联商社因此成为资本市场一家以家电零售业务为主的上市公司，并一度受到市场关注。2004 年以后，三联商社的业绩就不断下滑，2007 至 2009 年，因连续 3 年亏损而被暂停上市。2008 年，三联集团持有三联商社的股份被公开拍卖，国美电器取得了该部分股权，成为三联商社的实际控制人。三联集团自控制该上市公司以来，一直存在关联交易，在三联集团实际控制的几年时间里，三联商社对集团公司关联采购所形成的预付账款金额高达十几亿元。

本章小结

内部控制环境包括外部环境、组织架构/组织结构、发展战略、人力资源、社会责任、企业文化、技术特点、企业的年龄、企业规模、舞弊风险等方面，控制环境影响甚至决定着内部控制设计、运行以及实施效果。风险管理需要对重要风险进行识别、分析，提供相关的、符合控制主体需要的信息，以便将风险控制在可接受范围内。风险管理的具体流程包括控制目标设定、风险识别、风险评估、风险应对等，内部控制与风险管理的交叉之处是针对企业内部的可控制风险，合理确定风险应对策略。

关键词

控制环境	Control environment
组织架构	Organizational structure
发展战略	Developing strategy
人力资源	Human resource
社会责任	Social responsibility
风险自我评估	Risk self-assessment
风险管理	Risk management
风险识别	Risk identification
风险评估	Risk assessment

即测即评

请扫描右侧二维码进行在线答题并查看答案。

思考题

1. 内部控制的环境因素有哪些？
2. 组织架构是如何影响内部控制的？
3. 怎样理解内部控制与风险管理的关系？

4. 如何识别企业经营管理中存在的重大风险？

5. 风险评估的方法有哪些？

案例讨论题

百事可乐（中国）饮料有限公司是最早进入中国的外资企业之一，在深圳、上海、北京等全国各地建立了几十个独资、合资企业。尽管先进的市场营销策略使百事可乐旗下品牌在碳酸饮料市场上很快成为垄断者，但是，它的发展并不尽如人意，因为各地灌装瓶厂未实行有效的统一管理。百事可乐公司亚太区利用绩效管理对各灌装瓶厂进行管理控制，引进销量指标（通常指标是箱，即浓缩液标准用量），这个指标说明了市场占有情况。各灌装瓶厂只有销量增加，才能在亚太区有更高地位，完成了销量任务，员工才有可能获得有竞争力的报酬。因此，各灌装瓶厂各尽所能，为打击竞争对手、增加销量采取了随意降价等手段。虽然扩大了市场，但合理的利润率得不到保证。各区域各自为政，销售专属区域周边地区相邻两个工厂的价格还有可能存在差异，批发商会从中找到低价格的供应商，导致相邻销售区域的灌装瓶厂为增加销量恶性竞争。对百事可乐公司来说，最大的盈利点来自浓缩液销量（依照中国法律，只有浓缩液工厂是100%独资），谁卖出多少都无关紧要，关键是要市场健康，要避免内部争斗。

百事可乐公司 2003 年在中国大陆范围内推行价格统一管理制度，严格规定价格审批权限，明确价格政策执行责任，保证产品价格的有效执行，并在绩效考核中加入税前利润这一指标。同时做出规定，即便销量达标，但税前利润指标未达标的，奖金最高只能付 50%。规定的流程如下：月度销售价格是每月价格会议确定的；促销价格、临时价格是针对市场变化、临期或跨区产品回收等而即时制定的价格，可以不通过价格会议讨论，而由副总经理/总经理临时决定并签署。销售部及财务计划部每月共同进行价格调查，根据市场价格调查结果填写价格调查单，财务计划部汇总后，找出各渠道主流价格，交副总经理/总经理和各位销售经理作为参考。价格会议在保证完成销售收入的基础上，由副总经理/总经理、财务总监及各销售经理协商产生下月月度销售价格。

月度销售价格必须提前报中国区申请，由中国区统一评估相邻销售区域价格差异是否足够补偿其出厂到送达地的运费，也就是评估跨区销售的可能性。只有风险不大时，才准许实行。各级销售人员在得到公司新的价格文件后应及时通知客户；要求有关人员及时通知客户修改系统价格，并要求客户有效备案，避免造成系统价格差，造成公司与客户间的应收账款对账困难。价格的执行是以送货时间为准，业务员在录入销售订单时应注意公司现行价格，财务审核人员如果发现价格录入错误应及时叫停业务员，并有权退单；财务人员审核价格是通过信息管理人员编制的价格控制程序来完成的，财务人员要协同信息管理人员保证程序的准确有效。

公司业务人员、财会人员认真审核订单、严格执行公司价格政策，准确界定价格执行时间。如果因为业务员订单录入价格错误、财会人员订单审核没有发现错误而造成损失，则由业务员、财会审核人员共同承担该损失。公司严格禁止业务人员利用公司的促销价格给客户压货，以达到完成销量任务的目的；同时公司严格禁止销售人员利用促销价格搞虚假销售，即打 A 送 B 或采用拼盘套取公司政策等。如果公司促销价格、临时价格政策有限量销售内容，要求销售人员、财务人员共同控制限制数量，出现误差造成的损失应由销售、财务当事人共同承担。

月末结账后，财务部门对本月价格进行全面复查及报告，如某包装销售净单价低于开票价格，则要重重检查，落实到客户和业务员，并进行严肃处理。如因此发生跨区销售，则要跨区厂去被跨地区全面收购，成本将是按市场零售价格购回，还包括运回费用。而且该销量会被算到被跨区厂，造成跨区销售厂的全面失败。政策如此严厉，执行贯彻到底，以至于销售人员在卖到临界客户时，不许一次性出货量超过其平常一周的需求量，对于曾经窜货的客户，实行进出货封杀。以上控制条例出台一年后，未出现过跨区销售的情况。

资料来源：① 百事可乐公司官网.

② 朱建雄. 论网络营销对企业的影响［J］. 市场周刊：理论研究，2007（2）.

讨论：

1. 百事可乐公司销售业务单元控制的特征是什么？

2. 试分析百事可乐公司如何根据控制环境设计控制系统。

延伸阅读材料

第二章 控制活动与信息传递、内部监督

【引言】控制活动包括正式控制和非正式控制，正式控制是通过正式的组织结构和制度程序运行实施的控制；非正式控制是通过正式系统以外的隐性契约、惯例等来实施的控制，诸如信任、企业文化、承诺等。企业内部信息传递应当关注内部报告系统的及时性、完整性、真实性，以免影响生产经营的有序运行或导致决策失误、相关政策措施难以落实等。根据权责配置情况确定控制目标和责任，内部控制失效而引发企业经营失败的案例在很大程度上均与企业的权力配置不合理、制衡机制缺失相关，建立和完善监督约束制度是非常重要的。

第一节 控 制 活 动

控制活动是内部控制的重要组成部分；权责配置是内部控制设计与运行的重要基础，控制活动要依据权责配置模式来设计与执行。依据可否控制对内部控制活动进行分类：对于可以观察可以控制部分，通过控制程序及方法，建立控制机制；对不可观察不可控部分，通过企业文化、价值观、信念等隐性契约，建立非正式控制机制进行引导。

一、控制活动概述

控制活动是企业根据风险评估结果，采用相应的控制措施，将风险控制在可承受度之内。中国《企业内部控制基本规范》指出，企业应当结合业务特点和内部控制要求设置内部机构，明确职责权限，将权利与责任落实到各责任单位。企业应当通过编制内部管理手册，使全体员工掌握内部机构设置、岗位职责、业务流程等情况，明确权责分配，正确行使职权。企业应当结合风险评估结果，通过手工控制与自动控制、预防性控制与发现性控制相结合的方法，运用相应的控制措施，将风险控制在可承受度之内。

企业应当根据内部控制目标，结合风险应对策略，综合运用控制措施，对各种业务和事项实施有效控制。控制活动按照控制手段的不同，可以分为正式控制和非正式控制两种类型。正式控制与非正式控制相辅相成，共同构成企业的控制系统。例如，一家从事机械维修的企业有70多名员工，财务部有三个人员：出纳一人、会计一人、财务经理一人。如何进行分工合理控制风险？

出纳负责：现金、银行存款收付，票据合规性初审；现金、银行存款凭证的编制，开具销售发票。

会计负责：审核出纳初审的凭证、开具发票的审核，销售和采购凭证制作、往来核对、报税，出具财务报表和明细表，定期盘点现金。

财务经理负责：审核出纳和会计处理的凭证、核对财务报表，总体管理财务工作、个人所得税报送、银行对账等。

二、正式控制

正式控制是指企业通过制定各种规章、制度及程序等契约性规范来实现的控制，旨在约束企业员工的行为，实现企业经营管理目标。正式控制系统使得企业的领导者能够利用正式组织的结构，使企业员工遵循并执行政策和程序。正式制度是集体的契约，契约一旦形成，每个员工都要遵守。在制度贯彻过程中，严格的实务规范要求流程前后作业顺序清楚；控制点明确，并有明确的标准来衡量任务完成效果。"没有规矩无以成方圆"，合理的制度设计是保证一个组织正常运行的前提条件。例如，动态考核与核算制度，信息系统，督导制度，独立、灵敏的监督组织，定期与不定期的检查制度，责任追究制度，风险容量与风险容忍度，风险管理机构与权限结构等。正式控制的方法和措施一般包括：不相容职务分离控制、授权审批控制、会计系统控制、财产保护控制、预算控制、运营分析控制、绩效考评控制、突发事件控制。

（一）不相容职务分离控制

不相容职务分离控制作为内部牵制制度的核心内容，成为正式内部控制活动的重要组成部分，在企业的日常经营活动中，每项业务的处理都必须经过授权、批准、执行、记录和检查五个步骤，不相容职务分离控制就要求上述五个步骤的处理不能由同一个人或同一部门独自处理，而应当将不同步骤交由不同人员或不同部门去完成，即授权进行某项经济业务的职务与执行该项业务的职务要分离；执行某项经济业务的职务与批准该项业务的职务要分离；执行某项经济业务的职务与记录该项业务的职务要分离；保管某项财产的职务与记录该项财产的职务要分离；保管与记录某项资产的职务与账实核对的职务要分离等。内部牵制制度的建立基于两个假设：一是两个人或两个以上的人或部门无意识地犯同样错误的概率很小；二是两个或两个以上的人或部门有意识地合伙舞弊的可能性大大低于单独一个人或部门舞弊的可能性。

不相容职务分离控制要求企业全面系统地分析、梳理业务流程中所涉及的不相容职务，实施相应的分离措施，形成各司其职、各负其责、相互制约的工作机制，以防止舞弊发生。例如，2008年4月13日，中国海运集团韩国控股的财务部负责人兼审计人员李克江将集团驻韩国釜山公司的巨额运费收入及部分投资款转移。李克江既是财会人员又作为审计人员在形式上都是不独立的，无法有效履行监督职责，更缺少动机去报告自己的错误甚至舞弊行为，因此，出现问题也就不足为奇了。又如，广州王老吉药业股份有限公司的成某某曾兼任公司信息开发部预算管理员和公司OA系统管理员。2013年至2017年1月期间，成某某利用职务便利，通过伪造采购合同、篡改公司OA系统审核单据、虚开增值税专用发票、虚构报销业务等方式，侵占公司财物500余万元。

根据不相容职务分离的原理，执行和监督人员应该分离，但是如果监督与执行这两项工作在时间上存在先后顺序，这样是否违背不相容职务分离原理呢，法兴银行的案例为我们提供了线索。法兴银行的主要涉案人员科维尔在2000—2002年，在中台负责监控并管理银行的风险头寸，随后被提升为交易助理和交易员。后来科维尔采用各种欺诈方式进行交易，虽然期间法兴银行的风险控制系统拉响多次警报，但是都被科维尔搪塞过关，直到第75次警报，欺骗的行径才得以暴露。科维尔之所以能够长期违规交易，主要源于其曾经任职于监控岗位，对于监控人员的心理和所采取的措施非常熟悉，导致了监控系统形同虚设、失效。这个案例还警示我们，在考虑不相容职务分离的时候，不仅要考虑表面的不相容职务分离，还要考虑在时间上有先后顺序的不相容职务分离。

（二）授权审批控制

授权的目的就是给各级员工开展经营活动的权力划定一个边界，使其在授权的范围内行使自己的职权并承担相应的责任。根据授权情况的不同，授权批准控制可以分为常规授权和特别授权。《企业内部控制基本规范》指出，企业应当编制常规授权的权限指引，规范特别授权的范围、权限、程序和责任，严格控制特别授权。常规授权是指企业在日常经营管理活动中按照既定的职责和程序进行的授权。特别授权是指企业在特殊情况、特定条件下进行的授权。企业各级管理人员应当在授权范围内行使职权和承担责任。企业对于重大的业务和事项，应当实行集体决策审批或者联签制度，任何个人不得单独进行决策或者擅自改变集体决策。

授权审批控制要求企业根据常规授权和特别授权的规定，明确各岗位办理业务和事项的权限范围、审批程序和相应责任。授权时容易出现极端情况，要么过度放权，要么毫不放权，这都会给企业造成不利影响。应当进行适度有效的授权，在建立授权控制时要注意授权的范围、层次与责任。内部控制要求企业的重要活动都必须经过授权审批才可进行，使一切活动都处于控制中。审批控制涉及企业运作的各个方面，例如对不同客户的赊销限额控制、对超限客户的发货限制、不同客户或不同销售方式下产品的价格控制、不同用途或不同金额费用的财务审批权限控制等。实施审批控制时应该注意以下两点：

1. 全面控制和重点控制相结合

全面控制的含义包括三个方面：一是全过程的控制，不仅包括经济活动各个环节中涉及支出类业务的审批，还包括如销售单、供货合同等收入类业务的审批；二是全员的控制，授权审批控制要包括企业所有部门的所有员工；三是全要素的控制，包括所有费用和投资项目。有效的控制是全面控制基础上的重点控制，对诸如投资、大额费用支出等重要的项目，应实施重点控制，严格审批。

为了避免出现管理失控或某些成员的权力过分膨胀，应形成权力制约关系。比如，由企业总经理与财务总监或业务部门负责人对突破预算或金额较大的开支，联合执行审批权力，重大的事项交董事会集体决策审批。有些企业存在"一支笔"现象，如果一个规模较大的企业的事项由一个人进行审批，这个人同时兼任若干种职务，就有可能违背了内部控制中不相容职责分离的原则，就会增加控制风险或降低运营效率。而且由于一个人的知识和能力的有限性，当面对复杂多变的外界环境时，往往不具备胜任能力，可能导致企业经营战略出现重大问题。此外，"一支笔"控制的企业采用的是人格化的管理控制，容易导致制度的贯彻执行出现随意性和不一致性，发生信任危机，致使企业难以发展。

例如，FSD家族企业资产规模已经达到10亿多元，但整个集团的大小事务均由创业者

（董事长）一人决策，财务、人事等重要部门由创业者的弟弟、妹妹控制。在资金控制方面，大到发动机生产线、在广东投资建厂，小到购买一台电脑、综合部招商前台设计等支出，均由创业者审批，降低了经营效率。后来虽然聘任了总经理，但总经理审批后的事项仍要由家族成员担任的财务经理批准。企业出台了关于财务报销等级审批制度，但在财务部门的要求下增加了一条，即所有发票报销之前需经董事长签字。财务流程不合理导致低效率，一张 10 元的交通费，虽然部门经理有审批权，但要由董事长签字后才能报销。FSD 企业总经理因得不到信任，最终出走。

2. 事前审批与事后审批相结合

审批控制不仅包括事后的审批控制，还应该包括事前的预算审批。特别是对于一些发生金额较大或者重要的财务支出，必须进行事前的预算审批。对事前预算进行有效的审批，防患于未然，可以减少事后审批控制中的不足。依据内部控制的原则，审批控制设计中应该考虑审批人员的选择和审批权限，明确审批人及对业务的授权批准方式、权限、程序、责任和相关控制措施。审批人员应当根据授权规定，在授权范围内进行审批，不得越权、越级审批。企业在确定审批人员和审批权限时，应坚持可控性原则，即审批人员必须能够对其审批权限内的经济业务具有控制权，从而提高审批控制的质量和工作效率。在审批制度中，必须规定审批人员应该承担的义务和责任，审批人员应该定期向授权人员或机构汇报其审批情况，审批人员失职应该承担相应的责任等。

例如，MM 公司是一家外资企业，该公司规定，如果涉及金额比较大，需由上一级审批。只有业务部经理及以上级别的管理人员才有权审批诸如支出报告、预付、购买请求、订货单等，任何人都没有权力去审批同意本人的支出请求。部门经理的支出请求必须得到总经理的审批认可。购买金额超过 500 元时需要订货单以及口头或书面报价单；购买商品金额超过 1 000 元时，需要两份书面竞价资料；购买商品金额超过 3 000 元时，就需要三份书面竞价资料。部门支出超过 500 元时需要业务部经理审批同意，以达到控制的目的。MM 公司资金审批控制的特点在于根据资金额度确定审批人，保证资金安全的同时，提高日常业务的效率。MM 公司审批权限的金额限制如表 2-1 所示。

表 2-1　MM 公司审批权限金额限制表　　　　　　　　　单位：元

岗　　　位	姓　　　名	限　　　额
业务部经理	A	≤5 000
财务经理	B	≤5 000
地区总经理	C	≤10 000
总裁	D	≤25 000
财务副总裁	E	≤25 000

（三）会计系统控制

会计系统控制能够规范会计行为，提供能够反映企业经营活动的真实信息，有效介入经营管理活动，保证资产的安全完整，及时发现并纠正错误。会计系统控制要求企业严格执行国家统一的会计准则制度，加强会计基础工作，明确会计凭证、会计账簿和会计财务报告的处理程序，保证会计资料真实完整。企业应当依法设置会计机构，配备会计从业人员。会计机构负责人应当具备会计师以上专业技术职务资格。大中型企业应当设置总会计师。设置总会计师的企业，不得设置与其职权重叠的副职。

信息技术的发展渗透到了会计系统，企业内部控制活动也因此受到影响。在信息化系统下企业的业务流程分为两部分：一部分是正常的经营活动，另一部分则是专门的信息化系统。控制活动也相应地分为自动化的业务控制和信息系统控制两部分。前者的控制对象是企业正常的经营活动，后者的控制对象是企业的信息系统。在信息化的环境下，不相容的职务有的可以用计算机来代替，不需要进行职务分离以及相互稽核，但增加了对计算机软硬件、操作系统、程序等开发、实施和维护的需求，涉及计算机程序、系统等方面的业务活动需要不相容职责的分离和稽核。

信息化过程使授权控制隐性化，通过计算机程序的设置来实现授权。由于计算机程序的机械性，因此在授权过程中不容易出错，此时主要的控制焦点应当从授权的真实性转向关注授权程序是否正确设定等控制活动。在信息化环境下，由相关人员通过登录，然后完成记录、产生操作日志等步骤，这就使得控制活动要转向信息系统的正确设定以及系统的安全性等内容。应当通过防火墙、登录密码设置、操作人员权限等技术手段加以控制。

（四）财产保护控制

企业资产主要包括机器设备、电子设备、其他固定资产、存货、应收款项、有价证券、现金以及无形资产等。财产主要是指有形资产，通过盘点可以发现盘亏，从而有效保护企业财产的安全与完整。财产保护控制要求企业建立财产日常管理制度和定期清查制度，采取财产记录、实物保管、定期盘点、账实核对等措施，确保财产安全。企业应当严格限制未经授权的人员接触和处置财产。

（五）预算控制

预算控制作为管理控制中广泛应用的一种控制方法，要求企业实施全面预算管理制度，明确各责任单位在预算管理中的职责权限，规范预算的编制、审定、下达和执行程序，强化预算约束。根据市场的竞争状况和对自身经营情况的分析，制定出适合企业并能够增加企业自身竞争力的经营策略和目标，制定适合本企业自身经营状况的预算指标，对经营活动进行有效的监管和控制，从而提高企业抵御风险的能力，使有限的资源发挥最大的作用，提升企业竞争力。

（六）运营分析控制

现代企业所面临的风险是多方面的，且不确定性大，随时可能面临突发状况，这就要求企业建立运营分析制度，建立风险应对措施，才能在风险中抓住机遇，迎接挑战。《企业内部控制基本规范》中指出，运营分析控制要求企业建立运营情况分析制度，经理层应当综合运用生产、购销、投资、筹资、财务等方面的信息，通过因素分析、对比分析、趋势分析等方法，定期开展运营情况分析，发现存在的问题，及时查明原因并加以改进。

（七）绩效考评控制

绩效考评控制要求企业建立和实施绩效考评制度，科学设置考核指标体系，对企业内部各责任单位和全体员工的业绩进行定期考核和客观评价，将考评结果作为确定员工薪酬以及职务晋升、评优、降级、调岗、辞退等的依据。企业在进行绩效考评时要注意以下问题：设置绩效考评的标准要合理；应当将绩效考评的标准透明化、客观公正；使员工充分理解绩效考评的用意；既不能利用绩效考评来对员工严加斥责，也不能对员工只有赞赏而没有提出改进的建议，而是应该在肯定员工长处的基础上指出其不足。绩效考核和奖惩制度客观上能促进战略目标的实现，减少代理人与战略目标不协调的自利行为、降低代理成本，保障战略的有效执行。

（八）突发事件控制

企业应当建立重大风险预警机制和突发事件应急处理机制，明确风险预警标准，对可能发生的重大风险或突发事件，制定应急预案、明确责任人员、规范处置程序，确保突发事件得到及时妥善处理。

三、非正式控制

内部控制作为一个系统，既包含了正式的制度控制，也包含了非正式的内部控制。非正式控制是指组织根据自主的理解，无须按照正规的或法定的控制制度所进行的控制。非正式控制具有自发性、广泛性、非强制性等特点，包括企业文化、价值观、信念等隐性契约。正式控制容易导致组织控制的僵化，如果运用恰当，非正式控制可以弥补正式控制的不足。

（一）非正式控制相关理论

与非正式控制相关的主要理论包括心理契约理论、组织信任理论、组织支持理论、组织公民行为理论。

1. 心理契约理论

从广义上讲，心理契约是契约双方就交换关系中的双方权利和义务的主观理解；从狭义上看，心理契约是员工与各层级同事就其之间的契约关系中权利与义务的主观理解，例如员工与管理者之间就企业的各项制度安排、企业文化的承诺的感知与理解，员工与其他员工之间就经营实践、操作流程等相互义务的主观感知等。心理契约作为一种非正式的无形契约，与正式的有形契约相比，是以双方对责任义务心理期望的方式缔结，存在一方的理解与另一方对该方期望达到的理解产生偏差，而且心理契约会随着双方的期望的变化而变化。心理契约的契约双方对于自己的付出都会期望有所回报，这样才能产生心理契约的激励作用。基于心理契约构建的企业文化、价值观与信念等隐性契约构成了非正式控制的主体。

心理契约包含以下七个方面的期望：良好的工作环境、任务与职业取向的吻合、安全与归属感、报酬、价值认同、培训与发展的机会、晋升。心理契约的主体是员工在企业中的心理状态，而用于衡量员工在企业中心理状态的三个基本概念是工作满意度、工作参与和组织承诺。运用心理契约的 EAR 循环，实现对员工的心理契约管理，提高组织的归属感和工作投入。EAR 循环是指心理契约建立（Establishing-E）阶段、调整（Adjusting-A）阶段和实现（Realization-R）阶段的过程。过去心理契约的研究主要集中在社会交换理论和认知理论等社会学和心理学范畴，缺乏对经济学的契约理论和博弈论的借鉴；以前研究重心在于心理契约的违背对员工态度和行为的负面影响，缺乏心理契约的履行对员工态度和行为的积极影响方面的研究。

当员工的心理契约得到满足时，员工和企业之间的和谐度增加，满意度增加，对企业的归属性增强，机会主义行为的动机降低，能够自觉遵守企业的规章制度；当员工的心理契约不能得到满足时，对内部控制会产生负面影响，产生抵制情绪，出现消极怠工，机会主义行事的概率上升，企业就要采取更多的控制程序和措施。心理契约有助于解决沟通问题，而沟通有利于解决内部控制失效的问题。心理契约会在同级员工之间形成一种潜在的内部监督网，激励员工努力工作，提高内部控制效率，降低内部控制成本。

2. 组织信任理论

组织中的人与人在进行交往时由于信息不对称性，导致组织内部交易的不确定性，存在潜在的利益冲突与风险。在不确定的条件下组织内的成员仍然做出继续交易的判断，称之为组织信任。组织相信员工，授权给员工，通过正面鼓励的方式实现控制，称之为信任控制。员工在相互信任的基础上进行经营活动从而实现组织的目标。组织信任包含了两种类型：一种是管理者与被管理者之间的垂直的信任关系，另一种是组织成员之间的水平信任关系。垂直的信任关系又分为两类：一类是委托人对代理人的信任以及管理者对被管理者的信任关系，称之为顺向信任；另一类是被管理者对管理者的信任，称之为逆向信任。

组织信任作为一种机制对企业内部控制有重要作用，组织成员之间的信任意味着组织中的成员对其他成员有高度的信任，组织成员愿意将其内化的知识与组织内的其他成员共享，愿意主动增加组织其他成员的能力，使共享的知识能够在组织成员之间流通与传播，减少组织内部信息不对称性。组织成员之间相互信任，会简化环境的复杂性和不确定性程度，降低信息的不确定性、不对称性，减少机会主义行为。组织信任可以促进组织成员对于组织目标的认同度，提升组织的凝聚力，减少分工牵制而产生摩擦的概率，提高内部控制效率，降低内部控制成本。

要依靠制度和外在的保障力量来维持以控制为基础的信任。在一个组织中，信任控制和正式控制都有存在的必要。信任控制与正式控制之间是相互替代的关系，由于组织中的信任程度较低才导致了正式的控制形式，正式控制则传递出企业组织中不信任程度较高的信号；两者又是互补的，信任控制和正式控制都是有代价的，正式控制方式的选择、正式控制制度的发展和执行都需要支付高额成本，信任也需要耗费企业组织内部大量的资源。成本低、效率高的正式控制使得企业可以较少地依赖成本相对高昂的信任控制，而当信任存在时就可以降低因为设置内部控制而带来的成本。如果控制力度和范围超过了一定限度，或者控制强度增长过快，组织成员会产生反感，过度控制降低了信任，严重时可导致经营人员辞职。[①] 信任与正式控制关系如图 2-1 所示。

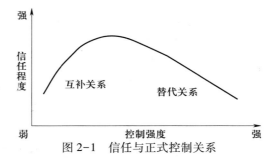

图 2-1　信任与正式控制关系

① 陈春花，马明峰. 组织内信任与控制：一个理论模型 [J]. 南开管理评论，2006（2）.

组织中的信任并不是盲目的，它是在组织发展的一定阶段，在已经培育起来的企业文化和实施的正式控制基础上，尊重员工、相信员工、依赖员工，从而促进员工朝着企业既定目标努力。组织之间的竞争日趋加剧，导致了组织内部竞争的升级，员工对组织的归属感降低。企业在其发展的不同阶段，对信任控制与正式控制的选择也有所不同。在企业发展初期，资产规模比较小，由于盲目信任而产生的风险比较小，在组织内部存在差序式的信任格局，即企业的管理者对位于"信任波纹"中心地带的员工的信任程度较高，对其主要采取的是非正式控制，而对位于"信任波纹"边缘地带的员工的信任程度相对较低，此时主要采用的是正式控制。随着企业规模扩大，内部的差序式信任格局的作用降低，信任风险增大，控制方式趋于正式控制，并且趋于单一化。

企业在实施信任控制时应当具体情况具体分析，对不同群体实施不同程度的信任控制。对掌握稀缺资源、组织高度依赖的员工或从事重要创新活动的团队，应给予高水平的信任，但这并不意味着任何一个具有这样特征的人或从事这种活动的团队一定能获得高度的信任。信任可以因人、环境和文化的不同而有所不同，例如在家族企业中，基于家族关系之上的信任关系，有着公众企业或国有企业所不具有的效率优势，同时也存在与公众企业或国有企业不同的控制特点，家族企业的信任关系发挥着约束作用。

3. 组织支持理论

组织支持理论的意义在于告诫组织单方面强调员工对企业的承诺是不能圆满地实现管理目标的，企业必须对员工做出的贡献进行客观的评价，才能使员工自愿留在企业，回报企业、帮助企业实现目标。组织支持影响因素包括三个方面：程序公正、来自上级的支持以及来自组织的奖赏和工作条件，如表2-2所示。程序公正包括组织政策形成的公正和资源分配程序的公正，员工通过对组织中像工资增长和职位提升这样的具体决策的认识而产生对程序公正的感受。上级支持感受是指员工对他（她）们的上级关心、重视他（她）们贡献的理解，上级作为组织的代理人，通常肩负评价员工和向员工传达组织目标和价值观的责任。来自组织的奖赏是通过组织中领导人和成员的公正奖赏、客观评价，促使组织成员有所追求；良好的工作环境和工作条件有利于组织成员能够发挥其才能，使其自愿地为组织提供高质量的服务、降低控制成本。

表2-2　组织支持影响因素

影 响 因 素	影 响 内 容
程序公正	规章制度是否公平；工资增长和职位提升机会是否公正；与同行业相比是否得到公正的待遇
来自上级的支持	组织的关心程度；个人贡献得到组织的肯定；上级对其表现的评价
来自组织的奖赏和工作条件	重视个人成长；追求理想实现；个人才能是否在企业发挥；企业能否提供相应的工作条件、学习和晋升机会

4. 组织公民行为理论

组织公民行为被定义为职务外行为，主要指在组织正式的薪酬体系中尚未得到明确或直接的确认，但就整体而言有益于组织运行成效的行为总和，对同事的帮助和对组织的责任感。组织学家巴纳德指出，组织是一个合作的系统，管理的有效性取决于管理者与员工合作的效果。组织公民行为具有五维结构：① 利他主义，自愿帮助处理或阻止工作中发生或即将发生的问题，鼓励在工作或个人职业发展方面失去信心的同事；② 礼貌性举止，也是一种帮助性行为，强调主动帮助他人避免工作中问题的发生；③ 运动员精神，以公民的姿态，在无抱怨的情况下，能够容忍工作中的种种不便之处；④ 责任感，是指以远远超过基本工作要求的标准来尽心尽责对待工作；⑤ 公民美德，指员工对组织持有的浓厚兴趣和高水平承诺，这从他（她）们积极参与组织日常管理活动的意愿中表现出来。

（二）企业文化引导

企业文化是指企业在生产经营过程中逐步形成的，由最高管理层倡导、为全体员工所认同并遵守的、带有本组织特点的价值观、信念和行为方式。价值观是企业文化的本质体现，是企业文化中相对稳定的因素，一般在企业建立之初就由企业的创始人建立起来，是企业文化中相对稳定的要素。信念是支持企业发展的信条和观念，比如人才观、发展观、竞争观等。信念要结合企业的行业特点、市场情况、竞争对手情况等来动态调整，是企业发展与竞争战略的指导思想。行为方式是企业文化最直接、最显性的部分，直接面向员工和指导员工的行为。

企业文化作为非正式制度控制的手段，决定着企业经营的方式和处理问题时采用的原则，这些方式和原则可以引导经营者做出正确的决策。企业文化还可以使企业从实际出发，建立正确的发展目标，使员工在正确的目标下从事生产经营活动。行为方式作为企业文化最为表象化的部分，其控制作用更为显性化。在一些企业中，员工对决策的不同观点不会受到重视，甚至会被"穿小鞋"，在这种行为方式下，员工之间信息传递与沟通受到阻碍。企业文化的控制作用主要通过导向和凝聚的方式实现。

1. 通过导向作用实现控制

企业文化作为一种共同意识和价值观念，对企业员工有一种导向作用；把员工的个人目标引导到企业所确定的目标上来，使得员工在潜移默化中接受企业的共同价值理念，形成一种力量向既定的方向努力。企业文化作为一种潜在的规范，使员工潜在地认识到对与错，进而约束员工的行为。例如，举报是预防性控制与监测性控制的基本工具，由于举报行为的敏感性，如果接收举报的部门在举报者心目中不具有权威或者组织文化抑制举报行为，知情者会犹豫是否举报，通过创造一个诚实、开放的文化氛围来预防和发现会计舞弊是非常重要的。

2. 通过凝聚作用实现控制

企业文化作为一种共同价值观，对企业员工有一种凝聚作用。它能够聚集一批具有共同理想的员工，在相互认同的工作方式和工作氛围里，为共同的目标而努力，使企业具有凝聚力和竞争力。由于企业文化的导向作用将企业员工引导到企业的目标上来，在这个过程中，个人目标转化成共同的企业目标，而这个目标是每个员工所认同并为之努力的，这就使得员工之间有一种凝聚力与向心力。企业文化控制是一种"以人为本"的控制，它尊重员工在企业中的地位和作用，激发员工内在的积极性和创造性，使得员工朝着组织的既定目标努力。

四、正式控制与非正式控制之间的关系与协同

正式控制是内部控制制度中那些"必须"和"硬性"的规定，要求无论何时何地，无

论是谁都必须遵守的规定，规范和约束着企业各层管理人员的工作行为。正式控制通常以一系列正式的、明确表述的、更为结构化的流程、制度、规范的形式表现，而非正式控制则表现为潜在的行为、心理上的管理机制和规范。正式控制与非正式控制作为企业内部控制的不同手段虽然有所不同，但是从本质上看，两者存在紧密的联系。

正式内部控制的实施受到了非正式控制的影响，正式控制和非正式控制有机地协同才能发挥内部控制的效力。将控制观念、作用机制从非正式控制中抽离出来，将其结构化、具体化、规范化和制度化，从而形成了正式的控制机制。非正式控制是正式控制的补充，正式控制就企业员工对内部控制达成共识的部分进行了明确的表述与规定，其控制对象的类型是受到限制的，就可度量与标准化的部分进行了控制，而对于诸如心理层面的控制则无所适从，非正式控制则可以弥补这些不足。正式控制与非正式控制是相互依存、相辅相成的。

（一）正式控制与非正式控制的协同

正式控制在业务活动中被证明为有效时，企业应当强化这类正式控制。对于业务流程无法明确，过程控制、结果控制效果不明显的情况下，可依靠非正式控制引导员工按照企业价值观和行为规范，朝着企业目标努力。正式控制可能随着环境变化而失去作用，比如高管层变动、信息系统的修改、企业并购等，这些变化可能导致原来有效的正式控制失效，在新的正式控制制度确定之前，可依靠非正式控制确保员工行为不违背企业目标。

企业既要不断完善正式控制的规章制度，又要注意发挥非正式控制的作用。要坚持"软硬兼施"，实行综合控制。在企业内部经常形成一些非正式组织，这种非正式组织成员往往拥有共同的爱好或相似的背景，非正式组织中的领导者对其成员构成潜移默化的影响，应加强对这些非正式组织领导者的引导，使其行为与组织目标一致。

例如，FX公司收购子公司时，公司总经理与被收购单位管理层沟通，对员工进行现场演讲等，对于稳定管理层和员工产生了重要作用，保证收购后企业的正常运转；在过渡时期，派驻的财务总监与被收购企业保持了一定距离，"监"而不"督"，在正式制度实施与非正式的沟通、演讲方面进行了有效的配合，从而保证了一系列并购的成功。

（二）正式控制与非正式控制协同的途径

制度具有强迫性，强迫会遇到心理抵抗。作为集体契约的制度可以具有强制性，但不能具有心理强制性。只有将制度变成每个人的理性和意志的体现，变成每个人对自己和他人的承诺时，制度才会成为被自觉遵守的规则。企业既要注重正式制度的建设，也要重视企业文化、团队管理等非正式制度的作用。建立非正式控制，需要企业高层管理人员的介入。如果高层管理人员不能通过有效措施增强基层员工参与的积极性，那么非正式控制就会流于形式。

非正式控制要求员工之间有较高的信任度，如果企业内部成员本位主义严重、个人观念固执、员工流动率较高、内部竞争激烈，就可能会导致企业氛围紧张，不利于团队控制的实施。人际关系对控制效果有较大影响，人际关系协调的主要方式有：综合办公协调、建立非正式组织等。综合办公协调是指把若干职能部门集中在一起集体办公，改变传统的单职能、一科一室办公制。从组织原理分析，这一方式可以改善和调节人际关系，有利于交叉监督和工作竞赛，避免重复劳动。有很多企业上至董事长、总经理，下至中层经理都没有自己单独的办公室，而是集中在一起办公。建立非正式组织是在正式组织之外，通过联谊会、业余爱好者组织等方式，达到人际关系协调的目的。

第二节　信息传递与内部监督

控制活动是企业实现内部控制目标的途径，能否实现控制目标依赖于信息传递和权责的合理配置，包括信息权、监督权等。实施有效的控制活动，必然要对各种权力形态进行合理安排与限制。企业要依据权力本身不同的属性，采取不同的控制模式与控制措施，才能有效发挥内部控制的效果。

一、信息传递与沟通

信息传递与沟通是企业及时、准确地收集、传递与内部控制相关的信息，确保信息在企业内部、企业与外部之间进行有效沟通。通过建立和完善信息系统，实现信息传递与有效沟通。信息系统是指企业对信息进行加工、集成、传递、运用的系统，包括利用计算机、通信技术建立的信息系统和该系统以外的其他信息收集、传递系统。

中国《企业内部控制应用指引第 17 号——内部信息传递》指出，企业内部信息传递至少应当关注下列风险：一是内部报告系统缺失、功能不健全、内容不完整，可能会影响生产经营的有序运行；二是内部信息传递不通畅、不及时，可能导致决策失误、相关政策措施难以落实；三是内部信息传递中泄露商业秘密，可能会削弱企业的核心竞争力。

信息传递与沟通渠道包括文件、刊物、网络、培训、交谈、考核等，我国《企业内部控制基本规范》指出，企业应当建立信息与沟通制度，明确内部控制相关信息的收集、处理和传递程序，确保信息及时沟通，促进内部控制有效运行。企业应当对收集的各种内部信息和外部信息进行合理筛选、核对、整合，提高信息的有用性。企业可以通过财务会计资料、经营管理资料、调研报告、专项信息、内部刊物、办公网络等渠道，获取内部信息。企业应当运用信息技术加强内部控制，建立与经营管理相适应的信息系统，促进内部控制流程与信息系统的有机结合，实现对业务和事项的自动控制，减少或消除人为操纵因素。

二、权责配置

内部控制涉及企业内部权力配置。权力是对资源、行为人、事件及其结果评估的控制权。权力最初源于对物质资源的拥有和控制力，后来随着人力资本的重要性逐渐凸显，由物质资源的拥有与控制，扩展到知识等隐性资源的控制和利用，而且影响其他行为人行为的能力也构成了权力的另一重要来源。针对第一种权力的来源，由于其控制的资源往往具有实物形态，因此对这种权力进行控制时，控制活动往往采用正式控制方式，如通过规定对资源控制的具体流程和制度等来控制；后两种权力具有无形性，难以通过具体的规章制度来限制监督其权力的行使，往往通过非正式手段施加影响，如通过文化引导来实施控制实施等。由于权力意味着对资源的拥有与控制以及对其他行为者行为的影响，因此，权力的配置、分割和执行会影响内部控制设计与运行。

（一）权责配置的理论分析

早期的代理理论模型指出委托人和代理人所拥有的信息是非对称的，一方是信息优势方，另一方是信息弱势方，委托人无法观测到代理人的努力程度和行为，而只能观测到相关的变量，但这些变量并不是单纯由代理人的行为决定的，还受到其他随机因素的影响，委托人无法通过契约来迫使代理人选择委托人所希望的行为，而只能通过选择满足代理人参与约束和激励兼容的合同以最大化自己的期望效用。

委托代理成本问题的研究受到许多学者的关注，詹森和麦克林（1976）认为，代理成本由三部分组成：委托人的监督成本，即委托人激励和监控代理人的成本；代理人的担保成本，即代理人用以保证不采取损害委托人行为的成本，以及如果采取了那种活动，将给予赔偿的成本；剩余损失是委托人因代理人代行决策而产生的一种价值损失。授权或分权不适当，易导致本位主义，造成各分权单位之间协调难度大，有损于企业整体竞争力和绩效提高。

后来学者们研究了委托代理关系不断重复情况下，"时间"是否能够部分解决代理问题。重复博弈模型证明了如果委托人和代理人长期保持代理关系，帕累托一阶最优风险分担和激励是可以实现的。这是因为：第一，在长期的代理关系中，不确定性会逐渐剔除，委托人可以相对准确地从可观测的变量中推断出代理人的努力水平，代理人偷懒的机会主义动机降低，因为这样会降低其福利水平。第二，长期的契约合同为代理人提供了个人保险，可以免除其风险。第三，当代理人的行为很难被观察或者通过观测可观察的变量来推断证实时，长期的委托代理关系就可以利用"声誉效应"。双方出于声誉的考虑，会尽职尽责地履行义务。

模型1分析：一个委托人雇用两个代理人来实施一个项目，代理人行动的结果是可以观察到和证实的。项目成功与否取决于代理人工作的努力状况，委托人观察不到他们的努力程度。代理人之间存在串谋，串谋的收益可以在他们之间转移，并且这个串谋收益的大小不能完全独立于项目实施的结果。对委托人来说，他可以设定一个固定的工资总额，然后通过在代理人之间分配不同的工资额来影响代理人的行为。研究发现，在面临串谋时，分权是最优的。分权有两种方式：一种是线性的组织结构，即委托人可以雇用一个代理人（项目总承包人）来负责整个项目的设计和生产活动，该项目总承包人再和另一个代理人签订代理契约，当这个项目成功时，委托人向这个项目总承包人支付一笔固定的工资总额。另一种是三角形的组织结构形式，即委托人同时向两个代理人支付报酬并让他们相互之间签订契约。模型里还提出了两种可以消除串谋的方法：秘密薪金和秘密信息。

模型2分析：一个委托人和两个代理人，两个代理人中一个从事生产性任务，为生产性代理人；另一个代理人从事监督性任务，为监督人。生产性代理人有关其本身生产效率的私人信息，或者说其边际生产成本不为他人知道；监督人为风险规避者，可以观察到与生产性代理人的边际成本有关的软信息（soft information）信号。委托人观察不到两个代理人的信息。在集权的组织结构下，委托人可以分别与监督人和生产性代理人沟通并订立契约，但是在该非对称信息下，这两个代理人会串谋；在分权的组织结构下，委托人仅和监督人进行沟通和订约，然后授权监督人和生产性代理人订立契约。研究证明这两种组织结构的产出是一样的。研究同时表明分权组织结构是一种可能的防范集权组织结构下存在串谋的最优机制，也就是说，授权监督人设计生产性代理人的激励机制可能会获得最好的产出。此外，研究还表明即使监督人和生产性代理人之间存在串谋行为，软监督性信息对委托人来说是很有帮助的。

　　沿着上述两个模型的分析框架进一步分析，在模型中委托人和其中一个代理人进行沟通和订约，这个代理人就是一个中介，然后委托人授权中介和另一个代理人订立契约。该模型把中介和代理人之间的关系分为两种：互补性和竞争性。如果代理人和中介之间是竞争性关系时，授权给中介的做法不利于委托人的利益；只有代理人和中介之间是互补性关系时并且中介机构了解充分信息时，以上的授权才有利于委托人的利益。研究表明，分权并不是一种最优的防范代理人之间串谋的组织结构。只有在特定的条件下，比如当授权给一个拥有充分信息的中介并且供给的投入品和代理人的投入品是互补的条件下，授权才会是一种最优的防范串谋的机制。在授权其中一个代理人和另一个代理人订立契约的权力的情况下，委托人所赚取的利润要低于集权下所赚取的利润。

　　模型 3 分析：监督人部分了解代理人的类型，他和代理人之间存在串谋。研究表明，与不存在监督时的情况相比，授权给监督人并不会提高委托人的收益，在大多数情况下，这种授权还会减少委托人的收益，这与前面模型的分析结论是一致的，原因是线性的分权组织结构存在太多的代理环节，会损耗分权带来的收益。如果委托人分别与代理人和监督人订立契约，那么就存在一种机制可以使得委托人的收益高于非监督下的收益。随着监督人的引进，整体福利水平反而可能会下降。

（二）权力配置过程

　　决策权、执行权、监督权是控制权的三个组成部分，在股份公司，一些决策权从股东大会转移到了董事会，随后又转移到了经理人手中，虽然经理人在法律层面上并未被授予决策权，但由于信息不对称，导致经理人拥有实际的决策权。而在执行权的配置问题上，大多数企业将其配置给经理人，此时经理既具有了决策权也具有了执行权。在许多情况下，公司治理层面的权力配置虽然合理，但是在实践中无法形成制衡机制，需要内部控制来纠正。具体的控制活动在组织机构设计时就要考虑。当权力配置向下分解与细化的时候，不同的权力配置模式会导致不同的控制模式，应采取不同的控制活动。

　　决策权是否要下放给中层管理者和基层管理者，取决于做出决策所需要的知识是否由董事会或者经理人所拥有，如果企业的经营业务多元化，需要的知识集较大，而董事会或者经理人由于个人知识边界和个人精力的限制，自身并不具备做出决策和有效控制企业所需要的知识集，为了提高决策效率和运营效率，就需要将决策权下放，配置给中下层管理人员，在这种情况下，控制人将控制权下放给中层甚至基层管理人员。反之，当企业的董事会或者经理人拥有企业做决策的所需的知识时，采用集权的方式可以更好地履行决策权。另外，企业面临的经营环境不确定程度较高时，决策权的配置可采用分权模式；反之则采用集权模式。授权好比是放风筝，可以把风筝线放得很长，让风筝飞得很远，但风筝线要一直拿在手中。只有对那些必要的事项才授权，并掌握好授权的度。

　　企业管理中很重要的内容之一是在高度授权（注重下达任务和强调结果）与高度审批权控制（不分对象、下达详细指令）之间进行权责配置。在执行权配置方面，通常将具体的运营工作交由相应的职能部门，然后由职能部门将工作层层分解，分配给适合的人员来完成。监督权配置与前两种权力配置相似，所不同的是监督权的配置更多地集中于公司治理层面。对控制活动产生影响的权力配置主要源于决策权的配置。权力配置与控制活动关系如图 2-2 所示。

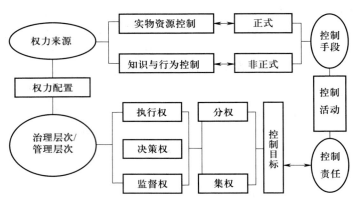

图 2-2　权力配置与控制活动关系

例如，某课题组接受委托对 MP 公司内部授权情况调查。对公司高管人员发放的调查问卷结果如下：① 董事会对经理层授权合理程度较高，该项选择样本占总样本比例为 83%；② 经理层向各部门授权的合理程度表现一般，选择合理程度较高及一般的样本占总样本比例分别为 43% 和 50%；③ 部门之间的权责配置程度中等偏上，选择合理程度较高及一般的样本占总样本比例分别为 21% 和 58%。调查发现，公司还存在着制度体系建设与执行力度之间不均衡的矛盾。MP 公司的授权体系应如何改进？可提出哪些具体建议？上述分析如表 2-3 所示。

表 2-3　内部授权状况样本选择比例分析表　　　　单位：%，人

项　　目	很高		较高		一般		较低		很低	
	人数	比例	人数	比例	人数	比例	人数	比例	人数	比例
董事会对经理层授权合理程度	0	0	10	83	2	17	0	0	0	0
经理层向各部门授权合理程度	0	0	6	43	7	50	1	7	0	0
部门之间权责配置合理程度	0	0	3	21	8	58	3	21	0	0

该公司为了适应股份公司一级法人为主的经营体制，提高运营效率，最大限度地规避风险，更好地落实分级授权制度，制定了《管理权限指引》，作为内部控制手册的纲领性文件，并在内控制度的运行中发挥着关键作用。《管理权限指引》以矩阵式表格描述，由横向、纵向两个指标体系构成。权限设置体现了公司权力从股东大会到董事会、到总裁，再按各职能部门（事业部）的职责范围及各分公司的经营范围层层分解、下放的管理原则。横向左端为业务的执行部门，右端为该业务的会签部门或复核岗位，体现了不相容职责分开和独立监控的要求，按照该公司《内部控制手册》中已有的 15 大类 55 项具体业务排序。

权限设置分为定性和定量两种指标类型。定性授权指标主要是对各业务类型中计划、预算等权限项目的事先批准权。如年度需求计划由分公司经理批准。定量授权指标是对各业务类型在不同层级权限具体数量、金额等的设定。如内部付款，下属企业单笔大于 1 000 万元的应由分公司副经理或总会计师批准。通过权限指引的形式明确公司各层级管理者在各类公

司具体业务中的权限（审批权、复核权），操作性比较强，同时保证公司各项业务的健康运行。如日常发生的业务招待费用，属公司的普通业务，与投资、资产处置相比对公司无重大影响，因此控制权限设置在较低层次，同时该类费用发生比较频繁，容易出现浑水摸鱼现象，因此规定了不相容岗位，各岗位都要对这项业务负相应责任。

（三）责任配置和追踪过程

管理者常常认为权责利一同下放，当下属无法完成任务时，失败的责任可以推卸给下属。而实际上，无论授权的程度如何，责任都不能下放，如果责任也下放，那就说明管理者要退位而不是放权。授权意味着管理者责任重大，不但要对自己还要对下属的工作绩效负责。对授权进行控制时，既不能常常干涉，以免让下属觉得缺乏信任感，挫伤其积极性，也不能放任自流，要防止被授权的成员越权、滥用职权。对授权控制时，要做到如下三点：

一是要建立奖惩措施，受托人的绩效突出，表现良好时，管理者一定要给予奖励，对其出色的表现及时予以肯定，并对不足之处提出建议，促使其为完成目标继续努力工作；当受托人行为偏离原来轨道，甚至给企业造成损失时，委托人应该分析原因，如果是因为受托人能力不匹配，应及时停止授权，以免造成更大损失。

二是要防止权力滥用或授权不当、执行不力。授权不当可能会出现下属滥用权力的问题。在封建社会的衙门里，县令总是在更换，可衙役是长期服务的。县令可以依法定罪，定罪是明的，但衙役在大堂上的执行是暗的，如县令让衙役责打犯人30大板是明的，衙役执行这30大板可轻可重，是暗的。这种授权的结果具有可操纵性，如果县令没有亲自观察或派人观察，衙役既可能置犯人于死地、犯人也可能毫发无损。管理者向执行者下达任务，执行者也按照管理者的要求做了，但结果可能完全不同，需要对执行者的行为进行控制。因此，应该建立业务抽查制度，确保受托人行为不偏离预定轨道，并对任务的具体情况、进度和完成情况等进行核实。

三是进行过程控制。过程控制是对目标实现过程的控制，过程控制可以及时发现偏差，并采取措施进行纠正，防止失控。如果目标周期过长，应该将目标进行分解，在分解后的每个阶段性目标完成时提交报告，以保证受托人的行为被限定在委托人的预定轨道之内。我国台湾台塑集团总裁为了追踪考核各单位执行情况，定期安排"午餐汇报"，每个单位主管都有轮到汇报的机会，定期"压迫"管理团队，保证任务在执行过程中按计划执行。一些公司在关键的工作间安装电子装置，从而有利于过程控制。

传统的职能型组织是经典管理理论中常见的形式。组织由分层级的岗位所组成，每一个岗位都有自身的责任（要负责完成的工作和各种义务）、权力（是该岗位可使用的人、财、物、信息的资源）和利益（岗位相应的报酬），每个岗位的责权利都要写进企业的岗位手册中。责任是岗位的核心，是企业战略、目标、计划和任务分解到岗位的义务；权力是责任得以执行和完成的物质保证和资源；利益是岗位完成了预期任务获得的补偿和激励，是岗位完成任务的动力机制。企业管理中很大的难题是要保证每一个岗位的责权利相匹配，承担了一定责任，就一定要赋予相应的权力，并给予适当的补偿。如果岗位的责权利不相匹配，如权大责小，或者责大权小以及不配套的利益机制，就必然会造成岗位上的员工感觉苦乐不均、奖惩不公等，导致员工的跳槽或怠工。

三、内部监督

有了内部控制，还要重视其实施过程和实施效果。内部监督是企业对内部控制建立与实施情况的监督检查，评价内部控制的有效性，发现内部控制缺陷时，应当及时加以改进。我国《企业内部控制基本规范》指出，企业应当根据本规范及其配套办法，制定内部控制监督制度，明确内部审计机构（或经授权的其他监督机构）和其他内部机构在内部监督中的职责权限，规范内部监督的程序、方法和要求。内部监督分为日常监督和专项监督。日常监督是指企业对建立与实施内部控制的情况进行常规、持续的监督检查；专项监督是指在企业发展战略、组织结构、经营活动、业务流程、关键岗位员工等发生较大调整或变化的情况下，对内部控制的某一或者某些方面进行有针对性的监督检查。专项监督的范围和频率应当根据风险评估结果以及日常监督的有效性等予以确定。

企业应当制定内部控制缺陷认定标准，对监督过程中发现的内部控制缺陷，应当分析缺陷的性质和产生的原因，提出整改方案，采取适当的形式及时向董事会、监事会或者经理层报告。内部控制缺陷包括设计缺陷和运行缺陷。企业应当跟踪内部控制缺陷整改情况，并就内部监督中发现的重大缺陷，追究相关责任单位或者责任人的责任。企业应当以书面或者其他适当的形式，妥善保存内部控制建立与实施过程中的相关记录或者资料，确保内部控制建立与实施过程的可验证性。

第三节　控制活动与信息传递、内部监督案例

一、黄河企业集团公司总经理的地下工程[①]

黄河企业集团公司（以下简称黄河集团）是一家以啤酒生产和销售为主营业务的民营企业，其前身为1985年建立的兰州黄河啤酒厂，农民出身的杨纪强靠着不屈不挠的精神一手把这个企业创办起来，并在1993年12月，以集团公司为主体，发起设立了兰州黄河企业股份有限公司，1999年6月23日，4500万股"兰州黄河"A股在深交所上市。

黄河集团早期的控制权完全掌握在以杨纪强为首的杨氏家族手里，是一家典型的家族式企业。当时，董事长是杨纪强，副董事长兼总经理是二儿子杨世江（现为黄河股份公司董事长），大儿子杨世沂为印务公司经理，三儿子杨世汶是啤酒公司经理，四儿子杨世涟是销售公司经理，财务部部长是三儿媳，饮料公司经理是四儿媳，生活服务部部长是二儿媳，资金回笼部部长是大儿媳，每个儿子的姻亲又分别被安排在各自部门内部的重要岗位上。

杨纪强等集团高层领导发现，随着企业规模不断地扩大，黄河集团首先感到的是人力资源的匮乏，要想进一步扩张，必须突破家族血缘的狭隘关系，从家族外部吸取企业所需要的各种资源。而外部资源的进入，必然带来家族控制权向外的转移。正是在这种担心与突破的交叉思维中，黄河集团开始了自己的人才引进计划。

---

① 资料来源：齐东平. 一次失败的探索：兰州"黄河事件"案例分析［J］. 企业管理，2000（3）；黄东明. 黄河骄子——记兰州黄河企业集团公司党委书记、董事局主席、总裁杨纪强［J］. 发展，2001（9）.

黄河集团较为成功的一次人才引进是在企业发展初期，黄河集团从兰州醇酒厂请来了时任副厂长的酿酒专家白咸忠，从而解决了生产技术上的难题，为企业的发展做出了重大的贡献，这也是杨纪强最为得意的一次人才引进。但是在后来引进高级管理人才的过程中，黄河集团却遇到了两次较大的挫折。

第一次挫折是 1998 年 5 月的高薪招聘黄河集团总经理。由于公司的在短时间内得到出乎意料的高速发展，农民出身的杨纪强感到了管理上的压力，并深切地体会到企业内部对高级管理人才的需求。于是，黄河集团在《经济日报》以及酒类行业唯一的行业报纸上《华夏酒报》刊登月薪 3 万元招聘总经理 1 名、月薪 2 万元招聘副总经理 10 名的广告。经过反复的选择，最终来自燕山大学的副教授周彦被聘为集团公司总经理，另有 7 人则被聘为高管人员。

1999 年 1 月 1 日，8 名高管人员与黄河集团正式签署协议，前者承诺在一年内将黄河集团啤酒年产销量由 20 万吨翻番为 40 万吨，奖励为 36 万元、24 万元的年薪。然而，在随后的时间里，对于细化到每一月的任务，周彦非但没有完成，反而在春节销售旺季，市场上出现了黄河啤酒断货的事情。结果是 1999 年 5 月，周彦和另外三个副总经理一齐离开了黄河集团，由于任务没有完成，走时月工资仅拿到了四五千元。加上当年 2 月已离开黄河集团的一位副总，招来的 8 人在签合同后的 5 个月只有 3 人留下。

第二次挫折是聘用了王雁元。1997 年 9 月，杨纪强聘请了曾长期跟踪报道黄河集团的记者王雁元为集团公司副总经理，负责股份公司上市和宣传工作。为了上市，王雁元做了不少工作，股份公司也于 1999 年 6 月 23 日在深交所顺利上市。当时，杨纪强任股份公司董事长，王雁元任副董事长兼总经理。

王雁元利用杨纪强对她的信任，在公司上市后一个多月的时间内，背着杨纪强和其他董事向其子充任法人代表的公司低价转让大量股权，使其成为第二大股东，只比第一大股东黄河集团少 0.41% 的股权，大有让黄河集团改名换姓的架势。在此之前，王雁元还曾以上市开办费和财务顾问费的名义分别向其子任法人代表的另一家公司分别汇入 1 000 万元和 292 万元。

1999 年 11 月 6 日，甚至发生了董事长杨纪强和总经理王雁元分别在兰州和北京同时召开董事会的事。最后，王雁元以涉嫌经济犯罪被捕。股份公司召开临时股东大会，通过了免去第三届全部董事和监事的议案。新一届董事会选举杨纪强为董事长，杨世江为副董事长。从这个事件过程来看，杨纪强是疑人不用，用人不疑。先是周彦等，后是王雁元，而不是启用与他一起打江山的四个儿子，在随后的时间里，杨纪强表示即使受了两次挫折，也不会走向封闭。那么，到底是什么因素阻碍传统家族式企业向现代企业的转变呢？这个问题值得我们深思。

二、某民营企业废黜九位副总经理[①]

某民营企业（EDF 公司）有 8 个品牌、年销售额过百亿元，将企业和品牌做大后，反而要撤销全部副总经理（EDF 公司 2004 年有过 9 个副总经理）。撤销一个"阶层"，如何做

---

①　纪亮.废黜九位副总 波司登快刀扁平化［J］.中外管理.2007（4）.

到波澜不惊？小企业可能因为业务单一、管理简单，没有副总经理尚可理解，可 EDF 公司是个大企业，为何不设立副总经理分担总经理的职责呢？

（一）让"副总"退回车间

2004 年，EDF 公司刚刚实现了从规模销售向技术创新转变的过程，在保证主品牌全国销量连年第一的前提下，开始走技术创新的道路，然而在管理上却出现了问题。总经理的指令下达到 9 位副总经理，副总经理再传达到部门经理，然后才能在企业内全面实行，而基层干部的一条建议，上传到总经理那里，最少也要半个月的时间。有一次兼并一家企业，9 位副总有 8 位反对。要进行一项投资，高管层表决就是通不过。许多大企业都曾面临这样的困惑：中高层管理人员为企业的发展立下了汗马功劳，在企业进入成熟期之后，这些有功之臣成了企业效率的绊脚石。

管理授权有两个方向：权力下移或者权力集中。EDF 公司原来的 9 位副总经理，分管销售、采购、技术研发等具体业务。2004 年上半年，这 9 位副总经理全部转换成了相应部门的经理，重新回到车间，回到他（她）们熟悉的岗位上，退出管理层，他（她）们原有的权力上移，集中到了总经理，公司气象焕然一新。

（二）杯酒释兵权

作为行业的领先者，家大业大的 EDF 公司有着庞大的管理团队，20 余个部门职权交错，10 余名高管权责不分。在与副总经理谈话之前，总经理心里已经有了一个基本框架：这些副总经理短时间内肯定是无法适应现在 EDF 公司管理需求的，那我只能给他（她）们两个选择：要么留在 EDF 公司但退出管理层，要么离开 EDF 公司。现已退出管理层的一位副总经理说，在离开 EDF 公司与退出管理层之间，我选择了后者。从集团的副总经理退下来，刚开始肯定会有失落感。不过总经理照顾到了我们的心理，对外我们依然以集团副总的身份出现，不过已经没有了原来的权力。

总经理解释道，"这种'杯酒释兵权'的方式得以顺利实现，有一个前提，目的一定是企业的健康发展。大家是跟 EDF 公司一起成长起来的，都希望 EDF 公司能够蒸蒸日上。只要给他（她）们可能受到损失的既得利益予以补偿，那就容易平息他（她）们的不满。"因为副总经理已经在企业中拥有了很大的权力，权力越大，承担的责任就越大。而当管理层出现一些创业元老居功自傲、逃避责任的时候，那就必须对管理层进行换血。明确权责是这个制度的核心。EDF 公司的做法与国内另一知名企业娃哈哈公司不谋而合，娃哈哈公司董事长曾直言，自己直接控制各个部门和分公司，没有任何中间环节，因为失去控制力很麻烦。

（三）"兵""卒"决胜败

将才固然重要，有时候"兵""卒"也可以决定胜负。基层大量新人才的加入，能够使整个团队的稳定性得以保证，而且企业也更具活力。只要在机制上能给予这些人足够的奖励，便可以保证整个团队的生命力。EDF 公司正面临着抉择，一方面要巩固国内市场，另一方面又肩负着打开国际市场、铸造国际品牌的重任，总经理独自一人承担着庞大机构的管理重任，无疑是巨大的考验。直接型控制不是一个孤立的环节，必须有能够支持企业继续发展的基层人才的大量补充才能实现。废黜九位副总之后，如何建立起一套完善的内部控制制度和稳定的管理团队，是公司以后要解决的问题。

本章小结

　　本章将代理理论、心理契约理论和组织信任理论等运用到内部控制中，介绍了正式控制和非正式控制。内部控制按照运行方式的不同分为正式控制与非正式控制，非正式控制只是正式控制的补充，不能代替正式控制，正式控制是维持一个企业正常运行的制度保证。内部报告系统应确保信息传递的及时性、完整性、真实性。权责配置不合理、制衡机制缺失会危害企业经营管理，建立和完善监督约束制度是非常重要的。控制范围要突破组织的界限，延伸至价值链中的价值创造过程，将内部控制转变为驾驭企业的整体控制。

关键词

控制活动	Control activities
权责配置	Authority and responsibility allocation
代理成本	Agency cost
控制程序	Control process
正式控制	Formal control
非正式控制	Informal control
信任控制	Trust control
组织文化	Organizational culture

即测即评

　　请扫描右侧二维码进行在线答题并查看答案。

思考题

1. 正式控制和非正式控制的内涵分别是什么？
2. 正式控制和非正式控制之间有没有明确的界限？请举例说明。
3. 如何理解过程控制？
4. 将心理契约理论应用于内部控制的意义在哪里？
5. 审批控制需要注意什么？
6. 正式控制的主要方法和措施有哪些？

案例讨论题

　　某公司内部控制存在以下问题：

一是内部控制存在显著缺陷。SAP 系统用户账号共享，负责部门是公司的 IT 部门。观察发现，有时同一用户名会被不同级别的员工使用。例如在 A 地销售科，财务人员会使用审批人的用户名在 SAP 和 A 地销售系统中执行发货过账和销售确认；在 B 地销售科，业务员可以使用科长的用户名登录系统并进行销售订单的审批；在货物发运部门，员工可以使用上级领导的用户名在系统中审批销售订单；IT 部门没有规章，没有职能的描述；IT 安全控制不恰当且不充分。由于没有妥善维护账户权限清单，权限使用将产生不良影响。

二是总公司对子公司的投资后期跟踪控制未能有效实施，包括对子公司未来盈利能力的评估、是否存在减值等，资金管理系统安全控制不恰当且不充分。

三是公司的澳大利亚子公司也存在一些问题。子公司总经理缺乏必要的制度约束；内部控制程序未理顺，内部控制制度（劳动人事、生产、销售、成本费用等）不完善；IT 政策及程序不完善；记账分录无系统内审核即可过账；没有统一的固定资产折旧政策；没有固定资产减值的相关政策或程序，无人定期对固定资产进行减值测试；发送给公司总部的财务报表未使用公司内部邮箱；未保留书面审核记录。

四是销售业务未经有效审查，存在问题的部门是销售部和财务部。M 地销售科 SAP 系统中发运量和销售系统中发运记录未进行核对；S 地销售科 SAP 系统中发货过账的记录未进行保存；A 地、B 地、M 地、S 地销售凭证保存不完整。

五是在实物盘点中，没有关于差异可接受范围的政策文件。公司每月对存货进行盘点，出现盘点差异则直接调整每月最后一天的产量，公司未制定一个差异可接受的范围，以辨认这些差异是否异常。

公司管理层在得知这些问题时，要求 SAP 系统权限设定要有严格的控制程序，下级使用上级口令应有授权。责令销售部进行相关核对，并保留书面证据。

讨论：请以控制活动与权责配置的相关知识来分析该公司内部控制建设方面还需要进行哪些改进。

延伸阅读材料

内部风险控制篇

　　内部风险是指来自企业内部的风险，主要包括人员与组织行为风险、资金活动与财务风险、信息传递与信息风险。这三大风险在不同层面的内部控制中表现出不同的特点，在公司治理层面重点是对治理结构、高管人员任免、重大财务事项审批、关键信息的传递等进行制度安排；在管理层面则是针对关键岗位员工、日常财务活动、流程信息等进行重点控制。本篇从人员、资金、信息三类风险分别阐述企业内部风险控制，第三至第五章分别介绍人员与组织行为风险控制、资金活动与财务风险控制、信息传递与信息风险控制。

第三章 人员与组织行为风险控制

【引言】人员与组织行为风险控制始终是控制系统的关键之一，从董事会成员的任免、经理人的聘用与考核到员工的招聘和培训等，均与内部控制密切相关。通过分工与制衡、岗位轮换等实施控制，除了合理设置控制程序外，还要重视关键岗位人员和关键业务环节控制、冗员控制、发展核心成员、横向监督等。我国《企业内部控制基本规范》和《企业内部控制应用指引第3号——人力资源》（2010）指出，企业应当重视人力资源建设，根据发展战略，结合人力资源现状和未来需求预测，建立人力资源发展目标，制定人力资源规划和能力框架体系，优化人力资源整体布局，明确人力资源的引进、开发、使用、培养、考核、激励、辞退等管理要求，实现人力资源的合理配置，全面提升企业核心竞争力。

第一节 人员风险控制

人是管理工作的核心，人员风险控制是其他控制的基础，因为人员素质和胜任能力决定着其他控制的有效程度。一些管理学家和企业家认为"办企业就是办人"。人员风险控制是通过挑选和任命员工、培训、职位设计、权责划分、绩效考核等，达到企业管理目标。如果企业员工素质低下，内部控制手段有可能达不到预期的效果。

一、人员风险控制概述

人员风险控制是指一系列控制方法，这些控制方法能够使员工遵守企业规章制度，敬业、尽职。人员风险控制有四个基本功能：使员工清楚企业目标和行为标准，知道企业期望员工做什么；确保员工具备完成其工作岗位所需要的所有能力（如经验和才智）和资源（如信息和时间）；防止员工发生错误、舞弊、贪污、偷懒行为；促使员工进行自我控制、自我监督。

企业发展到一定阶段，在其内部形成固定的权力规范、惯例以及习俗，以此为表现形式的组织资本决定了企业的发展轨迹，并在一定条件下形成路径依赖。内部控制不仅要维持组织结构的稳定控制，而且要适时调整控制目标和控制结构等。任何一个持续经营的组织，**管理系统都包含四个基本要素**：领导人（管理者）、利益相关者、制度（相关正式或非正式模式）、思想体系（理念）。传统的控制模型几乎完全将注意力集中在管理者，只有管理者的理念被认为是合适的，只有管理者喜好的制度，通常才是正式的，才会被实施。控制或制定组织秩序的系统由两个部分构成：一部分是管理者提出的规则，另一部分是自我规范活动，这些活动是组织中不同的团体相互协商达成一致的结果。

委托代理问题不仅存在于股东和管理者之间，在管理者和员工之间因为其目标函数的不同也会产生委托代理问题。从博弈论的角度将管理者和员工之间的关系视为囚徒困境问题，解释了为什么在技术条件一定的情况下，组织在经营效率上的差别很大。在管理者和员工都是理性人的假设前提下，管理者和员工为了各自的效用最大化，会从各自的利益出发达到占优策略均衡，从整体的角度看却可能是最差的选择。

（一）人力资源政策

我国《企业内部控制基本规范》指出，企业应当将职业道德修养和专业胜任能力作为选拔和聘用员工的重要标准，切实加强员工培训和继续教育，不断提升员工素质。企业应当加强文化建设，培育积极向上的价值观和社会责任感，倡导诚实守信、爱岗敬业、开拓创新和团队协作精神，树立现代管理理念，强化风险意识。企业应当制定和实施有利于企业可持续发展的人力资源政策。企业员工应当遵守员工行为守则，认真履行岗位职责。人力资源政策应当包括下列内容：

（1）员工的聘用、培训、辞退与辞职。

（2）员工的薪酬、考核、晋升与奖惩。

（3）关键岗位员工的强制休假制度和定期岗位轮换制度。

（4）掌握国家秘密或重要商业秘密的员工离岗的限制性规定。

（5）有关人力资源管理的其他政策。

董事、监事、经理及其他高级管理人员应当在企业文化建设中发挥主导作用。企业应当加强法制教育，增强董事、监事、经理及其他高级管理人员和员工的法制观念，严格依法决策、依法办事、依法监督，建立健全法律顾问制度和重大法律纠纷案件备案制度。

（二）人员风险控制的优缺点

在建立企业内部控制时，管理人员需要首先考虑的问题是人员风险控制是否充分。与其他控制相比，人员风险控制具有相对较小的副作用和相对较低的直接成本，易于操作。挑选和任用员工、培训、职位设计等人员风险控制方法的副作用和直接成本都较小。甚至在中小型、创业型企业中，人员风险控制往往取代许多结果控制、行为控制等正规控制方法。即使在大企业中，高素质的员工和良好的职位设计也能够弥补正规控制方法的不足。缺点是，人员风险控制容易出现因人而异、个人偏好以及信任度问题等。

（三）小型、创业型企业的人员风险控制

在企业生命周期的四个阶段中（初创期、成长期、成熟期和衰退期），初创期企业可能没有足够的人力、财力去建立正规的内部控制。由于企业规模较小，进行人员风险控制反而是最有效的。一位小型高科技企业的经理在回答"什么是控制"时回答道：我们不需要大企业的大多数控制方法，我的公司只有4位专业人士以及22个负责装配、搬运、填写订单的工人。我们尽最大的努力工作，有些人每周都不休息，一天工作11～14个小时是正常的。我们有足够的工作热情，不需要设计奖励制度，只有一个对现金流量预测的简单预算。

（四）人员风险控制是其他控制的基础

人员风险控制是其他控制的基础，因为人员素质和胜任能力决定着其他控制方式的有效程度。如果企业员工素质低下，行为控制、结果控制手段可能不会达到预期的效果。一方面，任何规章制度都不可能是绝对完美、面面俱到的，如果企业员工素质低下，员工可能挖空心思考虑如何"钻空子"；另一方面，即使规章制度是健全的，素质低下的企业员工完全可以互相串通、合谋进行舞弊，使得这些控制方式效果大为降低。例如，有调查显示，大型超市的经理仅将31%的库存损失归因于店铺偷窃者，而将46%的库存损失归咎于员工偷窃。

二、人员与组织行为风险控制的相关理论——人性假设

人员风险控制有四个基本功能：使员工清楚企业目标和行为标准，知道企业期望员工做什么；确保员工具备完成其工作岗位所需要的所有能力（如经验、才智）和资源（如信息、时间、工作条件）；防止员工发生错误、舞弊、贪污、偷懒行为；促使员工进行自我控制、自我监督。人员风险控制的相关理论是人性的假设，人员风险控制建立在人性假设之上。

（一）"经济人"假说

"经济人"假说认为，经济活动的动力来源于每个人改善自己经济状况的愿望，人的本性是懒惰的，人的行为是为了追求本身的最大利益，工作是为了取得经济报酬，或者是为了避免受到惩罚。"经济人"假设源于亚当·斯密（Adam Smith）的理论，该理论认为人的一切行为都是为了最大限度地满足自己的利益，人是由经济诱因引发工作动机的。经济诱因在组织的控制之下，因此，人被动地在组织的操纵、激励和控制之下从事工作。建立在"经济人"假设基础上的 X 理论强调目标设定、经济激励、惩罚等；管理部门要指明员工的努力方向，激励和控制其活动，调整其行为以满足组织的需要；如果没有管理部门的干预，员工对企业是消极的，甚至是抵触的，必须采用奖励、惩罚、控制等方式，对他们的活动加强指导。

（二）"社会人"假说

梅奥等在霍桑实验的基础上，在 20 世纪二三十年代经实验提出"社会人"假说。"社会人"假说认为，人们工作的动机不仅在于经济利益，还追求社会需求。"社会人"假说的基本观点是：人是社会人，影响人的生产积极性的因素除物质因素外，还有社会的、心理的因素；生产效率的高低，主要取决于职工的士气，而士气则取决于家庭、社会生活及企业中人与人之间的关系是否协调一致；在正式组织中存在着非正式群体，这种非正式的群体有其特殊的行为规范，对成员有很大的影响；由于技术进步和工作机械化，工作本身对人们而言失去了乐趣和意义，因此人们便从社会关系中寻求乐趣和意义；领导者要了解人，善于倾听和沟通职工的意见，使正式组织的经济需要同非正式组织的社会需要取得平衡。

（三）"自我实现人"假说

"自我实现人"假说认为，人都需要发挥自己的潜力，表现自己的才能，实现自己的理想，只有人的潜力充分发挥出来，人才会感到满足。建立在"自我实现人"假说基础之上的 Y 理论的基本观点支持民主和参与型的领导风格，认为员工对企业的需求不是消极的或抵触的，员工有承担责任的能力和实现企业目标的愿望。如果管理者能提供合适的环境发挥其潜力，员工会自我调节、自我控制，管理的作用就在于开发员工的潜力、为员工提供一种能发挥其潜力的环境。以"社会人"与"自我实现人"为指导进行内部控制，强调个人目标与组织目标的一致性和企业文化建设等。

（四）"复杂人"假说

"复杂人"假说认为，人既不是单纯的"经济人"，也不是完全的"社会人"，更不是纯粹的"自我实现人"，而是因时、因地、因各种情况，采取适当反应的"复杂人"。沙因（Edgar H. Schein）等认为人性是复杂的，他们认为，人的需要和动机不仅因人而异，而且一个人在不同的年龄、不同地点会有不同的表现，会随年龄的增长、知识的增加、环境的变化而变化。[①] 此外，人在不同的组织和不同的部门中可能有不同的动机，由于需要和动机相互作用并组合成复杂的动机模式、价值观与目标，人们必须决定自己要在什么样的层次上，用什么方式来获得满足，并且根据自己的动机、能力及工作性质对不同的管理方式做出不同的反应。以复杂人与权变理论为指导研究内部控制，强调内部控制的权变设计。

四种人性假说提出的管理主张和管理措施有许多观点是科学的，至今仍有借鉴意义。"经济人"假说提出的工作方法标准化、制定劳动定额、实行有差别的计件工资、建立严格的管理制度等，至今仍是管理的基础工作；"社会人"假说提出尊重人、关心人、满足人的需要，培养职工的归属感、整体感，主张实行"参与管理"；"自我实现人"假说提出给员工创造一个发挥才能的环境和条件，要重视人力资源的开发、重视企业文化建设等；"复杂人"假说提出的因人、因时、因事而异的管理方式，是具有辩证思想的管理原则。

三、人员风险控制程序

人员风险控制的程序包括招聘员工、培训、职位设计、权责划分、考核与激励、处罚与解聘等。人员风险控制的前提是代理人对委托人能够承担代理责任，要求人员具有良好的职业道德和专业素养，这两者缺一不可，最低标准要做到"同污不合流"，否则难以实现预期控制目标。人员控制（personnel control）是将个人目标与企业目标相结合，主要包括五种手段：招聘管理人员和员工、培训、职位设计和权责划分、考核与激励、处罚和解聘。

（一）招聘管理人员和员工

内部控制作为一种管理行为，是由人具体实施的。因此企业挑选和任命合格的、高素质的员工，首先应对员工的数量和质量进行控制。员工招聘与选拔是人员风险控制的初始环节，是组织控制的关口。根据预先设定的用人、报酬等标准，有战略、有计划地通过一系列活动，使企业管理人员和员工在道德品质、专业技能、协作精神、沟通能力等方面达到要求。人员素质是内部控制系统的基础，有学者对郑州亚细亚集团失败的案例进行分析时发现，企业缺乏规范的人事制度，随意用人、任人唯亲、排斥异己现象普遍，直接导致内部控制薄弱，进而造成经营失败。[②]

（二）培训

通过培训，企业能够告诉员工许多有用的信息：企业期望员工做什么，期望员工达到哪些目标，以及员工如何能够更好地完成分配的任务；使员工获得或改进与工作有关的知识、技能、观点、动机、态度和行为，提高员工岗位工作绩效和个人素质，确保控制目标的实现。培训不仅可以提高员工的技能，而且可以提高员工对企业文化和自身价值的认识，使员

---

① Edgar H. Schein. 组织心理学［M］. 余凯成，等，译. 北京：经济管理出版社，1987.

② 王世定. 企业内部控制制度设计［M］. 北京：企业管理出版社，2001.

工对自身工作目标、公司的控制目标和控制标准有更好的理解，从而能够更好地规范自己的行为。此外，培训有利于员工个人得到充分发展，对其形成激励作用，提高其忠诚度。可以根据在完成一项工作的过程中所必需的具体工作任务来设计和制定培训计划。在这种情况下，任务分析是确定培训需求的必要方法。可以采用各种方法来进行任务分析，包括简要回顾工作说明书、详细的任务盘点、面谈或直接观察等。

（三）职位设计和权责划分

企业应通过职位和岗位设计、权利与责任划分，明确有关人员的工作目标、标准、责任、权限等，确保控制程序的实施。职位设计的一个重要内容就是确定岗位责任，赋予各个岗位以相应的任务、权限和责任。对岗位责任的设置应贯彻相互牵制的原则，对不相容的职务实行分离，使不同岗位之间形成一种相互监督、相互控制的关系，这是内部控制的一般原则。例如，企业进行冗员控制，一岗多人，一人多岗，通常是 2~3 个人熟悉同一个岗位的工作。这样员工之间可以相互约束、相互制衡，防止人员流动后别人无法接手。又如，在餐饮公司，大厨师的地位很重要，如果大厨师离岗，餐馆的名菜质量可能下降，或大厨师将秘诀卖给竞争对手，餐饮公司就要蒙受损失。因此，对大厨师的招聘、留用工作是管理者必须重视的，可行的办法是将大厨师的工作分解为几段，防止其"拿一手"或离岗。

一家民营房地产公司建立了近 200 个制度，进行各方面约束。每个月制定财务计划，总经理签批后，授权 2 名副总经理及总经理助理在职权范围内审批，审计监察处审核每一笔支出。总经理并不是一支笔控制，他认为，内部控制只要管好几个人、能够相互牵制就行了。总经理只管三个人：分管生产的副总、分管经营的副总、分管行政的总经理助理。人事管理上实行"一人多岗、一岗多人"，通常是 2~3 个人熟悉同一个岗位工作。原因是人员工资高、责任应该大；另外相互约束，防止人员流动后别人无法接手。公司组建了考核小组，审计监察处处长担任组长，按照计划、预算进行考核：连续 3 个月未完成指标的就要撤职；半年累计 4 个月未完成指标的，撤职。总之，只要指标未完成就得撤下来。公司总经理、副总经理一年收入相差 5 万元，副总经理、处长（级别低于副总经理）一年相差 4 万元。销售人员按比例提成；生产人员按质量、安全生产情况、成本控制、进度考核；财务人员按账款回收、法规政策掌握熟练程度等考核；审计、监察人员按监督保证情况考核。不设总会计师、总经济师，只设副职。现有 2 名副总会计师，2 名财务处长（1 名分管成本控制，1 名负责公关），其中 1 名副总会计师兼任财务处长。

（四）考核与激励

我国《企业内部控制应用指引第 3 号——人力资源》（2010）指出，企业应当建立和完善人力资源的激励约束机制，设置科学的业绩考核指标体系，对各级管理人员和全体员工进行严格考核与评价，以此作为确定员工薪酬、职级调整和解除劳动合同等的重要依据，确保员工队伍处于持续优化状态。通过对管理人员和员工的绩效考核、激励，引导其个体行为，将组织中目标不完全一致的个体纳入企业目标上。考核方式要多样化，包括员工自评、上级领导评价、协作关系部门的考核，引入企业内部客户理念及多维度的绩效考核方法，通过内部客户考核方式，促进部门之间全方位的沟通，从而使部门间的协调更加顺畅，增强部门员工的团队观念与意识；通过多维度考核方法，造就全面监督、职责明晰的局面。

例如，A 公司是一家民营高新技术企业，公司希望通过建立绩效管理体系将组织和个人的目标联系起来。公司用 2 个月的时间创建了一个绩效管理系统，并自 2004 年 1 月开始在公司内部实施。每个月由各级主管人员根据工作计划对直属员工进行工作追踪，并在月底对员工的工作表现进行评价考核，向人力资源部提交绩效考核报告；对于绩效考核结果，主要用于调整员工的月度薪酬（绩效工资部分）及做出相关的雇佣决定。受调整的月度薪酬（绩效工资部分）在月薪中所占比例为 20%。但绩效考核指标的设定背离了初衷，导致员工对建立这套绩效管理系统的目的的认识与公司的初衷发生重大偏离，从而在实施过程中渐渐失去了员工的理解和支持。绩效管理人员则很难按公司的要求完成评价考核，这就使得公司的绩效管理变成了单纯的绩效考核，从而使公司无法达到通过绩效管理系统发现问题、改善和增强各层级间沟通的目的。[①]

（五）处罚和解聘

企业应当有正当的程序和公平竞争的规则进行处罚和解聘，企业要有明确、公开的工作绩效标准。当管理人员和员工未能遵守企业规程或未能完成绩效目标时，要有必要的处罚措施，问题严重时要解聘责任主体。解聘通常是由管理人员提出的，往往是工作绩效不合格或其他正当理由，但有的解聘行为被界定为是错误的。企业应当遵循一致的绩效评价、反馈以及累进纪律记录等既定程序。要对负责帮助员工改进工作绩的管理人员提供指导、培训和支持。

人员风险控制中怠工行为值得关注。怠工行为是工作压力源的以情绪为基础的反应。工作压力源包括角色模糊、角色冲突、工作负荷、组织约束、人际冲突。怠工行为可分成 5 个不同的维度：① 虐待他人，由对待同事的身体上或心理上的有害行为构成，如忽视某人、打人或惩罚人。② 生产偏差，一种故意不有效履行工作任务的行为，如故意放慢工作速度。③ 阴谋破坏，即损伤或破坏别人的财产，如故意破坏属于组织的设备。④ 偷盗，即故意拿走别人的财产，既可以是组织性的，也可以是个人行为，取决于受害对象的不同。⑤ 退缩行为，如工作不尽力等。

四、关键岗位的人员风险控制

人员风险控制中要特别重视关键岗位的控制，关键岗位的人员主要有最高财务管理人员（财务副总经理/总会计师/财务总监/财务执行官）、关键业务环节的人员、内部审计人员等。如果关键岗位人员安排不当，会给企业造成极大的损失。例如，亚细亚公司（郑州）任人唯亲，派出的财务总监甚至不具备初级财会人员的专业水准，难以承担委托人所赋予的重任。中国《企业内部控制应用指引第 3 号——人力资源》（2010）指出，企业对于在产品技术、市场、管理等方面掌握或涉及关键技术、知识产权、商业秘密或国家机密的工作岗位，应当与该岗位员工签订有关岗位保密协议，明确保密义务。

不同的业务领域和环节，在人员控制方面往往适用不同的内部控制模式。例如企业研发部门等从事创造性活动的部门要有较大授权，而在资金控制方面，采取高度集权控制更有利于资金的安全。一份关于中国民营企业职业经理人与所有者信任关系的调查发现，样本企业财务经理人中，企业创建者自己兼任占 40.6%，是主要来源；外聘职业经理人占 24%；创

---

① 关卉. 民营企业绩效管理系统失败案例［J］. 企业改革与管理，2006（11）.

业者的子女占 13.9%，其他占 21.5%。民营企业内部管理岗位对外人开放的顺序分别是：① 生产经理；② 设计开发经理；③ 质管部经理；④ 办公室主任；⑤ 人事经理；⑥ 副总经理；⑦ 营销经理；⑧ 总经理助理；⑨ 采购经理；⑩ 财务经理。

（一）关键岗位人员的职责构建

在职位说明书中，岗位职责又可称为"工作职责详述"，是关于"该职位主要做什么"的描述。所谓工作职责，主要指该职位通过一系列什么样的活动来实现组织的目标，并取得什么样的工作成果。职位说明书中描述的是该岗位的关键职责，而不是全部职责。关键岗位职责是指该岗位具有长期性，要占用大量时间，要求高绩效；若未能完成该任务，可能对未来经营成果产生严重影响。在关键岗位让员工享有更大的设计和控制本人工作的责任（与工作更简化和更专门化相反）时，它具有更大的激励价值。关键岗位人员职责的界定并非是简单地来自对岗位任职者现行工作活动的归纳和概括，而是对基于组织战略的岗位目的进行的界定。其具体步骤为：

（1）确定该关键岗位的目的，说明设立该岗位的总体目标。应根据组织的战略目标和部门的职能定位，确定岗位目的，精练地陈述出本岗位对组织的特殊贡献是什么。

（2）分解关键成果领域，通过对岗位目的的分解得到该岗位的关键成果领域。可以利用鱼骨图作为工具对上例进行岗位目的的分解，得到企业财务部经理的关键成果领域，如图 3-1 所示。

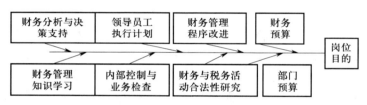

图 3-1　财务部经理关键成果领域分解示例

（3）确定人员职责目标，即确定该岗位在该关键成果领域中必须取得的成果。以成果为导向，明确关键成果领域要达成的目标，并确保每项目标不能偏离岗位的整体目标。例如，企业财务部经理的八项关键成果领域要达到目标如表 3-1 所示。

表 3-1　财务部经理的职责目标示例

关键成果领域	所要达到的目标
财务预算	确保财务预算与公司战略、经营需要保持一致
部门预算	确保部门预算与组织的战略与整体预算保持一致
财务管理程序改进	提升财务管理工作的效率与效益
领导员工执行计划	确保财务政策和工作计划得到全面贯彻、执行
财务分析与决策支持	保证财务信息在投资及业务规划中的决策参考作用
财务与税务活动合法性研究	确保财务工作的合法性
内部控制与业务检查	为企业经营活动和财务活动正常进行提供保证
财务管理知识学习	提高企业管理人员运用财务管理知识的能力

（4）"基于流程""明确责任"，确定工作职责，通过确定职责目标表达该岗位职责的最终结果。每一项职责都是业务流程落实到岗位的一项或几项活动（任务）。在确定责任时，岗位责任点应根据信息的流入流出确定。信息传至该岗位，表示流程责任转移至该岗位；经此岗位加工后，信息传出，表示责任传至流程中的下一个岗位。

（5）进行人员职责描述，说明工作持有人所负有的职责以及工作所要求的最终结果。通过以上两个步骤明确职责目标和主要职责后，可以将两部分结合起来，对人员职责进行描述，即"职责描述＝做什么工作＋工作结果"。

（二）财务管理人员的能力

企业财务副总经理/总会计师/财务总监/财务执行官（为叙述方便，以下统称财务总监）是关键的人员，其能力分为核心胜任能力和相关胜任能力。核心胜任能力直接影响到财务总监是否能胜任其职能，而相关胜任能力则非财务总监所特有的必备能力，它是一般管理人员所需具备的基础能力。有些相关胜任能力是每个胜任工作的人必须具备的，而与其履行的职能无关，如自我提高能力、创新能力等。总体而言，相关胜任能力是核心胜任能力的必要补充。从财务总监的核心职能出发，核心胜任能力如表3-2所示。

表3-2　财务总监核心胜任能力

核心胜任能力	内　　容
决策能力	进行财务决策及参与其他战略决策的能力
战略规划能力	规划财务目标、财务战略及战略风险控制能力
分析能力	建立和运用模型，进行财务分析，提供决策支持的能力
领导能力	领导团队实施财务战略，实现财务管理目标
协作能力	维护相关关系的能力以及与其他高层管理人员、业务部门形成业务伙伴关系的能力
控制能力	以内部控制制度控制交易流程的能力，以及运用预算管理、成本管理、风险管理等手段，控制既定业绩目标实现过程的能力
资源管理能力	管理财务信息资源的能力，保全公司资产并使之高效运转的能力

五、关键业务环节的人员

企业关键业务环节的人员包括重要环节的管理人员和业务操作人员，这些重要环节的人员安排是管理控制的重点，需要考察其专业能力、职业道德、工作之外的行为表现等，还应适时进行岗位轮换、职位更换等。例如，通过财会人员统一管理，实行财会人员委派制或者向分支机构委派财务总监，实现控制目标，这是对分支机构实施会计控制较为普遍的控制形式。

若干年前，中国香港某银行信贷员想购买一座湖边别墅，需要30万元作为支付25%楼价的首期付款，于是他便利用自己工作之便"借"了这笔钱。他编造了一家不存在的公司作为借款人，伪造了所有必需的证明文件，如财务报表、董事会决议等，并印刷了一批以该公司名称为页眉的信纸以便进行书信往来。他用上述相关文件申请并自行批准了50万元贷款做"营运资金"，条件是按季付息，5年到期。然后，他将收到的50万元支票存入自己在其他银行的账户。他用其中的 30 万元作为购买别墅的首期费用，余下的 20 万元用来装修别墅。在每季要付息时，他借记银行利息支出科目，贷记自己的放款账户。为扰乱这些账目的往来情况，他以临时存欠和暂收付等账户作为过渡。由于其欺诈行为一年时间内未被发现，该信贷员感到这是改善生活的捷径。于是他又伪造了另外一家不存在的公司。作案手法和上次一样，只不过这次批准的贷款金额为 60 万元。他用这些钱购买了一艘游船并且偿还了别墅按揭抵押贷款的部分余款。

购买游船几个月后，他与妻子离婚。作为离婚协议的一部分，其妻子可以得到别墅和游船，而他负责偿还别墅按揭抵押贷款的余额。为了减轻上述财务负担，他又设立了第三家不存在的公司申请贷款。这次借款人变成了一个富有的投资者，拥有许多不动产，包括出租物业、医用建筑和两个娱乐购物中心。条件与以往一样，而贷款金额为 80 万元。他用这笔贷款偿还了别墅按揭抵押贷款，还支付了离婚的法律费用和离婚协议中答应支付给前妻的其他费用。离婚之后，因他享受奢侈的生活，导致债台高筑，如分期偿还的贷款、信用卡透支及以其公寓作第二抵押的抵押贷款等，以致他无法偿还债务。为此，他再一次伪造假公司去申请贷款 100 万元，手法和偿付利息方式与以往一样。

他的欺诈行为隐瞒了四年，直到有一次银行聘用的注册会计师抽样检查贷款档案时，他第一次作案的贷款被抽选为检查样本。注册会计师在检查归还本息的环节时，注意到该笔贷款的利息是通过会计记账按季支付而不是现金支付或者是从其他账户转账支付的。这种处理手法与习惯方法有较大的分别，因为通常的利息还款是用现金或转账的方法处理的。出于专业的谨慎，会计师进一步检查付息的贷记方是如何入账的。检查结果显示，付息的贷记金额通过临时存欠及暂收付等科目过渡。会计师认为这里面肯定有违法行为。在得到银行行长的批准后，注册会计师开始检查该账户每一次偿还利息款项的来源，发现其存入的方式也一样。除向银行行长报告外，该注册会计师还与其上级研究，相信这可能是一连串的欺诈行为。他们决定对所有超过 40 万元的贷款做检查，看有没有类似的欺诈行为。通过检查他们发现了另外三笔欺诈贷款。注册会计师接着证实了这四笔贷款及每笔偿还利息款项的存入是经同一位银行职员批准和处理的。注册会计师将自己的发现向银行的管理层报告。在与银行董事会的审计委员会主席、总审计师、法律部门主管、信贷部门主管和贷款检查主管的会议上，注册会计师向大家介绍了发现的情况，与会者一致认为有欺诈行为。

在会议中，负责贷款检查的主管被问及为什么他的检查工作没有指出这些违反规定的做法。据他回忆，从五年前开始，银行决定只检查 150 万元及以上的授信账户，其他小额授信则由银行内部稽核抽样进行检查，并主要以邮寄方式进行核证工作。总审计师指出，在过去的五年中，他们按规定处理这些邮寄证明，没有一笔信贷出现问题。第二天上午，法律顾问和审计主管约见那位信贷员，因证据确凿，嫌疑人承认在四年前开始伪造文件骗取贷款，供认书给了所有参加此案调查会议的成员。银行把上述情况通知了有关执法和监管机构。那位信贷员被银行解雇并被捕。

由此案例，可以看出该银行的组织结构不合理，在未对员工职业价值观作充分考察的情况下，对员工授权过大；在一定金额以内，一名员工既负责授信管理、放款，又可以进行账务处理，很容易出现欺诈行为；对员工在权限以内的操作疏于管理，放任自流，为案件的发生提供了机会；会计系统操作混乱，任何人无论其业务是否相关只要可以接触计算机，就可以进入会计系统和使用所有账户而不受限制，使案犯可以盗用资金而掩盖事实；对过渡性账户的使用无明确规定且监控不严；银行只注意检查金额较大的授信账户，而未对金额较小的账户进行必要的抽样检查，当有关检查标准被其他员工知悉后，就可能被不法之徒钻空子。

改进该银行控制系统的措施是：进行必要的场外观察，判断关键岗位员工在工作之余的表现，掌握其本人、配偶、子女等是否有异常消费行为；改变组织结构，分设授信管理、放款与会计小组，分别处理贷款中的不同环节；设专门人员对过渡性的科目、费用支出等进行监控；非会计人员不能从事与会计职能有关的工作，限制员工只可使用与其业务相关的账户；加强内部监控，改善贷前对法人真实性的稽核程序及贷后的抽样检查方法。

六、对特殊状态下或特别嗜好的关键人员的关注

企业要特别关注处在特殊状态下的一些关键人员，这些人员由于存在巨大压力，有可能进行舞弊。这些特殊状态包括：家庭负担过重，员工收入无法弥补；员工有特殊嗜好，例如赌博、挥霍成性、与人攀比、为异性支付消费款等；员工负有较多个人债务，无法偿还；个人经营资金短缺或投资失败；处于特殊情境中的人，如恋爱、亲人亡故等；关键岗位或关键环节领导/员工配偶、子女已经移民，但本人仍在坚守本岗位。企业需要在舞弊尚未形成或发生前，采取一系列综合措施及时发现处于这些特殊状态下的人员，将这些人员可能造成的潜在舞弊风险降到最低水平。

（一）处于特殊情境之中的人员

从心理学角度分析，处于特殊情境之中的人员，为了取悦于他人，在情感的作用下，可能丧失理智或无法控制自己，从而导致企业内部控制失效。

为供男友在网上赌球，四川省歌舞剧院原出纳刘某伙同男友贪污单位公款达300多万元。刘某案发前系四川省歌舞剧院的一名出纳，其男友没有工作，因为网络赌球输了钱，便和刘某谋划侵吞省歌舞剧院公款。20×4—20×6年，二人私自以单位名义出具现金支票、偷盖或伪造财务印章，并采用制作虚假的财务凭证等手段，套取公款达3 134 478.51元用于赌球和其他消费。案发后，刘某及其男友均以贪污罪一审被判处无期徒刑，并被没收其个人全部财产。

以上案例的相关人员处于恋情之中，在情感的作用下，发生贪污行为。

（二）具有特别嗜好的人员或个人债务负担沉重的人员

具有特别嗜好的人，在个人行为偏好的驱使下，往往利用职务便利，贪污或挪用单位资金，给企业造成经济损失。而个人债务负担沉重的人员，为了减轻债务负担或挽回投资损失，也有可能铤而走险。

20×5年9月23日，某置业公司业务员关某以交纳商品房公共部位维修基金的名义，从置业公司领出金额为2万余元的转账支票。然后，关某提取现金并存入个人借记卡，用于赌博。同年10月11日，关某又以同样理由从单位领出一张金额为2.7万元的转账支票，取出了其中的1.7万元，用于归还赌债。事发后，关某被认定犯有挪用公款罪，受到相应的法律惩罚。

以上案例的相关人员具有特别嗜好，利用职务之便贪污或挪用资金。

七、冗员控制

在企业的人员风险控制策略中，一个重要方面就是冗员控制。冗员控制就是企业明确每个员工的职业生涯路径，为每个员工描绘出可能的发展路线和空间，并明确每个岗位的职责和权限；对于关键岗位的员工，建立相应的"传、帮、带"制度，找到该员工的下属或者同事，让他（她）把掌握的知识和技能，在一定的时间按计划教导给下属或者同事。这项技能教导工作可纳入绩效考核，以保证该员工知识的"备份"，以免有人突然离职而造成职位空缺，从而给企业带来损失，这就涉及一岗多人的问题。先进企业的人才库会提前为一些关键性职位制定接班计划，以免在最后一刻采取行动时造成损失。在组织中任何关键职位出现空缺的时候，备份人员已经准备就绪。

在冗员控制的具体操作中要注意后续梯队副手的个性等，尽可能与关键岗位员工互补，避免冲突，同时又可通过互补有效提升关键岗位的工作绩效。要做好员工备份工作，就需要强化员工中的人才储备和技术培训，使某项关键技术不会只被一两人独占。对于非技术岗位的某些重要职位，让这些"备份人员"提前熟悉将来的工作，一旦这些岗位的人员流失，候选人能在最短的时间内胜任工作，从而降低了由于员工空缺而造成的损失。

核心员工的备份，分为内部备份和外部备份。在可能的情况下，首先要考虑内部备份。对于每一个重要角色，一开始就树立人才备份观念并着手去做，培养企业的优秀员工梯队。在内部没有合适的备份人才的情况下，考虑几个外部备份，以保证有人离职时，几个备份人选中会有人及时补位。发展接班人是企业管理者的一个关键业绩指标，不少外资企业在培育部属方面都有制度规定，如果某核心员工还没有培养出能够代替自己的下属，该员工没有升职的可能，因为既然该员工坐这个位置最合适，那他就不需要升迁；每个人都有离职的可能，因此该员工必须培养出能够代替自己的下属或同事，否则就是其工作失职。员工梯队建设与建立企业的核心员工人才储备库，即"备份员工"，不仅要作为一种制度加以制定和完善，还要在企业内部形成一种知识传递和共享的学习氛围。

八、发展核心成员

核心员工是难以替代的、保证经营成功的关键人物，企业面临的问题一个是吸纳稳定性高的员工，另一个是留住能力强、位居关键岗位的核心员工。企业核心员工通常占到总人数的 20%~30%，核心员工集中了企业 80%~90% 的技术和管理，创造了企业 80% 以上的财富和利润。相当多的研究集中在强化员工激励和绩效的潜在贡献上，对核心员工要进行有效管理，激发其积极性，提高对企业的忠诚度。对核心员工准确定位，围绕"如何管好企业核心员工"这个问题展开；让核心员工群体感受到组织的期望，在不断增强的组织归属感中积极发挥自身的潜能，促进企业内部控制目标的实现。

九、内部审计人员

由于内部审计的对象是风险管理、内部控制与治理程序，提供的服务与传统审计对象完全不同，因此对内部审计人员胜任能力的要求较过去有所变化。国际内部审计师协会（the Institute of Internal Auditors，IIA）发布了《内部审计人员胜任能力框架》（the Competency

Framework for Internal Auditing，CFIA）研究报告，认为内部审计关注点向风险管理和公司治理转化，这直接影响了对内部审计人员胜任能力的要求。IIA《内部审计人员胜任能力框架》相关内容如表 3-3 所示。

表 3-3　IIA《内部审计人员胜任能力框架》相关内容

分　类	框　架	内　容
知识技能	能力	能够熟练地根据确定的路线工作
	分析设计技能	识别问题、确定任务并构建典范的解决方案
	鉴别技能	在复杂环境中能做出准确的、有创意的判断
行为技能	个人技能	能应付挑战、压力、冲突、时间紧迫以及各种变化
	人际技能	通过人际互动能够取得信息
	组织能力	运用组织网络能够取得信息

IIA 在全球审计信息网络的调查结果表明，内部审计人员的职责应该是：充当调查人员（44.6%）、指导顾问（57.0%）、咨询专家（45.6%）、管理层的有益助手（34.7%）、其他人士（32.1%）。内部审计不再是对过去事项的评价，应该洞察风险、评估风险、寻找机会，成为增值业务的推进器。因而内部审计师必须具备的素质是：多面手（versatile），拥有大局观，对整个组织的价值具有前瞻性考虑；置身其中（involvement），参与和了解公司各项业务，发现问题并及时提出解决措施；精通技术（technology），应用专业技术知识来控制风险，改进控制和治理过程的效果；顾问（advisor），提供确认、培训和咨询服务；领导人（leader），在风险管理、控制和改进公司治理的效果方面发挥领导作用；具备处理人际关系的能力和技巧。内部审计师首先应该是一个优秀的管理者，其次才是一个好的审计师。

第二节　组织行为风险控制

组织是由两个以上成员组成的合作体，包括为完成特定任务而建立的团队、正式的部门与非正式群体。横向监督是组织行为风险控制的重要手段，包括团队控制和部门之间的牵制控制。团队是由一群不同背景、不同技能及不同知识层次的人员所组成的，其成员分别来自于组织中不同部门，致力于共同的绩效目标，共同为某一特殊任务而工作的人数不多的正式小群体。正式的部门是根据组织设计原理，根据不同的职能将组织成员分为专门的群体，如市场部、采购部、财务部等。非正式群体是指那些相对于正式群体而言的群体，不是由组织正式组建，而是自然或自发形成的，非正式群体成员之间依靠心理、情感的力量来维系。组织行为风险控制可通过法家之威、佛家之心、儒家之德、兵家之术实现组织凝聚力和执行力，防范组织行为失范。

一、团队控制

大型的分权式组织结构的公司不但使用高端先进的控制手段，而且通过员工较高程度地参与管理和人际关系方法来协调业务活动，预算参与主要用于分权式组织结构。分权式组织结构采用以利润为中心的责任会计系统，操作程序、正规预算等控制方式值得推荐使用。组织结构调整必须确保员工承担义务以实现组织持续改进的目标。结构创新，如扁平结构、网络结构、流程定位和工作团队组织结构都是为了提高组织效率，这样的组织结构与传统的以利润为中心的责任会计系统不一致，然而许多企业还是维持这种等级结构。团队是现代组织结构中重要的组织，团队组织结构的协调、绩效评价和奖惩等问题研究非常重要，然而团队控制研究较少。

团队组织方式能使企业适应复杂、多变的环境，很多大型国际公司采用团队形式来保持和增加创新能力。如何进行团队控制，从而组建高绩效的团队成为企业面临的问题。团队控制是企业内部控制系统中一个关键部分，团队控制的目标是塑造高绩效团队，引导其成员向着组织的目标努力。有效团队的关键成分包括四大类：第一类是工作设计，第二类是团队构成，第三类是影响团队有效性的资源及其外界条件，第四类是过程变量，它表明在团队中运作的一些事情会影响团队的有效性。在这个模型中，团队的效果通常指三个方面的内容，即团队绩效的客观指标、管理者对团队绩效的评估以及成员满意度的累计结果。如图 3-2 所示。

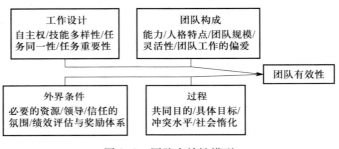

图 3-2　团队有效性模型

团队成员在工作过程中以共享价值观为基础形成了一系列行为规范和准则，形成了一种不仅能约束自己的行为而且可以协调彼此之间活动的心理契约，这种心理契约能够对团队成员的思想和行为产生持续性的影响和控制，从而确保所有成员共同为团队目标的最终实现而努力。建立团队的核心价值体系包括共同的愿景与目标、相互信任、树立协作精神和追求卓越等。

在社会心理学中运用"群体动力学原理"理论来说明群体成员之间各种力量的相互依存、相互作用关系以及个体行为的影响。团队成员之间就共同价值观和某些原则达成共识是团队建设的核心。团队建设的核心是在团队成员之间就其应用于工作中的共同价值和原则达成一致，提出了作为指导团队建设原则的五个方面共识：第一，必须明确建立团队的目标、价值观及指导方针，而且经过多次讨论；第二，这些观点必须是团队成员想并且愿意努力工作去实现的；第三，团队共识必须是团队确实能够实现的，确定不现实或无法达到的目标是没有用的，因为这只会使人更想放弃；第四，所有团队成员都支持这一观点是至关重要的，否则他们可能发现各自的目标彼此相反或根本冲突；第五，团队共识必须具有在未来进一步发展的潜力。

团队控制的主要方法有团队精神建设、创造学习型团队、转变领导方式和建立以团队为基础的评估体系等。团队精神建设，即树立共同愿景（shared vision），是指大家共同愿望的景象，即"我们想要创造什么"。团队作为一个相关利益者的共同体，其愿景是相关利益者意象的结合。共同愿景是使相互不信任的人一起工作的第一步，它产生一体感。在团队中，成员一起努力去达到作为一个组织的新的知识和能力水平，即创建学习型团队。

团队领导者不再是传统命令者或控制者，他们担任的是教练和后盾的角色，他们对团队提供指导和支持，但并不试图去控制它；他们鼓舞团队成员自信，帮助成员充分地了解自己的潜力；他们听取员工的意见并以鼓励和改进建议作为回应，提出有关绩效的新想法。团队领导者必须能够监控员工的绩效，分析和确定改进的机会，对员工提出适当的问题并积极地听取意见，给予明确、具体而有效的反馈。

传统的依据个人绩效的评估方式不适合于团队绩效评价，要解决这一问题，关键在于以团队作为主体，实行团队激励。利益共享、责任共负，可以激励他们对团队任务的投入和对团队的负责。通过"反官僚主义"实现竞争优势，许多公司已经转向了以团队为基础的生产方式，这种方式放松了监控，受到一些组织的推崇。许多观察者表明以团队为基础的组织的建立是双赢的结果，不仅降低了组织的费用，而且提高了竞争力和盈利能力。但是，团队合作的强迫接受是一种压迫式控制，员工认为团队把自己变成了一个免费的监视者，因此在一些企业，许多员工不愿将自己转换成完全的自我管理者。

索尼公司的绩效管理系统采用的是 5P 评价体系来全面评估员工的业绩。[1] 5P 是指个人（person）、职位（position）、过去（past）、现在（present）、潜力（potential），除了对个人评估外，还要对团队进行评估。每一个分公司的总经理要陈述对下级的评估，说明打分的原因。比如作为部长，要给自己部门的人打分，作为管理者要帮助下属完成任务，帮助下属发展、提高技能，如果管理者的技能需要提高，在陈述的过程中也要给他提出目标。另外，通过对各部门进行评估，可以掌握各个分公司、各个部门之间的平衡。整个的评估体系就是这样周而复始的。评估完成后，实际上明年的目标也设定好了。做完公司的评估以后，公司就知道在哪些方面是需要尽快改善的。在这个过程中尽可能地做到几个因素互不干扰，员工可能换过好几个上司，不会因为一个上司喜欢他、另一个不喜欢他，对他的评价就有很大的改变。

二、部门控制

通过企业内部不同部门之间的横向监督，如权责划分、绩效考核，实现部门之间的相互控制。例如，引入内部客户的考核，全方位地监督，减少部门之间推卸责任，增强其沟通能力。由被考核部门相对应的内部客户根据影响部门之间业务进展的关键业绩指标进行考核评价，采用行为锚定评价法，并结合关键事件法及重大工作失误一票否决等方法，根据各个部门考核内容的重要性不同，赋予考核指标不同的权重要求，如图 3-3 所示。

根据各个部门考核项目的重要性程度，对同一考核项目在不同部门分别赋予不同的考核分值，每个部门考核总分为 100 分；根据各部门每类考核项目在整个考核类别中的重要性程度，分别对不同的考核类别赋予不同的权重，其权重之和为 100%。也可以采用关键事件

---

[1]　穆静 . SONY 如何考核业绩［J］. IT 时代周刊，2004（11）.

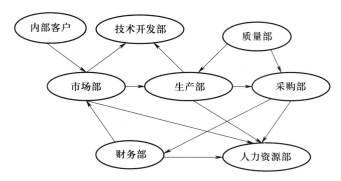

图 3-3　绩效考核循环管理（箭头方向代表考核方向）

法，关键事件是指对部门产生重大积极或消极影响的行为。为了使考核更加公正客观，不受主观因素的影响，当考核人对被考核对象的评价为规定分数范围的最高值或最低值时，必须给出关键事件说明，使管理者对其工作有更为清晰的了解，更加利于工作的沟通。

为了减少和避免发生重大工作失误，应采用重大工作失误法，即一票否决法。如发生考核项目中所列举的重大工作失误之一，该被考核对象此次考核成绩为零，使被考核对象对此引起高度的警惕性。考核工作的主要组织者是企业的人力资源部门，为了使企业建立的考核管理体系能够正常实施，需要注意几个问题：为了使内部客户考核体系顺利实施，考核管理时应尽量形成单向考核循环，以避免考核部门之间的相互考核以及因考核矛盾形成相互报复的可能；考核结果要进行充分的反馈和沟通，需要建立长效的沟通反馈机制，建立考核的申诉制度，对于考核结果的运用也需要企业在薪酬制度上进行相应的改善。

三、非正式群体控制

（一）非正式群体的特点

非正式群体的特点是凝聚力较强，经过积极引导，可以使这一特点成为增强正式群体凝聚力的因素。非正式群体是各成员为满足心理需求而自然形成的，情感是各成员之间相互联系的纽带；成员之间相互信任，相互支持，团结一致，呈现一种"抱团"现象。非正式群体一般都有自己的群体规范，但这种规范是不成文的、无形的，它从非正式群体成员的共同利益、共同需求、共同兴趣和爱好出发，规范非正式群体成员的行为，调节群体内部的关系。有时，非正式群体的规范可能比正式群体的规范更有约束力。

非正式群体一般都有自己的"领袖"人物，这样的"领袖"人物与正式群体的领导的区别在于，他们不是由组织任命的，而是自然形成的，他可能是普通职工，但由于他的个人品质、业务能力或工作经验得到群体内其他成员的好感，使他们认为他就是"领袖"。这样的"领袖"可能比正式群体的领导者更具权威性，对成员的影响也更大。由于非正式群体内成员对其"领袖"都既尊重又信服，甚至有言必听、有令必行，领导只要说服"领袖"人物来按照组织的意图做工作，就能带动非正式群体内的其他成员，转变其思想作风，使其为企业目标而努力。

非正式群体成员之间感情密切，利益一致，彼此之间的交往也很频繁。因此，群体内信息沟通渠道畅通，传递迅速。非正式群体有强烈的群体意识，可能出现排挤其他群体的倾向。这种群体一旦形成，在群体成员的行为上表现为整个群体行为趋向一致。当非正式群体的内部结构与正式群体的组织结构相一致时，即非正式群体的人员结构与正式群体的人员结构大致相同，非正式群体的权威人物正好是正式群体中的领导，并且非正式群体的价值取向与正式群体的奋斗目标一致时，它就能促进正式群体的发展。

但现实生活中非正式群体的内部结构与正式群体的组织结构经常是不一致的。当非正式群体的价值取向与正式群体的价值取向不一致时，非正式群体与正式群体就会发生冲突，对正式群体的利益和目标起破坏和干扰作用。如果此时非正式群体的力量又足够强大，它就会阻碍正式群体的正常运作，从而阻碍内部控制目标的实现，并使组织绩效下降。

例如，联想公司近年来取得一系列显著成绩，其成绩的取得与企业文化的建设是密不可分的。联想的企业文化建设核心是"12345"，"1"是指"一种文化"；"2"是指"两种意识"；"3"是指"三个三"，即**管理**三要素、做事三原则、处理投诉三准则；"4"是指"四个四"，即联想精神四个字、联想员工四天条、管理风格四要求、问题沟通四步骤。"5"是指"五个转变"。

一种文化就是以人为本的企业文化，联想对于以人为本的理解是"通过联想事业目标的实现来达到员工个人理想和高素质生活追求的实现"。因而联想文化的核心理念是"把员工的个人追求融入企业的长远发展之中"。两种意识即客户意识、经营意识。管理三要素是"建班子，定战略，带队伍"。做事三原则是"有规定坚决按照规定办；规定有不合理之处，先按规定办并及时提出意见；如果没有规定，按照联想价值观标准做事，并建议按照联想价值观制定标准"。处理投诉三准则，是指"首先尽快给客户一个满意的回复；然后找到相关责任人，分析问题性质；分析问题的根源，制定改进措施"。

联想精神四个字，即"求实进取"。联想员工四天条，即"不利用工作之便谋取私利""不收受红包""不从事第二职业""工薪保密"。管理风格四要求是"认真、严格、主动、高效"。问题沟通四步骤依次是"找到岗位责任人直接沟通""找到责任人的上级沟通""找自己的上级帮忙沟通""找双方上级共同解决"。五个转变是指"由被动工作向主动工作转变""由对人负责向对事负责转变""由单向负责（向上级负责）向多向负责（向上级、顾客等负责）转变""由封闭管理向开放管理转变""由定性管理向定量管理转变"。联想公司既重视正式控制，也强调非正式控制的作用。

（二）非正式群体的控制

群体控制是建立在群体成员高度一致的意见之上的，以此引导成员行为。为了使群体控制更加有效，企业需要发展合适的企业文化。因为控制程序在新产品的开发中存在困难，因此，这种情况就需要进行建立在信任基础上的群体控制。对于非正式群体的控制，首先要利用非正式群体的积极因素。企业要利用非正式群体的灵活、高效的沟通渠道，及时了解企业员工的意见和要求，获取企业做出正式决策的必要信息，从而提高决策质量；任用非正式群体中个人威信高、组织能力强的核心人物，把非正式群体的群体行为纳入实现企业目标的轨道；企业要利用非正式群体成员之间感情亲密、凝聚力强的特点，引导群体成员不断提高业务水平和工作能力。

要限制非正式群体的消极因素。企业对于消极性的非正式群体不能简单斥责，要慎重对待，积极引导。对于持有不正当目标的非正式群体要积极改造，用企业的价值观、文化理念去影响非正式群体的成员，使非正式群体的目标与企业的目标相符合。比如，对于那些以建立关系网、搞小圈子的情感型群体，要努力改造其有害目标，消除与企业对立的目标，使非正式群体的成员认识到，只有实现了企业的目标，才有可能满足他们的种种需要。非正式群体内部存在着不成文的行为规范和惯例，企业要主动干预，避免造成伤害。企业对于那些破坏性的非正式群体要采取果断行动，坚决取缔。为了限制非正式群体的消极作用，企业还必须做好其核心人物的转化工作。

控制或制定组织秩序的系统由两个部分构成：一部分是管理者提出的规则，另一部分是自我规范活动，这些活动是不同组织团体相互协商达成一致的结果，而不仅是高级管理层设定的。非正式群体控制模型的设计有两种观点：一是授权控制（authoritative），二是两愿控制（consensual）。授权控制观点假设通过授权达到既定的目标，并假设管理者是主导的控制力量。两愿控制认为在相互依赖的社会关系中，控制涉及双方的关系——控制者依赖被控制者，不是委托方的单向行为，控制被看作一个多方协商来建立和达到彼此接受期望的过程，这个过程涉及更多的参与者。

第三节　人员与组织行为风险控制案例

人员与组织行为风险控制案例较多，其中ZHY 和 XJZJ 两家公司具有代表性，以下分别介绍这两家公司情况。

一、XJZJ 公司内部控制案例①

XJZJ 公司证券营业所的业务人员梁冰娴利用职务之便挪用公款进行营利活动，数额高达 5 230 万元。她两度锒铛入狱，年迈的父亲为了她也死在狱中。她是怎样走上自毁道路的呢？

生活对梁冰娴来说，本来是一帆风顺的，29 岁的她在工作中勤奋好学，刻苦钻研业务，很快成为所在证券营业所的业务骨干。在西北五省的财会业务考核中，她荣获第一名；全国证券知识竞赛，她也获得第三名的好成绩。然而令梁冰娴没有想到的是，让她痛绝一生的噩运正向她悄然袭来。1995 年 9 月初，梁冰娴接到久未谋面的男友王成打来的电话，说有事相商。一见面，王成便急不可待地说，做生意需要一笔数额很大的资金，他已经凑了大部分，但还差一些，求她帮忙借 50 万元以解燃眉之急。梁冰娴答应了。

从这天起，她每天都想着如何弄这 50 万元。看到自己经手的国库券，她有了主意。时间像河水一样流逝，然而王成似乎很忙，听朋友说，王成出入高档娱乐场所，甚至还到假日酒店包了房间。梁冰娴心里一沉，几经周折找到王成。王成的花言巧语骗取了她的信任，她默默地离去。直到有一天王成来找她，说生意做赔了，钱都打了水漂，她这下彻底蒙了。最害怕最担心的一天终于来了，1995 年 10 月 20 日，单位进行财务整顿，在核对账目过程中发现国库券账目不符。梁冰娴向单位领导坦白了一切，单位领导当即责令尽快还钱。但她却怎么也找不到王成。梁冰娴将此事告诉了年迈的父亲，这位谨慎从事了 30 余年财务工作的

---

① 资料来源：东方网 . 她为情走上自毁路 . 2000 年 6 月 2 日 . 作者还对 XJZJ 公司的相关人员进行了调研 .

老人惊呆了，他第一次动手打了女儿。梁父拿出家里的积蓄 8 万元，加上跟亲戚朋友借的 6 万元让梁冰娴还账，可是还有 30 多万元的亏空。

1996 年 5 月 5 日还款的期限到了，领导找她谈话，明确说明若她不把钱还清，就将她移交司法机关。她回到办公室痛哭起来，忽然有人拍了拍她的肩膀，是新疆国际信托有限公司营业部的副主任施新海。梁冰娴的单位在施新海处开户，有业务往来。但施新海一般来都找领导，没有注意过她，看到她痛苦的样子，就问了情况。当下，施新海答应让梁冰娴到其单位工作，替她解决问题。1996 年 6 月的一天，施新海找到在综合业务科任会计的梁冰娴，兴奋地告诉她：目前股市大牛市，如果有资金投入，保证可以赚一笔，可以把那 30 万元还上。梁冰娴问需要多少款项，施新海说只要 5 000 万元就足够了，并且只用五六天就可以还上，接着说明了操作过程。此后，梁冰娴从施新海处买了三张空白支票，盖上印鉴后交给施新海。施新海用其中的两张分别填上了 4 000 万和 1 184 万元，立即申购了百花村原始股 7 万余股，5 天后全部卖出，获利 20 余万元。然后他对梁冰娴所在的单位谎称电脑坏了，将手写的一份假对账单交给他们，从而将 5 184 万元的进出情况全部抹去，从对账单上根本看不出这笔钱被动过。

1996 年 8 月，梁冰娴因涉嫌挪用公款罪被乌鲁木齐市天山区检察院传讯。在检察院侦查此案过程中，梁冰娴采用了金蝉脱壳的伎俩，对挪用 184 万元的事实供认不讳，却隐瞒了挪用 5 000 万元的犯罪事实。天山区检察院考虑其还款积极，由天山区法院判处其有期徒刑两年。两年很快过去了，梁冰娴出狱后在一家私营企业找到一份收入颇丰的财务工作。然而好景不长，她挪用公款 5 000 万元的案情还是东窗事发了。1999 年 10 月，乌鲁木齐市沙依巴克区人民检察院反贪局在侦查施新海贪污挪用公款一案中，发现施新海欲隐藏一张股票资金账单，后通过查证发现了施新海在 1996 年 6 月用 5 000 万元购买百花村原始股一事。这 5 000 万元从何而来？通过严密排查，审查人员发现梁冰娴有重大犯罪嫌疑。梁冰娴第二次被传讯。而此时梁冰娴的父亲也因贪污被检察机关立案侦查。原来，梁父把毕生心血给了女儿之后，在单位集资买房时因手头缺钱，伙同另外两人把科室的小金库 9 万元分了，得赃款 3 万多元。梁父被判处有期徒刑 3 年，在狱中因胃出血死亡。梁冰娴在 2000 年 4 月被法院以挪用公款罪判处有期徒刑 6 年。

这是一个被情所困、最终走上犯罪道路的例子。

二、风险总在灯火阑珊处——记 ZHY 公司事件[①]

ZHY 公司（以下简称公司）成立于 1993 年，由某大型企业控股（以下简称母公司），经营地和注册地均位于新加坡。公司成立之初经营困难，但到了 2003 年，公司净资产超过 1 亿美元，总资产近 30 亿美元。公司董事会有 8 名董事，3 名为独立董事，其他 5 名均来自母公司（集团总经理、集团副总经理、财务部负责人、运销处副处长等）。

公司 1995 年收购了另外两家合作伙伴的全部股权，先后经历了两年的亏损和休眠期。

---

① 金彧昉，李若山，徐明磊. COSO 报告下的内部控制新发展——从中航油事件看企业风险管理 [J]. 会计研究，2005（2）；杨晓光，等. 从中航油（新加坡）事件看国有海外企业的风险管理 [J]. 管理评论，2005（3）；裘宗舜，柯东昌. 运用企业风险管理框架：对中航油的案例研究 [J]. 财务与会计（综合版），2007（1）.

1997 年恢复运营之后，公司进行了两次战略转型：第一次转型是从一家船务经纪公司重新定位为以航油采购为主的贸易公司；第二次转型是从一个纯贸易型企业发展成以石油实业投资、国际石油贸易和进口航油采购为一体的工贸结合型的实体企业。公司在国际航油市场上频频出手，成功地压低了航油进口价格，节省了大量采购成本，连年盈利，1998 年实现利润 600 多万新加坡元（以下简称为新元）。

2001 年 12 月 6 日，公司在新加坡交易所主板成功挂牌上市，发售股票 1.44 亿股，每股发行价 0.56 新元，共筹资 8 064 万新元，成为新加坡交易所当年上市公司中筹资量最大的公司，也是中国首家利用海外自有资产在国外上市的中资企业。2001 年公司税前利润达到 4 447 万新元，税后利润为 4 055 万新元。由于良好的市场信誉，公司获得了几亿美元的银行融资额度和国际上大部分油品供应商的业务赊账。

但总经理 CJL 仍在扩大业务范围，从事石油衍生品期权交易，与日本三井银行、法国兴业银行、英国巴克莱银行、新加坡发展银行和新加坡麦戈利银行等在期货交易场外签订了合同。CJL 买了看跌期权，赌注每桶 38 美元，最初涉及 200 万桶石油，并在交易中获利。2004 年 2 月，总经理 CJL 在 2004 年全国企业管理创新大会演讲时，把"风险管理"作为自己的发言主题，用了近 1/3 的篇幅对公司风险管理系统作全面介绍，并以巴林银行为前车之鉴，还特别提到"50 万美元"的平仓止损线。2004 年被评为新加坡最具透明度的上市公司。

2004 年第一季度，由于油价攀升导致公司潜亏 580 万美元，公司决定延期交割合同，交易量也随之增加，期望油价能回跌获利。到了 2004 年第二季度，随着油价持续升高，公司的账面亏损额增加到 3 000 万美元，公司决定再延后到 2005 年和 2006 年才交割，交易量再次增加。2004 年 3 月，公司潜亏时有三种选择：一是斩仓，把亏损限制在当前水平；二是让期货合同自动到期，账面亏损逐步转为实际亏损；三是展期，油价下跌到期货卖出价，实现盈利。如果选择前两种方式就意味着亏损，公司管理者可能会面临来自市场、集团、国内监管方面的压力，可能引发集团内部不满者的行动。在交易员和风险管理委员会的建议下，公司管理者选择了展期这一方式；当公司亏损扩大到 8 000 万元后，管理者仍坚持已有的决定。

2004 年 10 月，油价再创新高，公司此时的交易盘口达 5 200 万桶石油，账面亏损再度大增；10 月 10 日，面对严重的资金周转问题，公司首次向母公司呈报交易和账面亏损。为了支付交易商追加的保证金，公司已耗尽近 2 600 万美元的营运资本、1.2 亿美元银团贷款和 6 800 万新元应收账款资金，账面亏损高达 1.8 亿美元，另外已支付 8 000 万美元的额外保证金。2004 年 10 月 20 日，母公司提前配售 15% 的股票，将所得的 1.08 亿美元资金贷款给公司。在 2004 年 10 月 26、28 日，公司因无法补加一些合同的保证金而遭逼仓，蒙受 1.32 亿美元实际亏损；11 月 8 日，公司的衍生商品合同继续遭逼仓，截至 25 日的实际亏损达 3.81 亿美元；公司最终于同年 12 月 2 日对外披露 5.54 亿美元的衍生工具交易亏损，向新加坡证券交易所申请停牌，并且申请法律破产保护。

尽管 ZHY 公司拥有一个由部门领导、风险管理委员会和内部审计部组成的三层"内部控制监督结构"，但这个结构的每个层次在本次事件中都犯有严重的错误。此次事件反映了我国海外企业的行政化治理特征，董事会组成、高管人员任免、资金控制、董事问责制度等方面都存在问题。公司早在 2002 年，由外部审计师制定了《风险管理手册》，规定了衍生产品交易的止损限额；对新产品的交易必须在风险管理委员会和总裁的推荐下获得董事会的批准。但执行风险管理制度时，经营者绕开了董事会，《风险管理手册》没有起到应有的作用。

在表 3-4 中，将 ZHY 公司的风险管理体系与 ERM 框架相比较表明，尽管该公司设有风险管理委员会，在一定程度上按照 ERM 框架进行了风险的防范和管理，但公司没有遵守《风险管理手册》规定的交易限额；同时，风险管理委员会在所有重大问题上并未履行其职责。

表 3-4　ERM 框架与 ZHY 公司风险管理体系对照表

要　素	ERM 框架	ZHY 公司
内部环境	包括诚信、道德观和能力以及从事经营的环境；组织成员是如何看待风险和进行控制等	无
目标制定	通过企业风险管理确保管理部门以适当的程序设定目标；选定的目标与企业使命一致，同时与企业的风险偏好相符	有，但没执行
事项识别	识别内在和外在的原因，这些因素对潜在的事件有何影响？对战略执行及目标的实现有何影响？区分代表风险的潜在事件以及代表机遇的潜在事件；识别事件之间的相互关系并对其分类；以组合观来考虑风险	无
风险评估	对识别出的风险进行评估，风险是否与有关目标相关联	无
风险反应	根据战略和目标选择方法，使所评估的风险与企业风险偏好一致；风险反应包括规避、接受、降低和分摊风险	无
控制活动	建立和执行政策及程序，确保管理部门的风险应对方案能得到有效执行	有，但没执行
信息与沟通	识别、掌握并交流信息，使责任主体能够履行责任；在所有层面都需要信息来识别、评估并应对风险，也需要有效的交流与沟通	有，但没执行
监控	企业风险必须得到监管	有，但没执行

新加坡普华永道会计师事务所（简称普华）2005 年 3 月 29 日提交了针对 ZHY 公司发生石油期权亏损事件的第一期调查报告。该报告认为，公司出现亏损的原因包括以下几方面：2003 年第四季度对未来油价走势的错误判断；公司未能根据行业标准评估期权组合价值；缺乏推行基本的对期权投机的风险管理措施；对期权交易的风险管理规则和控制，管理层没有做好执行的准备等。

2005 年 8 月，ZHY 公司与新加坡监管当局达成和解，因从事内幕交易接受民事处罚 800 万新元。总经理 CJL 被判处 4 年零 3 个月监禁，处以 33.5 万新元罚款；前财务经理被判处 2 年监禁，处以 15 万新元罚款；ZHY 非执行董事长、非执行董事兼特别工作组组长、非执行董事分别被罚款 40、15、15 万新元。2007 年 2 月 6 日，国务院国有资产管理委员会宣布对 ZHY 公司巨额亏损事件处理决定，董事长被责令辞职，总经理 CJL 被开除。

ZHY 公司事件在过程控制方面提供的启示有三点：第一，要完善企业内部控制机制。首先要在企业内部建立一个制衡机制，做到权力和责任平衡，严格执行制度，做到任何人、任何行为都不能超越于制度之上。第二，要在企业内部建立风险预警机制，即对企业经营所涉及的市场风险、信用风险等进行及时测算，以防范企业风险。第三，提升企业的风险管理水平，使企业管理层和相关人员对其所从事的经营活动、所涉及的风险有清醒的认识，并注重过程控制。

本章小结

人员与组织行为风险控制是指一系列针对人员的控制程序和方法，以确保员工具备专业能力和敬业精神，自觉地做好工作，包括挑选和任命员工、培训、职位设计等控制方法。人员风险控制是其他控制有效运行的基础。职位设计的一个重要内容就是确定岗位责任，赋予各个岗位以相应的任务、权限和责任。对岗位责任的设置应贯彻相互牵制的原则，使不同岗位之间形成一种相互监督、相互牵制的关系，这是内部控制的重要原则。要重视关键岗位、关键业务环节人员的控制，对特殊状态下人员或特殊嗜好的人员给予特别关注。

关键词

人员风险控制	Personnel risk control
胜任能力	Competency
职位设计	Job design
关键岗位	Key position
团队控制	Clan control

即测即评

请扫描右侧二维码进行在线答题并查看答案。

思考题

1. 人员风险控制有哪些组成部分？有哪些特点？
2. 人性假设主要有哪几种假说？这些人性假设与人员风险控制有什么关系？
3. 关键岗位人员的胜任能力特征是什么？
4. 财务总监需具备哪些核心胜任能力和相关胜任能力？
5. 团队控制方法有哪些？
6. 部门控制有哪些特点？
7. 非正式群体控制有哪些特点？

案例讨论题

1. 某航空公司挖出大蛀虫——原副科长涉嫌贪污人民币2 500多万元。从北京市朝阳区人民检察院审理此案开始，原航空公司财务处成本二科副科长杨宁涉嫌贪污公款人民币2 500多万元的特大贪污挪用公款案已经由检察机关侦查终结。1996年7月14日，该航空公司开始调查杨宁私自挪用公司处理废旧飞机器材款购置富康轿车一事，并要求他接受审查。然而杨宁自此以后不见踪影。故纪委以杨宁涉嫌侵吞公款7.5万元向北京市朝阳区人民检察院报案。朝阳区检察院反贪部门经过进一步调查，认为杨宁涉嫌贪污巨款，于1997年1月立案侦查，同时追捕已经外逃的杨宁。

反贪部门经过对杨宁经手的全部账目进行清查，发现从1993年10月中旬到12月下旬，短短两个多月时间里，杨宁在收取他人好处后，先后8次从公司账上支出1 400万元公款给他人。年底结账时，狡猾的杨宁又用公司购置航空器材的发票冲抵亏空。当他发现亏空691万元后，再次实施犯罪。在以后的几个月内，杨宁又将这笔钱通过朋友转移，最终近2 100万元巨款经杨宁之手流出公司。承办人发现，杨宁还利用职务之便私自以公司机务处名义在天津某银行开设账户，存入490万元，帮助其同学开展高息揽存业务，并收取好处费。杨宁作案6年来，累计涉嫌贪污公款达2 500万元，挪用200万元。

2007年春节前夕，在外潜逃多年的杨宁终于按捺不住回家的愿望，由重庆乘火车潜回北京的家中。他并不知道，就在他动身前，通缉他的信息已经通过互联网发往全国。1月23日上午，杨宁在位于首都机场附近的家中被侦查人员当场抓获。2月5日，杨宁被检察机关依法批准逮捕。时年38岁的杨宁酷爱喝酒，酒后的杨宁往往出手阔绰，赠送朋友名表、小车，随便就送亲戚投资款。他自己先后购买三辆小车，其中一辆丰田皇冠车价值42万元。他在北京市顺义区购买了3套住房，在重庆也购买了一套商品房。此案侦查终结时，被贪污挪用公款仅被追回700多万元。

讨论：

（1）本案例中的航空公司的内部控制存在哪些问题？

（2）本案例中的航空公司应该如何在权限上设置贪污的障碍、实施内部牵制？

（3）如何对关键岗位进行授权？

2. 某金融机构总经理、副总经理和法律顾问利用职权批准了大量高风险的商业贷款给他们的朋友和同伙，当他们得知检查人员要到该机构检查时，开始商讨隐藏这些违规贷款的方法。他们知道在资产负债表上掩盖这些贷款的最好办法是将其转移到固定资产、租赁资产和其他资产科目上。于是他们把贷款划拨到清算、同业间的拆放以及暂记账等科目内，巧妙地把这些贷款隐藏起来，以致检查人员在检查时未能发现。检查人员一离开，他们又把账目还原，重新将这些贷款记入商业贷款科目。不久，大部分高风险贷款的情况恶化。若冲销坏账，就算乐观估计，机构的资本充足比率也不能达到监管机构所规定的最低要求，而最坏的估计就是股东的权益全部丧失。在这样的情况下，他们搞了一个出售可转换债券的做法，以便机构的资本充足比率能达到监管机构所规定的最低要求。

他们获得了董事会的批准，并积极地扩大债券的销售量。总经理、副总经理还为买主购买这些债券提供了贷款。这些交易的结果是借记贷款和贷记可转换债券科目。随着权益的增长，总经理等人提高坏账准备。这一安排使他们能够在上述高风险贷款情况进一步恶化时进行坏账冲销。但该出售可转换债券的计划进行得太迟了，由于受其他可接受存款机构倒闭事件的影响，公众对该金融机构的稳健性产生了疑虑。在这种情况下，债券的销售越发困难。

因此，为了隐藏未冲销的坏账，他们只好又重新篡改资产负债表。从资产负债表看，该机构的权益账户仍然超过了要求的最低限度。但事实上，如果所有的贷款坏账被合理地冲销掉，该机构是无偿债能力的。

后来，检查机构在当地的办事处接到了匿名电话，报案人告发了该机构呆滞账款的转移情况，并指出了隐蔽在何处，说实际上有些债券的销售是买主用机构的贷款购买的。检查机构利用这些信息组织了特别的稽核小组，对该机构进行实地检查，检查人员很快证实了举报情况属实。有关不正当交易的审批、已冲销和仍挂在账上的风险贷款显示，总经理和副总经理均涉嫌舞弊。检查员与他们对证，并指出他们违反了法律。在检查人员的盘问下，两人很快供认了法律顾问是同谋。当法律顾问接到传讯时，他意识到舞弊行为已被揭发，便和他人一起提供了有关案情细节。这是一起典型的串通舞弊案，人员控制中的职责分工与牵制失效，给企业造成严重风险。

讨论：该金融机构的内部控制存在哪些问题，如何才能防范？

延伸阅读材料

第四章 资金活动与财务风险控制

【引言】资金活动与财务风险控制是内部控制的三大要素之一，涉及筹资、投资和资金营运。中国《企业内部控制应用指引第6号——资金活动》（2010）指出，企业资金活动至少应当关注下列风险：一是筹资决策不当，引发资本结构不合理或无效投资，可能导致企业筹资成本过高或债务危机；二是投资决策失误，引发盲目扩张或丧失发展机遇，可能导致资金链断裂或资金使用效益低下；三是资金调度不合理、营运不畅，可能导致企业陷入财务困境或资金冗余；四是资金活动管控不严，可能导致资金被挪用、侵占、抽逃或遭受欺诈。财务风险控制的目标是保持适度风险，为企业生存和创新发展提供资金保障。

第一节 资金控制系统设计与运行

资金控制的目的主要是防止资金流失，防止企业发生资金短缺危机，保持现金流动的均衡性，实现风险与收益平衡，实现资金活动与供、产、销活动结构性平衡，并通过现金流有效地控制企业的经营活动和财务活动，实现业务和财务的有机融合。资金控制是企业管理层和财务组织（财会机构、人员）对资金运动和日常财务活动进行管理控制的一系列制度安排。企业应当根据自身发展战略，科学确定投融资目标和规划，完善严格的资金授权、批准、审验等相关管理制度，加强资金活动的集中归口管理，明确筹资、投资、营运等各环节的职责权限和岗位分离要求，定期或不定期检查和评价资金活动情况，落实责任追究制度，确保资金安全和资金活动有效运行。

一、资金管理的相关理论

资金管理（现金流管理）的理论解释有三种：一是均衡理论，即企业为了保证资金需要，对其余缺进行调剂；二是代理理论，认为过多的现金可能导致经理人机会主义行为；三是融资约束理论，认为企业为了避免融资困难，需要进行资金储备。资金控制需要建立相应的控制组织体系，在企业总部与分部之间进行权责配置，通过预算方式等对现金流实施控制。

二、资金控制的特征

企业实施资金控制，可以对财务预算执行过程进行监督和调节，有利于促进财务目标的实现。企业资金控制主要有以下特征：

（一）资金控制的主体多层化

资金控制是一个多层次、多方位的系统控制，资金控制的主体首先是董事会，但在内部人控制的企业，经理人可能占据"首席"地位。董事会要定期检查企业的资金管理程序，如果管理人员存在舞弊动机，而且缺乏责任追究制度，则资金控制风险增大。

（二）资金控制的目标不仅是安全、合规，还要考虑财务风险

为实现资金控制目标，必须分析企业在寿命周期所处的不同阶段、目前及未来环境的变化，以采取不同的财务战略加以控制，防范财务风险。

（三）控制活动存在于企业的各部门、各层面和各项作业中

企业应针对关键控制点制定批准、授权、核实、保护资产安全和职责分工等制度，关键控制点应从业务处理流程中加以寻找和确定。

三、筹资风险控制

企业应当根据筹资目标和规划，结合年度全面预算，拟订筹资方案，明确筹资用途、规模、结构和方式等相关内容，对筹资成本和潜在风险做出充分估计。境外筹资还应考虑所在地的政治、经济、法律、市场等因素。

企业应当对筹资方案进行科学论证，不得依据未经论证的方案开展筹资活动。重大筹资方案应当形成可行性研究报告，全面反映风险评估情况。企业可以根据实际需要，聘请具有相应资质的专业机构进行可行性研究。

企业应当对筹资方案进行严格审批，重点关注筹资用途的可行性和相应的偿债能力。重大筹资方案，应当按照规定的权限和程序实行集体决策或者联签制度。筹资方案需经有关部门批准的，应当履行相应的报批程序。筹资方案发生重大变更的，应当重新进行可行性研究并履行相应审批程序。

企业应当根据批准的筹资方案，严格按照规定权限和程序筹集资金。银行借款或发行债券，应当重点关注利率风险、筹资成本、偿还能力以及流动性风险等；发行股票应当重点关注发行风险、市场风险、政策风险以及公司控制权风险等。企业通过银行借款方式筹资的，应当与有关金融机构进行洽谈，明确借款规模、利率、期限、担保、还款安排、相关的权利义务和违约责任等内容。双方达成一致意见后签署借款合同，据此办理相关借款业务。企业通过发行债券方式筹资的，应当合理选择债券种类，对还本付息方案做出系统安排，确保按期、足额偿还到期本金和利息。企业通过发行股票方式筹资的，应当依照《中华人民共和国证券法》等有关法律法规和证券监管部门的规定，优化企业组织架构，进行业务整合，并选择具备相应资质的中介机构协助企业做好相关工作，确保符合股票发行条件和要求。

企业应当严格按照筹资方案确定的用途使用资金。筹集的资金用于投资的，应当按照《企业内部控制应用指引第11号——工程项目》的规定，防范和控制资金使用的风险。由于市场环境变化等确需改变资金用途的，应当履行相应的审批程序，严禁擅自改变资金用途。

企业应当加强债务偿还和股利支付环节的管理，对偿还本息和支付股利等做出适当安排。企业应当按照筹资方案或合同约定的本金、利率、期限、汇率及币种，准确计算应付利息，与债权人核对无误后按期支付。企业应当选择合理的股利分配政策，兼顾投资者近期和长远利益，避免分配过度或不足。股利分配方案应当经过股东（大）会批准，并按规定履行披露义务。

企业应当加强筹资业务的会计系统控制，做好筹资业务的记录、保管好凭证和账簿。按照国家统一会计准则，正确核算和监督资金筹集、本息偿还、股利支付等相关业务，妥善保管筹资合同或协议、收款凭证、入库凭证等资料，定期与资金提供方进行账务核对，确保筹资活动符合筹资方案的要求。

四、投资风险控制

企业应当根据投资目标和规划，合理安排资金投放结构，科学确定投资项目，拟订投资方案，重点关注投资项目的收益和风险。企业选择投资项目应当突出主业，谨慎从事股票投资或衍生金融产品等高风险投资。境外投资还应考虑政治、经济、法律、市场等因素的影响。

企业采用并购方式进行投资的，应当严格控制并购风险，重点关注并购对象的隐性债务、承诺事项、可持续发展能力、员工状况及其与本企业治理层及管理层的关联关系，合理确定支付对价，确保实现并购目标。企业应当加强对投资方案的可行性研究，重点对投资目标、规模、方式、资金来源、风险与收益等做出客观评价。企业根据实际需要，可以委托具备相应资质的专业机构进行可行性研究，提供独立的可行性研究报告。

企业应当按照规定的权限和程序对投资项目进行决策审批，重点审查投资方案是否可行、投资项目是否符合国家产业政策及相关法律法规的规定，是否符合企业投资战略目标和规划，是否具有相应的资金能力、投入资金能否按时收回、预期收益能否实现以及投资和并购风险是否可控等。重大投资项目，应当按照规定的权限和程序实行集体决策或者联签制度。投资方案需经有关管理部门批准的，应当履行相应的报批程序。投资方案发生重大变更的，应当重新进行可行性研究并履行相应审批程序。

企业应当根据批准的投资方案，与被投资方签订投资合同或协议，明确出资时间、金额、方式、双方权利义务和违约责任等内容，按规定的权限和程序审批后履行投资合同或协议。企业应当指定专门机构或人员对投资项目进行跟踪管理，及时收集被投资方经审计的财务报告等相关资料，定期组织投资效益分析，关注被投资方的财务状况、经营成果、现金流量以及投资合同履行情况，发现异常情况的，应当及时报告并妥善处理。

企业应当加强对投资项目的会计系统控制，根据对被投资方的影响程度，合理确定投资会计政策，建立投资管理台账，详细记录投资对象、金额、持股比例、期限、收益等事项，妥善保管投资合同或协议、出资证明等资料。企业财会部门对于被投资方出现财务状况恶化、市价当期大幅下跌等情形的，应当根据国家统一的会计准则制度规定，合理计提减值准备、确认减值损失。

企业应当加强投资收回和处置环节的控制，对投资收回、转让、核销等决策和审批程序做出明确规定。企业应当重视投资到期本金的回收。转让投资应当由相关机构或人员合理确定转让价格，报授权批准部门批准，必要时可委托具有相应资质的专门机构进行评估。核销投资应当取得不能收回投资的法律文书和相关证明文件。企业对于到期无法收回的投资，应当建立责任追究制度。

五、营运过程的资金风险控制

企业应当加强资金营运全过程的管理，统筹协调内部各机构在生产经营过程中的资金需求，切实做好资金在采购、生产、销售等各环节的综合平衡，全面提升资金营运效率。企业应当充分发挥全面预算管理在资金综合平衡中的作用，严格按照预算要求组织协调资金调度，确保资金及时收付，实现资金的合理占用和营运良性循环。企业应当严禁资金的体外循环，切实防范资金营运中的风险。

企业应当定期组织召开资金调度会或资金安全检查，对资金预算执行情况进行综合分析，发现异常情况，及时采取措施妥善处理，避免资金冗余或资金链断裂。企业在营运过程中出现临时性资金短缺的，可以通过短期融资等方式获取资金。资金出现短期闲置的，在保证安全性和流动性的前提下，可以通过购买国债等多种方式，提高资金效益。

企业应当加强对营运资金的会计系统控制，严格规范资金的收支条件、程序和审批权限。企业在生产经营及其他业务活动中取得的资金收入应当及时入账，不得账外设账，严禁收款不入账、设立"小金库"。企业办理资金支付业务，应当明确支出款项的用途、金额、预算、限额、支付方式等内容，并附原始单据或相关证明，履行严格的授权审批程序后，方可安排资金支出。企业办理资金收付业务，应当遵守现金和银行存款管理的有关规定，不得由一人办理货币资金全过程业务，严禁将办理资金支付业务的相关印章和票据集中一人保管。

对票据、银行预留印鉴、财务公章、财务负责人名章管理，专设登记簿记录。企业财务专用章应由授权的专人保管，个人名章必须由本人或其授权人员保管，严禁一人保管支付款项所需的全部印章，银行预留的印鉴至少由二人分管。明确各种票据的购买、保管、领用、背书转让、注销等环节的职责权限和程序，并专设登记账簿进行记录，避免签发空白支票，并妥善保管空白支票，防止其遗失或被盗用。空白支票的保管要交予出纳和有效签字人之外的人。

例如，某公司 TJ 市营业部是一个年营业额 20 多亿元的分支机构，信息主管与财务主管均由总部垂直管理。营业部曾有一位副总经理贪污、转移资金 1 亿多元，后被判刑。该营业部财务主管因单位领导经济犯罪，险些被牵连。以前认为，只要是经理的事就要支持，现在明白了，要与营业部负责人保持适度关系，一方面自己要有风险意识，另一方面财务负责人与业务负责人要保持相对独立，总部会发现不独立的情况。为了防范资金风险，TJ 市营业部公章上刻有"此公章签约、对外担保无效"字样，对外盖章的权力被总部收走。

（一）现金流量控制

企业价值最大化已成为被普遍接受的企业目标假设，同时也成为贯穿企业管理活动的一个基本思路，企业所有的管理活动都以创造价值为出发点，以实现价值最大化为最终目标。现金流量和利润是截然不同的两个概念。没有利润，企业可能还会正常运转，而没有现金流量的企业就会停业。现金流管理是一种价值管理，其目标就是要使企业保持畅通的现金流转，在可控风险范围内实现长期、持续、稳定的现金流量。

现金流量的相关研究包括影响现金流量的因素分析、企业内外因素和企业营运对现金流量产生的影响、企业规模大小对企业现金流量的影响等。例如关于销售增长和通货膨胀压力对现金短缺的影响。有学者对现金流量指标在企业财务分析评价中的作用进行研究，以现金流量为基础，引入财务分析评价体系。特别是在 1997 年东南亚金融危机之后，国内外学者通过对现金流量进行研究，提出预防金融风险的各种对策。企业战略现金流管理的三个维度是企业成长、盈利和风险控制，三者共同决定企业的价值创造，三者要实现均衡。

在制定关于资本运用和来源战略时，最需要关注的是现金流。现金流对企业的生存和发展能够产生重大的、全局性的、长期的影响。因此，企业应该从战略的高度对待现金流。企业战略决定现金流流向，依据企业适应性战略模式的特点，可以划分为以激进型、保守型和中庸型等为中心的几种战略管理模式。采取激进型战略的企业希望在变化环境中寻找快速发展的机会，这类企业面临的主要问题是现金大量流出，企业的财务压力较大。保守型现金流战略管理模式主要应用于经营困难、财务状况不佳的企业，可采取资产剥离、出售子公司等措施，实现现金资源的重整；还可以控制现金流出，并通过催收应收账款、加强存货控制等措施，提高现金流入量。采用中庸型战略的企业一般处在稳定或即将衰退的市场中，经营环境比较简单而稳定，希望能在稳定的环境中保持一定的市场份额，强调重视现金流出的控制，改善现金流状况，现金资源主要应用在增强原有产品的竞争力上，而对新项目、新技术以及新市场的现金投入有限。

（二）建立健全现金管理制度

建立必要的现金管理制度，可以保障现金的安全完整，发挥现金资产的效率。现金管理制度有如下几条：

（1）岗位制度及不相容职务分离制度。不得由一人办理货币资金业务的全过程，应将同一项业务活动交由两个或两个以上的工作人员办理或执行，从而利用他们之间的相互牵制关系来防止差错和舞弊的出现。设定的不相容职务包括：授权批准、资金业务经办、会计记录、财产保管、稽核检查等。例如，会计、出纳必须分设。出纳员负责银行、现金业务办理，办理后将单据交会计记账，花钱的不记账、做账的不花钱；月末结账后由另一位人员（会计）做银行余额调节表、银行对账。税务主管每周对开出的发票进行稽核，包括金额、数量和品类，与系统中的销售数据比对，防止倒卖发票、多开或漏开现象。

重庆 LF 集团公司原财务部 24 岁的出纳员 CH，利用职务便利累计侵吞公司财产 243 万元人民币，另有 3 000 多美元。CH 的犯案手法并不高明，每次都是从银行提取工资放进保险柜，当需要花钱时，就直接从保险柜拿，再通过收款不入账把账做平。在长达两年半的时间内，屡屡得手。

（2）岗位轮换制度。防止一个人在同一会计岗位上工作期限太长，轮岗可使隐蔽的违法犯罪活动暴露出来。

（3）保管支票簿的员工不能同时负责现金支出账和银行存款账，核对银行对账单和银行存款余额的人员应与负责记账人员分离。

（4）资金支出的审批人应同出纳员、支票保管员和记账员分离。禁止未经授权的机构或个人办理资金业务或接触资金。

（5）建立现金管理的信息反馈制度。一旦发现现金运转不灵、现金流出流入有变化或现金持有量低于企业最低限量，应及时把信息反馈给财务主管和管理当局，以便及时采取相应措施来达到理想状态，保证企业经营活动的正常进行。

（6）资金收付管理制度。企业资金的收入和支出要有合理合法的凭据，并应严格控制大额现金交易。对资金收入的控制，关键是针对资金来源渠道、到款金额、未到金额和未到款项等进行控制。企业的现金收入应由专人负责，及时全额入账，通过定期对账和稽核保证资金收付管理的有效性。

（7）库存现金的保管与盘点制度。由出纳人员每天或定期（如每周）将资金收入、支出和结余情况汇总，日清月结。企业每日的库存现金不能超过核定的库存现金限额，出纳人员应根据收付款凭证，逐笔顺序登记现金日记账，保证账款相符。企业应当定期和不定期进行现金盘点。盘点不能全部由现金经办人员自行完成，需定期和不定期由第三方参与盘点或监督盘点，保证现金账面余额与实际库存相符。对盘点中发现的现金账实不符，要及时查明原因，做出处理。

（三）银行存款的管理与定期核对制度

所有银行存款户的开设和终止都需要有正式的批准手续。企业在选择开户银行时，要考虑该银行的信用状况，防止资金风险。例如，可口可乐公司在我国开设的子公司选择开户银行的标准是，要求提供服务的银行达到国际信用评级 A 级，如果达不到这一标准，将不得选择该银行作为服务机构。一些企业集团规定，子公司开设银行存款账户必须由母公司指定和核准，以保证控制的有效性。

负责核对银行对账单和银行存款账面余额的员工不能同时负责现金收支或编制收付款凭证业务，以防止被银行披露的不正当支出或应记但未记入企业收入账的不正当行为被掩盖起来。银行存款至少每月核对一次，负责的员工应直接从银行取得对账单，并将其与银行存款日记账核对，编制银行存款余额调节表。核对时，不仅应注意银行对账单的日期和金额，还应检查支票的签署和背书情况。对于银行存款账面余额与银行对账单调节不符的，应查明原因，及时采取行动调节差异。

（四）资金预算管理

资金控制，就是通过全员的、全面的、全过程的价值和资金的控制，来提高资金的使用效率和安全性，达到资金流入流出之间的适当配合，实现资金的均衡流动。企业应定期编制有关资金的预算计划，以便对一定期间内的企业资金收入和支出进行统筹安排。资金控制与财务预算联系紧密。资金控制是执行财务预算的手段，财务预算是资金控制的重要依据。预算通过目标导向发挥对组织各部门和业务流程的控制作用。在资金预算管理中应注意：财务部经理只有在授权的情况下，才可以处理业务性质明确、金额不大的日常业务；在提高资金管理效率的同时，要避免财务经理预算管理权力过度集中。

（五）文件记录和会计系统

企业应对资金收支活动形成充分的文件记录，包括各种授权审批文件、资金收支记录、支票等票据存根、现金盘点记录、银行对账单、银行存款余额调节表等，同时制定适合本企业的会计制度，明确会计凭证、账簿和财务会计报告的处理程序，对企业资金的收付活动及时准确地入账，发挥会计的监督职能。企业经营过程所体现的价值流动主要是实物流、业务流及与其对应的资金流。各业务部门应在业务发生时，及时将有关信息提供给会计系统进行核算和反映。

某外资公司北京总部一个部门经理因为事务繁忙,将凭证审批权和电子系统的密码授权给一位他认为可靠的员工,该员工利用这一机会每月给在中国的100多个分支机构分摊10~30美元不等的管理费用(找来原始票据或伪造票据,自己批准报销)。接受费用分摊的机构大多认为总部分摊的费用应该没有什么问题,因而不去追问。但天津分支机构的一位成本会计员发现本单位连续两个月出现了30美元的不明费用,出于好奇,向总部询问,总部进行了追查。作弊者在北京机场被抓获,此案涉及金额100多万元人民币。

六、企业总部与分部之间的资金控制

总部与分部之间的资金控制是一种"综合管理、战略管理"。资金控制要树立"大资金"观念,整个企业资金管理不是各经营部门的资金管理,而是一种战略管理。资金的集中控制能够实现四大目标:出资者监控到位,及时了解资金的流向、安全和效益;集团整体资源有效配置,解决多头开户及资金的盈余与短缺并存、实现专家理财;风险集中定义与控制,实现风险预警、风险的分散与对冲;信息集成,为集团战略发展提供及时有效的信息支持。中国《企业内部控制应用指引第 6 号——资金活动》指出,企业有子公司的,应当采取合法有效措施,强化对子公司资金业务的统一监控。有条件的企业集团,应当探索财务公司、资金结算中心等资金集中管控模式。随着价值链理论在资金控制中的应用,资金控制组织体制发生了转变:由封闭型控制向开放型控制转变,即重视外部环境对企业的影响。

采用结算中心方式的企业,在总部(集团)设立结算中心,统一拨付各成员单位业务所需要的资金,并监控其资金的使用;结算中心通常是设立在财务部门内,同时还办理各成员单位间的往来结算,核定其日常留用现金量等。例如,厦门国际航空港集团设立集团结算中心,负责整个集团公司的资金管理,包括资金的筹集、使用,协调资金在集团内部的调度,监控集团资金的流量与存量,保证资金效益和安全。集团公司要求下属全资子公司统一在财务结算中心开设资金账户,资金收支通过结算中心进行,下属公司没有对外贷款权限,经营中短缺资金由结算中心按照市场利率贷款拨付,资金收益、流动性由结算中心负责。[①]

七、担保业务风险控制

企业对外提供担保存在重大的财务风险,需要重点关注。我国《企业内部控制应用指引第 12 号——担保业务》指出,企业办理担保业务至少应当关注下列风险:一是对担保申请人的资信状况调查不深,审批不严或越权审批,可能导致企业担保决策失误或遭受欺诈;二是对被担保人出现财务困难或经营陷入困境等状况监控不力,应对措施不当,可能导致企业承担法律责任;三是担保过程中存在舞弊行为,可能导致经办审批等相关人员涉案或企业利益受损。企业应当依法制定和完善担保业务政策及相关管理制度,明确担保的对象、范围、方式、条件、程序、担保限额和禁止担保等事项,规范调查评估、审核批准、担保执行等环节的工作流程,按照政策、制度、流程办理担保业务,定期检查担保政策的执行情况及效果,切实防范担保业务风险。

---

① 郭天赐. 财务管理集中化在厦门国际航空港集团的实践 [J]. 财务与会计, 2004 (11).

（一）调查评估与审批

企业应当指定相关部门负责办理担保业务，对担保申请人进行资信调查和风险评估，评估结果应出具书面报告。企业也可委托中介机构对担保业务进行资信调查和风险评估工作。企业在对担保申请人进行资信调查和风险评估时，应当重点关注以下事项：

（1）担保业务是否符合国家法律法规和本企业担保政策等相关要求。调查担保申请人的资信状况，一般包括：基本情况、资产质量、经营情况、偿债能力、盈利水平、信用程度、行业前景等。调查担保申请人用于担保和第三方担保的资产状况及其权利归属。企业要求担保申请人提供反担保的，还应当对与反担保有关的资产状况进行评估。

（2）企业对担保申请人出现以下情形之一的，不得提供担保：① 担保项目不符合国家法律法规和本企业担保政策的。② 已进入重组、托管、兼并或破产清算程序的。③ 财务状况恶化、资不抵债、管理混乱、经营风险较大的。④ 与其他企业存在较大经济纠纷，面临法律诉讼且可能承担较大赔偿责任的。⑤ 与本企业已经发生过担保纠纷且仍未妥善解决的。⑥ 不能及时足额交纳担保费用的。

企业应当建立担保授权和审批制度，规定担保业务的授权批准方式、权限、程序、责任和相关控制措施，在授权范围内进行审批，不得超越权限审批。重大担保业务，应当报经董事会或类似权力机构批准。经办人员应当在职责范围内，按照审批人员的批准意见办理担保业务。对于审批人超越权限审批的担保业务，经办人员应当拒绝办理。

企业应当采取合法有效的措施加强对子公司担保业务的统一监控。企业内设机构未经授权不得办理担保业务。企业为关联方提供担保的，与关联方存在经济利益或近亲属关系的有关人员在评估与审批环节应当回避。对境外企业进行担保的，应当遵守外汇管理规定，并关注被担保人所在国家的政治、经济、法律等因素。被担保人要求变更担保事项的，企业应当重新履行调查评估与审批程序。

（二）执行与监控

企业应当根据审核批准的担保业务订立担保合同。担保合同应明确被担保人的权利、义务、违约责任等相关内容，并要求被担保人定期提供财务报告与有关资料，及时通报担保事项的实施情况。担保申请人同时向多方申请担保的，企业应当在担保合同中明确约定本企业的担保份额和相应的责任。企业担保经办部门应当加强担保合同的日常管理，定期监测被担保人的经营情况和财务状况，对被担保人进行跟踪和监督，了解担保项目的执行、资金的使用、贷款的归还、财务运行及风险等情况，确保担保合同有效履行。

担保合同履行过程中，如果被担保人出现异常情况，应当及时报告，妥善处理。对于被担保人未按有法律效力的合同条款偿付债务或履行相关合同项下的义务的，企业应当按照担保合同履行义务，同时主张对被担保人的追索权。企业应当加强对担保业务的会计系统控制，及时足额收取担保费用，建立担保事项台账，详细记录担保对象、金额、期限、用于抵押和质押的物品或权利以及其他有关事项。

企业财会部门应当及时收集、分析被担保人担保期内经审计的财务报告等相关资料，持续关注被担保人的财务状况、经营成果、现金流量以及担保合同的履行情况，积极配合担保经办部门防范担保业务风险。对于被担保人出现财务状况恶化、资不抵债、破产清算等情形的，企业应当根据国家统一的会计准则制度规定，合理确认预计负债和损失。企业应当加强对反担保财产的管理，妥善保管被担保人用于反担保的权利凭证，定期核实财产的存续状况和价值，发现问题及时处理，确保反担保财产安全完整。

企业应当建立担保业务责任追究制度，对在担保中出现重大决策失误、未履行集体审批程序或不按规定管理担保业务的部门及人员，严格追究相应的责任。企业应当在担保合同到期时，全面清查用于担保的财产、权利凭证，按照合同约定及时终止担保关系。企业应当妥善保管担保合同、与担保合同相关的主合同、反担保函或反担保合同，以及抵押、质押的权利凭证和有关原始资料，切实做到担保业务档案完整无缺。

八、风险评估与反馈

企业财务风险主要包括筹资风险、投资风险和资金管理风险。企业可以通过例会制度调整个体行为，使其适应企业总目标要求，并创造条件相互了解，达成共识和协调，具体方式包括信息交流会、专业培训会、专题分析会、评议会、专题研讨会等。财会例会制度是一种有效的协调方式。例如，海信公司财务中心负责人每周召开例会，"从财务的观点看经营，从经营的观点看财务"，要求各子公司、分公司、各职能部门首要负责人参加，对主要产品的毛利率及其分布、新产品的试制、应收账款周转与账龄、存货周转、经营活动收支等进行分析。为了减少库存资金占用，公司还召开有各子公司，生产、供应、销售等单位、部门参加的例会，提出和研究存在的问题，统一认识，制定措施，明确责任单位。财会例会制度所需时间不长，如果落实得力、组织有方，可以取得良好的效果。企业还应对会议实行标准化管理，如对会议的内容、时间、与会人员、发言时间等予以标准化，严格执行。

第二节　财务风险控制

财务风险是指在企业的各项财务活动中，由于内外部环境及各种难以预计或无法控制的因素影响，在一定时期内企业的实际财务收益与预期财务收益发生偏离，以及到期债务不能偿还，从而蒙受损失的可能性。企业各项关联活动的失败最终都会诱发财务风险，导致财务危机。除了关注日常财务风险控制之外，还要关注公司治理对财务状况的影响。良好的公司治理在财务上的表现一般是健康的；而弱化的公司治理其财务表现是趋于恶化的。例如，赊销过程的财务风险控制由原来的"5C"（信用评价的5个方面：品质、条件、资本、抵押品、能力）发展到"6C"评估系统（增加了公司治理评价这个变量），目前扩展到"7C"评估系统（品质、条件、资本、抵押品、能力、公司治理、上保险等）。

一、财务风险控制方法

财务风险控制是企业内部控制体系的重要构成部分，是企业进行财务风险管理的基础，良好的财务风险控制体系是企业财务风险管理是否有效的前提。根据企业规模、风险程度以及生产经营的性质等，在全体员工参与和专业管理相结合的基础上，建立一个包括风险管理人员、一般专业人员、非专业风险管理人员和外部风险管理服务等在内的，规范的风险管理监控系统。该控制系统应具有权威性和相对独立性，不能因为企业高层管理人员的好恶或涉及责任的划分，而随意改变标准，该体系应根据风险产生的原因和阶段不断地进行调整，可选择以下方法对财务风险预警。

（一）综合评分方法

综合评分方法认为企业财务评价的内容主要是盈利能力，其次是偿债能力，再次是成长能力。它们之间大致可按 5:3:2 来分配比重。盈利能力的主要指标分别是总资产利润率、销售净利率和净值报酬率，3 个指标可按 2:2:1 安排权重；偿债能力常用指标分别是自有资本比率、流动比率、应收账款周转率及存货周转率，4 个比率权重相同；成长能力有 3 个常用指标，分别是销售增长率、净利增长率、人均净利增长率，权重相同。除此之外，综合评分法在计分方法方面也按行业做了相应改进。标准比率应以本行业平均数为基础，适当进行理论修正；在给每个指标评分时，应规定上限和下限，以减少个别指标异常对总分造成不合理的影响。上限可定为正常评分值的 1.5 倍，下限定为正常评分值的 1/2；给分时不采用"乘"的关系，而采用"加"或"减"的关系来处理，以克服综合评分法的缺点。按总分 100 分计分，评分标准分配如表 4-1 所示。

表 4-1　综合评分的计分标准

财务比率	评分值	标准比率（%）	行业最高比率（%）	最高评分	最低评分	每分比率的差（%）
盈利能力：						
总资产利润率	20	10	20	30	10	1
销售净利率	20	4	20	30	10	1.6
净值报酬率	10	16	20	15	5	0.8
偿债能力：						
自有资本比率	8	40	100	12	4	15
流动比率	8	150	450	12	4	75
应收账款周转率	8	600	1200	12	4	150
存货周转率	8	800	1200	12	4	100
成长能力：						
销售增长率	6	15	30	9	3	5
净利增长率	6	10	20	9	3	3.3
人均净利增长率	6	10	20	9	3	3.3
合　计	100			150	50	

（二）杜邦分析法

杜邦分析法又称杜邦财务分析体系，是利用各主要财务比率指标之间的内在关系，通过建立一套财务指标的综合模型，来综合、系统地分析和评价企业财务状况及其经济效益的一种方法。利用杜邦分析法进行综合分析时，通常是以所有者权益报酬率为综合指标，以总资产报酬率、权益乘数为核心，进行层层分解，让分解后的各个指标彼此发生关联构成一个完整的财务指标体系。从杜邦财务分析体系可以看出企业的盈利能力涉及企业经营活动的方方面面。需要说明的是，杜邦财务分析体系不是另外建立新的财务指标，而是对财务指标的分解。

（三）基于非财务指标的预警方法

该方法认为财务比率只是结果，管理行为指标先行于财务比率，财务比率恶化是因管理不当造成的。使用非财务信息可以构建预测模型，一些经济事件有一定的前置时间，如破产前几年企业通常有到期票据不能及时支付、银行贷款不能及时偿还及高层管理人员出售公司股票、管理制度执行不力、治理机制失效等表现，这些事件可以用作模型的变量。非财务指标预警的局限性体现在两个方面：一是管理行为可以不断分解，行为很多，缺乏量的控制，因素主次难以区分，无法分解出关键变量；二是总能找到不当的管理行为，但不当的管理行为并不一定导致危机，管理行为判断财务风险更依赖于分析者的经验。

（四）财务危机预警模型

财务危机预警方法有"Z"计分模型、神经网络方法、逻辑（Logistic）回归分析、多元概率比（Probit）回归模型、主成分分析法、联合预测模型等。本书主要介绍"Z"计分模型和神经网络方法。

1. "Z"计分模型

判别分析[①]作为企业财务危机预测的方法，通过选定企业样本，把会计变量按流动性、收益率、稳定性、支付能力、活动比例五项标准比率分类，再从最初的变量表选定预测破产最有用的五个变量，在分析有关变量间相互依存关系、观察各变量判断正确性的基础上，将开发样本资料回代入判别函数，即可得到不同企业的 Z 值，然后根据结果就可以判别企业是否会面临财务失败或破产。阿特曼（Altman，1968）利用多变量分析技术对企业财务危机进行判别分析，利用线性多元区别分析法建立判别函数，即"Z"计分模型。"Z"计分模型在实践中得到了广泛应用，构建模型所用多变量分析方法对后续研究产生了深远的影响。"Z"计分模型的判别函数为：

$Z = 1.2 \times X_1 + 1.4 \times X_2 + 3.3 \times X_3 + 0.6 \times X_4 + 1.0 \times X_5$

其中：X_1=营运资金/总资产=（流动资产-流动负债）/总资产；X_2=留存收益/总资产=（未分配利润+盈余公积）/总资产；X_3=息税前利润/总资产=（税前利润+利息费用）/总资产；X_4=资本市值/债务账面价值=（每股市价×股数）/总负债；X_5=销售额/总资产=主营业务收入/总资产。

"Z"计分模型从企业的资产规模、变现能力、获利能力、财务结构、偿债能力、资产利用效率等方面综合分析预测企业的财务状况，进一步推动了财务危机预警模型的发展。阿特曼通过对"Z"计分模型长期的研究分析提出该模型的判断标准为：$Z>2.675$ 时，企业财务状况良好、稳健、发生破产的概率很小，属于低风险的公司；$1.81<Z\leq2.675$ 时，企业财务状况不稳定，为"灰色区域"；$Z\leq1.81$ 时，企业财务失败可能性非常大，破产概率大，面临的破产风险较大，为高风险公司，如图 4-1 所示。

---

① 判别分析是一种进行统计鉴别和分析的技术手段。它可以就一定数量案例的一个分组变量和相应的其他多元变量的已知信息，确定分组与其他多元变量之间的数量关系，建立判别函数。

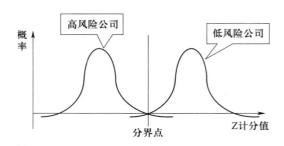

图 4-1 高风险公司与低风险公司 Z 值分布图

阿特曼等（1977）对原始的"Z"计分模型进行了扩展，建立了第二代"Z"计分模型，目的是创建一种能够反映公司破产问题研究最新进展的度量指标。"Z"计分模型在破产前 5 年即可有效地区分出将要破产的公司，其中破产前 1 年的判定准确度大于 90%，破产前 5 年的准确度大于 70%。"Z"计分模型具有较高的判别精度，但是这种方法也存在一系列自身难以克服的缺陷：第一，这种方法只适用于组内分布为近似正态的情况，而且要求组内的协方差矩阵相等，而在实际的判别分析中，收集到的数据大都来自非正态分布的总体，在这种情况下所得到的预测结果可能是有偏的；第二，这种判别方法下所得到的结果是针对每一个个体的分值，通过分值的比较可以得到一个序数等级，从而判别其所在的类别，但分值本身并没有任何经济意义；第三，财务困境组与控制组之间一定要进行配对，配对标准的确定是一个难题。

大多数以财务比率构建的预警模型将因时间推移而改变，区别效果也会退化，在构建模型时可考虑使用长期性或宏观性的经济指标，如将利率、通货膨胀率、景气变动指标、产业与经济之间关系等作为构建模型的变量。普拉特（Platt）（1991）的研究结果表明，在破产预测模型中使用经行业调整的财务比率比使用未经行业调整的财务比率能够产生更高的预测准确率，使用一个行业数据建立的破产预测模型在预测其他行业公司财务状况时往往并不是很有效。格雷斯（Grice）和英格拉姆（Ingram）（2001）对阿特曼模型的行业敏感性进行研究，得出的结论是该模型适用单纯制造业样本的总体准确率明显高于适用包含制造业和非制造业总样本的准确率。"Z"计分模型在我国财务预警中具有一定适用性，但其临界值不能生搬硬套原模型的数据，需要根据我国的实际情况进行修正，而且不同行业其临界值有所不同。

2. 神经网络方法

神经网络方法包括人工神经网络（ANN）方法和 BP 神经网络方法。

（1）人工神经网络方法。人工神经网络模型是模仿生物大脑神经网络的学习过程，无须考虑其是否符合常态性假设，而且可以处理非量化的变数，具有高度并行计算能力、分布式存储和处理、自组织、自适应和自学习能力和容错能力，适用于同时需要考虑许多因素和条件的，不精确和模糊的信息处理问题。该方法在研究财务状况时，一方面利用其映射能力；另一方面利用其泛化能力，即在经过一定数量的带噪声的样本训练后，神经网络可以抽取样本所隐含的特征关系，并对新情况下的数据进行内插和外推以推断其属性。它克服了传统分析过程的复杂性及选择适当函数形式的困难，是一种自然的非线性建模过程。人工神经网络具有容错能力和处理资料遗漏或错误的能力，可以克服统计方法的局限。同时，还具有学习能力，可随时依据新的数据资料进行自我学习，并调整内部的储存权重参数，以应对多变的企业环境。人工神经网络基本架构如图 4-2 所示。

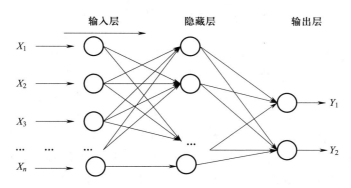

图 4-2　人工神经网络基本架构图

如图 4-2 所示，人工神经网络通常由输入层、隐藏层和输出层组成。用于财务危机判定与预测的人工神经网络模型一般利用一组案例（即系统输入与输出所组成的数据）建立系统模型（输入与输出间的关系）。这一过程具体是：人工神经网络模型接收一组输入信息并产生反应，然后与预期反应相比较。如果错误率超过可以接受的水平，需要对权重做出修改或增加隐藏层数目并开始新的学习过程。经过反复循环，直至错误率降低到可以接受的水平，即降至最大许可预测错误率之下，此时，不断反复的训练过程才停止，学习过程结束并锁定权重。训练阶段结束后，人工神经网络就可以发挥预测功能了。这种处理过程与传统回归模型基本相似，不同之处在于权重是经过反复试错而得到的。

奥多姆（Odom）等（1990）首先将神经网络应用于企业破产预测中，以 1975 年到 1982 年的 65 家失败企业与 64 家正常企业配对，并将样本区分为训练样本与保留样本，以阿特曼（1968）的"Z"计分模型所使用的五个财务比率为研究变量，使用人工神经网络构建模型。结果发现训练样本的判别正确率高达 100%，对保留样本失败类企业与正常类企业的预测正确率分别为 81.75% 与 78.18%，显示了人工神经网络具有较佳的预测能力。人工神经网络应用于企业财务危机判定与预测分析和非线性判别十分相似。但它放松了危机预测函数的变量是线性且互相独立的假定，增强了模型的适应性，同时，财务危机的神经网络模型能够深入挖掘预测变量之间隐藏的相关关系。人工神经网络模型不足之处是分析权重的过程复杂且难以解释。

（2）BP 神经网络方法。基于 BP（反向传播，back propagation）模型的财务预警的基本思路为：将财务预警的基础指标作为人工神经网络的输入单元向量，将财务状态作为输出单元向量，组成响应的神经网络。然后利用足够的样本，以 BP 模型学习算法来训练这个神经网络，训练好的网络所持有的那组权重系数就是所要确定的财务预警指标权重。这是经过自适应学习得到的网络内部信息的一种本质的、集成的表示，也是财务预警系统信息的一种全息式的、分布式的存储方式。最后，将目标企业财务预警指标的具体值作为训练好的生存风险输入 BP 模型，可得目标企业的财务状态。

二、财务风险预警机制

企业财务风险预警机制的建立可以从以下几个方面着手，即从控制现金流量的角度建立短期财务风险预警系统；从综合评价获利能力和偿债能力等角度构建长期财务风险预警系统。

（一）建立短期财务风险预警系统

企业能否偿还短期负债和即期负债，并不完全取决于账面利润的多少，而主要取决于企业是否有足够的现金和现金等价物。建立短期财务风险预警系统最重要的任务是编制现金流量预算。现金流量预算通过对现金持有量的安排可以使企业保持较高的盈利水平，同时保持资金一定的流动性，并根据企业资产的运用水平来决定负债的种类结构和期限结构。准确地编制年度现金流量预算，可以为企业提供预警信号，使经营者能够及早采取措施。在编制现金流量预算时，还应分析预收账款、预付账款、非正常经营活动对现金的影响，以及承兑汇票（非现金等价物）和筹集短期借款对企业支付能力的影响。企业应建立内部控制机制，确保财务风险预警和监控制度健全有效，筑起防范和化解财务风险的第一道防线。

（二）建立长期财务风险预警系统

长期财务风险预警系统由盈利能力、偿债能力、经营效率和发展潜力四个模块构成。[①] 四个模块所组成的指标体系具有多目标、多层次的特点，使得对企业进行直观的财务风险综合评价并不容易。盈利能力和偿债能力是公司财务评价的基本部分，而经营效率高低又直接体现了企业的经营管理水平，企业发展潜力尤其值得重视。在具体预警指标的选择方面，还应考虑各指标既相互补充，又不重复，尽可能全面综合地反映公司运营状况。

第三节　资金活动与财务风险控制案例

德隆集团（以下简称德隆），这个曾经拥有 177 个子公司、孙公司，运作上千亿资金，横跨农业、水泥、制造业、金融业、航天运输、物流业、文化旅游等众多产业，集合了中国民营企业界的精英职业经理人，在资本市场上呼风唤雨的企业，却于 2004 年由于资金链断裂而崩塌，并将巨大的影响留给了社会。[②]

（一）金融、产业两翼并举的战略

德隆曾经凭借金融、产业两翼并举的战略，使企业得到几何式级数的扩张，成为中国民营企业发展史上的经典案例。

---

① 长期财务风险预警系统体现的是层次分析法（analytical hierarchy process，AHP），是萨泰（A. L. Saaty）于 20 世纪 70 年代提出的一种系统分析方法，其基本思想是：把决策问题按总目标、子目标、评价标准直至具体措施的顺序分解为不同层次的结论，然后利用求判断矩阵的特征向量的办法，求出每一层次的各元素对上一层次某元素的权重，最后再用加权和的方法递阶归并，以求出各方案对总目标的权重，越重要的目标则权重越大，权重值最大者即为最优方案。虽然判断矩阵时带有很大的主观性，会影响层次分析法的效用，但多指标构造的递阶层次结构模型对建立长期财务风险预警系统仍有借鉴意义。

② 资料来源：李德林. 德隆内幕［M］. 北京：当代中国出版社，2004.

1. 产业整合思路

在产业整合上，德隆有着引以为荣的企业理念：以资本运作为纽带，通过企业并购、重组，整合制造业，为制造业引进新技术、新产品，增强其核心竞争能力；同时在全球范围内整合制造业市场与销售通道，积极寻求战略合作，提高在我国制造业市场的占有率和份额，以此重新配置资源，谋求成为我国制造业新价值的发现者和创造者，推动我国制造业的复兴。在这一理念的指引下，德隆涉足了十几个行业，以建材、食品、机电行业为主线，以新疆屯河、湘火炬、合金投资三家上市公司为核心，形成了德隆的产业投资布局。德隆介入的产业太多，这些产业之间的跨度很大，缺少应有的相关度，多条产业战略同时推进，无法形成资源互补格局。并购后，领导层关注的不是企业主营业务的建设，而是企业如何融资，这使得德隆不分良莠地并购一些不相关的产业。

2. 金融整合思路

1996 年，德隆成立了第一家金融机构——新疆金融租赁公司，由此开始，德隆挥师金融领域，先后持有新疆金融租赁有限公司、新疆金新信托等十几家金融机构股权。在德隆的金融帝国中，租赁与信托是核心。德隆对其在金融领域的筹划是：先发制人，迅速占领市场，相对垄断金融资源，低成本实现扩张，注入先进的综合金融服务理念，通过资源整合和管理提升，提高被并购企业的价值，并进一步扩大规模，形成行业优势，实现金融控股，提供"一站式"综合金融服务。这样做的目的在于在德隆向外提供金融服务时，能使自己与各个金融机构、企业形成良好的合作关系，打下信用基础，以防止信用危机的产生。在德隆入主新疆屯河、湘火炬、合金投资三家上市公司之后，急速的产业扩张使得德隆需要更大的资本运作空间。

3. 德隆产融结合的陷阱

产业资本与金融资本最高层次的结合原则是，以金融资本为后盾推动产业资本的发展，同时利用产业资本提供的资源支持金融资本的发展。无论是做产业还是做金融，德隆都没有形成持续稳定的企业盈利模式，实业公司的关联交易是为产业整合提供资金支持，甚至只是把实业作为资本运作的道具，不断从实业公司抽血给金融企业。2004 年年初，中央政府担心投资过热，在金融政策上采取收缩政策，直接减少对企业的贷款。同时还限制了钢铁、水泥、电解铝、汽车、房地产和煤炭等行业的发展，德隆涉及的产业都包括在限制的名单中。德隆没有控制好各类资源配置，涉及的范围过于广泛，几乎都局限于投资大、回收周期长的传统产业的非相关多元化。这些产业大都无法进行上、下游衔接，也不能在渠道方面进行资源共享。多个非相关产业的进入，使得股权结构过于复杂，既分散了资金流，又增加了资金流向监管的难度，造成企业官僚化，而且各个产业之间没有起到互补的效果。

（二）公司治理和内部控制

企业应该建立一个有效的董事会，董事会要能对企业的经营管理决策起到监督和引导的作用，根据企业的实际需求来聘用人才，保持产业人才与投资人才比例的合理平衡。

1. "一个人"的公司

像德隆这样一个家族企业，所有权高度集中。德隆的上市公司、金融机构和实业企业的核心决策权来自其母公司——德隆国际。德隆国际董事局下设德隆国际执委（主管实业资产）和友联执委（主管金融资产），负责对重大相关事项进行决策。实际上，整个德隆只有唐万新一人完全清楚实业和金融业务的运营状况。德隆国际的重大决策经常是两个执委代替董事局，董事局代替股东会，最终演变成唐万新一个人说了算。例如，被学者们认为是"德隆发展分水岭"的金新信托挤兑风波就是一个很好的佐证。在金新信托发生挤兑后要不要拯救的问题上，德隆内部曾经发生过激烈的争论。在董事会上，除了唐万新，其余人士均认为金新信托挤兑风波蔓延或倒闭，对德隆没有太大的影响，只有唐万新一人提出挽救金新信托。董事会最终不得不通过了唐万新的议案。虽然挤兑风波得以平息，但德隆却从此走上了不归路。从某种意义上说，拯救金新信托是德隆最大的战略决策失误。

2. 企业文化模糊

德隆所倡导的企业家精英俱乐部管理模式①，导致德隆内部的个人权威与公司治理本身存在矛盾，这使得决策陷入了严重的路径依赖。在德隆创业初期，外部顾问直接为德隆的高层决策服务，德隆大量聘请国外知名的咨询公司与专家，这些专家对中国国情、中国企业发展了解有限。1999 年，德隆业务急剧扩张，高端人才匮乏，唐万新认为引入国际一流的职业经理人，就可以解决德隆人才短缺问题。可是以"海归派"、"下海"公务员为主的职业经理人团队与德隆创业时期的部分元老存在矛盾，甚至出现部分元老出走的现象。在遭遇了职业经理人与创业元老、我国传统文化与西方商业文化的碰撞冲击后，德隆的企业愿景、核心价值观、使命感和企业精神变得模糊，甚至混乱不清。浮躁的心态、冒进的做法使整个管理团队无法再以获取长期的利益回报和企业的可持续发展为目标，最终无法实现自身一贯秉承的"以德兴隆，创造中国传统产业新价值"的企业家精英俱乐部管理模式文化。

3. 金字塔式的控股结构

德隆集团终极控股股东通过直接控股、间接关联控股等方式先后收购了 177 家企业，形成了较长的资金链条和错综复杂的金字塔式的股权控制网络。事实上，德隆集团终极控股股东利用这种金字塔式而非水平式的控股方式加强了剩余索取权和控制权的分离，所以终极控股股东通过较小的剩余索取权达到对控股子公司的控制，如图 4-3 所示②：

在德隆集团金字塔式的股权结构中，终极控股股东首先以 31.1% 的股份直接控股了德隆国际战略投资有限公司，再通过德隆国际战略投资有限公司，实现了对新疆德隆（集团）有限公司 100% 的完全控股。然后，以新疆德隆（集团）有限公司作为金字塔股权结构的顶端控股母公司，以 90% 的股权，绝对控股了新疆屯河集团有限责任公司，这样，终极控股股东在新疆德隆（集团）有限公司和新疆屯河集团有限责任公司取得了绝对控制权。再由新疆德隆（集团）有限公司和新疆屯河集团有限责任公司以及它们的控股公司，通过交叉持股的方式相互控股、参股其他公司，即以一家或多家下属公司，有时甚至是与法律关系非常模糊的关联公司曲线联手，参股同一家公司，实现单一或联合控股。德隆集团的终极控股股东以金字塔式控股方式，构建起了错综复杂的庞大股权控制网络。

---

① 企业家精英俱乐部管理模式，是指以企业精英俱乐部的方式，在全球范围内积极寻找合作伙伴，与同行业领头企业、领头人站在一起，为一流的职业经理人搭建事业平台。该模式融合不同文化、崇尚个性与创新、提倡团队合作、不为繁文缛节束缚的平等开放型的俱乐部式公司氛围。

② 数据来源于上海财华金融数据库及德隆的有关公司年报，本书作者进行了整理。

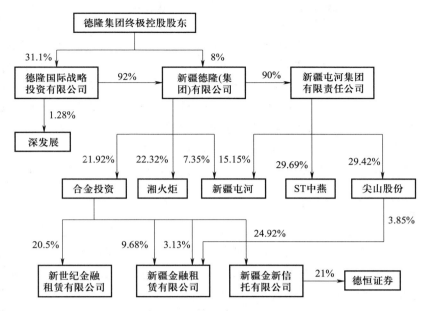

图 4-3 德隆集团部分股权结构图

（三）长而脆弱的资金链

1. 德隆资金链的形成

德隆分为五步骤精心打造其资金链：一是买壳上市，二是增持自己控制的上市公司的流通股，三是做高股票市值与质押贷款，四是送配股份扩大股本规模，五是维持高股价将自己推向风险的最高峰。民营企业具有先天性的融资渠道狭窄的特点，融资难一直是困扰民营企业发展的最大问题。为了保证有效的融资通道，德隆只能将股价维持在高位，同时也需要高控盘以保证有更多的筹码可以用来抵押贷款。如此循环，资金链也必然伸长。但实业和金融业发展速度的不匹配，决定了这条资金链十分脆弱。德隆的领导层在战略决策上存在重大失误。在德隆粗糙收购加上不计成本的扩张决定了其结果是难以产生正的现金流，长期陷于资金饥渴症。其旗下公司的债务不断攀升，使支撑德隆庞大产业帝国的资金链脆弱不堪。德隆融资有一大特点，即每笔负债都因信用担保、股权质押担保或资产抵押担保而与另一家有股权关系的企业发生联系。这使得一家企业的债务风险直接或间接地与多家企业相连，从而将个别风险连接成了系统风险，形成了风险传递链。这些风险最终集结在金融机构，通过证券公司、信托公司直接与股票二级市场紧密相连，只要股市稍有震荡，整个资金链就会陷入断裂的困境。

2. 盈利能力低

德隆的创始人唐万新画了一个链条：并购交易完成—销售增加—利润增加—股价上涨—价值提升—并购交易完成。这个概念看似完美，但却遗漏了一个重要环节——价值创造的过程，实质上这才是企业需要真正关心的问题。企业的经营过程应该是创造价值、创造利润的过程，而德隆的盈利情况如何呢？以天山股份为例，2003 年的利润表显示，当年的管理费用为 11 951 万元①，财务费用为 9 958 万元②，实现净利润 10 114 万元。而当年的补贴收入就高达 9 828 万元，若将这一部分补贴收入扣除掉，天山股份 2003 年的实际利润仅为 286 万元。融资成本和管理成本过高成为德隆资金链断裂的原因之一。德隆三大上市公司，新疆屯河、湘火炬、合金投资，其主营业务在德隆入主之后扩充惊人：新疆屯河 7 年时间业务规模扩大到原来的 19.54 倍，合金投资 6 年时间业务规模扩大到原来的 22 倍，而湘火炬的变化更惊人，6 年里主营业务收入增长 142 倍；但利润率的变化却成反比：在 1997—2003 年，新疆屯河从 27.64% 降至 5.4%，合金投资利润率从 23.1% 降至 6.2%，湘火炬的利润率从 18.6% 降至 2.15%。三家上市公司历年来共创造的净利润只有 14.1 亿元，而产生的现金流量不到当期净利润的 1/3。

3. 内部缺乏现金流造血功能

德隆虽然拥有上千亿元的总资产，但现金短缺一直是高管们的一块心病。资金链断裂只是德隆财务风险的表现形式，对德隆形成威胁的是其内部现金流造血功能严重不足，主要有两个原因：一是企业在大举扩张之前并没有成熟的产业为投资的新业务提供现金流。德隆三大上市公司是为了让德隆树立产业整合者形象，并以拥有上市公司股权为依托获得向银行借款的能力，后期被证券监管部门停止配股与增发，使德隆无法通过直接融资从股票市场上获取更多的资金，德隆所需资金绝大部分来自于银行短期借款。二是对多个产业进行整合，却没有根据业务发展的具体情况加以取舍，导致现金资源分散在多个长线产业，而任何一个产业都无法在较短时期内形成现金回报。德隆系上市公司旗下产业每年大约产生 6 亿元利润，这笔钱只够偿还银行贷款且略为紧张，如果加上德隆每年产生的巨额管理费用和民间拆借资金成本，德隆的现金入不敷出。随着国家 2004 年对信贷政策的调整和对金融市场的监管加强，德隆无法继续从外界获取足够的资金，资金链的断裂将不可避免。但这种危机却被德隆形形色色的融资掩盖了，德隆一度造成了现金流充足的假象。德隆高管层始终坚信，他们所投资的项目都是优良的，只要坚持下去，就会等到丰收的那一天。

（四）财务战略的失当

1. 投资战略失误

德隆试图模仿国外某些产业基金产融结合的做法，但国外产业基金之所以可以大举并购，核心因素在于它们获得的融资都为长期资金，不注重短期回报，因此能够与产业回收周期相匹配。资金链断裂只是德隆财务风险的表现形式，更深层次的原因在于其投资的多元化结构失调和总体战略迷失。德隆投入整合传统产业的资金过大，回报周期和战线过长，领域过宽。德隆投资了太多的长期项目，而短期项目投资太少，用 2 年时间做 10 年业务，只能加剧资金链紧张，违背多元化结构的基本原则——产业互补、分散风险、稳健经营。德隆投入的战线过长，从汽车到飞机，从农业到流通，一一涉足，最终步入多元化经营的陷阱。德隆投资战略失败的另一个原因在于：没有依托主业，没有培育主

---

① 由于先进得近乎超前的理念、过于国际化的人才管理机制和人才结构以及动辄上千万的咨询服务费用，使德隆的管理成本一直居高不下，为德隆日后的财务风险埋下了祸根。

② 为了获得资金，德隆利用其下属的信托公司在资本市场上，尤其是在江浙一带吸纳了数额可观的民间资金，这些资金的年利率高达 15%~23%，远远超过了其他企业 8%~10% 的融资报酬率，直接增加了德隆的财务成本。

业的核心竞争优势。虽然规模庞大，但并未建立起产业优势和财务优势，进入的每一个领域也未能有效控制。

2. 短期融资用于长期投资

合理的债务期限结构安排意味着能够使企业未来的现金流量时间表与企业的债务支付时间表进行准确的配比，并建立适当的安全边际以应对现金流量不利的波动，也就是要求企业以短期融资来满足短期资金需求，以长期融资来满足长期投资项目的资金需求。德隆在高速并购活动中资产快速增长，把大量贷款挪作股权收购。为了实现"短、平、快"的增长模式，德隆过高地估计了自己的融资能力，将筹集到的短期贷款投资于长期项目，以一年还本付息、年利率20%以上的高回报，向银行以及其他企业机构短期融资。当银行融资渠道堵塞后，只能以高额回报吸引社会资本，导致其资本成本高于社会平均资本成本。每年年底客户将抽走大笔资金，德隆的资金十分紧张，但到第二年年初，客户的资金一般又会投回来。由于德隆还款及时、回报丰厚、信誉较好，往往还会有更多的资金流回来，公司维持着危险的平衡。

处理好不同种类的债务资金之间的关系是企业资金融通战略的一个重要内容。其中按债务期限分类的长期债务、中期债务、短期债务三者的结构安排最为重要。德隆对于长、中、短期的投资组合节奏把握欠佳，因此对于资金回收时间的掌握不到位。一方面，德隆大量投资回收期较长的项目没有配合短期项目，没理顺资金的回流。另一方面，对于投资回收期较长的项目并没有拉开投资的时间，不能保证资金顺利地回收。拉开投资的时间，编排投资的次序，令来自不同行业的盈利增长于不同时间出现，可扩大长远发展空间，还可避免资金紧张的情况。德隆用于维持高额的融资成本、管理成本和还本付息的资金主要是银行贷款，而且是短期银行贷款，如表4-2所示。

表4-2　德隆"三剑客"2002—2003年贷款构成情况　　　单位：万元，%

公　司	2002 年			2003 年		
	短期贷款	长期贷款	短期贷款的比例	短期贷款	长期贷款	短期贷款的比例
新疆屯河	303431	41835	87.88	141756	48514	74.50
合金投资	81768	1180	98.58	77581	3000	96.28
湘火炬 A	1748978	14154	99.20	299959	27744	91.53

（五）缺位的风险管理

风险控制原理强调分散风险，决策同样如此。如果把决策权全部交给一个人，由于人的有限理性，就决定了决策过程的风险大大增大。德隆在风险控制方面，在早期是值得肯定的，但随着规模的扩大，内部风险控制机制逐渐变形。随着时间推移，各种风险就从其子公司传递到母公司，日积月累的总风险便突破了有效风险控制的边际，从而引发了公司的信誉危机、资金链断裂、老三股崩盘等一系列连锁反应。

1. 财务风险控制的缺位

财务风险作为一种信号，能够全面综合反映企业的经营状况，要求企业经营者进行经常性财务分析,防范财务危机,建立预警分析指标体系,进行财务风险控制与防范。截至危机爆发时,德隆的债务资本是其自有资本的 30 倍。德隆公司在资本运营过程中也缺乏风险控制,过分地锁定老三股的持仓筹码,几乎达到了完全控盘的地步,致使老三股的流通性丧失,要想出货很难。

2. 运营风险控制的缺位

德隆在盲目的产业整合中并购了许多企业,由于德隆不计成本好坏通吃地兼并,许多企业在被德隆并购后并没有在经营、财务、市场等方面产生协同效应,从而无法实现并购的预期效果,甚至受到被并购企业的拖累。在人才选聘上,德隆偏重金融专业人士,轻视产业专业人士,实业公司的运营风险增大。

本章小结

资金活动与财务风险控制在内部控制中占有重要地位。企业应充分发挥资金控制的作用,防范财务风险,保证企业经营活动的顺利进行和实现企业价值最大化。企业实现资金控制的方式包括资金控制方式、预算管理、信息沟通控制和业绩评价体系。企业应建立健全资金内部控制制度,包括资金岗位和不相容职务分离制度、资金授权审批制度、对有关印鉴和票据的管理制度、库存现金的保管和盘点制度、银行存款的管理和定期核对制度、资金的收付管理制度、资金的预算审核控制制度、健全的文件记录和会计系统、资金的监督检查制度;资金循环整体应保持平衡、结构合理。

关键词

资金控制　　Cash control
资金循环　　Cash circle
运营风险　　Operating risk
现金流量　　Cash flow
财务风险　　Financial risk

即测即评

请扫描右侧二维码进行在线答题并查看答案。

思考题

1. 资金流动与财务风险控制主要包括哪几方面的内容?
2. 请列举资金活动控制四种以上岗位制度及不相容职务分离的情况。

3. 资金营运风险控制中应注意哪些问题？

4. 现金管理中应注意哪些问题？

5. 资金预算如何发挥控制作用？

6. 如何防范担保业务的财务风险？

7. 德隆集团的崩塌对我国企业资金控制和财务风险防范有何警示意义？

案例讨论题

　　BG 钢铁股份有限公司（以下简称 BG 股份）是我国第一个设计年产钢超过千万吨的钢铁联合企业。BG 股份的战略目标是成为全球最具竞争力的钢铁企业，实现企业价值最大化，而实现这一目标的有效手段之一就是加强企业内部（会计）控制建设。[①]

　　1. 集中的资金管理模式

　　公司建立了完备、集中、统一的资金调度体系，实行统一调度，由资金管理部门统一办理银行账户的开设、变更和注销；统一确定融资规模、结构和渠道；统一与金融机构协调，避免资金分散运作，以实现规模资金保值增值运作。

　　BG 股份严格执行"收支两条线"管理，对所有二级部门的收款账户进行集中管理、统一调度，对所有用款需求均编制用款计划，统一平衡使用；采用"自动划款"方式，实现二级单位的银行账户"零余额管理"；加强了资金的内部控制，最大限度地发挥了资金的规模优势，提高了资金的使用效率。

　　公司将分散于各大银行的账户进行了集中整顿，取消不必要的多头开户，并在主办银行（中国工商银行、中国建设银行）分别设立人民币资金结算中心，集中所有对外业务，推行"自动划款零余额管理"（指在资金管理部门的委托授权下，银行在每日营业结束后，将收入户中的余额和支出户中未使用完的余额全部划回到资金管理部门的总账户中，各部门的收入和支出账户余额为零）。资金管理部门要求各部门将每日的具体用款以周计划方式上报，同时还通过电脑联网从银行获得每日的存款额，以平衡调度各银行间的资金存量，使整个公司的资金沉淀降到最低。

　　2. 以现金流量预算为龙头的资金全面预算管理体系

　　BG 股份将各部门的年度现金流量预算细化到每季、每月、每周、每日，提高可执行预算的执行精度，使月度滚动计划和资金调度计划紧密结合；预测月度资金溢缺情况，保证资金调度的及时性和准确性，使预算在不断的变化中尽量与实际相符，提高预算的准确性和可操作性。通过对现金流向的监控，使各项经济业务的发生符合公司经营目标的要求；通过对现金流量的监控，保证业务发生量的合理性；通过对现金流量的监控，促使各项活动按计划节点进行。

　　3. 完善的资金占用监管考评体系

　　公司以现金流量预算为基准建立了指标考核体系，资金综合管理部门对预算编制部门考核预算精度，对预算执行部门考核完成情况。根据各部门执行预算的实绩，按月、季、半年

① 胡响钟. 宝钢股份的内部会计控制 [J]. 财务与会计，2004（10）；宝钢公司网站资料.

及年度进行分析，提出相关建议并进行通报，同时根据不同权重纳入公司的全面绩效考评体系，以此决定职能部门的奖惩方案。

4. 推进"全员报支、集中付款"

公司员工日常报销及公司对外付款业务均分别由报销人员、业务人员自行编制报支清单递交财务审核付款，体现了业务与财务的联动性，提高了工作质量与效率。全员报支是企业系统创新（BGESI）过程的重要推动环节，使财务管理的职能由核算型向管理监控型转变，为实时财务监控建立了基础，最终目的是在公司范围内形成网络化、集约化的费用全员管理新局面。

随着 BG 股份经营管理制度日臻成熟，尤其是财务的集中管理和对资金循环周转的控制，BG 股份的经营业绩不断提高，管理效益显现出来。从 2001 年到 2004 年，BG 股份的主营业务收入、利润总额、总资产逐年稳步增长（除 2003 年因偿还大量债务，总资产有所下降外），每股收益更是有明显提高。2003 年 BG 股份以其具有竞争力的营业成本和卓越的盈利能力等指标被世界钢铁动态（WSD）评为"全球钢铁企业综合竞争力"第二名。BG 股份高效的财务管理系统有力地支持了公司的二次发展战略。

讨论：通过案例情况介绍，你认为该公司资金活动控制系统有哪些优点？

延伸阅读材料

第五章 信息传递与信息风险控制

【引言】信息风险控制指为确保信息及时性、相关性和真实性进行的控制，有两层含义：一是降低委托人和代理人之间的信息不对称；二是建立信息系统，对信息加工和运用。信息传递与信息风险控制分为两个层面：一是在公司治理层面，涉及信息控制权的配置、以股东为首的利益相关者与经营者之间的信息不对称问题，主要是财务报告内部控制；二是在经营管理层面，由经营者和业务人员利用业务流程信息对经营活动进行控制，即业务流程信息控制。信息传递与信息风险控制的相关规范在中国《企业内部控制基本规范》和《企业内部控制应用指引第 14 号——财务报告》《企业内部控制应用指引第 17 号——内部信息传递》《企业内部控制应用指引第 18 号——信息系统》（2010）均有相关说明。

第一节 信息传递与信息风险控制概述

信息风险控制从降低信息不对称，到信息沟通、信息技术应用，涉及广泛的领域。重要信息应当及时传递给董事会、监事会和经理层，以降低信息不对称风险，及时做出科学决策。

一、信息传递与沟通概述

企业可以通过行业协会组织、社会中介机构、业务往来单位、市场调查、来信来访、网络媒体以及有关监管部门等渠道，获取外部信息。企业应当将内部控制相关信息在企业内部各管理级次、责任单位、业务环节之间，以及与外部投资者、债权人、客户、供应商、中介机构和监管部门等利益相关者之间进行沟通和反馈。信息沟通过程中发现的问题，应当及时报告并加以解决。

中国《企业内部控制应用指引第 17 号——内部信息传递》指出，企业内部信息传递至少应当关注下列风险：一是内部报告系统缺失、功能不健全、内容不完整，可能影响生产经营有序运行；二是内部信息传递不通畅、不及时，可能导致决策失误、相关政策措施难以落实；三是内部信息传递中泄露商业秘密，可能削弱企业核心竞争力。

企业应当利用信息技术促进信息的集成与共享，充分发挥信息技术在信息与沟通中的作用。企业应当加强对信息系统开发与维护、访问与变更、数据输入与输出、文件储存与保管、网络安全等方面的控制，保证信息系统安全稳定运行。企业应当建立反舞弊机制，坚持惩防并举、重在预防的原则，明确反舞弊工作的重点领域、关键环节，划分有关机构在反舞弊工作中的职责权限，规范舞弊案件的举报、调查、处理、报告和补救程序。

企业应当建立举报投诉制度和举报人保护制度，设置举报专线，明确举报投诉处理程序、办理时限和办理要求，确保举报、投诉成为企业有效掌握信息的重要途径。举报投诉制度和举报人保护制度应当及时传达至全体员工。

例如，20×4年1月，摩托罗拉电子有限公司发现刚推出的机型居然在市场上一家小店里正在以低廉的价格出售，由于该产品是由一家民营通信公司代理销售的，根据销售合约，该产品不应出现在这家小店内。在接到摩托罗拉的处罚通知后，该代理销售公司迅速报案调查。在调查中发现产品确实是从该代理销售公司下属的销售点流通出去的。据销售手机的小店老板说，货源均来自一个叫徐志霞的人及其丈夫。在警方的调查下，发现了俩人侵占公司手机并加以变卖的单据证明。最终，徐志霞及其丈夫以及代理销售公司的仓库保管员和财务人员均牵连其中。据犯罪嫌疑人徐志霞的丈夫交代，在一次公司数据库数据报错后，数据库路径可以直接被看到，然后他就利用了该漏洞，伺机进行侵占和倒卖手机。首先找到公司员工，让其按之前的路径进入数据库并复制好。然后修改门店销售记录，虚增门店销售量，这样仓库就有多余的手机，再通过仓库保管员将其拿出，最后串通财务人员修改数据。这样其行为就可以得逞，从中获利。[①]

二、内部报告的形成

企业应当根据发展战略、风险控制和业绩考核要求，科学规范不同级次内部报告的指标体系，采用经营快报等多种形式，全面反映与企业生产经营管理相关的各种内外部信息。内部报告指标体系的设计应当与全面预算管理相结合，并随着环境和业务的变化不断进行修订和完善。设计内部报告指标体系时，应当关注企业成本费用预算的执行情况。内部报告应当简洁明了、通俗易懂、传递及时，便于企业各管理层级和全体员工掌握相关信息，正确履行职责。

企业应当制定严密的内部报告流程，充分利用信息技术，强化内部报告信息集成和共享，将内部报告纳入企业统一信息平台，构建科学的内部报告网络体系。企业内部各管理层级均应当指定专人负责内部报告工作，重要信息应及时上报，并可以直接报告高级管理人员。企业应当建立内部报告审核制度，确保内部报告信息质量。

企业应当关注市场环境、政策变化等外部信息对企业生产经营管理的影响，广泛收集、分析、整理外部信息，并通过内部报告传递到企业内部相关管理层级，以便采取应对策略。企业应当拓宽内部报告渠道，通过落实奖励措施等多种有效方式，广泛收集合理化建议。企业应当重视和加强反舞弊机制建设，通过设立员工信箱、投诉热线等方式，鼓励员工及企业利益相关方举报和投诉企业内部的违法违规、舞弊和其他有损企业形象的行为。

例如，中国电子信息产业集团（CEC）与成员单位在信息的沟通与传递中出现了一系列

---

① 陆颖丰，李兴堂，李若山. 谁动了我的手机——由某通讯公司手机失窃案反思内部控制 [J]. 财务与会计，2006，21.

问题：集团与下属企业之间无法达成战略共识和共享，当集团的红头文件下发子公司后，子公司未必能够有效地执行；无法形成战略协同与贯彻，上报的报表经过层层上传，集团只能看到报表数字，无法有效地掌控这些价值活动的过程和具体内容；缺乏有效的战略评价与激励体系。为解决上述问题，集团专门设立服务器，由集团总部统一维护与管理，整个集团使用一套财务软件，财务数据储存在集团的服务器数据库中，实现整个集团财务信息的集中管理，对成员企业财务活动进行实时控制；配置战略映射组件，将集团统一的制度固化在共享数据库中，按照成员单位的差异性进行分解和映射。[①]

CEC 集团的会计科目体系能够涵盖所有的业务，子公司的会计科目只是集团会计科目的子集，需要通过映射组件将子集科目体系映射到具体的子公司，保证财务信息的一致性、可比性和有效性。无论子公司在何处，信息都可以直接传递到总部的共享数据库中，废除了财务报表的层层上报制度，在总部可以通过网络实时监控子公司资金变动、经济业务。过去由于没有集成信息和自动生成评价结果的软件资源支持，难以及时提供多视角的评价报告；现在可以从产品维度、区域维度、经营板块、公司治理维度要求等进行评价，提供报告。CEC 集团将信息技术与制度创新有机地融合，建立三个组件：

（1）战略定义与映射组件。该组件对两种对象进行描述，资源对象涉及财务制度、信息分类规范、权限等；行为对象涉及战略执行的各类流程与控制机制，如财务审批、信息传递、控制等。通过战略定义与映射组件实现集团战略的共享与共识，构建统一的会计核算体系，包括会计科目的统一、客商代码统一、会计政策统一等。

（2）信息收集与监控组件。该组件支持不同层级子公司获得经营活动信息；按照管理的不同维度和法人实体、业务群组、经营板块等要求，形成多视角的财务信息。集团通过映射组件将战略分解，落实到子公司，通过信息收集组件将战略执行信息上报，随时监控子公司战略实施情况。

（3）战略分析与评价组件。集团将设计好的战略预警规则、财务分析和战略评价指标等通过该组件的定义保存在战略评价规则数据库中，为战略监控与评价奠定基础。集团将各类信息，按照战略评价规则数据库中定义的规则生成各种战略评价报告，通过网络动态发布。

三、信息控制权

企业应当加强内部报告管理，全面梳理内部信息传递过程中的薄弱环节，建立科学的内部信息传递机制，明确内部信息传递的内容、传递方式、传递范围以及各管理层级的职责权限等，促进内部报告的有效利用，充分发挥内部报告的作用。企业应当制定严格的内部报告保密制度，明确保密内容、保密措施、密级程度，防止泄露商业秘密。企业应当建立内部报告的评估制度，定期对内部报告的形成和使用进行全面评估，重点关注内部报告的及时性、安全性和有效性。

信息处理或者加工问题的出现是由于个人存在有限理性，对信息处理的安排涉及控制权的分配，需要研究组织如何最小化信息处理成本和沟通成本。沟通成本的存在是因为代理人

---

① 张瑞君，朱以明，夏坤. 集团财务战略执行力：纵向价值链的优化与信息集成策略 [J]. 管理世界，2007（04）.

需要时间来吸收其他方发送的新信息，个人处理信息能力的有限性决定了需要多人参与。企业可以通过专门处理特定类型的信息解决这些问题，当专门处理信息的收益超过沟通成本时，组织中多个代理人的合作是有效率的。

信息处理实际上是组织分权的表现形式，即信息处理需要组织中的很多成员来共同完成，因而信息的处理也是组织结构的重要决定因素，需要使用大量的资源。一方面，分散化的信息处理会产生管理上的成本，比如通信成本或者对各个经理进行协调而产生的成本。另一方面，分权也会减少信息处理上的延迟，一个经理可听从下属的汇报，这些汇报可能来源于下属对很多信息的整理，这样这个经理可以省略掉很多对初级信息的处理工作，从而加快决策的速度。一些模型区别了组织内分散化的信息处理和分散化的决策制定，该模型的一个重要基础是参与人的有限理性，在这样的基础上发现分散化的决策制定是占优的。

上述模型把行为人的有限理性当作一个重要前提，即个人的信息处理能力是有限的，那在组织面临很多不同类型的项目（或者说活动）并需要做出选择（决策）时，对信息的加工（处理）就显得非常重要。管理层面临四个主要的问题：一是监管力度和实效性不足；二是资金管理松散；第三，预算管理很困难；第四，企业中存在大量的信息孤岛。解决上述问题的方法就是改善管理控制，包括信息控制权的合理配置和信息流程的优化。

信息处理的模型进一步补充了信息处理成本里的管理思想，即上级和下属可以分别处理不同类型的信息，这里的信息并不一定是互补的，它们可以是初级信息和加工后的信息，由于行为人的有限理性和信息处理能力的有限性，上级和下属可以分别享有不同层次上的控制权，可以提高整个组织决策的效率。

制约企业战略有效执行的主要原因之一是信息的缺失或信息孤岛，只有信息资源的集成才能成为战略执行的保障。战略信息集成是企业战略执行的基础，战略执行和决策的质量在很大程度上取决于信息资源集成的质量，战略信息资源的集成围绕低成本、差异化和特定目标市场等形成。对中国企业战略执行现状的调查发现，我国企业战略执行进程和效果未能得到有效的监控，信息系统成为战略执行的"短板"。在操作层面，由于过去更多地通过人员、岗位和组织设计来实施，导致成本高、效率低。

四、多渠道的信息来源

为了防止信息传递过程中信息真实性下降、防止信息垄断在少数人手里，或避免某环节委托人与代理人之间的串通，企业应采用多渠道信息控制方式。例如一些大型企业设计了不同的信息来源渠道，从不同方面发出信号。美国 DEJ 公司在全球有 16 个分支机构，总部在芝加哥。总部有内部审计人员 26 人，聘请 PwC 为外部审计机构。在中国大区有 CEO、CFO 和 FM（财务经理），内部审计负责对中国大区财务系统进行绩效评价。对财务系统的绩效评价有两个方面：一是一般公认会计准则（GAAP）的执行情况，二是萨班斯（SOX）法案和内部控制（IC）的执行情况。内部审计人员将审计信息传递给总部董事会、首席执行官，同时外部审计师将他们的信息传递给董事会和首席执行官，然后由总部管理人员将审计中发现的问题发给中国大区，根据发现的问题严重程度进行处理。通过几个渠道获得信息、上报信息，降低了中国大区业务执行信息的不对称性，也杜绝了审计方与被审计方的串通。DEJ公司多渠道信息传递方式如图 5-1 所示。

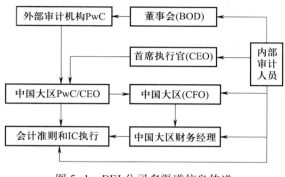

图 5-1 DEJ 公司多渠道信息传递

第二节 财务报告内部控制

财务报告内部控制（internal control over financial reporting）是由企业高层管理者制定、实施，受到董事会或类似机构的监督，为确保企业出具的财务报告真实反映企业的财务与经营状况、符合会计准则编报要求的措施与程序。中国《企业内部控制应用指引第 14 号——财务报告》（2010）指出，企业编制、对外提供和分析利用财务报告，至少应当关注下列风险：一是编制财务报告违反会计法律法规和国家统一的会计准则制度，可能导致企业承担法律责任和声誉受损；二是提供虚假财务报告，误导财务报告使用者，造成决策失误，干扰市场秩序；三是不有效利用财务报告，难以及时发现企业经营管理中存在的问题，可能导致企业财务和经营风险失控。

一、财务报告内部控制概述

财务报告内部控制在美国安然事件（2001）后受到监管机构和企业的重视。美国证券交易委员会（SEC）在 2002 年发布的"33-8138 号"提案中指出，财务报告内部控制的目的是确保上市公司设计的控制程序能为下列事项提供合理的保证：公司的业务活动经过合理的授权；公司的资产没有被未经授权或不恰当地使用；公司的业务活动被恰当地记录并报告，从而保证公司的财务报告符合一般公认会计准则的编制要求。

美国证券交易委员会在 2003 年 6 月公布的上市规则中，以"财务报告内部控制"代替传统的内部会计控制，将"财务报告内部控制"定义为：由公司的首席执行官、首席财务官或者公司行使类似职权的人员设计或监管的，受到公司的董事会、管理层和其他人员影响的，为财务报告的可靠性和满足外部使用的财务报表编制符合一般公认会计准则提供合理保证的控制程序。

在相互制衡的公司治理结构下，股东大会、董事会、监事会关注财务信息，以此作为评价委托代理责任履行情况的重要依据，并通过法律、准则等一系列措施来保证财务报告质量，从而形成内在约束力。财务报告欺诈的责任主体是管理者。管理者具备应有的职业道德，是保证企业维持良好的控制环境的首要前提。如果管理者有意进行欺诈或粉饰财务报告，总会有盈余操纵的空间。财务报告信息失真的现象总是出现，"财务报告展示出来的是那些人们不感兴趣的地方，而人们感兴趣的地方可能被遮了起来"。财务报告的可靠性是评价企业财务报告内部控制是否有效的依据。如果管理层在财务报告中虚报企业的利润，违背了可靠性的原则，就称之为财务报告内部控制失效。

二、财务报告内部控制理论与法律法规

（一）理论研究

代理理论认为，委托人和代理人之间的目标函数是不一致的，代理问题的根源是当事人之间的信息不对称。委托人要求代理人提供必要的信息，来判断代理人是否努力或评价其经营业绩，财务报告作为反映经营成果的最重要的信息，是委托人对代理人实施监督的最有效手段。但代理人为了自身利益有可能粉饰自己的业绩，控制信息的输出。委托人面临着多种代理风险，如在签约时代理人利用私人信息进行"逆向选择"的风险，合同执行过程中代理人拥有自然状态的私人信息所引起的"隐藏信息"的风险，以及与代理人事后行动的不可观察性相关的"道德风险"。法玛和简森（1983）认为，外部董事应该承担对财务报告的监督责任，不应与企业的高管层共谋来损害股东的利益。

（二）有关法律法规对财务报告内部控制的要求

美国 2002 年出台《萨班斯-奥克斯法案》的目的是改善公司治理、提高财务报告质量。该法案第一次对财务报告内部控制的有效性提出了明确的要求，涉及内部控制的主要有：需要评价公司的内部控制政策和程序是否包括详细程度合理的记录，以准确公允地反映公司的资产交易和处置情况；内部控制是否合理保证公司对发生的交易活动进行了必要的记录，以满足财务报告编制符合公认会计原则的要求；内部控制是否合理保证公司管理层和董事会对公司的收支活动进行了合理授权。公司首席执行官和财务官应当对所提交的年度报告签署书面保证，对财务报告的内部控制进行报告。

我国《企业内部控制规范》和《企业内部控制应用指引第 14 号——财务报告》(2010) 明确提出财务报告内部控制要求，企业应当加强对财务报告编制、对外提供和分析利用全过程的管理，明确相关工作流程和要求，落实责任制，确保财务报告合法合规、真实完整和有效利用。其具体包括两个方面的内容。

1. 财务报告的编制

企业编制报告应当重点关注会计政策和会计估计，对财务报告产生重大影响的交易和事项的处理应当按照规定的权限和程序进行审批。企业在编制年度财务报告前，应当进行必要的资产清查、减值测试和债权债务核实。企业应当按照国家统一的会计准则制度规定，根据登记完整、核对无误的会计账簿记录和其他有关资料编制财务报告，做到内容完整、数字真实、计算准确，不得漏报或者随意进行取舍。企业财务报告列示的资产、负债、所有者权益金额应当真实可靠。各项资产计价方法不得随意变更，如有减值，应当合理计提减值准备，严禁虚增或虚减资产。各项负债应当反映企业的现时义务，不得提前、推迟或不确认负债，严禁虚增或虚减负债。

所有者权益应当反映企业资产扣除负债后由所有者享有的剩余权益，由实收资本、资本

公积、留存收益等构成。企业应当做好所有者权益保值增值工作，严禁虚假出资、抽逃出资、资本不实。企业财务报告应当如实列示当期收入、费用和利润。各项收入的确认应当遵循规定的标准，不得虚列或者隐瞒收入，推迟或提前确认收入。各项费用、成本的确认应当符合规定，不得随意改变费用、成本的确认标准或计量方法，虚列、多列、不列或者少列费用、成本。利润由收入减去费用后的净额、直接计入当期利润的利得和损失等构成。不得随意调整利润的计算、分配方法，编造虚假利润。企业报告列示的各种现金流量由经营活动、投资活动和筹资活动的现金流量构成，应当按照规定划清各类交易和事项的现金流量的界限。

附注是财务报告的重要组成部分，对反映企业财务状况、经营成果、现金流量的财务报表中需要说明的事项，做出真实、完整、清晰的说明。企业应当按照国家统一的会计准则制度编制附注。企业集团应当编制合并报表，明确合并报表的合并范围和合并方法，如实反映企业集团的财务状况、经营成果和现金流量。企业编制财务报告，应当充分利用信息技术，提高工作效率和工作质量，减少或避免编制差错和人为调整因素。

2. 财务报告的分析利用

企业应当重视财务报告分析工作，定期召开分析会议，充分利用报告反映的综合信息，全面分析企业的经营管理状况和存在的问题，不断提高经营管理水平。企业财务报告分析会议应吸收有关部门负责人参加。总会计师或分管会计工作的负责人应当在分析和利用工作中发挥主导作用。企业应当分析企业的资产分布、负债水平和所有者权益结构，通过资产负债率、流动比率、资产周转率等指标分析企业的偿债能力和营运能力；分析企业净资产的增减变化，了解和掌握企业规模和净资产的不断变化过程。

企业应当分析各项收入、费用的构成及其增减变动情况，通过净资产收益率、每股收益等指标，分析企业的盈利能力和发展能力，了解和掌握当期利润增减变化的原因和未来发展趋势。企业应当分析经营活动、投资活动、筹资活动现金流量的运转情况，重点关注现金流量能否保证生产经营过程的正常运行，防止现金短缺或闲置。企业定期的财务报告分析应当形成分析报告，构成内部报告的组成部分。分析报告结果应当及时传递给企业内部有关管理层，充分发挥财务报告在企业生产经营管理中的重要作用。

三、财务报告内部控制的特点

（一）财务报告内部控制的责任主体——管理者

经理人市场的形成能够激励、约束经理人员，但经理人作为代理人，相对于委托人来讲，更了解公司内部实际的运作和资金情况，也就更有机会进行"暗箱操作"。各国内部控制相关法律法规大多要求经理人对财务报告质量承担责任，我国《企业内部控制应用指引第14号——财务报告》指出，总会计师或分管会计工作的负责人负责组织、领导财务报告的编制、对外提供和分析利用等相关工作。企业负责人对报告的真实性、完整性负责。

2001年，世通公司高额负债的状况引起美国证券监管机构的关注，为此所进行的调查导致该公司首席执行官埃伯斯辞职。世通公司前管理层具有提供虚假财务报告的动机，包括：首席执行官持有公司大量股票，并以此作为个人贷款的质押；需要保持高股价，从而维持以换股方式进行收购兼并的吸引力；需要保持较高的投资和信用等级，以发行股票或举债来为其经营活动和资本支出筹措资金。公司所处的电信行业风险高,如竞争激烈、市场饱和、盈利下降、坏账剧增。然而,与竞争对手相比,世通公司却显示出异常的盈利能力。如AT&T从2001年起因电信行业逆转开始发生大规模亏损,而世通公司仍然报告巨额盈利。管理当局故意将财务审计排除在内部审计部的职责外,只准许内部审计部从事经营绩效审计。会计记录由管理层调整,公司总部直接给子公司等分支机构下达账项调整指令,而没有提供相关的授权签字和原始凭证等书面材料。

企业内部控制的声明示例如下所示。

××公司管理者对财务信息及内部控制的声明

公司对本年度报告的信息负责。财务报告是依据会计准则编制的,并对经营成果、财务状况、现金流量的所有重大方面都做出了公允披露。报告中的金额是根据当期有效信息和对未来状况和环境的判断估计出来的。年度报告中其他的财务信息与合并财务报表的信息是一致的。

管理当局有责任建立并实施一个有效的、与财务报告相关的内部控制系统;公司已根据《××内部控制规则》××条款提出的内部控制框架对控制系统的有效性进行了评价。内部控制系统以适当成本建立并为以下几个方面的作用提供合理保证,即保护资产、正确授权交易执行、恰当记录和报告交易事项。公司的内部控制系统以书面政策和程序为支撑,并由内部审计人员支持。公司对内部控制系统的设计与实施都做了评价,其中包括对控制措施的测试(当测试适用时)。我们的评价是:在20××年12月31日之前与财务报告相关的内部控制可以有效地预防和发现财务报告中的重大错报。我们仍在持续检查和评估内部控制,在合适的方面进行修正以适应当前的情况,并重视仔细挑选、培训和发展专业管理人员。

财务报告和内部控制报告都已经过了独立审计人员的审计,他们提供的审计报告附在后面。他们的审计是以审计准则为指导进行的,包括测试评价公司的内部控制,搜集独立的证据以对公司的财务和控制报告形成公正的意见。审计委员会是由董事会成员中有一定财务专业知识的独立董事组成的,其责任包括:在董事会推荐股东同意的独立审计人员对公司的财务报告进行年度审计;检查独立审计人员的审计策略、计划、范围、收费、审计结果、非审计服务以及相关费用;检查内部审计人员审计计划范围、预算及审计结果;检查公司程序是否有效地更正审计发现的问题。独立审计人员和公司职员,包括内部审计人员,定期与审计委员会开会讨论审计和财务报告事项。

[公司负责人、会计机构负责人 签字]×××　　×××

(二)财务报告内部控制的内部屏障——董事会

财务报告内部控制与公司治理密切相关,董事会的建设又是重点。管理者编制财务报告,董事会负责监督,是及早发现财务报告问题的第一道屏障。无论是董事会的结构,独立董事的规模,还是审计委员会的设立,都与财务报告内部控制相关。早期的学者们认为,董事会应该包含若干名内部董事,因为他们是董事会的重要信息来源。内部董事参与公司的日常管理,更了解公司经营状况,能提高董事会的决策效率。法玛指出,一个股东占多数的董事会并不是最佳的董事会结构,解决办法就是引入外部董事,因为董事会中有较多的外部董事能使董事会更有效地监督和限制管理者的机会主义行为，降低经理们串通的可能性。威廉姆森认为，经理担任董事很容易把董事会变成管理阶层的工具，引入外部董事可以保证董事会对公司的控制关系不因管理阶层的介入而受到影响。

2004 年 1 月，乐山电力公司（以下简称乐山电力）两位独立董事因对公司的对外担保行为、关联交易行为以及负债情况产生怀疑，聘请会计师事务所对上市公司进行专项审计。独立董事聘请的深圳鹏城会计师事务所从乐山电力得到的资料与中介机构取得的对外担保资料、关联方及其交易资料不一致，因此，深圳鹏城会计师事务所未能对乐山电力 2003 年度及截至 2003 年 12 月 31 日累计的对外担保情况、关联方及其交易事项的专项内容给出整体性意见。但就其取得的资料而言，深圳鹏城会计师事务所审计得出的已终审判决、已执行、正在执行的对外担保金额共计达到了 2 770 万元，这些担保均未经公司董事会及股东大会的决议批准；已经形成诉讼或有可能形成诉讼的对外担保金额达到了 8 000 万元，这些担保同样没有取得公司董事会或股东大会的决议批准；截至 2003 年 12 月 31 日，乐山电力存在的其他对外担保累计金额据了解至少过亿元，其中大部分未获董事会决议通过，并且未对外公告。[①]

审计委员会是董事会下设的监督机构，向董事会负责并报告工作，审计委员会在财务报告内部控制方面发挥着主要功能，如监督财务报告过程和内部控制的有效性，保证财务报告的可靠性。审计委员会在发现和防止财务报告欺诈方面扮演着重要角色，其职责通常被要求在公司章程中予以明确规定，如审计委员会应与管理层共同确保内部审计人员参与财务报告的生成工作；外部审计人员应与审计委员会讨论财务报告的质量问题。在实务中，一些公司规定审计委员会成员可以进入举报信息系统，直接获得相关的重要信息。

（三）股东行为对财务报告内部控制的影响

在存在控制性股东的情况下，股权结构对财务报告内部控制将产生相反的效应。当控股股东担任公司的管理职务时，经营权和管理权实质上是合二为一的，不存在所有者和经营者之间的利益冲突。当经营者不是控股股东本人时，控股股东就有足够动力去监管代理人的行为。但控股股东与其他股东的利益并不是都一致的，控股股东侵占小股东的问题时有发生，例如控股股东与管理层合谋损害中小股东的利益，还通过"隧道挖掘"（tunneling）的方式侵占其他股东的利益。在这种情况下，控股股东和公司管理层为了掩饰其侵占行为会导致财务信息失真。在股权高度集中的情况下，应关注控股股东与中小股东之间的信息不对称问题。

四、财务报告内部控制风险及防范

企业在出现财务报告欺诈前，通常会表现出一些异常现象，我们将其称为财务报告内部控制失效的风险信号，如表 5-1 所示。美国 COSO 委员会 1999 年发布的《欺诈性财务报告分析》发现，实施欺诈的公司在欺诈前的几个会计期间往往发生亏损，或者正接近损益平衡点的位置，财务困境使得这些公司有动力进行欺诈性活动。72% 的案例中 CEO 涉嫌欺诈行为，43% 的案例中 CFO 涉嫌财务报告欺诈；25% 的案例中公司没有审计委员会，65% 的案

---

① 张亚东，吴革，周亚力. 财务报告陷阱防范 [M]. 北京：北京出版社，2004.

例中审计委员会成员在会计方面没有专业资格，甚至没有从事过主要的会计或财务工作的经历；约 60% 案例中董事是内部人或者是"灰色董事"，公司的创始人和现任 CEO 往往是同一个人，许多不相容职务没有分离。大部分的欺诈都不仅涉及一个会计年度，通常至少涉及两个会计年度，包括季报和年报。

表 5-1　财务报告内部控制失效的风险信号

关键信号	财务报告舞弊风险
年末或季末收入激增	收入经常在期末被操纵以达到收益目标，包括未结清账户和提前确认下期收入、虚假销售、平滑收益等
销售增长超过行业水平	行业内其他企业销售下降，而本企业销售处于增长状态，且不能被合理证明
毛利率异常	没有记录全部费用、重复开出发票、虚假销售、产品质量下降等
结账后销售退回增加	可能意味着产品或服务质量问题、虚假销售等
应收账款回收期增加	应收账款回收期显著增加或显著高于行业水平
存货周转期延长	存货周转期延长可能意味着产品积压、企业面临财务困境
资产负债率显著变化	财务压力是重要的舞弊风险信号
现金流量	如果销售收入和盈利能力表现好，但经营现金流量较低或为负数
非财务业绩指标显著变化	各个行业都有其关键信号，关键信号与财务结果显著不一致

阿尔布里特等（Albrecht et al.，1995）分析财务报告，能够发现财务报告舞弊的征兆，如财务报表中某些指标的异常变化、公司存在危机的情况下继续经营、部分异常的大额交易、收益质量的持续降低、高额负债或其他利益负担、因迫切需要而报告有利收益以及应收账款不能及时收回等问题。除此之外，费用增长速度大于收入增长速度、外部审计师和管理层更换频繁、关联交易、与客户或供应商之间不同寻常的关系等也是财务舞弊的征兆。撒穆尔斯等（Summers 和 Sweeney，1998）研究分析了公司内幕交易和财务报告舞弊的关系，指出内幕交易是发生财务报告舞弊的预警信号。

班尼斯（Beneish，1999）通过建立模型检验盈余操纵，发现财务舞弊与某些财务变量存在一个系统的关系：公司应收款项大幅度增加、产品毛利率异常变动、资产质量下降、主营业务收入异常增加和应计利润率上升等都是财务舞弊的征兆。贝尔等（Bell 和 Carcello，2000）研究发现，虚弱的内部控制环境、公司的急剧增长、盈利能力相对不足、过分强调盈利预期、回避审计师的管理当局、实体所有权（公有还是私有）状态以及虚弱的控制环境和管理财务报告的积极态度的相互作用等都是财务舞弊中具有显著性风险的因素。

郑朝晖（2001）遴选出上市公司十大管理舞弊案件，列举出上市公司的财务报告舞弊征兆：资本运作和关联交易频繁、IPO（股票公开上市）及没有三分开（董事会、监事会、经理层的责权分开）、业绩和股价波动剧烈、全行业亏损或行业过度竞争等。王泽霞、梅伟林（2006）向会计师事务所展开问卷调查，调查结果显示运用红旗标志① （Red Flag） 能较好识别舞弊。

有研究机构对美国 603 个舞弊事件进行研究，通过员工举报、偶尔发现、内部控制、内部审计等内部方式发现舞弊的比例达 69.8%；通过客户举报、匿名举报、供应商举报等外部关系人发现的比例达 17.6%；通过外部审计、执法检查发现财务舞弊的比例只占 12.6%。具体分布为：员工举报发现 140 个、偶尔发现 100 个、内部控制发现 99 个、内部审计发现 82 个，内部方式发现共计 421 个；客户举报 46 个、匿名举报 33 个、供应商举报 27 个、外部审计 67 个、执法检查 9 个。企业在内部控制以外，还应该给客户举报、供应商举报等外部关系人的举报创造条件，让这些信息直接送达有关方面，也是防范舞弊的重要举措。

为了指导管理当局和审计人员，美国会计监管公共委员会（PCAOB，2003）对内部控制缺陷做出说明，认为重大缺陷是指这种缺陷可影响公司按一般公认会计准则可靠地建立、记录、处理、报告外部财务数据的能力。重大缺陷可以由单个缺陷或多个缺陷结合构成，这些缺陷不能防止或发现重大财务报告问题。我们可以从控制环境、道德准则、关联方交易、公司治理、审计委员会、内部审计、举报制度等方面关注公司财务报告内部控制的执行效果，如表 5-2 所示。

表 5-2　公司治理与财务报告内部控制

影 响 因 素	考 察 内 容
控制环境	公司如何激励管理层和员工？是否存在收益目标的压力？员工如何理解其个人对内部控制的责任？评价领导能力的标准是什么？如何处理发生的错误？等等
道德准则	建立道德准则并遵循；不存在违反准则的情况；公司资产被恰当地使用
关联方交易	制定关联方交易政策。该政策是否有效？公司是否定期进行关联方交易？向审计人员和董事会进行充分披露关联方交易情况。存在关联方交易的重要经济动机是否能够证明关联方交易的存在
公司治理	董事会保持独立性，董事会会议经常讨论潜在的问题，董事长与管理层关系适当；管理层对下级未施加不正当影响，例如从不向关键人员明示或暗示账项调整
审计委员会	审计委员会保持独立，并具有财会知识，准确地理解内部控制；审计委员会积极开展活动，跟踪内部和外部审计发现的问题，在没有管理层参与的情况下与审计人员会面
内部审计	设立内部审计部门，内部审计章程与"最佳的实践"保持一致；内部审计部门的预算由董事会或审计委员会审批；内部审计的范围涉及所有活动，如控制评价、财务审计、经营审计、监督公司道德准则的遵循情况；内部审计的建议被采纳和贯彻；内部审计人员能够胜任工作，能及时揭示出控制失败从而能采取纠正措施
举报制度	建立了举报制度，并与责任人保持独立性，有足够的权力和经费追究问题。举报信息提供给管理层、审计委员会和内部审计部门

---

① 红旗标志是指可能导致管理层为了个人利益以公司名义而舞弊的各种事件、条件、压力、机会或个人特征。

第三节　业务流程信息控制

业务流程信息控制主要针对业务流程过程中的信息传递与风险进行控制，除了解决组织中经营决策、协调与控制、战略绩效评价等的问题外，业务流程信息也具有分析问题、考察复杂目标与开创新产品的作用。在一个完整的信息系统中，物流、资金流、信息流会整合在一起。我国《企业内部控制应用指引第 18 号——信息系统》指出，企业利用信息系统实施内部控制至少应当关注下列风险：一是信息系统缺乏或规划不合理，可能造成信息孤岛或重复建设，导致企业经营管理效率低下；二是系统开发不符合内部控制要求，授权管理不当，可能导致无法利用信息技术实施有效控制；三是系统运行维护和安全措施不到位，可能导致信息泄漏或受损，系统无法正常运行。

一、业务流程信息控制概述

信息系统是一种程序集合，程序是一种能够执行循环往复、一贯控制的作业规则，因此，信息系统的控制可视为一种作业控制。信息系统与内部控制之间是部分作业控制和整体控制的关系，是子集和全集的关系（杜美杰，2004）。随着对管理规则的认识逐渐深入和信息技术的不断发展，后者将不断转化为前者。在信息系统的不断演化过程中，曾经需要管理人员亲力亲为的控制将不断成为自动化的业务控制，融入信息系统之中。管理人员则可将更多的精力集中到计算机无法胜任的活动上，更好地完成信息系统无法模拟的控制。

企业应当重视信息系统在内部控制中的作用，根据内部控制要求，结合组织架构、业务范围、地域分布、技术能力等因素，制定信息系统建设整体规划，加大投入力度，有序组织信息系统开发、运行与维护，优化管理流程，防范经营风险，全面提升企业现代化管理水平。企业应当指定专门机构对信息系统建设实施归口管理，明确相关位的职责权限，建立有效工作机制。企业也可委托专业机构从事信息系统的开发、运行和维护工作。企业负责人对信息系统建设工作负责。

信息系统内部控制对组织业务目标的实现非常重要，促使企业考虑如何进行管理和控制。COBIT（Control Objectives for Information and Related Technology）模型是信息系统管理和控制的一个开放性标准，即信息及相关技术控制目标，这是国际上公认的安全与信息技术管理和控制标准。该标准由信息系统审计与控制协会（Information System Audit and Control Association 缩写为 ISACA）的 IT 治理学会（IT Governance Institute，缩写为 ITGI）开发和推广，辅助管理层进行有效的信息系统内部控制，以指导这些组织有效利用信息资源，有效地管理与信息相关的风险。例如，戴尔公司把 COBIT 作为 CSA（Control Self Assessment）策略的一部分，帮助公司保持系统运行高效率和安全性。

现举例说明企业如何进行业务流程信息控制。一家大型企业使用了管理信息系统，并建立起了一套完整的控制制度。信息系统的使用人员包括销售人员、人力资源管理部门人员、分部经理、财会人员、总经理、信息官等，这些人员从不同的角度应用信息。这一系统总体上提供信息帮助实施管理控制，如财务部人员对现金波动的判断，总经理对地区销售业绩的比较。在信息使用权方面进行了较好的授权，如员工的重要信息由人力资源部经理掌握，对财务部限制授权太大的事项。但这个系统的信息不完整，例如销售人员不能掌握过去的销售业绩，部门经理不能与其他分公司比较。下面是该企业内部不同职位员工最近的对话：

公司总经理："最近汇总出各分公司的销售业绩很好，应该进行奖励。但东北地区分公司的销售业绩同比下降了，让他们写一份报告。"

公司财务部分管 M 分公司的人员："最近 M 公司的现金波动这么频繁，而且每次都没有超过使用权限，我的系统分析助手已经提出警告，要及时报告 M 分公司的异常情况。"

公司信息部经理："一次性更新管理信息系统的工作量实在是太大了，以后一定要随时更新。在更新过程中好像给财务部的授权太高了，要进行严格的控制，系统更新一结束就要把授权降下来。"

分公司部门经理："总公司下达的本年销售计划数我们已经完成一大半了，也不知道其他分公司完成的情况怎么样？总公司正在更新管理信息系统，下半年又要忙了。"

分公司一位销售人员："经过半年的努力，我的销售业绩提高了，也不知道分公司其他人员的销售业绩怎么样？我现在的销售业绩比我去年同期提高了多少？"

分公司人力资源管理部门一位员工："我想查一下公司人员薪资的变动情况、在职人员的具体数字和健康状况，总公司那边需要这些数据，可是人力资源管理部门部经理不在岗，有些资料我无权访问啊。"

请分析：该企业的管理信息系统有哪些用处？如何进行有效的控制？

信息系统建设要避免信息孤岛问题，实现信息共享以及合理授权，提高企业整体运营效率。

二、信息系统的开发

企业应当根据信息系统建设整体规划提出项目建设方案，明确建设目标、人员配备、职责分工、经费保障和进度安排等相关内容，按照规定的权限和程序审批后实施。企业信息系统归口管理部门应当组织内部各单位提出开发需求和关键控制点，规范开发流程，明确系统设计、编程、安装调试、验收、上线等全过程的管理要求，严格按照建设方案、开发流程和相关要求组织开发工作。企业开发信息系统，可以采取自行开发、外购调试、业务外包等方式。选定外购调试或业务外包方式的，应当采用公开招标等形式择优确定供应商或开发单位。

企业开发信息系统，应当将生产经营管理业务流程、关键控制点和处理规则嵌入系统程序，实现手工环境下难以实现的控制功能。企业在系统开发过程中，应当按照不同业务的控制要求，通过信息系统中的权限管理功能控制用户的操作权限，避免将不相容职责的处理权限授予同一用户。企业应当针对不同数据的输入方式，考虑对进入系统数据的检查和校验功能。对于必需的后台操作，应当加强管理，建立规范的流程制度，对操作情况进行监控或者审计。企业应当在信息系统中设置操作日志功能，确保操作的可审计性。对异常的或者违背内部控制要求的交易和数据，应当设计由系统自动报告并设置跟踪处理机制。

企业信息系统归口管理部门应当加强信息系统开发全过程的跟踪管理，组织开发单位与内部各单位的日常沟通和协调，督促开发单位按照建设方案、计划进度和质量要求完成编程工作，对配备的硬件设备和系统软件进行检查验收，组织系统上线运行等。企业应当组织独立于开发单位的专业机构对开发完成的信息系统进行验收测试，确保在功能、性能、控制要求和安全性等方面符合开发需求。企业应当切实做好信息系统上线的各项准备工作，培训业务操作和系统管理人员，制定科学的上线计划和新旧系统转换方案，考虑应急预案，确保新旧系统顺利切换和平稳衔接。系统上线涉及数据迁移的，还应制定详细的数据迁移计划。

企业的营运规划、控制和决策需要多种多样的信息，虽然大部分为财务信息，但是还有一部分并非来自会计系统，如业务流程信息。业务流程信息包括客户信息、员工的满意度信息、金融市场信息、商品或原材料/服务市场信息、生产信息、业务运营信息、预算实施信息、标准成本系统信息、人力资源信息等，这些信息有的可以进入管理信息系统（如商品信息、客户信息），有的无法进入管理信息系统或进入成本高（如员工满意度信息）。企业需要对业务流程信息进行控制，以保证流程的效率和效果。

例如，宇通集团信息流程是一个不断标准化的过程。宇通集团作为典型的离散性制造型企业，品种多而批量小。车型有上百个，多的几千辆，少的几十辆甚至几辆，每辆车涉及的零部件近万个。这种情况下，宇通集团需要强化"信息管理"。2004年，宇通集团销售收入74亿元，比上年增长52%，而存货周转天数由去年的60多天下降到不到30天，公司存货也因此下降了20%。

2004年5月，在宇通集团的物料车间发生了这样一幕：一位领料员来不及履行正常领料手续，被仓库保管员拒绝物料放行，而生产车间在迫切地等待材料。为了保证本单位的生产进度，领料员动用了私人关系，另一个可以直接进入仓库的员工帮助他取来了物料。没有人对销售优先、生产优先说不，"灵活"在快速成长的过程中成为企业的部分习惯，这种灵活不仅出现在领料的员工中，也出现在管理人员甚至是负有监管责任的管理人员中。面对纷繁复杂的订单，在风险巨大的信贷业务和可能存在管理漏洞的账务报销面前，一位"好心的管理者"在"一切服务于销售"的思想指导下认为："再难没有销售难，再难不能难销售"，业务人员工作很不容易，到手的订单决不能丢了，他们的订单应尽快确认，账务应当以最快速度报销完，于是放松了必要的审查。

但从2004年6月开始，员工们发现，这种"灵活"正被来自公司上层的力量控制。部分工作人员因工作失误被免职或调离工作岗位，一些员工纳闷，这些人大都是公认的"好人"啊，有一颗公认的"好心"，为什么好心就没有好报呢？"那些'好心人'解决问题的办法正是对方逃避责任的临时做法，双方看似配合默契，实则掩盖了工作中的主要矛盾和问题。"宇通集团副总裁兼财务及运营总监叶照友认为，部门的职能应是对立并分工协作的，包括质检和生产采购部门、仓储与生产部门、销售与售后部门、技术与市场部门、财务与业务部门等。每个人应该做好自己的事情，公司反对放弃必要的对立。

而让公司形成有机的统一，则是业务流程所承担的责任。2004年6月，当一场大规模的流程再造工程在宇通集团展开的时候，那些"好心人"成为再造工作的对象。对"好心人"现象的打击并非空穴来风，或者只是来自某一理论。正是以"好心人"现象为典型的企业有"人治"少"法治"，让宇通集团下定了决心。此前，这家位于河南郑州的企业经历了连续9年的高速增长，正处于成长期管理转型的困惑。从创业到守业，公司总经理汤玉祥感受到了"一竿子捅不到底"的困扰，在一系列的兼并、收购后，仅仅依靠个人权威和经验式的管理已无法对企业有效掌控。他把希望寄托于其时盛行的 ERP 系统，并以此开始强化内部控制。

宇通集团投资 2 000 万元的 SAP 系统，从项目选型到敲定实施在短短一个多月里完成。2003 年年初，原有财务系统、MRPII 系统被更换，包括销售系统、技术系统在内的十个模块一次实施，系统很快上线。就在庆祝的声音还未消失时，严重的问题出现了。从 2004 年 1 月到 5 月，汤玉祥发现，虽然销售额在继续增加，但利润却在逐月减少。图表显示，利润率直线而下，销售额直线上涨。整个公司的资金周转率下降。更为糟糕的是，SAP 系统不仅没有实现强化控制的初衷，而且整个企业信息面临失控，系统所报告的数据与实际脱节。

ERP 系统有 100 个维度，每个维度有 100 个参数选择，而排列的结果远未调整到位。一个简单的例子是对交货期的统计，具体操作的员工手头的表格只有订单需求，并无交货日期显示。但系统要求必须输入交货日期，"灵活"者采取了变通的办法，5 台以下订单输入 1 周交货，15 台以下订单输入 1 个月交货，30 台以上订单输入月中和月末各交货 1/2。这种"灵活"不仅造成交货日期的形同虚设，并错误地诱导了物料、采购、生产等环节。虽然系统表面看来运行如常，但实际上它的功能仅限于记录和传输数据。原本指望 90% 的日常工作依靠系统实现的愿望落空，事实上，系统只承当了 10% 的记录功能。管理人员对日常工作中反复出现的问题无法实现归纳、分解，而这正是工作流程中"好心人"所导致的。

那位"灵活"地采取从仓库中自行领料的员工被公司指责造成了对公司系统数据安全的威胁，当 19 个物料莫名其妙地变成 18 个时，也威胁了后来领料者的效率。关键的问题是各岗位应严格履行自己的工作职责。公司开始声称要"上下严格执行流程再造，在实践的过程中逐步建立起法治的大厦"，他们将开展以下工作：转变固有的不利于企业发展的思维模式和组织习惯；优化和固定工作流程；加快授权体系的建设和优化；加强和优化绩效考核。过去坏的习惯、坏的流程将被彻底否定，按照新的授权、文件、规定来实施，哪怕先暂时固化，经固化形成习惯以后，再形成统一的成熟的业务流程。

这是一个复杂的过程，在早期的 ERP 系统中，十个模块被实施，包括销售、技术、生产、财务、仓储管理、项目管理模块等。当 2004 年 6 月 15 日流程再造项目工作小组启动时，需求计划小组、供应周期小组、生产周期小组三个项目组成立。三个项目组都会涉及 ERP 系统的十个模块，对接如何进行？更何况改变员工的工作流程习惯远比调试计算机困难得多。我国企业的很多转型与流程再造和国外是相反的。先进的国外企业有管理基础，它们的流程再造是简化管理。我国企业是从无到有，流程再造从实际出发，模块被切割成供给和需求两大块，齐头并进。然后从一些关键流程着手，如对公司的产供销流程进行优化和改善，延长需求计划的下达周期，缩短生产周期和供应周期，从而保证企业运行效率和效益的不断提升。此后，才考虑从关键的流程逐步扩展到一般流程及推广到集团所有成员企业和所有流程。

把复杂的系统简单化，要将流程设计得简单可行而又合理周密，一个技巧是充分利用公司现有的各种管理工具。在宇通集团，已获认证的德国 TS16949 质量体系被当成标准和框架，对流程进行管理评审。而那个已上线但未充分发挥效率的 SAP 系统，被当成是固化流程成果的工具。转变原有的部分工作方法和思维模式，学会用新思想、新方法解决问题。其中，塑造管理人员尤其是中高层管理人员的工作习惯更成为流程再造成功的关键，重中之重是采购与库存周期管理。在存货管理中，他们的观点是，对通用的部件、便宜的部件不妨多采购，因为通用部件容易变现，便宜的部件即使库存多，成本增加得也不多，而这些多出的小成本保证了 80% 的部件供应，从而使员工有 80% 的精力去保证那些 20% 的非通用部件和昂贵的容易出问题的关键部件。事后的现金流利用和利润率增长证明，这种做法不仅有利于流程再造，同时也让 ERP 系统开始更多地发挥作用。

三、信息系统的运行与维护

企业应当加强信息系统运行与维护的管理，制定信息系统工作程序、信息管理制度以及各模块子系统的具体操作规范，及时跟踪、发现和解决系统运行中存在的问题，确保信息系统按照规定的程序、制度和操作规范持续稳定运行。企业应当建立信息系统变更管理流程，信息系统变更应当严格遵照管理流程进行操作。信息系统操作人员不得擅自进行系统软件的删除、修改等操作；不得擅自升级、改变系统软件版本；不得擅自改变软件系统环境配置。

企业应当根据业务性质、重要性程度、涉密情况等确定信息系统的安全等级，建立不同等级信息的授权使用制度，采用相应技术手段保证信息系统运行安全有序。企业应当建立信息系统安全保密和泄密责任追究制度。委托专业机构进行系统运行与维护管理的，应当审查该机构的资质，并与其签订服务合同和保密协议。企业应当采取安装安全软件等措施防范信息系统受到病毒等恶意软件的感染和破坏。

企业应当建立用户管理制度，加强对重要业务系统的访问权限管理，定期审阅系统账号，避免授权不当或存在非授权账号，禁止不相容职务用户账号的交叉操作。企业应当综合利用防火墙、路由器等网络设备和漏洞扫描、入侵检测等软件技术以及远程访问安全策略等手段，加强网络安全，防范来自网络的攻击和非法侵入。

企业对于通过网络传输的涉密或关键数据，应当采取加密措施，确保信息传递的保密性、准确性和完整性。企业应当建立系统数据定期备份制度，明确备份范围、频率、方法、责任人、存放地点、有效性检查等内容。企业应当加强服务器等关键信息设备的管理，建立良好的物理环境，指定专人负责检查，及时处理异常情况。未经授权，任何人不得接触关键信息设备。

例如，凌志（Lexus）是丰田汽车公司的顶级豪华轿车。公司依赖顾客信息系统为凌志车主提供良好的服务，通过系统数据识别轮胎有问题的车辆，一旦发现问题，公司会邮寄 400 美元或更高金额的支票给车主去更换轮胎。但这个环节有时会出现问题，有些支票寄给了非凌志车的车主，有些支票寄给了曾拥有但现在已经更换汽车的车主，这些数据都来源于丰田公司的顾客信息系统，说明这个信息系统此时已经失效。因此，企业不仅要建立信息系统，还要进行后续控制。

四、内部报告的使用

企业各级管理人员应当充分利用内部报告管理和指导企业的生产经营活动，及时反映全面预算执行情况，协调企业内部相关部门和各单位的运营进度，严格绩效考核和责任追究，确保企业实现发展目标。企业应当有效利用内部报告进行风险评估，准确识别和系统分析企业生产经营活动中的内外部风险，确定风险应对策略，实现对风险的有效控制。企业对于内部报告反映出的问题应当及时解决；涉及突出问题和重大风险的，应当启动应急预案。例如，MP 公司客户关系（CRM）系统如图 5-2 所示。

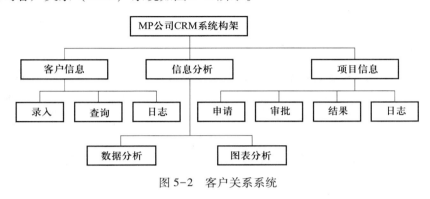

图 5-2　客户关系系统

第四节　信息传递与信息风险控制案例

一、财务报告内部控制案例

帕玛拉特是意大利第八大企业集团[①]，以生产和销售牛奶、果汁和奶制品等为主，是意大利乳品业的巨头。然而，2003 年 12 月 27 日，因无力填补 145 亿欧元的财务黑洞，意大利帕尔马地方破产法院批准了该公司提出的破产保护申请。帕玛拉特是典型的家族型企业，公司创始人卡利斯托·坦齐（Calisto Tanzi）的家族公司拥有帕玛拉特 51% 的股份。帕玛拉特的 13 人董事会中，没有任何人独立于坦齐家族。集中的权力减弱了财务报告内部控制，其内部审计人员波契向检察官承认伪造了对美洲银行近 40 亿美元虚假账目的确认函。

由于缺乏健全的财务制度，帕玛拉特没有做到财务统一管理。据《金融时报》报道，集团拥有 170 家分支机构，很多分公司以及开曼群岛的子公司之间都有现金转账。多年的系统性造假行为导致帕玛拉特账面上有几十亿欧元不知所踪。如美洲银行在 2003 年 12 月 19 日称，帕玛拉特集团在开曼群岛的分支机构 Bonlat 金融公司在该银行账户上的款项并不存在，而帕玛拉特提供的一份虚假证明文件称该公司 2002 年 12 月 31 日有一笔 39.5 亿欧元的流动资金。

财务制度的欠缺导致帕玛拉特集团的债务总额高达 100 亿欧元，其中 1/3 为意大利的银行拥有，其余则由债券持有人和国外银行持有。帕玛拉特不但没有利用债务使公司获得财务杠杆收益，反而因过高的债务总额被迫宣布破产。普华永道会计师事务所的审计师在结束清

---

① 钟标. 值得关注的帕玛拉特财务欺诈案件［J］. 中国注册会计师，2004（3）；袁幼娟. 从帕玛拉特破产分析企业集团内部财务控制［J］. 中国科技信息，2005（14）；"欧洲版安然"惨烈上演，帕玛拉特惊爆财务丑闻、国际金融报.

查帕玛拉特账目的第一阶段工作后，分析得出结论，公司实际负债额远远大于帕玛拉特管理层此前上报的金额。普华永道对帕玛拉特的真实财务状况出具的报告称，截至 2003 年 9 月 30 日，帕玛拉特净负债额为 143 亿欧元，而不是该公司先前所称的 18 亿欧元。2003 年的前 9 个月，帕玛拉特收入为 40 亿欧元，而不是其公布的 54 亿欧元。利息、税收、折旧和摊销前的利润为 1.21 亿欧元，而不是先前所公布的 6.51 亿欧元，公司的流动资产可以"忽略不计"。

二、信息系统与内部控制的整合

如何实现信息系统与内部控制的整合，是实践中的难点。尼尔斯（Niels）等（2005）分析两个公司（SJ 公司和 KJ 公司）如何通过 ERP 系统寻求信息系统和内部控制的整合。内部控制的优化是一个无止境的过程，ERP 系统决定了通过财务与非财务信息能进行内部控制。

研究人员进入两家应用 SAP 系统已有很长时间的大公司，进行了为期一年的研究。这两家公司为 SJ 公司和 KJ 公司，SJ 公司是先进的水泵和泵送系统制造商之一，拥有分布在 30 多个国家的 50 个生产和销售公司，年营业额约为 15 亿欧元。SJ 公司的所有事业部都使用 SAP 系统。总部和制造公司使用 SAP R/2 平台，配送中心和销售公司使用 SAP R/3 平台。这两个平台结合程度有限，因此研究关注的不是这些 ERP 系统间的界面，而是关注与中心会计职能（在总部）的回应者和生产部门的回应者的访谈，他们都使用相同的 ERP 系统。

KJ 公司是丹麦较大的工业集团之一。其在全球雇员多达 20 000 人，年营业额约为 21 亿欧元。它在 21 个国家拥有 53 个工厂和 95 个销售分支机构。KJ 公司是最有经验和最成功的 SAP 系统用户，在 1995 年将其系统升级到 R/3 平台。

两家公司都将他们旧的会计系统直接转换为新的 ERP 系统，在 SJ 公司中，是从采购流程开始试点。KJ 公司最初实施 SAP 系统的原因是替代其他信息系统，管理层希望摆脱那些电子表格、Word 文档等，将所有东西整合到一个集中的信息系统中。公司应从三种技术场景中进行选择：基础设置、高级系统、多系统。基础设置提供最大化的数据整合，多系统提供最大化的系统和管理控制柔性。多系统要求更强大的 IT 支持，基础设置则可避免该要求。在基础设置中，所有主数据和交易数据存放在同一个数据库中，冗余数据很少，系统性能反应很快，但是某些系统柔性表现不好。随着复杂性增加，若没有在硬件方面增加投入则性能会降低。在高级系统中增加柔性的代价是性能的下降或成本的增加。SAP 系统的管理控制如表 5-3 所示。

表 5-3　三种技术场景

管理控制	基础设置	高级系统	多系统
结构	为一个公司建立系统	为 X 个公司建立一个系统	一个企业拥有 X 个系统
物流整合	在事业部之内	集中在跨合法实体的战略事业部层次上	只在有限程度上跨事业部和企业

续表

管 理 控 制	基 础 设 置	高 级 系 统	多 系 统
技术和流程	在很大程度上标准化	不同事业部有所不同	不同事业部有所不同
市场	按结构统一	按结构有所不同	按结构有所不同
内部交易	无内部定价	转移定价	基于市场的客户/供应商关系
运营控制	标准报告	独立运营和战略控制	事业部全权自主，包括系统主数据，开放式部件管理和控制
总体报告	为外部提供报告	关于盈利性和成本报告的自主库存量单位	独立
新业务	合法实体不应在短期内进行规划	合法实体在中期可进行规划	合法实体在"任何时期"都可进行规划

SJ 公司和 KJ 公司都选择了基础设置，这就要求它们对其流程数据标准化。相关数据库系统是其所选的技术平台，结构工作的四个附加等级出现了。会计结构决定了任一结构的出发点，因为它定义了主数据表，是基础性的数据表，并且只能在非常不便的情况下进行更改。第 2 和第 3 等级的会计结构十分稳定，一旦采用基础设置，第 4 和第 5 等级的物流就在很大程度上保持了可塑性。ERP 系统使两家公司创造了全球标准化的方法，将组织表述从以会计为基础变为物流表述，参与者在全球标准化时能轻易接受技术，通过标准表格，创造能够应用 ERP 系统的管理控制。

SJ 公司的 15 个工厂之前是 15 个独立的"业务区域"，各自拥有自己的资产负债表和利润表，统一这 15 个利润中心的报告是不可能的。分部经理试图用 ERP 系统作为工具来保护其自主权，各部门都想将其信息维持在"黑箱"状态。为修正以上情况，一个新的"工厂报告格式"开发出来了，新的"工厂报告"将以汇报标准化为目的。工厂每月用该报告格式汇报各种财务和非财务信息。标准化有以下四个目的：一是增加了可视性；二是使比较成为可能；三是通过消除本地报告减少了数据冗余；四是标准化成为世界级制造工厂的有力支撑。SJ 公司开发了 10 个项目，每个项目都提供了一个线索，这个线索有关未来将如何以不同的、更一致且更加集成化的方法运作。SJ 公司提供了一个管理控制系统图，用于交流管理控制信息。

KJ 公司的技术探索与 SJ 公司不同，会计方式的"重大成功"是我们通过业务区域的方法将最终结果分离开来。真正问题发生在我们想在作业中追踪偏差时。下一个目标是追踪作业中的变更，MRP 控制员（运营计划员）将计划工作写在电子表格里，然后由信息员录入 SAP 系统，作为本地销售预测。当这些都完成后，系统会对比销售订单和生产订单。当 ERP 系统出现 40 的代码时表明外部物流人员的销售订单比生产订单要多，外部物流人员就要与销售公司进行确认。

通过信息系统与企业管理控制的整合，ERP 系统与组织期望、程序和技术联系起来。整合可能朝着很多方向转换，整合可以意味着信息更准确、可分享，也可能意味着朝相反的方向发展。为避免后者的发生，在等级和跨公司的职能中间要做大量的协调工作。尽管

ERP 系统是一种控制技术，但由于其技术原因——会计结构和物流结构之间存在差别，产生了基于会计数字的传统管理控制和基于运营的非财务信息的管理控制之间的切换。ERP 系统也可以整合到其他技术中，开发基于会计结构和物流结构的控制系统，并使管理控制在等级体系中优化。

本章小结

信息传递与信息风险控制包括财务报告内部控制和业务流程信息控制。企业财务报告内部控制是由高层管理者制定和实施的，受到董事会或类似机构的监督，是确保企业财务报告真实可靠地反映企业财务与经营状况、符合会计准则的编报要求的措施与程序。业务流程信息控制是实现运营和管理控制的有效措施，确保实施过程符合管理标准，为业务流程的实施、经营管理提供所需的信息。

关键词

财务报告内部控制　Internal control over financial reporting
信息风险　　　　　Information risk
信息系统　　　　　Information system
管理信息系统　　　Management information systems（MIS）
ERP　　　　　　　Enterprise resource planning

即测即评

请扫描右侧二维码进行在线答题并查看答案。

思考题

1. 什么是信息风险控制？
2. 财务报告内部控制有哪些特点？
3. 出现哪些信号时，意味着财务报告有重大风险？
4. 如何实现信息系统与内部控制整合？
5. 信息传递的风险有哪些？
6. 业务流程信息包含的具体内容有哪些？

案例讨论题

外币交易信息控制——爱尔兰联合银行（AIB）的外币交易欺诈[①]

2002 年 2 月 5 日，第一银行（Allfirst）揭露了 7.5 亿美元外币交易亏损。第一银行是位于美国巴尔的摩市，是美国 50 家最大的银行之一。该银行是爱尔兰最大的金融集团爱尔兰联合银行（AIB）于 1997 年设立的子公司，作为母公司的爱尔兰联合银行在欧洲享有盛誉。该事件披露之后，爱尔兰联合银行的股票在伦敦和都柏林股票交易所下跌 13.7%，市值缩水 12%，投资者损失 24 亿美元。尽管爱尔兰联合银行一再声称扣除损失后公司仍有盈利，但这起事件对该银行的打击是严重的。

第一银行最先发现该行外汇交易员鲁斯纳克（John Rusnak）经手的外币交易有问题是在 2002 年 1 月初。当时，该银行正在对资产部进行例行管理审核。恰在此时，鲁斯纳克要求银行提供巨额现金支持他的交易战略，银行高级经理人员认为他要求的钱款数额巨大，产生怀疑并开始调查。在一个多月的调查期间，鲁斯纳克一直给予合作，直到调查人员发现大量伪造的交易文件后，这起 7.5 亿美元资产不翼而飞的欺诈案方才被揭露出来。

AIB 指定一外部高级专家来主持对损失原因的调查，包括违反内部控制及可能的内外勾结，要求调查报告将陈述事实，解释政策及控制效力，提出改进意见。2002 年 2 月 20 日，经过仔细调查，AIB 宣布，交易员鲁斯纳克经手的外币交易亏损从五年前的 1997 年就开始了。2002 年 3 月 14 日，AIB 发表最终调查结果，结论是，"外币交易员鲁斯纳克借操纵第一银行薄弱的控制环境来规避控制，在整个欺诈期间，他发现了控制程序的规避方法。鲁斯纳克利用了第一银行财务部门的员工，这些员工由于没有经验、缺乏训练、缺乏监督或者懒惰，使得鲁斯纳克可以规避监管。"鲁斯纳克被允许在度假时交易（这是明显违反银行原则的），由于控制失效，六位员工被解雇，其中包括执行副总兼财务主管、内部审计主管，第一银行的董事长提前退休。2002 年 9 月 28 日，AIB 宣布，将发生金融欺诈丑闻的第一银行出售。

早在 1998 年，AIB 就安装了从英国 Misys 进口的软件，它能控制货币交易的前后台（在母公司 AIB 上安装后端软件，而其他子公司安装前台软件），以电子化记录前端柜台的货币交易，后端软件追踪所有交易记录。该软件能找出假交易、超过限额交易及未核准交易。假如有任何犯规者，它都会自动地发警报给经理人员。一位前 AIB 外货交易员在调查时说，"AIB 纽约办公室对其员工的控制非常之严。假如你超过限额一毛钱，AIB 的信用专员都会知道，而即使是在限额内的交易，只要有不寻常之处，我都会接到电话。"AIB 还使用了 Crossmar 匹配服务系统，该系统能在两分钟以内自动核对验证交易。

AIB 虽然安装了后端软件，但在第一银行没有安装前台软件，因此无法进行直接处理，前端的交易信息是用人工方式送到后端的。而且第一银行从未用过 Crossmar 系统验证交易，

[①]　资料来源：陈斌 . 银行怎样保证明天不再发生巨额交易风险——剖析爱尔兰联合银行诈骗案 . 中国外汇管理，2002（5）；博文 . 爱尔兰联合银行 AIB：A "Funnel Bank" 又一个漏斗银行 . 银行家，2002（4）.

而是依赖电话来确认的。但鲁斯纳克避开了控制系统的防护，他伪装交易验证，即让这些交易看起来像真的，尽管这些交易早该被发现。后端办公室依赖于鲁斯纳克每次交易时提供的人工信息，鲁斯纳克在不使用前台软件的情况下，通过其他软件输入交易，这样由于软件不匹配，后端人员无法发现其中的问题；鲁斯纳克还经常给伪造的期权交易一天的到期日而不被人发觉，因为第一银行的报表不会列出一天之内到期的期权交易数据。同时，他还私下说服后端办公室不要确认期权交易双方，因为并未有净现金的转移。

鲁斯纳克伪造的期权与东京、新加坡的主要国际性金融分支机构有关，按规定要求员工在晚上进行电话确认，他说服员工不必费事进行确认，还经常在当天结账时将当日所有的单笔交易归整成一笔交易，这样可以使他的交易看起来似乎是在规避风险。

综上分析，虽然 AIB 有完善的软件系统，但软件系统不等于信息系统，同时即使有完善的信息系统，也需要很好的控制。

请分析：该公司业务员在信息风险控制方面存在哪些问题？

延伸阅读材料

内部控制层次篇

　　企业的委托代理关系有三个不同的层次：股东与董事会之间、董事会和经理层之间、经理层与员工之间的委托代理关系。根据委托代理的不同层次，内部控制可分为三个层次，即流程与任务控制、管理控制和公司治理层面内部控制。流程与任务控制涉及具体流程和任务的控制。管理控制则包括战略执行与控制、以绩效评价为导向的结果控制等。公司治理层面内部控制涉及董事会制度的建立与实施、管理者业绩评价、报酬计划等，关系投资者权益保护、管理层激励约束、战略规划与监督实施等。本篇将从流程与任务控制、管理控制、公司治理层面内部控制分别阐述。

第六章　流程与任务控制

【引言】企业流程是指为完成某一目标（或任务）而进行的一系列逻辑相关、作业有序的活动的系统，也是一个投入产出系统。流程控制是按照流程管理制度的要求，对企业实施的流程进行的控制行为。中国《企业内部控制应用指引第 7 号——采购业务》《企业内部控制应用指引第 9 号——销售业务》涉及流程控制；《企业内部控制应用指引第 10 号——研究与开发》《企业内部控制应用指引第 11 号——工程项目》《企业内部控制应用指引第 13 号——业务外包》《企业内部控制应用指引第 16 号——合同管理》涉及任务控制。

第一节　流程与任务控制概述

流程是分层次的，从高层组织流程向下分解，直至到达具体的单项任务。流程是分环节的，例如，销售与收款循环、采购与付款循环等。在企业组织构架中，要将企业流程中的不同作业进行人为的分离设置，达到不同部门之间的相互牵制，或一个部门之内的不同流程、作业和职责的牵制。流程的内部牵制是一种流程中作业分工、职责分配和记录方法的制度，一名或一组员工的作业必须与其他员工的作业相互联系并保持牵制，还要受到不断的检查和记录，以便达成流程中使用资源权力的互相牵制。

一、流程与任务控制目标

在具体的控制过程中，控制目标设定是针对具体业务单元或流程的，包括现金和银行存款、应收款项、存货、固定资产、无形资产等安全性、有效性的具体目标。

1. 存货

企业应当采用先进的存货管理技术和方法，规范存货管理流程，明确存货取得、验收入库、原料加工、仓储保管、领用发出、盘点处置等环节的管理要求，充分利用信息系统，强化会计、出入库等相关记录，确保存货管理全过程的风险得到有效控制。企业应当建立存货管理岗位责任制，明确内部相关部门和岗位的职责权限，切实做到不相容岗位相互分离、制约和监督。企业内部除存货管理、监督部门及仓储人员外，其他部门和人员接触存货，应当经过相关部门特别授权。

企业应当重视存货验收工作，规范存货验收程序和方法，对入库存货的数量、质量、技术规格等方面进行查验，验收无误方可入库。企业应当建立存货保管制度，定期对存货进行检查。企业应当明确存货发出和领用的审批权限，大批存货、贵重商品或危险品的发出应当实行特别授权。仓储部门应当根据经审批的销售（出库）通知单发出货物。企业仓储部门应当详细记录存货入库、出库及库存情况，做到存货记录与实际库存相符，并定期与财会部门、存货管理部门进行核对。企业应当建立存货盘点清查制度，结合本企业实际情况确定盘点周期、盘点流程等相关内容，核查存货数量，及时发现存货减值迹象。企业至少应当于每年年度终了时开展全面盘点清查。

2. 固定资产

企业应当加强房屋建筑物、机器设备等各类固定资产的管理，重视固定资产维护和更新改造，不断提升固定资产的使用效能，积极促进固定资产处于良好运行状态。企业应当制定固定资产目录，对每项固定资产进行编号，按照单项资产建立固定资产卡片，详细记录各项固定资产的来源、验收、使用地点、责任单位和责任人、运转、维修、改造、折旧、盘点等相关内容。企业应当强化对生产线等关键设备运转的监控，严格操作流程。企业应当严格执行固定资产投保政策，对应投保的固定资产项目按规定程序进行审批，及时办理投保手续。企业应当建立固定资产清查制度，至少每年进行全面清查。对固定资产清查中发现的问题，应当查明原因，追究责任，妥善处理。企业应当加强固定资产处置的控制，关注固定资产处置中的关联交易和处置定价，防范资产流失。

3. 无形资产

企业应当加强对品牌、商标、专利、专有技术、土地使用权等无形资产的管理，分类制定无形资产管理办法，落实无形资产管理责任制，促进无形资产有效利用，充分发挥无形资产对提升企业核心竞争力的作用。企业应当全面梳理外购、自行开发以及其他方式取得的各类无形资产的权属关系，加强无形资产权益保护，防范侵权行为和法律风险。

二、企业流程与制度设计

流程管理包括明确流程的分级与分类，流程之间的逻辑关系以及流程的输入与输出的要素等。企业应将成熟的能够反复使用和共享的流程进行文档化和固化，并建立起企业流程清单和相关制度。根据管理学的二八法则，企业中 80%的流程是可重复和保持不变的，其他20%的流程需要根据企业内外部环境的变化和客户的要求进行流程的创新和增值行为。当20%的创新性、可变性和增值性流程成熟时，应按照制度的规定及时地、动态地、定期地修改文档，保证了流程的刚性和柔性。

单纯从流程的角度，企业主要是制造和提供产品和服务，流程的逻辑是以物流为核心的综合事务流的效率管理问题。组织机构、岗位构架和责权利机制确定后，企业要给每个岗位配置相应的员工。根据员工和岗位的不同，有些岗位可由专人担任；一个人单独完成不了岗位职责时，可多人担任；而有的员工一人可以干多个岗位，这些要视企业具体情况而定。总之，每个员工上岗后都要明确岗位职责。

信息的不对称或人为的各种原因会造成组织岗位之间的壁垒，导致流程的执行会滋生很多错误、误解和失败。如何在流程与组织之间，在任务、作业和人员之间传达和沟通信息，以及建立一套适用的信息系统，是解决上述问题的措施之一。如何保证专业管理人员彼此的协调一致也是流程管理要解决和整合的难题之一。例如，采购流程的参与部门有采购部、人力资源部、质检部、企业信息中心、监督与检查部门等，流程制度既要保证采购目标，又要实现效率经营。

三、流程增值分析

流程增值分析是对流程的每项作业进行评估以确定作业是否对最终客户需要的价值做出了贡献。增值评估是为进一步的改进和再造流程服务的，寻找改进和再造的重点流程环节。价值是从最终的消费者或业务流程的角度来定义的。可将作业分为增值作业和非增值作业。增值作业是指满足客户需求所必需的作业，主要有两种类型：一是能给客户带来价值的作业，这类作业就是核心作业；二是保证企业的正常运转而必不可少的作业，这些作业虽然不能直接为客户带来价值，但却是企业必需的作业，也就是支持作业。非增值作业是指客户不需要的作业，即浪费作业，如存货的整理和搬运等。对于非增值作业，企业应尽量消除，从而达到降低成本、提高效率的目的。

支持作业不为客户创造价值，但对增值作业的完成起支持和服务作用，是必不可少的作业，如记录等作业。支持作业常常与各种增值作业结合在一起，它包括各种行政性管理工作，是增值作业所需要的工作。但有些支持作业如各级行政的审批、报告、检查、监督作业是企业流程中拖延、僵化和官僚主义的根源，增加了增值流程的费用和复杂性，使流程易于出错，并降低了流程的效率。

四、流程描述与流程文件

企业流程描述是对工作流转的现状描述。流程描述可以了解企业现状，帮助企业诊断现状中存在的问题，识别企业症结和存在问题的原因，为企业流程优化、重组与设计寻找切入点。为了使流程图法能够满足企业中跨部门职能描述的需求，流程图法被进一步拓展为跨功能流程图法。它主要用于表达企业流程与执行该流程的功能单元或组织单元之间的关系，其组成要素包括企业流程、执行相应流程的功能单元或组织单元。它在形式上有横向功能描述和纵向功能描述两种。

企业流程基本上都是以纸质的或电子的文件的形式存在。流程文件构成了企业的流程管理体系的基础。流程文件的撰写或修改应按公司统一的文件格式和写作规定进行。一个完整的流程文件一般包括三项内容：标准流程图、流程说明书、流程中相关资料。标准流程图直观地说明构成企业流程的各种作业以及作业之间的逻辑关系。流程说明书详细列示了各个作业、任务、步骤的细节要求，如流程控制目标、范围（边界）、主要涉及部门、主要控制点等内容。流程中相关资料是指该流程文档中涉及的相关企业制度和流程文档、参照的规范、其他文件资料等。

五、运营标准化

为了提高流程效率，应实现运营标准化。运营标准化包括硬件标准化、软件标准化。硬件标准化涉及工具、设备、物流仓库、货架、信息系统硬件等标准，软件标准化包括物流信息系统的代码、文件格式、接口标准、物流管理、操作规程等标准。企业应通过流程标准化、操作标准化、服务标准化等，以客户服务为导向，以信息流为驱动，以物流为主线，将流程分解，制定操作和服务标准；采用条码管理，进行跟踪管理；按照国际惯例和国家通行标准制定企业的标准，对各个作业环节实行统一的技术标准和管理标准，强化质量管理认证，建立高效率的流程管理系统。

为了应对市场竞争，某公司每月末进行各条产品线的成本价格评估会，根据标准成本，将有利差异和不利差异的原因作为分析重点，以此作为各责任部门和个人的业绩考评依据。采购人员将原材料采购成本下降了约 50%，但经过半年的数据监测，该产品实际成本并未出现显著的下降，相反年末出现成本增加，为什么？

采购部门低价采购原材料，得到了奖励，但造成废料、次品数量增加。生产部门为了追求本部门的有利差异，可能采取不正当的手段降低材料的使用量，产品质量下降。因此业绩考评不合理导致员工努力方向偏差，应该将废品明细信息加入业绩考评中。公司采购环节通常重视招投标管理，但缺乏供应商管理。公司内部审计发现，某供应商提供的原料成本偏高，建议更换供应商。更换之后，新供应商成本降低了，但服务水平下降、质量有问题（材质降低、经常出现工伤），从长期分析，成本反而提高了。

第二节 流程控制

流程控制是按照流程管理制度的要求，对企业实施的流程进行的控制行为。它需要对企业流程进行分类，并绘制流程图进行分析。在制造业，通常将企业业务循环流程划分为六个方面：销售与收款循环内部控制、采购与付款循环内部控制、生产与存货循环内部控制、人力资源与工薪循环内部控制、投资与筹资循环内部控制、货币资金内部控制。本章重点介绍前两个循环流程控制，其他循环流程控制在其他相关章节中分别介绍。

一、一般控制点

企业流程在一个部门内或跨部门涉及多个作业时，流程经历的每一个作业都是对该流程进行有效控制的一般节点，可以掌控该流程的人、财、物以及相关的各种信息。企业内部流程的具体形态都有所不同，但有一个基本流程模式可以套用，一般的流程可以由授权审批、业务执行（经办）、会计记录、稽核监督、财产保管所组成。授权审批作业与业务经办作业是在业务或相关管理部门，业务经办作业是处理综合事务的作业，而授权审批作业是对人事权、财权和物资权的使用、调度的控制；会计记录作业与稽核监督作业是在会计或信息处理部门，会计记录作业主要负责信息的加工、处理和监督，稽核监督作业负责事后的全面检查、核对和控制；财产保管作业是在后勤和实物保管部门，负责实物的流入、流出与保管等。

企业内部流程模式中作为一般控制点要予以分离的作业（岗位或职责）有：① 授权审批与业务经办分离；② 业务经办与会计记录分离；③ 业务经办与稽核监督分离；④ 业务经办与财产保管分离；⑤ 会计记录与财产保管分离。上述的一般流程模式中，业务经办是最关键的。业务经办一般要与企业流程的内外部客户沟通，其复杂度最高，它是流程中的人员流、物资流、财务流的交汇点，以物流效率为主要推动力。

二、流程关键控制点

当企业的一般控制点非常多的时候，会大大降低流程的效率。企业流程经历的作业越多，流程就越复杂，流程经历的时间就可能越长，企业流程控制的效率也就越低，而流程控制的收益会下降。从关键控制点的角度来看，要在不同部门和同一个部门的流程中设置控制节点，才能较好地控制，达成不相容岗位、职责和作业的合理分离。控制节点的增多，与流程管理的高效率、增加客户价值是相悖的，需要在流程管理中实现成本控制、流程效率与收益之间的平衡。关键控制点是从一般控制点中筛选出来的一些特殊控制点，是需要重点加以控制的点位，这些控制点是流程中的关键环节、关键作业、关键要求，提醒流程执行人员注意，以保证流程目标的实现。如何找到和确定流程的关键控制点是流程控制中的核心问题。

关键控制点对于企业的风险感知明显，是关键的风险点，对风险的发生能够起显著的控制作用。运用风险标准调查表法、风险因素分析法、风险现场调查法等方法识别关键风险点，根据不同的标准进行分类，然后列出流程的风险清单；最后运用风险评价方法对风险因素的发生概率和发生后果的严重性进行评分，比较和确定一系列最易出现风险问题的具体环节。

关键控制点是流程的最关键环节和作业，部门内流程和跨部门流程要选择其综合事务点。不同的组织部门、产品、劳务和流程，可能有不同的关键控制点。如落实产品生产成本计划时，主要控制点是制造部门的生产成本和材料部门的采购成本。掌握了企业流程的关键控制点，流程责任人就不必事事亲自观察，而是对关键控制点加以特别的注意。

有了这些关键控制点给出的各种信息，各级管理人员可以不必详细了解企业流程的每一细节，就能保证整个组织和流程计划的贯彻执行。选择了关键控制点之后，进一步考虑的问题是如何设计该关键控制点的目标，如何衡量出现的偏差，谁应对哪些偏差和失误负责，哪些信息的反馈价值最大等，要制定一套客观的流程绩效标准体系。例如，采购流程控制的标准为：挑选商品/服务—挑选供应商—谈判—签订合同—下订单—交货—付款—绩效考核与奖惩。

三、采购与付款循环内部控制

我国《企业内部控制应用指引第7号——采购业务》指出，企业采购业务至少应当关注下列风险：一是采购计划安排不合理，市场变化趋势预测不准确，造成库存短缺或积压，可能导致企业生产停滞或资源浪费；二是供应商选择不当，采购方式不合理，招投标或定价机制不科学，授权审批不规范，可能导致采购物资质次价高，出现舞弊或遭受欺诈；三是采购验收不规范，付款审核不严，可能导致采购物资、资金损失或信用受损。企业应当结合实际情况，全面梳理采购业务流程，完善采购业务相关管理制度，统筹安排采购计划，明确请购、审批、购买、验收、付款、采购后评估等环节的职责和审批权限，按照规定的审批权限和程序进行采购业务，建立价格监督机制，定期检查和评价采购过程的薄弱环节，采取有效控制措施，确保物资采购满足企业生产经营需要。

（一）职责分工

采购业务涉及采购验收、保管、付款、记录多方面，为保证采购确为企业生产经营所需并符合企业利益，收到的商品安全完整，价款及时准确地支付给供应商，采购和付款要有明确的分工，特别是采购、验收、付款和记录要由不同的职能部门和人员负责。不相容岗位相互分离主要有：提出采购申请与批准采购申请相互独立，以便加强对采购的控制；批准请购与采购部门相互独立，以防止采购部门购入过量或不必要物资而对企业整体利益产生损害，并对办理采购业务的人员定期进行岗位轮换；询价和确定供应商；采购合同的订立和审批；验收部门与财会部门相互独立，保证按真实收到的商品数额登记入账；应付账款记账员不能接触现金、有价证券和其他资产，以保证应付账款记录的真实性、正确性；付款与审批职责分工；内部检查与相关的执行和记录工作相互独立，以保证内部检查的独立性和有效性。

（二）授权程序

有效的内部控制要求采购与付款业务的各个环节要经过适当的授权批准，主要有：企业内部建立分级采购批准制度，重要和技术性较强的采购业务应当组织相关专家进行论证，实行集体决策和审批；只有经过授权的人员才能提出采购申请；采购申请经独立于采购和使用部门以外的被授权人的批准，以防止采购部门购入过量或不必要的商品，或者为取得回扣等个人私利而牺牲企业利益；除小额零星物资或服务外，不得安排同一机构办理采购业务全过程；签发支票要经过被授权人的签字批准，保证购货是以真实金额向特定债权人及时支付。

企业应当建立采购申请制度，依据购买物资或接受劳务的类型，确定归口管理部门，授予相应的请购权，明确相关部门或人员的职责权限及相应的请购和审批程序。有请购权的部门对于预算内采购项目，应当严格按照预算执行进度办理请购手续，并根据市场变化提出合理采购申请。对于超预算和预算外采购项目，应先履行预算调整程序，由具备相应审批权限的部门或人员审批后，再行办理请购手续。

（三）文件和记录的使用

企业应当做好采购业务各环节的记录，实行全过程的采购登记制度或信息化管理，确保采购过程的可追溯性。企业应当建立科学的供应商评估和准入制度，确定合格供应商清单，与选定的供应商签订质量保证协议，建立供应商管理信息系统，对供应商提供物资或劳务的质量、价格、交货及时性、供货条件及其资信、经营状况等进行实时管理和综合评价，根据评价结果对供应商进行合理选择和调整。

（四）采购业务控制程序

企业应当根据市场情况和采购计划合理选择采购方式。大宗采购应当采用招标方式，合理确定招投标的范围、标准、实施程序和评标规则；一般物资或劳务等的采购可以采用询价或定向采购的方式并签订合同协议；小额零星物资或劳务等的采购可以采用直接购买等方式。企业应当建立采购物资定价机制，采取协议采购、招标采购、谈判采购、询比价采购等多种方式合理确定采购价格，最大限度地减小市场变化对企业采购价格的影响。

大宗采购等应采用招投标方式确定采购价格，其他商品或劳务的采购应当根据市场行情制定最高采购限价，并对最高采购限价适时调整。企业应当根据确定的供应商、采购方式、采购价格等情况拟订采购合同，准确描述合同条款，明确双方权利、义务和违约责任，按照规定权限签订采购合同。企业应当根据生产建设进度和采购物资特性，选择合理的运输工具和运输方式，办理运输、投保等事宜。企业应当建立严格的采购验收制度，确定检验方式，由专门的验收机构或验收人员对采购项目的品种、规格、数量、质量等相关内容进行验收，出具验收证明。

涉及大宗和特殊物资采购的，还应进行专业验收。验收过程中发现的异常情况，负责验收的机构或人员应当立即向企业有权管理的相关机构报告，相关机构应当查明原因并及时处理。企业应当加强物资采购供应过程的管理，依据采购合同中确定的主要条款跟踪合同履行情况，对有可能影响生产或工程进度的异常情况，应出具书面报告并及时提出解决方案。

（五）独立检查

由独立于业务的经办人员对卖方发票、验收单、订购单、请购单进行独立检查，确保实际收到的商品符合订购要求。定期核对采购日记账和应付账款明细账，检查付款凭单各项目填写是否与卖方发票一致。由专人检查采购形成的负债业务的真实性、实有数额及到期日等。按月向供应商取得对账单，与应付账款明细账核对调节，发生差异时查明原因。通过对账确保债务的真实性和正确性，维护企业和债权人双方的利益。检查付款凭单计算的正确性。检查付款记录的及时性和准确性。由独立人员按月编制银行存款余额调节表，检查银行存款日记账与银行对账单的一致性。定期检查采购日记账与总账、应付账款明细账与总账、银行存款日记账与总账的金额是否一致，发现差异时，应编制调节表进行调节。

（六）实物控制

采购与付款业务中的实物控制包括两个方面：一方面是加强对已验收入库的商品的实物控制，限制非授权人员接近存货。验收部门人员应独立于仓库保管人员，同时加强对发生的退货的实物控制，货物的退回要有经审批的合法凭证。另一方面是限制非授权人员接近各种记录和文件，防止伪造和篡改会计资料。特别应注意对支票的实物控制，不得让核准或处理付款的人接触；未签发的支票应予以安全保管；作废的支票预先注销或另加控制，防止重复开具发票。

（七）付款流程控制

企业应当加强采购付款的管理，完善付款流程，明确付款审核的责任和权力，严格审核采购预算、合同、相关单据凭证、审批程序等相关内容，审核无误后按照合同规定及时办理付款。企业应当加强对购买、验收、付款业务的会计系统控制，详细记录供应商情况、请购申请、采购合同、采购通知、验收证明、入库凭证、商业票据、款项支付等情况，确保会计记录、采购记录与仓储记录核对一致。付款流程应做到效率与安全兼顾。

企业在付款过程中，应当严格审查采购发票的真实性、合法性和有效性。发现虚假发票的，应查明原因，及时报告处理。

企业应当重视采购付款的过程控制和跟踪管理，发现异常情况的，应当拒绝付款，避免出现资金损失和信用受损。企业应当合理选择付款方式，并严格遵循合同规定，防范付款方式不当带来的法律风险，保证资金安全。企业应当加强预付账款和定金的管理。涉及大额或长期的预付款项，应当定期进行追踪核查，综合分析预付账款的期限、占用款项的合理性、不可收回风险等情况，发现有疑问的预付款项，应当及时采取措施。

企业应当指定专人通过函证等方式，定期与供应商核对应付账款、应付票据、预付账款等往来款项。

例如，福特公司应付款项流程重组的内容包括：传统的处理流程是由采购部门向供货商发出订单，并将订单的复印件送往应付款项部门；供货商发货，福特公司验收部门验收并将验收报告送到应付款项部门；同时供货商将产品发票送至应付款项部门，只有当订单、验收报告、发票三者一致时，应付款项部门才能付款。实际上，该部门的大部分时间都花费在处理这三者的不相符方面上，造成了人员和时间的极大浪费。当时，福特公司北美货款支付处有500多名雇员，效率低下。对付款流程重组后，采购部门发出订单，同时将订单内容输入联机数据库；供货商发货，验收部门核查来货是否与数据库中的内容相吻合，如果吻合就收货，并将信息传入数据库，计算机会自动按时付款。新的流程采用的是"无发票"制度，简化了工作环节，以往应付款项部门需在订单、验收报告和发票中核查14项内容，而如今只需检查3项——零件名称、数量和供货商代码；在减少75%的人员的情况下，做到了付款及时而准确，简化了物料管理工作，财务信息更加准确。

四、销售与收款循环内部控制

我国《企业内部控制应用指引第9号——销售业务》指出，企业销售业务至少应当关注下列风险：一是销售政策和策略不当，市场预测不准确，销售渠道管理不当等，可能导致销售不畅、库存积压、经营难以为继；二是客户信用管理不到位，结算方式选择不当，账款回收不力等，可能导致销售款项不能收回或遭受欺诈；三是销售过程存在舞弊行为，可能导致企业利益受损。企业应当结合实际情况，全面梳理销售业务流程，完善销售业务相关管理制度，确定适当的销售政策和策略，明确销售、发货、收款等环节的职责和审批权限，按照规定的权限和程序办理销售业务，定期检查分析销售过程中的薄弱环节，采取有效控制措施，确保实现销售目标。

（一）职责分工

销售与收款循环内部控制中要进行适当的职责分离、不相容岗位相互分离，应按各业务环节进行明确分工，接受客户订单，调查信用，批准信用，编制销售通知单，发送商品，结算开单，办理销售退回、折扣，收取货款，会计记录和核对账目等工作，要分别由不同的职能部门与人员负责，相互制约，避免发生舞弊行为。其主要职责分工包括：

（1）批准赊销信用与销售相互独立，防止销售部门为增加业绩而放宽信用标准，导致企业信用风险增大。

（2）批准赊销信用与发货开票相互独立，防止赊销给不符合信用标准的客户，增加坏账风险。

（3）发送货物与开票相互独立，防止发货未经批准，销售业务没有被记录或商品被盗窃。

（4）发送货物与记账相互独立，防止商品被盗窃并通过篡改记录加以掩饰。

（5）收取货款与销售收入、应收账款记录相互独立，防止客户所付款项被贪污并篡改加以掩饰。

（6）批准销售退回与折让业务和记账业务相互独立，防止收到的货款被贪污。

（7）批准坏账与收款业务、记账业务相互独立，防止不符合规定的坏账被批准，收到的款项被贪污。

（8）编制和寄送客户对账单与收款、记账业务相互独立，以检查销售收款业务中的错弊。

（9）执行内部检查与相关记录业务相互独立，保证内部检查的独立性和有效性等。

（二）授权程序

有效的控制要求销售与收款业务各环节要经过适当的授权批准。向客户提供信用前要进行调查并经授权批准，以控制信用风险；发送货物只有在授权批准后才能进行，以防止向虚构的客户发货；销售价格、销售条件、运费、退货和折扣要经过授权批准，以防止销售价格、退货和折扣背离企业经营管理政策；由保管票据以外的主管人员批准应收票据承兑、违约票据冲销。

（三）文件和记录的使用

为健全业务审批、财产保管和便于记录，要合理设计并使用各种文件和记录。关键性的销售通知单、销售发票、发货单等都应事前按顺序编号使用，以防止遗漏开票或记录销售业务，防止重复开票或记账。如收到订货单之后，立即编制一式几联的销售通知单，分别用于批准赊销、批准发货、记录发货数量、向客户开具发票账单；定期编制并向客户寄送对账单；对每个客户建立应收账款明细账。以应收票据结算时，需设置登记簿详细记录票据种类、编号、出票人、票面金额、利率、到期日等情况。

企业应当健全客户信用档案，关注重要客户资信变动情况，采取有效措施，防范信用风险。企业对于境外客户和新开发客户，应当建立严格的信用保证制度。企业应当做好销售业务各环节的记录，填制相应的凭证，设置销售台账，实行全过程的销售登记制度。企业应当完善客户服务制度，加强客户服务和跟踪，提升客户满意度和忠诚度，不断改进产品质量和服务水平。

（四）销售业务控制程序

企业在销售合同订立前，应当与客户进行业务洽谈、磋商或谈判，关注客户信用状况、销售定价、结算方式等相关内容。重大的销售业务谈判应当吸收财务、法律等专业人员参加，并形成完整的书面记录。销售合同应当明确双方的权利和义务，审批人员应当对销售合同草案进行严格审核。企业销售部门应当按照经批准的销售合同开具相关销售通知。发货和仓储部门应当对销售通知进行审核，严格按照所列项目组织发货，确保货物的安全发运。企业应当加强销售退回管理，分析销售退回原因，及时妥善处理。企业应当严格按照发票管理规定开具销售发票，严禁开具虚假发票。

（五）独立检查

对销售与收款业务独立检查，防止各环节发生差错和舞弊。由内部审计师或其他独立人员检查销售通知单、销售发票、提货单，确保其一致性和正确性；核对汇款通知单、收款单、存款单等，保证每笔收到的货款都进行了登记；检查已批准的销售业务是否编制了销售通知单；定期检查销售业务处理的合规性等。

（六）定期寄出对账单

由出纳、销售及应收账款记录以外的人员按月向客户寄发对账单，促使客户履行合约。对于核对中发现的不符账项，由不负责资金管理、不记录收入和应收账款的专人来处理。在现销方式下，可以省略赊销信用的批准环节，其他各环节与赊销方式相似。应注意现金收取环节的控制，防止现金在记录之前或之后被贪污或挪用。收到现金应立即填制有关责任凭证，收取现金的职责与记账职责分离。在分期收款方式下，企业也要对客户的信用严格调查，经过主管人员批准后才能进行销售；对每一笔分期收款销售业务进行连续记录，密切关注各期货款的收回情况；对逾期未收到的货款积极催收；单独设置"发出商品"账户对发出的商品进行记录。

（七）收款

企业应当完善应收款项管理制度，严格考核，实行奖惩。销售部门负责应收款项的催收，催收记录（包括往来函电）应妥善保存；财会部门负责办理资金结算并监督款项回收。企业应当加强商业票据管理，明确商业票据的受理范围，严格审查商业票据的真实性和合法性，防止票据欺诈。企业应当关注商业票据的取得、贴现和背书，对已贴现但仍承担收款风险的票据以及逾期票据，应当进行追索监控和跟踪管理。

企业应当加强对销售、发货、收款业务的会计系统控制，详细记录销售客户、销售合同、销售通知、发运凭证、商业票据、款项收回等情况，确保会计记录、销售记录与仓储记录核对一致。企业应当指定专人通过函证等方式，定期与客户核对应收账款、应收票据、预收账款等往来款项。企业应当加强应收款项坏账的管理。应收款项全部或部分无法收回的，应当查明原因，明确责任，并严格履行审批程序，按照国家统一的会计准则制度进行处理。

五、生产与存货循环控制

生产与存货循环控制应制定成本会计控制制度，明确成本开支范围、开支标准，建立各项支出的批准、审核制度，并在此基础上确保仓储部门与生产部门等相互独立以及良好的存货控制系统，确保有效运营。

（一）职责分工

在职责分工方面，仓储部门与生产或使用部门相互独立；生产计划制定与审批相互独立；产成品生产与检验相互独立；存货保管与会计记录相互独立；存货盘点由独立于保管人员之外的其他部门人员定期检查。

（二）存货控制系统

设计良好的存货控制系统应该能够：确保所有的采购业务都要经过相关人员的批准；以永续盘存制为管理报告的基础，会计系统能够确保及时、准确和完整地记录存货业务；成本被合理地确认和分配；分析、调查差异，并将其恰当地分配到存货和销货成本；验收存货，通过独立的测试以证实其符合质量标准；系统地检查所有的产品是否过时，并进行了恰当的会计处理；由非仓库管理部门定期检查存货，处理过时存货，将存货损失降低到最小程度，账实相符；市场调查和质量控制测试之后才把新产品推向市场；跟踪供货合同，监督过度请购行为，确认潜在的损失等。

（三）运营标准化

运营标准化包括硬件标准化和软件标准化，硬件标准化涉及工具标准、设备、物流仓库、货架、信息系统硬件等标准；软件标准化包括物流信息系统的代码、文件格式、接口标准、物流管理、操作规程等标准。

第三节 任务控制

任务控制是针对特定的任务设计相应的规则，以保证达成既定目标，包括研究与开发、工程项目、业务外包、合同管理、成本与质量控制等。

一、研究与开发

研究与开发，是指企业为获取新产品、新技术、新工艺等所开展的各种研发活动。我国《企业内部控制应用指引第 10 号——研究与开发》指出，企业开展研发活动至少应当关注下列风险：一是研究项目未经科学论证或论证不充分，可能导致创新不足或资源浪费；二是研发人员配备不合理或研发过程管理不善，可能导致研发成本过高、舞弊或研发失败；三是研究成果转化应用不足、保护措施不力，可能导致企业利益受损。企业应当重视研发工作，根据发展战略，结合市场开拓和技术进步要求，科学制定研发计划，强化研发全过程管理，规范研发行为，促进研发成果的转化和有效利用，不断提升企业自主创新能力。

一家出口创汇公司的电脑部员工李某利用管理维护公司电脑的职务便利，获取了公司大量的经营信息，在李某辞职离开公司之后，利用其在原公司获取的经营信息成立了一家同类公司，成为原公司的竞争对手。李某成立自己的公司后，依然利用其之前在原公司建立的人脉关系，先后利诱串通原公司业务部员工，不断获取原公司的客户订单、产品报价单、设计图纸等经营信息，致使原公司客户及订单大量流失，造成了无法挽回的重大经济损失。

（一）立项与研究

企业应当根据实际需要，结合研发计划，提出研究项目立项申请，开展可行性研究，编制可行性研究报告。企业可以组织独立于申请及立项审批之外的专业机构和人员进行评估论证，出具评估意见。研究项目应当按照规定的权限和程序进行审批，重大研究项目应当报经董事会或类似权力机构集体审议决策。审批过程中，应当重点关注研究项目促进企业发展的必要性、技术的先进性以及成果转化的可行性。

企业应当加强对研究过程的管理，合理配备专业人员，严格落实岗位责任制，确保研究过程高效、可控。企业应当跟踪检查研究项目进展情况，评估各阶段研究成果，提供足够的经费支持，确保项目按期、保质完成，有效规避研究失败风险。企业研究项目委托外单位承担的，应当采用招标、协议等适当方式确定受托单位，签订外包合同，约定研究成果的产权归属、研究进度和质量标准等相关内容。

企业与其他单位合作进行研究的，应当对合作单位进行尽职调查，签订书面合作研究合同，明确双方投资、分工、权利义务、研究成果产权归属等。企业应当建立和完善研究成果验收制度，组织专业人员对研究成果进行独立评审和验收。企业对于通过验收的研究成果，可以委托相关机构进行审查，确认是否申请专利或作为非专利技术、商业秘密等进行管理。企业对于需要申请专利的研究成果，应当及时办理有关专利申请手续。

企业应当建立严格的核心研究人员管理制度，明确界定核心研究人员范围和名册清单，签署符合国家有关法律法规要求的保密协议。企业与核心研究人员签订劳动合同时，应当特别约定研究成果归属、离职条件、离职移交程序、离职后保密义务、离职后竞业限制年限及违约责任等内容。

（二）开发与保护

企业应当加强研究成果的开发，形成科研、生产、市场一体化的自主创新机制，促进研究成果转化。研究成果的开发应当分步推进，通过试生产充分验证产品性能，在获得市场认可后方可进行批量生产。企业应当建立研究成果保护制度，加强对专利权、非专利技术、商业秘密及研发过程中形成的各类涉密图纸、程序、资料的管理，严格按照制度规定借阅和使用。禁止无关人员接触研究成果。企业应当建立研发活动评估制度，加强对立项与研究、开发与保护等过程的全面评估，认真总结研发管理经验，分析存在的薄弱环节，完善相关制度和办法，不断改进和提升研发活动的管理水平。

2008 年 5 月的一天，中山市火炬高技术开发区内的国家级重点科研企业广东某风电技术有限公司研发部长贺某突然向公司请假，声称家里有事要回湖北老家探亲，这一去就再也没回来。公司拥有一项投入达 6 亿元的核心技术，而技术机密整个公司只有三个人知道，拥有进入这项技术机密权限的研发部长贺某却突然辞职。价值约 6 亿元的技术如果泄露出去给了其他公司，公司很快就没有任何竞争力了，而且还涉及国家有关机密。贺某复制技术资料后，曾经有国外的某公司开价 3000 万美元购买技术图纸。

我国商业秘密刑事案件中有 60% 与人才跳槽有关，80% 以上的商业秘密外流案件是由内部员工引起，而泄密的渠道多与计算机有关，计算机信息安全监管成为关注的焦点。贺某并不是竞争对手特意安插进来的商业间谍，其主要目的还是图财，为了达到目的，贺某"潜伏"了三年之久才动手。

二、工程项目

临时的、一次性的、有限的任务控制就是项目控制。项目控制是对项目的质量、成本、进度等影响项目目标达成因素的控制。有些项目属于服务性的。例如某先进的物流公司将客户作为一个项目，创建并维护客户关系，通过提供高质量的服务，提高市场竞争力和经营绩效。工程项目，是指企业自行或者委托其他单位所进行的建造、安装工程。

我国《企业内部控制应用指引第 11 号——工程项目》指出，企业工程项目至少应当关注下列风险：一是立项缺乏可行性研究或者可行性研究流于形式，决策不当，盲目上马，可能导致难以实现预期效益或项目失败；二是项目招标暗箱操作，存在商业贿赂，可能导致中标人实质上难以承担工程项目、中标价格失实及相关人员涉案；三是工程造价信息不对称，技术方案不落实，概预算脱离实际，可能导致项目投资失控；四是工程物资质次价高，工程监理不到位，项目资金不落实，可能导致工程质量低劣，进度延迟或中断；五是竣工验收不规范，最终把关不严，可能导致工程交付使用后存在重大隐患。

企业应当建立和完善工程项目各项管理制度,全面梳理各个环节可能存在的风险点,规范工程立项、招标、造价、建设、验收等环节的工作流程,明确相关部门和岗位的职责权限,做到可行性研究与决策、概预算编制与审核、项目实施与价款支付、竣工决算与审计等不相容职务相互分离,强化工程建设全过程的监控,确保工程项目的质量、进度和资金安全。

(一)工程立项

企业应当指定专门机构归口管理工程项目,根据发展战略和年度投资计划,提出项目建议书,开展可行性研究,编制可行性研究报告。项目建议书的主要内容包括:项目的必要性和依据、产品方案、拟建规模、建设地点、投资估算、资金筹措、项目进度安排、经济效果和社会效益的估计、环境影响的初步评价等。可行性研究报告的主要内容包括:项目概况、项目建设的必要性、市场预测、项目建设选址及建设条件论证、建设规模和建设内容、项目外部配套建设、环境保护、劳动保护与卫生防疫、消防、节能、节水、总投资及资金来源、经济与社会效益、项目建设周期及进度安排、招投标法规定的相关内容等。企业可以委托具有相应资质的专业机构开展可行性研究,并按照有关要求形成可行性研究报告。

企业应当组织规划、工程、技术、财会、法律等部门的专家对项目建议书和可行性研究报告进行充分论证和评审,出具评审意见,作为项目决策的重要依据。在项目评审过程中,应当重点关注项目投资方案、投资规模、资金筹措、生产规模、投资效益、布局选址、技术、安全、设备、环境保护等方面,核实相关资料的来源和取得途径是否真实、可靠和完整。从事项目可行性研究的专业机构不得再从事可行性研究报告的评审。

企业应当按照规定的权限和程序对工程项目进行决策,决策过程应有完整的书面记录。重大工程项目的立项,应当报经董事会或类似权力机构集体审议批准。总会计师或分管会计工作的负责人应当参与项目决策。任何个人不得单独决策或者擅自改变集体决策意见。工程项目决策失误应当实行责任追究制度。企业应当在工程项目立项后、正式施工前,依法取得建设用地、城市规划、环境保护、安全、施工等方面的许可。

(二)工程招标

企业的工程项目一般应当采用公开招标的方式,择优选择具有相应资质的承包单位和监理单位。在选择承包单位时,企业可以将工程的勘察、设计、施工、设备采购一并发包给一个项目总承包单位,也可以将其中的一项或者多项发包给一个工程总承包单位,但不得违背工程施工组织设计和招标设计计划,将应由一个承包单位完成的工程肢解为若干部分发包给几个承包单位。企业应当依照国家招投标法的规定,遵循公开、公正、平等竞争的原则,发布招标公告,提供载有招标工程的主要技术要求、主要合同条款、评标的标准和方法,以及开标、评标、定标的程序等内容的招标文件。

企业可以根据项目特点决定是否编制标底。需要编制标底的,标底编制过程和标底应当严格保密。在确定中标人前,企业不得与投标人就投标价格、投标方案等实质性内容进行谈判。企业应当依法组织工程招标的开标、评标和定标,并接受有关部门的监督。企业应当依法组建评标委员会。评标委员会由企业的代表和有关技术、经济方面的专家组成。评标委员会应当客观、公正地履行职务,遵守职业道德,对所提出的评审意见承担责任。

企业应当采取必要的措施，保证评标在严格保密的情况下进行。评标委员会应当按照招标文件确定的标准和方法，对投标文件进行评审和比较，择优选择中标候选人。评标委员会成员和参与评标的有关工作人员不得透露对投标文件的评审和比较、中标候选人的推荐情况以及与评标有关的其他情况，不得私下接触投标人，不得收受投标人的财物或者其他好处。企业应当按照规定的权限和程序从中标候选人中确定中标人，及时向中标人发出中标通知书，在规定的期限内与中标人订立书面合同，明确双方的权利、义务和违约责任。企业和中标人不得再行订立背离合同实质性内容的其他协议。

（三）工程造价

企业应当加强工程造价管理，明确初步设计概算和施工图预算的编制方法，按照规定的权限和程序进行审核批准，确保概预算科学合理。企业可以委托具备相应资质的中介机构开展工程造价咨询工作。企业应当向招标确定的设计单位提供详细的设计要求和基础资料，进行有效的技术、经济交流。初步设计应当在技术、经济交流的基础上，采用先进的设计管理实务技术，进行多方案比选。施工图设计深度及图纸交付进度应当符合项目要求，防止因设计深度不足、设计缺陷，造成施工组织、工期、工程质量、投资失控以及生产运行成本过高等问题。

企业应当建立设计变更管理制度。设计单位应当提供全面、及时的现场服务。因过失造成设计变更的，应当实行责任追究制度。企业应当组织工程、技术、财会等部门的相关专业人员或委托具有相应资质的中介机构对编制的概预算进行审核，重点审查编制依据、项目内容、工程量的计算、定额套用等是否真实、完整和准确。工程项目概预算按照规定的权限和程序审核批准后执行。

（四）工程建设

企业应当加强对工程建设过程的监控，实行严格的概预算管理，切实做到及时备料，科学施工，保障资金，落实责任，确保工程项目达到设计要求。按照合同约定，企业自行采购工程物资的，应当按照《企业内部控制应用指引第7号——采购业务》等相关指引的规定，组织工程物资采购、验收和付款；由承包单位采购工程物资的，企业应当加强监督，确保工程物资采购符合设计标准和合同要求。严禁不合格工程物资投入工程项目建设。重大设备和大宗材料的采购应当根据有关招标采购的规定执行。

企业应当实行严格的工程监理制度，委托经过招标确定的监理单位进行监理。工程监理单位应当依照国家法律法规及相关技术标准、设计文件和工程承包合同，对承包单位在施工质量、工期、进度、安全和资金使用等方面实施监督。工程监理人员应当具备良好的职业操守，客观公正地执行监理任务，发现工程施工不符合设计要求、施工技术标准和合同约定的，应当要求承包单位改正；发现工程设计不符合建筑工程质量标准或者合同约定的质量要求的，应当报告企业要求设计单位改正。未经工程监理人员签字，工程物资不得在工程上使用或者安装，不得进行下一道工序施工，不得拨付工程价款，不得进行竣工验收。

企业财会部门应当加强与承包单位的沟通，准确掌握工程进度，根据合同约定，按照规定的审批权限和程序办理工程价款结算，不得无故拖欠。企业应当严格控制工程变更，确需变更的，应当按照规定的权限和程序进行审批。重大的项目变更应当按照项目决策和概预算控制的有关程序和要求重新履行审批手续。因工程变更等原因造成价款支付方式及金额发生变动的，应当提供完整的书面文件和其他相关资料，并对工程变更价款的支付进行严格审核。

（五）工程验收

企业收到承包单位的工程竣工报告后，应当及时编制竣工决算，开展竣工决算审计，组织设计、施工、监理等有关单位进行竣工验收。企业应当组织审核竣工决算，重点审查决算依据是否完备，相关文件资料是否齐全，竣工清理是否完成，决算编制是否正确。企业应当加强竣工决算审计，未实施竣工决算审计的工程项目，不得办理竣工验收手续。

企业应当及时组织工程项目竣工验收。交付竣工验收的工程项目，应当符合规定的质量标准，有完整的工程技术经济资料，并具备国家规定的其他竣工条件。验收合格的工程项目，应当编制交付使用财产清单，及时办理交付使用手续。企业应当按照国家有关档案管理的规定，及时收集、整理工程建设各环节的文件资料，建立完整的工程项目档案。企业应当建立完工项目评估制度，重点评价工程项目预期目标的实现情况和项目投资效益等，并以此作为绩效考核和责任追究的依据。

有些项目控制属于综合性的。例如，澳大利亚新会议大厦建设期为 7 年，耗资 9.82 亿美元，该项目是一个复杂的建筑工程，共有 5 000 个房间，40 000 件家具，50 000 平方米的石头工程，7 350 扇门，170 000 平方米的草坪。在工程高峰期，一天的工程进度就要耗资 1 200 000 美元。施工企业针对这一项目建立了一个庞大、多功能集成的计算机软件系统，用来控制项目的设计、建造和装修。该项目通过四个层次和众多的专用程序对项目各方面活动进行控制。专用程序包括用来解决特殊问题或要求的程序，项目报告、项目进展评审和协调会议用来支持项目进度控制，整个项目在严格的控制下完成。在项目成本控制方面，企业按总投资的 80% 安排预算计划，其余 20% 作为预备费，设计过程中合理分配资金并确定控制偏差，每个月对照预算、质量、性能进行测量；每半年对未来的状况重新评估一次，对未来活动和问题重新定位。

三、业务外包

业务外包，是指企业利用专业化分工优势，将日常经营中的部分业务委托给本企业以外的专业服务机构或其他经济组织（以下简称承包方）完成的经营行为。我国《企业内部控制应用指引第 13 号——业务外包》指出，企业应当对外包业务实施分类管理，通常划分为重大外包业务和一般外包业务。重大外包业务是指对企业生产经营有重大影响的外包业务。一般外包业务通常包括研发、资信调查、可行性研究、委托加工、物业管理、客户服务、IT服务等。企业业务外包至少应当关注下列风险：一是外包范围和价格确定不合理，承包方选择不当，可能导致企业遭受损失；二是业务外包监控不严、服务质量低劣，可能导致企业难以发挥业务外包的优势；三是业务外包存在商业贿赂等舞弊行为，可能导致企业相关人员涉案。企业应当建立和完善业务外包管理制度，规定业务外包的范围、方式、条件、程序和实施等相关内容，明确相关部门和岗位的职责权限，强化业务外包全过程的监控，防范外包风险，充分发挥业务外包的优势。企业应当权衡利弊，避免核心业务外包。

（一）承包方选择

企业应当根据年度生产经营计划和业务外包管理制度，结合确定的业务外包范围，拟订实施方案，按照规定的权限和程序审核批准。总会计师或分管会计工作的负责人应当参与重大业务外包的决策。重大业务外包方案应当提交董事会或类似权力机构审批。

企业应当按照批准的业务外包实施方案选择承包方。承包方至少应当具备下列条件：① 承包方是依法成立和合法经营的专业服务机构或其他经济组织，具有相应的经营范围和固定的办公场所。② 承包方应当具备相应的专业资质，其从业人员符合岗位要求和任职条件，并具有相应的专业技术资格。③ 承包方的技术及经验水平符合本企业业务外包的要求。

企业应当综合考虑内外部因素，合理确定外包价格，严格控制业务外包成本，切实做到符合成本效益原则。企业应当引入竞争机制，遵循公开、公平、公正的原则，采用适当方式，择优选择外包业务的承包方。采用招标方式选择承包方的，应当符合招投标法的相关规定。企业及相关人员在选择承包方的过程中，不得收受贿赂、回扣或者索取其他好处。承包方及其工作人员不得利用向企业及其工作人员行贿、提供回扣或者给予其他好处等不正当手段承揽业务。

企业应当按照规定的权限和程序从候选承包方中确定最终承包方，并签订业务外包合同。业务外包合同内容主要包括：外包业务的内容和范围，双方权利和义务，服务和质量标准，保密事项，费用结算标准和违约责任等事项。企业外包业务需要保密的，应当在业务外包合同或者另行签订的保密协议中明确规定承包方的保密义务和责任，要求承包方向其从业人员提示保密要求和应承担的责任。

（二）业务外包实施

企业应当加强业务外包实施的管理，严格按照业务外包制度、工作流程和相关要求，组织开展业务外包，并采取有效的控制措施，确保承包方严格履行业务外包合同。企业应当做好与承包方的对接工作，加强与承包方的沟通与协调，及时收集相关信息，发现和解决外包业务日常管理中存在的问题。对于重大业务外包，企业应当密切关注承包方的履约能力，建立相应的应急机制，避免业务外包失败造成本企业生产经营活动中断。

企业应当根据国家统一的会计准则制度，加强对外包业务的核算与监督，做好业务外包费用结算工作。企业应当对承包方的履约能力进行持续评估，有确凿证据表明承包方存在重大违约行为，导致业务外包合同无法履行的，应当及时终止合同。承包方违约并造成企业损失的，企业应当按照合同对承包方进行索赔，并追究责任人责任。业务外包合同执行完成后需要验收的，企业应当组织相关部门或人员对完成的业务外包合同进行验收，出具验收证明。验收过程中发现异常情况，应当立即报告，查明原因，及时处理。

四、合同管理

合同是指企业与自然人、法人及其他组织等平等主体之间设立、变更、终止民事权利义务关系的协议。我国《企业内部控制应用指引第 16 号——合同管理》指出，企业合同管理至少应当关注下列风险：一是未订立合同、未经授权对外订立合同、合同对方主体资格未达要求、合同内容存在重大疏漏和欺诈，可能导致企业合法权益受到侵害；二是合同未全面履行或监控不当，可能导致企业诉讼失败、经济利益受损；三是合同纠纷处理不当，可能损害企业利益、信誉和形象。企业应当加强合同管理，确定合同归口管理部门，明确合同拟订、审批、执行等环节的程序和要求，定期检查和评价合同管理中的薄弱环节，采取相应控制措施，促进合同有效履行，切实维护企业的合法权益。

（一）合同的订立

企业对外发生经济行为，除即时结清方式外，应当订立书面合同。合同订立前，应当充分了解合同对方的主体资格、信用状况等有关内容，确保对方当事人具备履约能力。对于影响重大、涉及较高专业技术或法律关系复杂的合同，应当组织法律、技术、财会等专业人员参与谈判，必要时可聘请外部专家参与相关工作。谈判过程中的重要事项和参与谈判人员的主要意见，应当予以记录并妥善保存。

企业应当根据协商、谈判等的结果，拟订合同文本，按照自愿、公平原则，明确双方的权利义务和违约责任，做到条款内容完整，表述严谨准确，相关手续齐备，避免出现重大疏漏。合同文本一般由业务承办部门起草、法律部门审核。重大合同或法律关系复杂的特殊合同应当由法律部门参与起草。国家或行业有合同示范文本的，可以优先选用，但对涉及权利义务关系的条款应当进行认真审查，并根据实际情况进行适当修改。

企业应当对合同文本进行严格审核，重点关注合同的主体、内容和形式是否合法，合同内容是否符合企业的经济利益，对方当事人是否具有履约能力，合同权利和义务、违约责任和争议解决条款是否明确等。企业对影响重大或法律关系复杂的合同文本，应当组织内部相关部门进行审核。相关部门提出不同意见的，应当认真分析研究，慎重对待，并准确无误地加以记录；必要时应对合同条款做出修改。内部相关部门应当认真履行职责。

企业应当按照规定的权限和程序与对方当事人签署合同。正式对外订立的合同，应当由企业法定代表人或由其授权的代理人签名或加盖有关印章。授权签署合同的，应当签署授权委托书。属于上级管理权限的合同，下级单位不得签署。下级单位认为确有需要签署涉及上级管理权限的合同，应当提出申请，并经上级合同管理机构批准后办理。上级单位应当加强对下级单位合同订立、履行情况的监督检查。

企业应当建立合同专用章保管制度。合同经编号、审批及企业法定代表人或由其授权的代理人签署后，方可加盖合同专用章。企业应当加强合同信息安全保密工作，未经批准，不得以任何形式泄露合同订立与履行过程中涉及的商业秘密或国家机密。

（二）合同的履行

企业应当遵循诚实信用原则严格履行合同，对合同履行实施有效监控，强化对合同履行情况及效果的检查、分析和验收，确保合同全面有效履行。合同生效后，企业就质量、价款、履行地点等内容与合同对方没有约定或者约定不明确的，可以协议补充；不能达成补充协议的，按照国家相关法律法规、合同有关条款或者交易习惯确定。在合同履行过程中发现有显失公平、条款有误或对方有欺诈行为等情形，或因政策调整、市场变化等客观因素，已经或可能导致企业利益受损，应当按规定程序及时报告，并经双方协商一致，按照规定权限和程序办理合同变更或解除事宜。

企业应当加强合同纠纷管理，在履行合同过程中发生纠纷的，应当依据国家相关法律法规，在规定时效内与对方当事人协商并按规定权限和程序及时报告。合同纠纷经协商一致的，双方应当签订书面协议。合同纠纷经协商无法解决的，应当根据合同约定选择仲裁或诉讼方式解决。企业内部授权处理合同纠纷的，应当签署授权委托书。纠纷处理过程中，未经授权批准，相关经办人员不得向对方当事人做出实质性答复或承诺。企业财会部门应当根据合同条款审核后办理结算业务。未按合同条款履约的，或应签订书面合同而未签订的，财会部门有权拒绝付款，并及时向企业有关负责人报告。

合同管理部门应当加强合同登记管理，充分利用信息化手段，定期对合同进行统计、分类和归档，详细登记合同的订立、履行和变更等情况，实行合同的全过程封闭管理。企业应当建立合同履行情况评估制度，至少于每年年末对合同履行的总体情况和重大合同履行的具体情况进行分析评估，对分析评估中发现合同履行中存在的不足，应当及时加以改进。企业应当健全合同管理考核与责任追究制度。对合同订立、履行过程中出现的违法违规行为，应当追究有关机构或人员的责任。

五、成本与质量控制

随着企业之间竞争的加剧，需要同时关注成本控制与产品/服务质量控制。成本控制是指按照既定的成本目标和标准，对成本形成的全过程进行严格的协调和控制，及时发现与预定成本目标之间的差异，并采取有效的纠正措施，不断降低成本，把成本控制在预定成本范围之内。控制成本采取的方法主要包括成本预测、预算、标准成本的核算与控制以及成本分析和考核等方面。例如，宝洁威娜公司建立标准成本控制体系时要求基层管理者共同参与，将标准成本作为员工努力的目标和绩效评价尺度。

成本控制是许多制造业企业的控制重点，例如，美菱公司为落实成本管理目标，公司级管理人员每周召开调度会进行讲评；每半个月召开一次生产经营分析会，由公司领导和职能部门负责人总结、分析成本管理执行的效果和存在的问题；每月由总会计师主持召开一次平衡会，调节平衡成本指标，纠正成本管理中的偏差。又如，海空物流公司（中国）从战略高度把握成本控制，在谈判过程中由总部来实施成本管理，以便与船运公司、航空公司谈判时取得整体优势；重视一般操作人员的成本控制，强化其成本控制意识；建立严格的管理控制系统，对多个运单进行组合，大批量组合发货，降低运营成本。

第四节 流程与任务控制案例

采购、生产、销售业务，成本与质量管理，财务流程具有不同的控制特点，企业应根据权变理论，针对业务流程特点确定关键控制点。以下是具体案例。

一、MP公司营销渠道控制

MP公司有一个设计良好的存货控制系统，该系统能够：确保所有的采购业务都要经过相关人员的批准；以永续盘存制为管理报告的基础，会计系统能够确保及时、准确和完整地记录存货业务；成本被合理地确认和分配；分析、调查成本差异，并将其恰当地分配到存货和销货成本上；验收存货，通过独立的测试以证实其符合质量标准；系统地检查所有的产品是否过时，并进行恰当的会计处理；管理层定期检查存货，处理过时存货，将存货损失降低到最小程度；在市场调查和质量控制测试之后再把新产品推向市场；跟踪供货合同，监督过度请购行为；确认潜在的损失等。

MP公司流程控制的重点环节之一是窜货控制。窜货，即产品越区销售，是指销售公司、分支机构或中间商受利益驱动，使所经销的产品跨区域销售。这一行为可能造成市场倾轧、价格混乱，严重影响供货商的声誉。MP公司成立了渠道部，专门负责管理跨区销售，制定了完整的管理规章制度，通过出库条码系统可以查到任何产品的出库地点；与各渠道成员签订不窜货、不乱价协议，在合同中明确加入了"禁止跨区销售"的条款及违反此条款的惩处措施，并要求渠道成员缴纳市场保证金。

　　一方面，MP 公司加强了销售通路管理，如果某区域销售量或价格有明显变化，就及时找出原因，再向上搜索产品的出处，检查有无窜货现象发生；信息沟通渠道保持畅通，保证被窜货地区的经销商或代理商能及时地反馈、沟通窜货信息，一旦发现问题，严肃处理。另一方面，MP 公司加强营销队伍的建设与管理，严格人员招聘、甄选和培训制度；严格销售人员的考核，建立合理的报酬制度。另外，价格制定权、发布权由 MP 公司掌握，渠道成员要严格按照已经确立的价格政策开展经营活动；二级渠道代理商对市场进行公开报价（包括媒体报价、对外发行的报价单、各种形式公众场合的报价）不得低于市场指导价，销售价格不得低于 MP 公司用户成交限价。表 6-1 是 MP 公司选择代理商的资格要求，表 6-2 是 MP 公司选择代理商的具体要求。

表 6-1　MP 公司选择代理商的资格要求

项目目标	具体指标		具 体 要 求
资格要求	合法性		有效的营业执照、税务登记证、组织机构代码证、银行开户许可证、银行资信证明、有效法人代表的身份证、有效的公司治理
	业内经验		具有网络产品销售经验和良好业绩，具备良好的区域市场覆盖能力，能够覆盖的省份/直辖市不少于×个
	实力要求	资金	注册资金××××万元以上，用于 MP 公司产品压货资金投入不低于×××万元
		人员	在全国范围内至少有×个省设有分支机构，每个省级机构人员不得少于××人；负责 MP 公司产品销售的人员不得低于×人
		技术及服务	与服务体系认证配合
	财务及经营状况		财务状况良好，无不良经营记录和债务，提供经过会计师事务所审计的上一年度的资产负债表、利润表、现金流量表

表 6-2　MP 公司选择代理商的具体要求

运作平台	物流平台	具备仓储、区域分支机构、授权区域范围内各节点间可互相交叉配送的能力，具备条码扫描和存储记录系统
	支持系统	与 MP 公司商务要求相符合的基于局域网和广域网的互联网接入手段和办公设备、人员，管理 MP 公司统一提供的商务信息，能够随时访问 MP 公司网站、与 MP 公司人员保持有效沟通
业务要求	销售目标承诺	承诺年度进货额不低于×××万元
	订单额度	向 MP 公司订货的最小金额不得低于××万元
	付款方式	先付款后发货
	订单管理	项目订单从 MP 公司进货，对下级渠道只执行 MP 公司通知执行的订单；遵循"高进低出、事后补偿"的原则

续表

渠道管理基本要求	能够按照 MP 公司的要求积极拓展营销渠道，提升 MP 公司品牌，并能对下级渠道进行规范化管理，不得进行跨区销售、低价扰乱市场秩序等违反 MP 公司渠道原则的行为
合作基本要求	认同 MP 公司的产品和市场理念，服从 MP 公司对渠道市场的规范化管理

MP 公司针对自身业务特点，确定了控制关键点：一是信息系统准入控制。因为与客户对接是企业之间的竞争焦点，系统中的信息成为控制重点。二是经营安全控制。货物本身的价值较大，一旦出现货物缺失，即有保险赔偿。三是服务合同的签订，有些客户设定霸王条款，要在签订合同之时消除隐患。四是经营服务过程中保证金额大，对保函要进行有效控制。五是应收账款控制。款项的收回有时要经过第三方，因而这些款项的控制也是重点。MP 公司流程与任务控制的做法值得借鉴，因为企业的控制点太多了，需要明确控制重点。

二、永济电机厂的流程与任务控制[①]

永济电机厂始建于 1969 年，是我国自行设计、建设的最大的机车电传动装置制造厂家之一，是研制生产各型铁路内燃、电力机车、地铁、城市轨道车辆和油田钻机、矿山、冶金、风力发电等领域使用的牵引电机、电控装置、电力电子器件的专业化大型企业，其产品装备了国产内燃机车总量的 75% 以上，产品除遍布我国的轨道交通、油田钻机、风力发电机等领域外，还远销美国、英国等国家。

永济电机厂致力于完善质量保证体系，率先在同行业通过 ISO 9001 质量管理体系国内外双认证，多次被我国质量协会评为"全国质量效益型先进企业"。工厂坚持一切工作以市场为最高检验标准，创立了适应市场经济的全员质量–成本责任管理制度（简称"一岗两责"）。"一岗两责"是指将全厂实际需要的岗位分为管服岗位（管理、服务、技术岗位）和作业岗位，每个岗位都负有追求产品高质量和低成本两项责任，在满足客户需求的基础上，谋求企业最佳经济效益的一种管理方法。"一岗两责"的管理方法将质量、成本、效益等市场要素量化为各类具体指标，分解落实到全厂各个部门、各个岗位以及各个层次的所有员工，从而把市场竞争的压力具体化，由所有员工共同承担。

管服岗位细化为工作质量责任和经济责任。工作质量责任主要考核在本职工作和管理职责过程中造成的失误及损失；经济责任主要考核职责不到位、责任心不强、工作失误给工厂造成的直接或间接经济损失。作业岗位细化为产品质量责任和成本责任。产品质量责任主要考核出现不合格产品所造成的实物损失；成本责任主要考核超定额消耗配件、材料和能源的费用。

"一岗两责"的核心内容是"全额核算，全员考核"。"全额核算"就是以产品市场的接受价格和原材料的市场采购价格来计算目标成本和利润，目标成本确定之后，再对生产经

---

① 董宇. 实施"一岗两责"管理走质量效益型发展道路 [J]. 铁道经济研究，1999（1）. 闫培金，王成. 企业内部控制经典案例 [M]. 北京：中国经济出版社，2001.

营活动的各环节、制造过程的各工序进行细化、量化，实行成本的全过程和全员核算控制。

"细化、量化"分为四个层次：第一层次分解到主管厂领导和费用归口处室，由厂长负责考核，厂办具体实施；第二层次由费用归口处室分解到厂属各单位，由主管厂领导负责考核，企管处、质管处、经营计划处等具体实施；第三层次由厂属各单位分解到职能人员和各班组，由本单位考核；第四层次由班组分解到岗位或个人，由本单位（或班组）考核。

"全员考核"，一是上至厂长下至每一个员工都要承担经济（成本）指标和质量指标责任；二是坚持实行成本、质量否决，真正做到有事才上岗，有岗就有责，有责就考核，人人处于责任状态，事事处于受控状态。

经过在 6 个单位 3 个月的试运行，"一岗两责"在永济电机厂全面推行。在运行过程中，进一步修订完善了《经济（成本）责任考核办法》和《质量责任考核办法》。在成本考核上，变原来的实际成本核算法为变动成本核算法；在质量考核上，对铁道部和中车公司下达的质量指标全部提高 10% 作为正式考核标准，并从 1997 年 10 月 1 日起在全厂实行"职工个人质量损失赔偿办法"。

运行一年多来，工厂先后对全厂 61 个单位进行了 4 次全面检查，月度抽查 24 次，累计 117 个单位；共处罚 41 个单位，共扣罚中层以上领导 123 人，同时奖励了 32 个单位。"一岗两责"管理收到了明显成效，提高了质量，降低了成本，更重要的是提高了企业整体管理素质，使企业的各项管理发生了质的变化，整体竞争力提升。

"一岗两责"的实施，使管理人员和员工感受到了来自市场竞争的危机和压力，树立和增强了责任意识和成本意识，从思想上明确了"一岗两责"与工厂兴衰和自己的切身利益有着直接关系。制定"一岗两责"，是为了适应市场激烈竞争的需要，确保企业价值增值，为了工厂自身的生存，为全体职工的根本利益和长远利益服务。

三、LC 公司预算控制与成本控制①

LC 公司是一家生产塑料机械的企业，2009 年年初开始实施预算控制与成本控制，第二年效果较好，但第三、第四年情况变差。LC 公司财务总监 M 先生在国外参加培训的时候知道预算控制和成本控制很重要，当时感觉很好，以为有了这样的理念和 ERP 工具，公司遇到的麻烦而发愁的成本升高问题就会迎刃而解。从美国回来后，M 先生立即将在国外的学习情况向领导汇报，并着重介绍了全面预算管理和 ABC（作业成本法）等先进理念，力主在企业内全面予以实施。在强力推动下，M 先生先后多次组织召开各二级单位、部门负责人会议，大力宣讲全面预算管理和 ABC 的好处。组织全体员工，深入二级单位和各部门调研、协商、沟通，加班加点干了几个月，初步达成共识，制定了较为完整的成本考核指标，还制作了大量表格下发到各单位，并对相关人员进行了培训。

令 M 先生没有想到的是，项目一开始实施，还算顺利，但以后问题便接踵而来。比如，营销部门的营销费用指标，要求营销人员如实填报拜访客户情况，但这方面的费用要求不仅营销人员感到烦琐，就是人力资源部人员也感到困惑，因为费用指标的真伪虚实根本无从考证，更无法监控。员工的考核指标，不知道如何制定又如何量化。LC 公司是一家大企业，

---

① 案例来源于作者对 LC 公司的调研。

部门及二级单位加起来有几十个，每个单位提几个意见加起来就是一大堆。财务部就像是消防队，不断接到投诉，不断地去救火。结果是成本费用指标越调越乱，部门抵触情绪越来越大，员工怨声载道。企业虽然建立了基于 ABC 的核算方法，但由于指标分解制定得不科学，因而也就无法建立行之有效的成本费用监控体系。公司的生产成本和期间费用仍然不断上升，利润不断下降。

LC 公司实施成本费用控制失败的主要因素是：预算管理要由公司一把手带着执行，各部门在总经理的带领下实施，不应由财务总监牵头；指标设定不合理，各指标的设定应联合财务部、人力资源部和被考核部门共同制定，并由被考核部门主管提出意见，公司一把手最终确认；相关指标制定后，在 1~2 个部门试运行，总结经验后修改，避免全面执行后出现麻烦。

公司持续成本改进不能持续的原因是，成本改进的主体不应完全由财务部担任，人力资源部作为考核部门也应加入，公司一把手要进行协调；成本降低有临界值，应由业务部门提出可行性改进方案，由财务部和人力资源部设定相关指标。

本章小结

流程与任务控制是针对企业业务循环和特定任务实施的控制，流程控制是为确保企业整体目标实现，对业务循环分解，针对关键控制点进行控制，协调组织成员执行任务，实现企业经营管理目标。任务控制是针对特定的任务，设计相应的规则，以保证任务达成既定目标，包括研究与开发、工程项目、业务外包、合同管理、成本控制等。由流程控制来替代职能控制、岗位控制，替代自上而下的授权控制等。

关键词

流程控制　Process control
任务控制　Mission control
成本控制　Cost control
项目控制　Project control

即测即评

请扫描右侧二维码进行在线答题并查看答案。

思考题

1. 什么是流程控制？

2. 流程控制的目标是什么？

3. 流程控制包括的具体内容是什么？

4. 什么是任务控制？

5. 任务控制有哪些具体内容？

6. 成本和质量控制需要注意哪些问题？

案例讨论题

1. GL 公司先请供应商提供作业服务，不签订合同的情况进行运作，会有哪些风险？采购申请人的理由是，供应商能否干好活，先要实习一段时间，但总部认为这里可能有采购风险。你如何看待此事？如何控制风险？

2. 张某在 YH 公司工作了 16 年，是公司的高级管理人员，负责资料处理中心的运作。此外，他须对购买资产的预算程序、控制及应付账款系统作定期的评审，以找出控制较薄弱和不足的环节。当他发现某一环节存在漏洞时，便会进行一系列的测试，了解问题的严重程度，考虑是否由此而使他人有机可乘进行作弊，进而提出改进建议。但张某利用多年所积累的工作经验，对薄弱的环节进行了另一种形式的测试。他虚构了一家不存在的公司，并列出该公司的地址和有关资料。当他有机会接触 YH 公司采购和付款的计算机资料时，便将该公司的资料输入已核准的供应商名单内。这样，他便可以凭该公司所发出的假发票，经过计算机系统取得付款支票。因为张某能够接触整个供应商的资料档案，知道公司购买计算机设备和办公室用具的具体情况，包括已定购的设备种类、定购数量、何时定购及预计的付款日期，因此可根据这些资料，伪造出有关的发票。公司在购买计算机设备方面有一定的限制，有关的设备必须列入固定资产，且每一固定资产必须编制一个资产号码作为控制。为了避开资产号码的监督，张某利用过渡性会计科目，将固定资产的金额最终转入费用支出项下，使案情不易被发现。若是办公室用品类的低值易耗品，有关金额即可直接记入费用支出账。

张某的行为在一次对应付账款系统例行检查时被发现。所检查的文件中，有一份文件正是张某伪造的发票。发票上所列出的设备虽然在购买预算之内，并按批准的价格购入，供应商也在核准的名单之列，而且付款已经由一位指定的人员签名确认，但仍有两点让检查人员觉得有异常：一是无法找出相关设备的订货单，二是无法找出证明该设备已正确付运和收妥的签收回条。检查人员扩大检查范围、检查有关固定资产时，发现部分交易在记入资产账的第四天便被更正和冲销，该笔设备款项转入了应收款项科目内。深入调查发现，该笔设备款项同样于挂账后三天内转入费用支出（办公室用品）的会计科目。将设备用资产转为费用支出的现象使检查员怀疑有关交易存在不正常情况，于是追查有关转账交易的传票，发现两套传票都由同一位职员授权签章。巧合的是，这位职员也是批准付款给供应商的同一人员。

为了准确做出判断，检查人员检查有关供应商的其他发票，发现也存在同样的情形。于是，检查人员向采购部索取了一份完整的供应商资料。该供应商的名字也在批准的名单之内，但采购部的职员无法向检查人员提供该供应商的任何资料，更无法解释为何它会被列入名单之内。通过计算机人员的协助，检查人员发现那些有问题的供应商是一位高级管理人员加入档案的，并发现与授权付款给该供应商的为同一人。最后，检查人员核对所有有关该行业的公司名称目录，发现并无这家供应商的名字，再通过电话向 114 查询，得到的答复是发票上的公司电话号码并不存在，且没有该公司的名称登记。

经讨论，检查人员认为确实存在问题，且欺诈的可能性非常高，因而立即采取了以下行动：成立一个特别调查组，查阅所有与该供应商有关的交易，并要求追索出问题于何时开始出现；计算机人员负责详细检查整个供应商档案，检查是否有其他供应商是由该高级管理人员未经正式审核而自行输入档案内的；采购部负责重新检查在供应商档案内的所有名字是否全部已被采购部主管批准。经过两星期的检查行动后，发现的结果包括：所有与该供应商有关的发票及交易都用相同的不正常手法处理，与正常的运作有很明显的分别；发现在供应商档案内的另一家公司未经采购部审批，该公司同样由正被调查的张某输入；从文件反映出所购买的物品全部都是计算机设备和普通的办公室用品，最终全部都记入费用支出账。由于证据显示整个过程都与张某有关，检查人员与他安排了一次面谈。但张某已于 8 天前因一位远亲住院而请假了。经人事部核实，张某已经递交了辞职信，公司随即报警将其拘捕。

讨论：该公司流程与任务控制方面存在哪些问题？应如何改进？

延伸阅读材料

第七章　管理控制

【引言】管理控制是指企业管理者实施战略，协调企业内部各类业务、各个业务单元，通过预算、绩效评价等方式促使这些相关部门和人员统一行动，共同追求企业管理目标的过程。管理控制的核心是实施战略，需要结合企业特点选择管理控制模式和控制方法。中国《企业内部控制应用指引第 2 号——发展战略》《企业内部控制应用指引第 15 号——全面预算》涉及预算管理和管理控制，其目的是指导企业有效地实施战略目标。企业应当建立内部控制实施的激励约束机制，将各责任单位和全体员工实施内部控制的情况纳入绩效考评体系，促进内部控制的有效实施。

第一节　管理控制概述

早期的管理控制是作为管理的一种职能，以预算控制、成本分析和盈利性分析等形式出现。管理的控制职能是进行行业业绩衡量与行为矫正，以便确保组织目标和为达到目标所制定的计划得以实现。随着控制论、系统论的出现，许多学者开始从控制论、系统论的角度来研究管理控制，后来又有更多的学者从会计和组织行为角度来研究管理控制。

20 世纪 90 年代以来，管理控制研究关注组织面临的不确定性问题。控制系统的驱动因子包括规模、所处生命周期、创业者/CEO 的更替、外部投资者的存在。现有的理论已经研究出了许多的变量来解释不同类型的控制系统，成长企业面临着将非正式控制系统转变为正式控制系统的挑战。第一个驱动因子规模是不同企业设计 MCS（管理控制系统）的解释变量，研究发现随着企业的成长，规模反映了不断增加的复杂性。第二个驱动因子是生命周期，成熟的公司相对于年轻企业来说更能够存活下来，与学习曲线作用类似，即使公司不成长，通过学习可以持续改进内部控制。除了规模和生命周期，第三个驱动因子是企业创立者/CEO 的更替，这是影响企业从非正式组织向正式组织迈进的重要因素。创业者理论认为，大多数企业家的个人特征更适于年轻企业的成长阶段所面临的不确定性环境，但不适用于结构化和大型组织的管理。

管理控制系统通过四个维度来体现：行动/结果控制，正式/非正式控制，紧密型/松散型控制，严格型/灵活型控制。将经营战略分为成本领先型和差异化战略，用初创期、成长期和成熟期来对组织所处的生命周期阶段进行分类，发现服务程序类型、经营战略和公司在生命周期所处的阶段都对组织的管理控制系统设计选择有影响。研究发现：① 提供普通型服务的、成熟的、成本领先型战略公司多采用正式的管理控制系统；提供专业型服务的、成长中的、差异化战略公司对正式管理控制系统的重视度小。② 服务程序类型、组织的生命周期阶段以及经营战略都对公司的管理控制系统设计有显著影响；处于成熟期的服务公司会比成长期的服务公司更倾向于比较正式的管理控制系统。

一、管理控制的目标

管理控制就像是驾驶一辆汽车，方向盘、加速装置和刹车让驾驶员控制汽车行驶的方向和速度，仪表盘提供行驶速度等数据。越是优秀企业，越需要有效的控制系统，以防范企业风险，保证企业正确的战略得到实施，及时纠正失误的战略，为企业提供适应环境变化的方法和途径，降低代理成本和部门之间的冲突。

安东尼等人指出，管理控制的目标是帮助管理者协调企业内各部门并指导这些部门实施组织战略。管理控制的任务就是调节、沟通和合作，使个别的分散的行动整合统一起来，追求企业短期的或长期的整体目标。爱德华（Edward）等人认为管理控制的目标包括三个方面：① 激励中层管理者更加努力地实现高层管理者的目标；② 提供正确的激励促进管理者决策和高层管理者的目标一致；③ 公平地决定管理者因其努力和能力以及其决策的有效性而应获取的报酬。

代理理论说明了代理关系存在于组织的各个层面中，代理人与委托人的利益分歧导致了代理问题。要减少或避免机会主义行为，就需要设计一定的控制机制，以协调委托人和代理人的利益。吉恩（Jean，1991）回顾了管理控制产生的历史，指出管理控制不应被简单地视作一种技术，而是反映一定的社会经济背景。管理控制以一系列的信息及其处理技术为基础，包括：① 信息内容，即必须同时了解应该达到的标准和实际获得的结果；② 信息处理，即必须拥有比较标准以及能够实施这种比较的手段；③ 信息手段，即由此获得的信息和结果可以帮助企业制定经济合理的决策。管理控制过程包括六个阶段的工作，即对标准与实际差异的比较与分析、诊断、建议、指令、纠偏行动以及标准修订。

我国《企业内部控制应用指引第 2 号——发展战略》指出，企业应当根据发展战略，制定年度工作计划，编制全面预算，将年度目标分解、落实；同时完善发展战略管理制度，确保发展战略有效实施；企业应当重视发展战略的宣传工作，通过内部各层级会议和教育培训等有效方式，将发展战略及其分解落实情况传递到内部各管理层级和全体员工；战略委员会应当加强对发展战略实施情况的监控，定期收集和分析相关信息，对于明显偏离发展战略的情况，应当及时报告。企业应当在充分调查研究、科学分析预测和广泛征求意见的基础上制定发展目标。企业在制定发展目标过程中，应当综合考虑宏观经济政策、国内外市场需求变化、技术发展趋势、行业及竞争对手状况、可利用资源水平和自身优势与劣势等影响因素。

企业应当根据发展目标制定战略规划。战略规划应当明确发展的阶段性和发展程度，确定每个发展阶段的具体目标、工作任务和实施路径。企业应当在董事会下设立战略委员会，或指定相关机构负责发展战略管理工作，履行相应职责。企业应当明确战略委员会的职责和议事规则，战略委员会应当组织有关部门对发展目标和战略规划进行可行性研究和科学论证，形成发展战略建议方案。董事会应当严格审议战略委员会提交的发展战略方案，重点关注其全局性、长期性和可行性。董事会在审议方案中如果发现重大问题，应当责成战略委员会对方案做出调整。企业的发展战略方案经董事会审议通过后，报经股东（大）会批准实施。

公司管理控制可以分为三种模式，分别是业绩管理控制（运营控制、预算紧控制）、价值管理控制（与价值创造的财务指标为导向的控制）和战略管理控制（以财务和非财务指标的综合指标为导向的控制），公司战略和组织层级影响着对这三种控制模式的选择。见表 7-1。

表 7-1　管理控制三类模式比较

项目	业绩管理控制模式	价值管理控制模式	战略管理控制模式
业务特点	单一或基本单一业务系统	多个非相关的独立业务	两个以上相互关联的业务
战略管理	战略制定和实施	以并购、投资决策为主	确定战略远景和方向，分配资源
业务介入	经营决策和经营活动；集权程度都很高，下属单位灵活性较差	强调财务绩效；不干涉具体经营，对子公司财务集权而在其他领域分权	实施战略规划和中长期财务目标；子公司有较强的经营灵活性
人事管理	确定各类人员招聘、培训、评级和薪酬等	任免高层管理人员	任免高层管理人员，制定和协调重要的人事政策
业绩管理	监控所有财务和经营表现	监控关键的财务指标	监控关键经营环节及最终结果，监控关键的财务指标
资源共享	提供所有重要服务	无	注重协同效应

JL 公司是 1997 年成立的大型综合超市，在较短的时间发展成为全国零售业十强企业，为配合公司上市计划，JL 公司从 2004 年起展开了大规模扩张。经营触角伸向北京、沈阳等各大城市，扩张网点 100 余处，华北区近 30 家门店有一半都是 2005 年以后开设的。如此迅速地膨胀导致其市场控制力削弱，加上股票上市受挫，资金异常紧张，造成拖欠供货商货款等一系列连锁反应。资金投入的不足和管理的滞后导致了新开店面的质量下降。由于扩张速度过快，这种扩张已不是靠利润积累来支持，而是靠不断增加的负债来支撑，JL 公司后期扩张主要就是依靠赊购供应商货物和银行贷款等来维持。公司一直追求更大的规模，这也促使其在没有足够银行借款的情况下，依靠供应商的货物不断开新店。称霸连锁超市业的 JL 公司迅速从巅峰上跌落下来。2006 年，JL 公司被华润集团收购。

JL 公司被收购的直接原因是资金链断裂，而更深层次的原因是企业的快速扩张导致的战略控制失效。JL 公司的兴衰给企业的战略控制和实施提供了两点启示：一是重视现金流量和扩张中的财务风险；二是企业在发展的过程中，要加强战略控制，控制战略风险，避免失去平衡。

二、管理控制相关研究

大多数管理控制文献遵循了逻辑演绎的视角和认知的观点，认为要达到既"严格控制"又"轻松灵活"的程度，就需要拥有良好的制度框架，其研究内容主要涉及绩效计量、组织结构、管理控制影响因素的权变分析等。

（一）权变理论与管理控制

以权变理论为指导，对管理控制系统和战略之间关系的实证研究集中在以下方面：战略与组织结构、控制系统和战略的性质、控制系统和竞争水平、控制和决策制定、战略和成本控制、绩效评价和报酬系统、资源分配和控制系统、运营控制系统和战略的研究。迈尔斯等（1978）认为，企业的组织结构与过程制约了企业战略。管理控制就是一个连续产生新的"非标准化操作规程"和"非程序化决策"，并不断把它们转化为标准化操作规程和程序化决策的过程，这一过程是否顺利依赖于企业内部所具备的各种资源和能力。蓝菲德·史密斯（Langfield Smith，1997）和马金森（Marginson D.，2002）研究了管理控制系统与商业战略之间关系，研究了不同的管理控制系统设计、使用以及为什么会影响管理者的决策行为。

（二）管理控制与战略执行研究

战略执行是企业实现战略目标的计划、行动和控制过程，战略执行力理论框架由三个要素构成：共识、协同和控制。战略共识是对企业愿景和战略的认同感和责任感，战略协同使企业日常的运作与战略协调一致，缺乏有效的战略信息控制系统会导致企业判断错误。战略协同的关键在于实现经营活动与战略的匹配，平衡计分卡将战略分解并转化为可感知的数量化指标，实现日常经营活动与战略的衔接（卡普兰和诺顿，1996）。协同与控制的作用相对突出，共识对我国企业战略执行有效性的贡献相对较小（薛云奎等，2005）。皮尔斯和罗宾逊（2003）将战略执行分为三个阶段：一是将长期目标转化为短期行动目标，细化为各部门的运营计划；二是调整组织结构和业务流程，使员工职责在战略目标下清晰界定；三是对环境和战略执行效果及时跟踪，评估员工业绩、改善激励，持续实现战略规划。

（三）管理控制与创新、研究开发（R&D）强度关系研究

控制理论的重要假设之一是选择的控制方法会影响经理人的努力以及这种努力的方向（哈姆布里克，1988）。控制系统的评价和激励不仅能够激励行为，而且能改变风险的分摊方式，正是对努力方向的关注，使得组织经济学文献和代理理论的控制思想不同于传统的组织控制论（艾森哈特，1985）。公司增加经理人对短期绩效下滑应负的责任，会使经理人注重短期利润的最大化，而减少冒险动机，如降低 R&D 投入。霍斯金森等（1988）发现，高管层对公司运营信息有较好地掌握，强调长期绩效和风险分担的公司，会拥有更高的 R&D 投资水平；高度多元化的 M 型公司，员工理解业务单元战略的能力下降，高管层也很难得到足够的信息，更多地依赖标准化的财务控制（投资回报率等）来评价部门经理的业绩，会导致更低的 R&D 投资。

霍斯金森等（1993）发现大型公司的管理者激励会影响他们的风险倾向，从而影响 R&D 投资决策，强调财务绩效与总体 R&D 强度（长期风险支出）负相关；强调长期绩效激励可以适度地减少管理者的风险厌恶，减弱激励与 R&D 投资之间的负向关系。希特等（1996）发现，战略控制关注核心业务的长期发展，关注长远绩效；战略控制有助于总经理和部门经理之间的风险分担，部门经理愿意接受风险项目，因为他们相信会因其战略选择而得到奖赏而无须过多考虑短期财务结果，战略控制与内部创新正相关；而在财务控制下，减少长期开支（如 R&D 投资）能增加短期绩效，使财务控制与内部创新负相关。刘新民等（2006）通过理论分析建立了企业内部控制机制与创新模式之间的理论模型，提出了企业内部战略控制与企业的突变创新正相关，与渐进创新负相关；企业内部财务控制与突变创新负相关，与渐进创新正相关，为企业创新选择提供了理论支持。

（四）管理控制与公司治理关系研究

代理理论把董事会看作公司内部控制的主体，董事会实施监督和评价需要了解公司财务绩效或者决策制定流程的信息，外部董事与内部董事相比可能会面临信息劣势，他们很难准确区分不良的财务绩效是由于管理不善还是管理之外的其他不可控原因造成的（威廉姆森，1988）。贝森格等（1990）指出，实施战略控制比财务控制需要更多的信息，而内部董事与外部董事拥有的相关信息类型不同，从而使用的决策控制战略也就不同。内部董事主导的董事会具有信息优势，倾向于以战略控制为基础评价和奖励经理层。外部董事主导的董事会更强调财务控制（短期绩效），增大了管理者最大化短期利润的动机。

（五）管理控制与企业绩效关系研究

集团由于分支机构的存在，使得母子公司管理层之间存在着代理成本，从而可能导致整个企业价值下降。多元化在增加收益机会的同时，也会增大控制成本。控制成本有可能超过收益。多元化也增加了剥离公司资源的机会，在剥离公司资源的过程中，经理层也会得到私人利益；多元化增加了管理者和所有者之间的代理成本。

管理控制类型通过对管理者的激励作用会影响管理者的努力行为和努力方向，进而会影响整个公司的绩效。伊特纳等（1997）使用问卷调查的方法收集加拿大、德国、日本以及美国的电子和计算机行业数据，发现财务控制关注年度或短期绩效表现，而较少关注竞争者、非财务指标，财务控制应该与战略控制配合使用。霍斯金森等（2003）指出，多元化经营的公司，如果过分重视财务指标，将会降低公司的长期竞争力。他们对多元化经营企业的事业部制结构与管理控制效果、企业绩效进行了研究，研究路线如图7-1所示。Link 1 表示交易费用理论解释 M 型组织结构的动因，即追求效率，这一结构的采用克服了公司增长受限和分部经理潜在的机会主义行为等问题。Link 2 表示用社会学理论解释 M 型组织结构的形成，经理层会获得额外的权力或者通过多元化实现其效用最大化，社会学理论解释了公司因为合法性问题而采用 M 型组织结构。Link 3 对 M 型组织结构与公司业绩关系进行了研究。Link 4 以战略管理理论解释 M 型组织结构。Link 5 以战略管理理论解释公司内部控制系统与威廉姆森的 M 型组织结构的不一致，战略与组织结构的组合会带来较好的经营业绩。成功的多元化公司是那些分部间合作的公司，非相关多元化的 M 型组织结构被视为一种低效率的组织模式，正在向更有效的模式重组。但 M 型组织结构并未过时，只是需要重组，重组之后的多元化公司主要呈现两种组织模式：强调财务指标控制的分权模式（竞争型 M 型组织结构）和强调战略与运营控制的集权模式（合作型 M 型组织结构），公司重组后，其战略和控制系统对公司绩效非常重要。Link 6 表示战略管理理论与公司绩效（如公司重组行为与公司业绩）的关系。注重财务指标控制的管理者可能没有学习竞争对手核心能力的动力，因为学习核心能力不会带来短期收益的增加。Link 7 表示公司治理对 M 型组织结构的采用与业绩表现的影响，公司治理、M 型组织结构、业绩三者之间的两两关系研究未被充分论证。公司治理问题会给 M 型组织结构带来过分多元化和重组，例如，分散的股东导致监控弱化、外部董事过分依赖财务指标和财务绩效激励，导致公司及分部经理的风险规避行为。Link 8 研究业绩与公司治理之间的关系，差的业绩表现导致治理机制的重大变革，如机构投资者变得更有积极性。外部董事关注财务指标，因为这些董事缺乏对公司日常运营的了解。差的业绩会导致董事会引入外部董事，外部董事在战略决策中扮演重要角色。

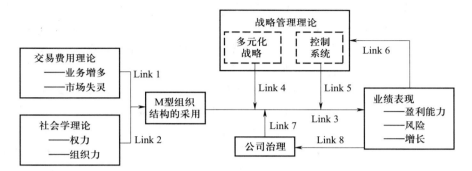

图 7-1 管理控制与公司绩效

三、管理控制中的结果控制

结果控制又称定量业绩控制，是以工作结果为导向的一种控制方式，包括以下四个步骤：定义期望（或不期望）结果的维度，如盈利水平、客户满意度等；度量这些维度的业绩水平；为员工确定奋斗的业绩目标；提供奖惩来鼓励导致期望结果的行为。结果控制侧重于企业预算、财务指标的制定和完成，但不考虑完成的形式。

（一）目标设定

结果控制首先要明确组织的目标，然后对组织目标的实现程度进行控制，即针对管理绩效进行评价。在结果控制中，不强调行为的方式和手段，不考虑采用什么途径达到结果；预算结果和财务指标是企业经营活动的主要结果，因此，结果控制就包括财务指标和预算方面的引导和控制。企业在设定目标的过程中，在目标清晰、具有挑战性的前提下，应考虑员工的参与程度，设立战略性的、有利于绩效考核、可实现的经营管理目标。设定目标值要高于社会平均值，并尽可能向同行业优秀企业的基准挑战。这有利于保持企业的竞争力，也有利于判断经营者的经营是否成功。一些企业将优秀企业指标值的 80%～90% 作为企业的目标。在图 7-2 中，激励效果在 A 点达到最高，A 点目标难度适中，既具有挑战性，经过努力又可以达到。

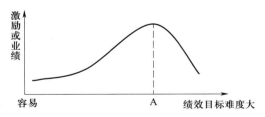

图 7-2 绩效目标的可实现程度

（二）绩效计量与考核

绩效评价体系包括目标管理（MBO）绩效指标体系、关键绩效指标体系（Key Performance Indicators，简称 KPI）、平衡计分卡、标杆法（Benchmarking）、360 度绩效管理等。MBO 绩效指标体系有很多优点，但没有体现出孰轻孰重，对企业应该如何分配资源没有给予明确的指导，没有考虑绩效动因指标。KPI 解决了 MBO 绩效指标体系的缺点，它是将企业战略目标经过层层分解产生的可操作性的战术目标，也是一种目标管理，是对 MBO 绩效指标体系的改进。如果目标已经确立，管理人员为了完成既定目标仍然可能进行博弈，这种博弈就是数据操纵，通过操纵结果控制考核指标，使得这些指标"看上去很好"。班克等（2000）观察到，在非财务指标的激励计划执行后，财务业绩和非财务业绩同时得到改善。

玛丽娜等（2000）指出，在对业绩衡量指标进行选择时，应该选择那些多样化且互补的、客观且准确的、有信息含量的、有战略沟通作用的、能激励改进的、具有决策支持的以及能反映因果关系的指标。伊特纳等（2003）认为，使用战略绩效计量系统（SPM）的目的是：① 为实现企业目标而识别最具潜力的战略；② 为实现既定战略目标而协调管理过程，如目标设定、决策和业绩评估。SPM 有两种方法：一是多样化的财务和非财务计量方法，即计量方法多元化。二是基于权变理论，主张战略业绩计量必须与企业战略或价值驱动因素相一致。研究发现同时使用财务与非财务计量手段的企业比那些与其具有相似战略和价值驱动的企业具有更高的计量系统满意度。结果控制包括的主要内容如图 7-3 所示。

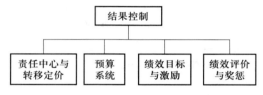

图 7-3　结果控制主要内容

（三）结果控制的优点和不足

结果控制可操作性强，能给受托人必要的自主权；大部分的财务绩效考核方法是相对简单、客观的；财务结果控制可提供相对精细和谨慎的管理控制形式；与过程控制相比，结果控制的成本低。结果控制可能出现的问题是：绩效评价不能完全反映出受托人是否已采取正确的行动；受不可控因素影响，难以同时满足激励和沟通两方面的要求。以预算为例，预算管理过程中发生的当事人博弈问题，是因为预算指标和奖惩挂钩，也与预算作为资源分配基础有关。预算指标如果不与奖惩挂钩，当事人就没有动力完成预算；预算指标与奖惩挂钩，产生了正面的激励，也诱发预算执行者"功能紊乱"或"急功近利"等博弈行为。

第二节　管理控制程序与方法

管理控制包括计划系统、预算系统、人力资源管理、职业规划、平衡计分卡（BSC）、战略地图、项目管理、战略绩效计量、战略审计和成本会计体系。管理控制通常采取三个独立的性质不同的方法：一是度量实际执行的工作情况；二是将执行情况与标准比较，以确定有无差异；三是通过补救行动，修正显著偏差。从不同的角度对管理控制进行研究，可以将管理控制划分为不同的模式。管理控制是决定企业战略实施成败的关键环节，管理控制是否有效又依赖于控制方法的选择。经营者偏好、企业所拥有的技术、多元化程度等都影响管理控制方法的选择。

一、管理控制程序

管理控制程序是指在企业战略实施过程中，分析为达到战略目标所进行的各项活动的进展情况，评价实施战略的绩效，将既定的战略目标与绩效标准相比较，发现差距、原因，纠正偏差，从而实现战略目标的过程。管理控制是实施战略的工具之一，包括建立战略绩效标准，收集战略绩效信息，评价战略绩效，分析原因，采取纠正措施。

二、全面预算管理

预算在管理控制系统中具有重要作用，是计划、协调、控制、激励的综合机制。预算的目的是计划和协调一个组织的活动、配置资源、激励员工以及表达对社会规范的遵从。预算在组织中的主要作用有两大方面：进行资源配置和提供控制评价基础。全面预算是指企业对一定期间经营活动、投资活动、财务活动等做出的预算安排。我国《企业内部控制应用指引第 15 号——全面预算》指出，企业实行全面预算管理，至少应当关注下列风险：一是不编制预算或预算不健全，可能导致企业经营缺乏约束或盲目经营；二是预算目标不合理、编制不科学，可能导致企业资源浪费或发展战略难以实现；三是预算缺乏刚性、执行不力、考核不严，可能导致预算管理流于形式。

（一）预算目标确定的方法

企业应当建立和完善预算编制工作制度，明确编制依据、编制程序、编制方法等内容，确保预算编制依据合理、程序适当、方法科学，避免预算指标过高或过低。企业应当在预算年度开始前完成全面预算草案的编制工作。企业应当根据发展战略和年度生产经营计划，综合考虑预算期内经济政策、市场环境等因素，按照上下结合、分级编制、逐级汇总的程序，编制年度全面预算。企业可以选择或综合运用固定预算、弹性预算、滚动预算等方法编制预算。企业预算管理委员会应当对预算方案进行研究论证，从企业发展全局角度提出建议，形成全面预算草案，并提交董事会。企业董事会审核全面预算草案，应当重点关注预算科学性和可行性，确保全面预算与企业发展战略、年度生产经营计划相协调。企业全面预算应当按照相关法律法规及企业章程的规定报经审议批准。批准后，应当以文件形式下达执行。

预算目标的确定应本着激励与约束相结合，兼顾企业的外部市场环境变化和企业发展战略、兼顾企业的内部资源配置，整合员工的努力程度及贡献潜力三条基本原则。根据公司的战略制定具体预算目标，这会受到公司目标逼近和达成的战略进程和安排的影响。制定预算目标的方法有标杆法、持续改善法等，标杆法以市场中最佳公司的绩效（财务和非财务绩效）作为公司未来发展的战略目标，依据标杆公司的业绩水平制定预算目标，找出与标杆公司之间的差距，通过战略规划逐步逼近和缩小与标杆公司的差距。持续改善法适用于市场中尚未存在标杆公司的情况，使用此方法制定预算目标时要考虑企业环境变化等影响因素，提倡未来目标是对现实绩效的改善。例如，企业现有的销售规模占市场总量的 5%，预算目标为未来几年每年增加 $x\%$ 等。

预算松弛（Budgetary Slack）现象在一些企业经常出现，即低估收入和利润、高估成本和费用或者兼而有之。GD 公司是一家在国内外上市的大型企业，很多年前开始推行预算管理。每年从 9 月开始编制预算，一直编到第 2 年 6 月，主要预算指标还不能确定下来，时间紧迫，只能"有什么算什么"。接着过两个月，又开始下一年度的预算编制，到头来还是"有什么算什么"。这家公司现在已经到了谈预算人人色变的程度。其实，这家公司采用的预算编制程序并没有问题，由上级先下达一个半指令、半指导性的关键业绩指标，然后下级据此编制预算报上级审批。如果有问题，上级将预算退回下级，重新修改后再上报、再审批。2006 年 9 月由总部给某子公司下达的利润指标为 10 亿元，该子公司经过研究，向总部报告说只能完成 5 亿元，列出几十条理由。总部经过进一步调查和分析通知该子公司说，"10 亿元是有点儿高，但 5 亿元显然太少，应该至少 8 亿元吧"。该子公司得知后重新研究，又向总部报告说，不仅 8 亿元完不成，而且完成 5 亿元也有困难，比较合适的数额应该是 4 亿元。有趣的是，这次的理由差不多有 100 条，预算成了足球，踢来踢去，时间都耗光了。

（二）预算执行与考核

企业应当加强对预算执行的管理，明确预算指标分解方式、预算执行审批权限和要求、预算执行情况报告等，落实预算执行责任制，确保预算刚性，严格预算执行。企业全面预算一经批准下达，各预算执行单位应当认真组织实施，将预算指标层层分解，从横向和纵向落实到内部各部门、各环节和各岗位，形成全方位的预算执行责任体系。企业应当以年度预算作为组织、协调各项生产经营活动的基本依据，将年度预算细分为季度、月度预算，通过实施分期预算控制，实现年度预算目标。

企业应当根据全面预算管理要求，组织各项生产经营活动和投融资活动，严格预算执行和控制。企业应当加强资金收付业务的预算控制，及时组织资金收入，严格控制资金支付，调节资金收付平衡，防范支付风险。对于超预算或预算外的资金支付，应当实行严格的审批制度。企业办理采购与付款、销售与收款、成本费用、工程项目、对外投融资、研究与开发、信息系统、人力资源、安全环保、资产购置与维护等业务和事项，均应符合预算要求。涉及生产过程和成本费用的，还应执行相关计划、定额、定率标准。

对于工程项目、对外投融资等重大预算项目，企业应当密切跟踪其实施进度和完成情况，实行严格监控。企业预算管理工作机构应当加强与各预算执行单位的沟通，运用财务信息和其他相关资料监控预算执行情况，采用恰当方式及时向决策机构和各预算执行单位报告、反馈预算执行进度、执行差异及其对预算目标的影响，促进企业全面预算目标的实现。

企业预算管理工作机构和各预算执行单位应当建立预算执行情况分析制度，定期召开预算执行分析会议，通报预算执行情况，研究、解决预算执行中存在的问题，提出改进措施。企业分析预算执行情况，应当充分收集有关财务、业务、市场、技术、政策、法律等方面的信息资料，根据不同情况分别采用比率分析、比较分析、因素分析等方法，从定量与定性两个层面充分反映预算执行单位的现状、发展趋势及其存在的潜力。企业批准下达的预算应当保持稳定，不得随意调整。由于市场环境、国家政策或不可抗力等客观因素，导致预算执行发生重大差异确需调整预算的，应当履行严格的审批程序。

企业应当建立预算执行考核制度，对各预算执行单位和个人进行考核，做到有奖有惩、奖惩分明。企业预算管理委员会应当定期组织预算执行情况考核，将各预算执行单位负责人签字上报的预算执行报告和已掌握的动态监控信息进行核对，确认各执行单位预算完成情况。必要时，实行预算执行情况内部审计制度。企业预算执行情况考核工作，应当坚持公开、公平、公正的原则，考核过程及结果应有完整的记录。

（三）预算控制的适用条件

预算控制对于企业控制目标的实现具有重要作用，一个容易达到的预算目标不能充分挖掘员工的潜力，而一个难以达到的目标又会挫伤员工的积极性，需要确定合适的预算目标。预算仅仅是管理的手段，预算不能替代管理工作。预算有一定的局限性，为实施有效的预算控制，需要有组织保证，预算目标要与企业目标融为一体，各种标准的制定要合理，重视信息反馈与沟通以及会计制度的密切配合。会计核算可以及时、准确地反映预算的执行进度和执行结果，为预算控制提供依据。20 世纪 90 年代以来，受战略管理和社会心理学等理论和方法的影响以及平衡计分卡的出现，出现了强调企业战略目标和非财务绩效的战略预算管理模式。

三、平衡计分卡和战略地图

早期的管理控制主要关注预算和财务指标，这种控制也被称为"财务控制"。后来人们发现财务指标存在缺陷，非财务指标的地位变得越来越重要。平衡计分卡是将企业战略目标逐层分解转化为各种具体的相互平衡的绩效考核指标体系，从财务、客户、内部业务流程、学习与成长四个不同角度，衡量企业的业绩，以帮助企业解决两个关键问题：绩效评价和战略实施。平衡计分卡的设计是在财务指标的基础上，对管理中因过度重视财务指标而忽视了其他方面造成的"不平衡"状况进行修正。

战略地图是平衡计分卡的发展，为战略管理和控制提供了可行的途径。与平衡计分卡相比，战略地图增加了细节层，用以说明战略的时间动态性，增加了关键点描述，用以提高战略的清晰度并加强重点，帮助企业战略在上下级之间更有效地沟通。每一类战略关注的重点不同，关键的内部流程也不同。为企业创造价值的少数关键内部流程被称为战略主题，每个战略主题都要贯穿平衡计分卡的四个层面。每个主题都有 1~2 个战略目标，每个目标都有各自的衡量指标和目标值。

四、管理控制具体模式

管理控制的具体模式有：管理控制权变模式，管理控制四维度模式，战略控制和财务控制模式，战略规划与管理控制、运营控制模式，运营控制、财务控制和战略管理控制模式等。

（一）管理控制权变模式

管理控制权变模式是指根据控制环境选择控制方法，例如乌奇（Ouchi，1979）提出三种控制手段：市场控制、制度控制、团队控制。市场控制指在有市场公共报价的环节（如采购环节），企业可以采用市场价格来对该环节的活动进行控制；制度控制指在环境和技术稳定的环节（如生产车间），企业可以采用一些成熟的规章制度对该环节进行控制；团队控制是在一些由团队成员共同完成的活动中，团队成员的绩效无法单独评价的情况下采用的一种控制手段，这种控制手段强调的是团队合作，与前两种控制手段不同的是团队控制是一种非正式的控制手段。

惠特利（1999）将控制系统划分为官僚型控制系统、产出型控制系统、委托型控制系统和家长型控制系统。官僚型控制系统是一种金字塔式的指令链结构，它在每一层都有书面的规范和程序，是一种从上到下的控制系统；产出型控制系统有较少的操作规范和行动说明，员工的绩效主要依赖财务指标进行评价；委托型控制系统中，员工有充分的自由，他们参与目标的制定，而组织对他们绩效的评价有时候可能要长达数年；家长型控制系统中，高层领导者控制着企业的一切活动，他们的意志贯穿于企业的各个层面，员工的自由度很小。

（二）管理控制四维度模式

西蒙斯（1991）提出了四种控制系统：信念控制系统、边界控制系统、诊断控制系统、交互控制系统。信念控制系统是一个肯定系统，是对企业宗旨、使命和目标等的设定，它激励组织成员寻求机会，目的是激发和指导企业去探索和发现，追求企业或组织的核心价值；边界控制系统作为一种行为限制和否定控制，规定了组织可接受的活动范围；诊断控制系统注重尚未实现的重要目标，监督关键绩效结果、纠正偏差；交互控制系统实质是一种团队学习与对话机制，重视未来和变化，针对战略的不确定性因素，管理者参与下属的决策过程，上下级共同讨论运用反馈信息指导计划执行。管理控制是在信念控制系统、边界控制系统、诊断控制系统和交互控制系统的综合作用下，通过控制既定战略的实施和新的战略制定来实现的。这四种控制系统对战略的共同作用如图 7-4 所示。

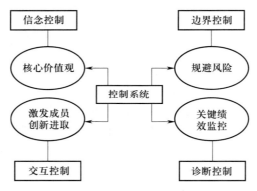

图 7-4　管理控制四个维度

（三）战略控制和财务控制模式

战略控制是管理控制的一种高级形式，是指在企业经营战略的实施过程中，检查企业为达到目标所进行的各项活动的进展情况，评价实施企业战略后的企业绩效，把它与既定的战略目标与绩效标准相比较，发现战略差距，分析产生偏差的原因，纠正偏差，使战略更好地与企业当前所处的内外环境、企业目标协调一致。战略控制主要以战略规划为主，绩效考评基础是与战略相关的指标而不是财务指标，例如客户满意度、新申请专利数量、是否能在预期的时间内成功引入新产品等。战略控制从信息控制和行为控制两个方面确保企业运营能够持续地与战略保持一致，信息控制涉及战略执行过程和效果的追踪、执行偏离预期目标时的修正行动；行为控制将各层级员工的业绩考核和奖罚制度与战略执行相衔接，使之按照预先制定的经营方向开展经营，包括绩效评价制度与战略执行的匹配程度、对战略执行绩效的奖惩激励力度（布雷克利等，1995）。

对战略控制的分析是与财务控制（结果控制）相比较提出的，埃森哈特（1985）指出，战略控制对经理人的评价标准是现有战略的经营理解程度，是介于集权与分权之间的一种管理控制模式，而财务控制的评价标准则是财务绩效指标。战略控制的优点是既有利于避免财权分散的风险，又不损失经营的灵活性。战略控制更加细致，比实施财务控制需要更多的信息。霍斯金森等（1993）指出，与财务控制采用客观标准（如投资回报率）来评价部门经理的业绩相比，战略控制使用长期的、与战略相关的标准来评价部门经理的行为和业绩；这种控制关注核心业务，关注长远绩效，有助于总部和分部经理之间风险分担，激励管理层承受 R&D 投资的风险。古尔德等（2004）描述了管理控制系统中三种常见的管理形态：战略规划、战略控制和财务控制。财务控制形态的公司，是控制的极端形式之一，因为其控制程序几乎完全以预算利润目标为主，财务绩效是评估业绩和激励管理层的主要标准，采用此种管理形态的公司一般是高度多元化的公司。

（四）战略规划与管理控制、运营控制模式

安东尼等将管理控制与战略规划、运营控制加以区分，认为它们是企业内部管理的三个相对界限分明的层次：战略规划是决定新战略的过程；管理控制是管理者确保经济有效地获得并使用资源以实现组织目标的过程，也就是决定如何落实战略的过程；运营控制则是保证具体任务有效完成的过程。在战略规划形态下，总部大量参与子公司和业务单元的战略开发、拓展和监督，比财务控制形态的公司集权程度更高；事业部和总部共同负责制定战略，需要一系列指标评估事业部整体业绩；当短期利润和长期战略之间必须作权衡取舍时，通常选择长期战略。管理控制限于组织的中层，用它连接高层的战略规划和基层的运营控制。战略规划系统性最弱，运营控制则最具系统性，管理控制介于两者之间。三者的区别是：战略规划是决定新战略的过程，管理控制是决定如何落实战略的过程；管理控制的重点在业务单元，运营控制的重点在业务单元的具体运营。

（五）运营控制、财务控制和战略管理控制模式

企业管理控制模式按照管理控制的紧密程度各有不同，分为运营控制、战略管理控制与财务控制三种模式，根据企业的具体情况以及自身的战略发展目标来确定以其中哪一项控制为主导，辅以其他两类控制。对于大多数大型企业来说，财务控制是最基本的手段。运营控制深入业务的具体运营过程中，对各业务流程严格控制，设计的考核指标深入业务运营层面。最高管理层作为经营决策中心和生产指标管理中心，以对企业资源的集中控制和管理，追求企业经营活动的统一和优化为目标，直接管理生产经营活动和具体业务；主要的管理控制手段包括资金控制、营销控制、网络/技术控制、信息控制、人员控制等，是一种集权的管理控制模式。

财务控制以符合业绩标准的成就（事后）为基础，虽然财务控制也有相应的事前部分（预算），但主要强调事后的财务结果。财务控制是指以传统财务指标为导向的控制，典型的方式就是预算紧控制。集团主要通过投资业务组合的结构优化来追求公司价值的最大化，是一种相对分权管理控制模式。如和记黄浦集团，其在全球 45 个国家经营多项业务，员工超过 18 万人，它既有港口及相关服务、地产及酒店、零售及制造、能源及基建业务，也有互联网、电信服务等业务。总部主要负责资产运作，职能人员不多，主要是财务管理人员。财务控制模式相对其他控制模式来说，虽然控制程度较弱，但如果企业已经应用了 ERP 信息系统，在规范的 ERP 程序的控制下，财务控制模式也能够较好地运行。

战略管理控制则是以财务和非财务指标的综合指标为导向的控制，典型方式是平衡计分

卡或业绩塔（performance pyramid）。公司战略和组织层级影响着三种控制模式的选择。在单一化战略的公司，分享和协作非常重要，应该采用战略管理控制及更多的非财务指标控制；在多元化战略的公司，公司管理者把业务单位更多地看作是投资组合的一部分，常用类似市场的规则来管理，采用以预算为主的财务控制模式更有效率。

三种模式中，运营控制模式最严格，控制程度及深度都最高，但同时对管理水平要求也最高，要求最高管理层能够正确决策并能解决各种问题。大型企业如果采用运营控制模式，有可能会损失企业效率；战略管理控制模式虽好，但需要平衡各企业间的资源需求、协调各下属企业之间的矛盾，管理难度较大；现阶段大型企业采用 ERP 信息系统，为财务控制模式提供了可能，在尚不具备战略管理控制能力的情况下，财务控制模式成了大型企业的现实选择。

第三节　管理控制案例

在复杂和动态的环境下，大中型企业需要的是根据特定环境要求和自身特点设计战略规划体系，在战略目标和战略流程之间实现平衡（格兰特，2003），以实现战略管理目标。

一、台塑集团的管理控制[①]

台塑集团是我国台湾最大的工业集团，也是世界重要的石化企业之一，共有 30 多家子公司和事业部，经营领域横跨塑胶、化纤、货运、机械、医疗、教育等行业，在美国、印尼等地设有 6 家海外子公司，拥有近 7 万名员工，年营业额近 3 800 亿元（新台币）。

（一）台塑集团的多元化战略沿革

1954 年，王永庆在高雄市创立福懋塑胶工业股份有限公司，1957 年开始生产聚氯乙烯（PVC），公司易名为台湾塑胶工业股份有限公司（以下简称台塑集团）。1989 年开始实施国际化战略，1995 年跨入电子信息业领域，共有 40 余家子公司，经营领域横跨塑胶、化纤、货运、机械、医疗、教育等行业，尤其在石油化工领域，建立起从原油进口、运输、冶炼、加工制造到成品油零售等一体化的完整产业链。台塑集团的母子公司关系复杂，分为台塑石化、南亚、台塑、台化四个次级集团，每一个次级集团分别投资不同的子公司，彼此之间又互相持股。

（二）台塑集团的总管理处

1968 年，集团规模扩大，子公司间业务关系渐趋复杂，需要建立较正式的协商与管理制度，台塑集团成立总管理处来对子公司进行监督、控制并提供专业服务。总管理处负责集团的制度制定、检查督促、物料采购、资金调度、工程营建、法律事务及公共关系等工作。1973 年 1 月，台塑集团正式成立参谋系统（也称为幕僚系统），并使之与行政系统分开，目的在于长期性地推动管理的改善。台塑集团的参谋系统是由各关系企业成立总管理处总经理室，各公司成立总经理室，各事业部门成立经理室，各工厂成立厂务室，各室参谋人员连成一个系统，在工作机能上，下级参谋要服从上级参谋的指挥和监督。1982 年迄今，参谋系

① 许激. 效率管理：现代管理理论的统一 [M]. 北京：经济管理出版社，2005.

统的重点工作在于提高总管理处的效率，并将业务全面计算机化。台塑集团为了建立适宜的管理制度，曾数次对总管理处进行修正与调整。

台塑集团的总管理处基本上可分为总经理室与共同服务部门两大类。共同服务部门包括六个直属部门：营建部、法律事务室、财务部、采购部、电脑处、总务部。这六个部门是为统筹管理各公司及事业部的共通性事务而设置的。总管理处下辖的一级单位，组织也很庞大，例如，采购部之下就有七个二级单位，分别为：催交组、扩建项目组、医疗设备组、一般材料组、机械设备组、电仪设备组、化学材料组。总经理室则纯粹是管理单位，职责是管理为数上千人的参谋，并且向董事长王永庆负责报告集团营运状况，是台塑集团的灵魂。总经理室各组负责人称为主任、副主任，各组的协调由总经理特别助理负责。

总经理室下设营业、生产、财务、人事、资材、工程、经营分析、计算机八个组，共有200余人，负责台塑集团各项管理制度的拟订、审核、解释、考核、追踪、改善等工作，协助各子公司拟订经营计划，对经营的可行性进行分析。台塑集团从新投资计划的评估到放假的宣布，大小事情都要先经过总经理室的审慎考虑之后，再交由上级裁决，然后下达命令给各子单位。2003年，王永庆的女儿王瑞华进入"决策小组"并形成新的"六人决策小组"，各自分管集团不同的事业领域。"六人决策小组"成员分别是：台塑公司总经理李志村、台塑总管理处副总经理杨兆麟、南亚塑胶公司总经理吴钦仁、台化公司总经理王文渊、台塑石化公司总经理王文潮、长庚生物科技公司总经理王瑞华。

（三）台塑集团的管理控制

王永庆认为，企业有今天的成长和业绩，95%来自内部管理的改善，如果没有这十年来不断地追求管理合理化，现在的事业部都要亏本。在总管理处的合理运作下，台塑集团建立了一套有效的管理控制系统。

1. 稽核改善制度

总经理室的主要机能是制定各项管理制度，对各项管理作业执行情形进行稽核。稽核不止是对各事业单位作消极性的检查，其最终目的在于发现问题，针对各项问题研拟改善方案，提交由王永庆亲自主持的"午餐会报"，经与事业执行单位共同讨论后交付执行，确保改善方案的实施，并进行追踪。

2. "午餐会报"制度

"午餐会报"由总管理处总经理室定期安排，目的是追踪、考核有关事业单位，以了解决策贯彻执行情况，考验各单位主管与幕僚人员的能力，促使行政主管与幕僚人员相互沟通，每一个事业单位都有轮到的机会。只要王永庆在台湾，几乎每天中午都要举行这种吃盒饭式的"午餐会报"。"午餐会报"的内容通常以各事业单位的经营状况或是遭遇的管理难题为主。轮到报告的单位，总管理处提前一个月就通知他们进行积极的准备，随后再上报总管理处拟订报告的主题和议程。而一些有关企业的重大决策，如新制度的建立、投资方案或一些经营改善的提案，也经常在"午餐会报"中进行讨论。

3. 事业部制度

台塑集团各公司依其产业类别划分为若干事业部，各个事业部配合本身的组织编制、制造程序、产品结构等需要，统筹整体的产销作业，全盘规划经营目标。事业部实施"利润中心"制度，以厂别或者产品类别各自成立计算损益的单位，通过会计报表，就投入的成本和收入衡量经营绩效，明确经营责任归属。

4. 成本分析制度

总管理处对台塑集团成本控制相当重视。大部分企业普遍采用单位成本分析法，从固定成本和变动成本入手，将其有关科目按各月份的消耗数量和金额作比较，取其平均值或最低数作为目标来控制，然后观察这一数值的变动状态，分析变动原因，把其中认为带有规律性可以节省的成本进行修改删减，然后交各单位遵照执行。但台塑集团管理层认为，这种总量控制的分析方法不够深入，结果不太理想，生产出来的产品都超过了原来预计的成本，在具体执行过程中往往容易变为一纸空谈，若在此基础上实行奖励制度则易产生不公平的现象。为此，他们采用单元成本分析法，根究成本因素，将有关问题不分巨细一一列举出来进行分析、修正和改善，建立了更为合理的标准成本。为了督促各项管理工作的精进与管理效果的落实，他们利用各种经营报表作为管理的工具，借绩效与成本的比较显示差异，共同检讨和发现异常原因，谋求改善对策。

总管理处推动的事务改善以及成本合理化工作，每年均有数百件之多。台塑集团各公司从 20 世纪 70 年代中期就开始实行严格的资金收支预算，每个月都要编制后三个月的资金预算，始终坚持，从未间断。每月都要对上月做出的预算进行修正，严格控制支出。虽然资金相当宽裕，仍然毫不放松。凡未列入预算而又超出 30 万元的支出，都要逐笔申请，经总经理核准后才能动支，其目的不仅是控制资金开支，更重要的是培养各单位节省成本的观念。1980 年 1 月至 1981 年 2 月，因台湾地区油电价格两度提高，台塑集团的能源费用一共增加了 17 亿元，造成了相当大的负担。总管理处发起推动了"节约能源运动"：成立能源改善专案小组，督促各单位不断自行检讨自身的能源改善事项；集合各事业部能源改善专人，赴各厂实地了解能源改善的执行情形，既学习他厂之长，又提出合理的改善建议；举办征文、标语及海报比赛，使节约能源之观念深入每一位从业人员的脑海中。节能运动当年提高效益 12.68 亿元，抵消了油电涨价增加的大部分成本。

5. 绩效奖励制度

台塑集团实行个人工作绩效评核制度，以日为单位，以月为累积，作为核发工资或效率奖金的依据；以月累积为年，作为年度考绩的基准，以此提高从业人员工作质量及生产效率，绩效奖金占员工薪金的 20%～50%。这是台塑集团总管理处的幕僚人员在 20 世纪 60 年代中期通过对几个单位的试点，取得成功经验后在全公司推广而建立起的一套制度。他们的做法是，让生产单位找出不合理的项目，先行研究拟订解决方案，然后利用绩效奖金办法，鼓励员工从事合理化的改善措施。台塑集团因为推行绩效奖金制度，员工对工作绩效产生了切身感受，使人力资源的潜力得到发挥。

（四）台塑集团管理控制分析

台塑集团起步时，是典型的华人家族式经营管理。在 1967 年以前，集团主要由王永庆来主导监督与协调，并无正式的集团管理制度与组织。随着母子公司关系日益复杂化，台塑集团与许多大型企业一样设立了总管理处，作为集团总部的综合管理机构。多年来，台塑集团各单位在总管理处的协调控制下，整体运作非常规范化、制度化，取得了良好的管理控制效果。对照战略控制模型可以发现，台塑集团实行的一系列制度化管理措施，具有十分明显的相互作用关系和科学合理的运作逻辑。

从角色控制看，总管理处与各经营单位的战略分工非常明确，各自按照职责范围独立行事，互不干涉。总管理处定位于参谋辅助地位，本身没有指挥业务经营的权力，通过减少高层领导人和基层领导的管理工作，使他们全身心地投入企业战略决策和业务经营，达到提高各部门和台塑集团整体效率的目标。他们采用集体作业的方式，专心做好计划和建议，避免领导管理的简单化和独断专行；对各单位进行监督和反馈，主动及时地帮助解决存在的漏洞，不断完善管理制度。集团内部的各子公司独立经营，在集团总体战略框架中可以自主做出利润最大化的决策。例如，在遵循成本最小化原则前提下，20 世纪 80 年代末许多子公司纷纷到东南亚投资，利用低工资的劳动力，不受王永庆当时希望留在岛内经营的思想束缚。

就组织控制而言，总管理处体制下的中央集权与事业部的分权形式有机地结合在一起，既保证了王永庆等高层管理者指令的有效贯彻执行，又有利于分清各单位的经营责任。总经理室居中发挥了积极的作用。他们必须身临实地，针对问题作深入的分析，行使稽核改善工作的职能，并且实行人员交流，派总经理室成员到基层工作，基层事业单位所属人员轮流调至总经理室接受训练，从而提高管理水平。在利润中心制基础上，集团内部交易量大小完全取决于市场机制形成的供销方议价能力，没有掺杂优惠支援的因素。例如，在结成战略联盟的南亚科技与台湾小松之间，前者向后者购买的硅晶圆不超过总需求量的 30%，而后者卖给前者的硅晶圆占总产能的 20% 以下。

对于依靠低成本摆脱起步困境的台塑集团而言，成本管理在资源控制中的作用更为重要。集团在现有资源的节约使用上达到了锱铢必较的程度。就拿电灯来说，台塑集团原有十万盏双管日光灯，加装反射罩之后，两支灯管减成一支，其照度反而从过去的 250 勒克斯增为 256 勒克斯。虽然投资了 600 万元，但是一年来节省电费 7 000 万元，同时多出了 10 万支备用的日光灯。著名的"午餐会谈"上，大家吃的是便宜的盒饭，谁在接待中稍有浪费会招致王永庆的严厉训斥和处罚。如果外购的成本较大，台塑集团总是毫不犹豫地进行自制自建。他们建设各种配套工厂消化相关企业的产品，自组船队减少运输费用，自建招待所节约住宿费用。正因为台塑集团不断追求节约成本，大量自建各项生产、服务设施，才形成了比较完整的产业链体系。

领导者的观念对企业文化的形成具有强大的影响。台塑集团管理制度的不断改进，是其"点点滴滴求合理"企业文化的结果。靠木材生意发家的王永庆认为，管理也和树木有细根一样，凡事必须从根源着手"追根究底"才能理出头绪，使事务的管理趋于合理化。否则，不公平不合理的事件就会层出不穷。台塑集团的稽核改善、"午餐会报"、成本分析、绩效奖励等制度，无一例外地体现了这种文化的精神。另外，在用人上对经验的格外看重，也是从点点滴滴塑造实干作风的手段。每年新进入台塑集团的人员，不论学历、身份，都要到基层现场学习六个月，接受训练并要写出一份心得报告。训练的目的，一是培养他们挖掘问题解决问题的本事，从基层中积累实际经验，并熟悉工作环境和台塑集团的经营作风。二是在工厂基层磨炼心志，使他们知道一个企业的成长，基层最重要。所以，每一个台塑集团的员工都认为台塑集团是一个良好的培养人、锻炼人的场所。如此锲而不舍地追求结果，使员工能够积极主动地发现企业所隐藏的诸多不合理之处，并不遗余力地加以发掘、消除，进而奠定成长的坚实基础，使企业的发展受益匪浅。

管理控制强调把绩效控制作为一个过程而不是一种结果来实施，台塑集团的成功实践为这一思想提供了有力的支持。台塑集团采取稽核改善、午餐会谈和成本分析制度，制度本身不是一种新颖的发明，而且在无休无止地贯彻执行中难免产生枯燥感和巨大的心理压力。但是，这些制度之所以能够长年累月地一以贯之，根本原因就在于它们有助于发现多方面的问题，可以作为拟订合理目标的标准，使执行单位清楚地明白目标为何，如何控制，使他们心悦诚服，而且乐于达成目标。随着目标的明确、问题的解决，绩效自然就能不断提高，个人也就有希望据此获得奖励。

二、英国某电信公司战略与管理控制互动案例①

马金森（2002）以英国 Teleco 公司为研究对象，对管理控制系统与战略关系进行了案例剖析。选择 Teleco 公司的主要原因在于它是一个快速变动、高度竞争和国际化的行业领导者。该公司通过中层管理者的创造力和创新精神来保持自己的领先地位。最初的调查证实了 Teleco 的高层管理者确实通过一系列的 MCS 来控制决策过程。Teleco 被分成五个战略部门，这五个部门都在英国国内并且集中在总部周围。该公司的业务主要是提供和维护一系列的与通信有关的设施和服务，主要的利润来源于与几个私有企业和上市公司的交易。Teleco 大约有 13 000 人，分为 4~5 个管理层次，营业额超过 4 亿美元。该研究的现实基础有两个：一是公司越来越依赖于中层管理者的创造力和创新精神；二是管理控制系统如何引导基层管理人员和员工行为。

管理控制系统包括计划系统、预算系统、人力资源管理、职业规划、项目监督和成本会计体系。进入组织内部观测中下层员工活动（或称草根活动，"grass-roots" activity）之间的动态关系，借鉴了西蒙斯（1994）的分类方法，将管理控制系统分为了三类：信念系统和边界系统（这两部分合称为价值系统），基于等级制度的管理控制系统，绩效评价系统。信念系统是对公司的基本价值、目标和方向的一系列准确的定义；边界系统描绘了公司参与者决策的范围。边界系统可以通过决策计划系统、行为准则、正式的规则和程序等机制来建立和加强。随着公司的复杂性和多样性的增加，要理解公司整体的目标和价值越来越困难。价值和边界体系就是用来向人们传输公司的价值、目标和方向，克服组织惰性，正式的信念系统和边界系统越来越受到重视。管理控制系统与战略实施关系如图 7-5 所示。

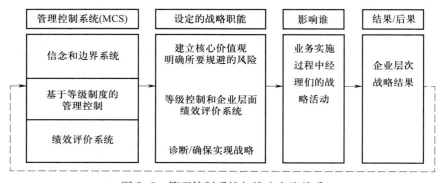

图 7-5　管理控制系统与战略实施关系

① Marginson David E. W. Management Control Systems and Their Effects on Strategy Formation at Middle-Management Levels: Evidence from a U. K. Organization [J]. *Strategic Management Journal*, Vol. 23, No. 11. (Nov., 2002), pp. 1019-1031.

（一）价值系统

高层管理者可以利用公司价值来强化组织行为。在 Teleco 可以利用价值系统输入不同的战略推动力，与传统的竞争方式——价格竞争不同，公司应当在其所从事的行业中被根本地区分开来。这种变化主要是基于行业中出现的一些新现象：成本的下降、激烈的技术更新、竞争者的急速增加。Teleco 的价值系统的实施是在一家咨询公司的帮助之下展开的，主要有 3 天或 5 天的策略简报、巡回演出、模仿颁奖仪式等，改写公司的命令陈述方式、信条和公报，并且通过 email 在公司内部流传这些资料，以提醒公司的主管们注意新的策略方式。一些 2 级的主管有责任使得他们手下的员工"生活在公司的价值之下"，这个活动大概持续了 10 个月。

价值系统对公司的决策活动有很大的影响，它改变了公司的氛围或者说是决策条件。被调查的人指出员工有了更多的思想和想法，主动性被调动了起来。"有了更多的新想法，只要这些想法与公司的策略一致，那么它们总有被采用的机会，现在我会把我的想法说出来，不再害怕被否定，但是以前，只要你的方法没有降低成本，就不会被重视"。价值系统增加了组织内部的竞争性。几位管理者认为，由于人们都想要提出一个更好的想法，这种对于价值系统的强调增加了内部的竞争。现在如果你有了新的成功的想法并且第一个把它应用于市场的话，那么就会获得更多的荣誉。被调查的人还指出价值系统使得他们的注意力从那些日常且重要的事情上转移了，其中包括客户关系，结果就是考虑到与客户关系有关的指标时，绩效是下降的。

研究证实了以前研究的结论：价值系统的应用能够使公司在面临复杂性和不确定性时增强组织的内聚力。Teleco 公司实施价值系统的方式支持了以前研究的一些建议：一是应该通过一系列的正式和非正式的沟通渠道实施，尤其是公司的命令陈述方式、信条和决策，目的就是在面临高层提出的问题时增加管理者之间的对话。二是价值系统的目的就是要引导公司变化，战胜组织惰性。证据还表明价值体系通过影响公司的决策氛围，影响了决策的起源，也就是哪些想法会被支持，哪些会被淘汰。不仅要理解价值系统是怎样影响新思想和主动性的，而且还要了解价值系统是怎样和其他的管理控制系统相互作用来影响管理者的战略决策的。对 Teleco 的研究表明，价值系统，尤其是通过改变一些绩效指标的注意力，会削弱绩效评估系统的作用。高层管理者可以利用信念和边界系统来设计组织；信念系统影响了公司的氛围或者是决策条件；决策氛围是思想的过滤器，通过它可以影响哪些想法被支持，哪些应该被淘汰。

（二）基于等级制度的管理控制系统

这一系统可以帮助确定公司内部各角色的个体责任。能够使公司的管理者建立对下属的具体期望，并评估下属的表现和期望之间的差距。该系统还有利于建立技能和能力的目录。对 Teleco 的研究表明，管理控制系统的实施会影响"草根活动"的定位与数量。Teleco 公司的管理控制系统设计的目的就是促使从公司的底层产生思想。原则上中层管理者能够决定怎样才能最好地对高层管理者的战略做出贡献。过程如下：每个高层管理者致力于一个或者几个任务，如一个网络主管的任务是保证在 18 个月之内实施"可见"网络，那么他的每个直系下属就应该考虑自己怎样做才能对这项任务做出贡献，这样的过程在公司的每个层级重复展开。管理控制系统会影响个人对于公司策略贡献的本质和程度。18 个被调查者指出，他们的主管对于管理控制系统的应用使得他们有更大的自由产生新的想法和思想，即使这些未必会有利于完成上级的任务。有 8 个被调查者反映，他们现在有足够的权利"脱离他们的日常工作"来形成新的思想，只要这些想法和上级目前要完成的任务一致，那么日常的职责能够被重新指定。

还有 8 个被调查者指出，他们的上级利用管理控制系统限制他们对于现有任务的责任。这些上级通常认为下级的日常职务能够被重新指定，这样就限制了他们支持自己和其他人想法的范围。"草根活动"对公司至关重要，它会影响公司在面临剧烈变动的环境时战略的适应性和战略变化。现有的研究假设决策行为具有随机性，决策是不受管理控制系统的影响的。但是本研究发现：中层管理者根据他们对自己在公司中的位置的想法来行事，而管理控制系统的设计和应用会影响他们的这种想法。这种角色的分化需要进一步的研究，不仅是因为这种分化不是随机的，还涉及在组织内部创新和控制之间的平衡。可见，管理控制系统会影响"草根活动"的定位。管理者的决策权越大，他就越有可能支持自己的想法。高层管理者利用管理控制系统来平衡创新和控制关系。

（三）绩效评估系统或关键绩效指标

该系统可以使得高层管理者对于一个决策的重要方面进行绩效评估。原来主要是通过一些与财务会计有关的评估方式，如投资收益率和销售利润率，现在的绩效评估系统还包括另外一些指标，目标是在关键领域建立一个最低的绩效标准：财政、顾客服务、内部运作和创新。西蒙斯（1995）提出绩效评估系统可通过交互控制/诊断控制方式来实施，这两种方式的不同在于它们受到高层的关注程度不同。高层经常用交互控制系统，诊断控制系统是一种反馈或者说是"纠错"的控制方式，由下属或者是全体人员来实施。

交互控制系统可以将管理者的注意力转移到策略的不确定性上，而采用诊断控制系统是为了保证策略的执行。Teleco 公司建立了包含 20 个 KPI 的平衡计分卡，如平均网络利用率、故障解决时间、每个员工的总营业额、投资回报率。这些指标被分为两组：运行效率和财务表现。研究发现，高级管理层在运用指标过程中存在不平衡的现象，在不同的时期一些指标被优先考虑，另一些指标没有使用。

高级管理层承认，他们会就一些特殊的指标经常与经理们讨论，而对于另外一些指标很少提及。这种"指标的优先性"在会议、组织信息和 email 中有所体现。"总是有必要来先考虑一些指标，不可能有足够的时间和精力同时照顾到所有的指标，高级管理层对于组织中的其他人的信息传递暗示了目前最重要的领域是什么。"已有的研究表明绩效评估系统对决策产生影响，但是本研究表明绩效评估系统并没有产生影响。没有证据表明对于财务指标的强调会削弱新思想的产生和人员的主动性，也没有证据表明高层对于绩效评估系统的运用会对公司的决策行为有指导作用。但是，绩效评估系统确实在策略制定的过程中造成了一定的紧张和冲突。

可以舍弃一些因素来达到绩效评估系统的要求。如果时间或者预算是最重要的因素，那么就可以舍弃功能；如果功能是最重要的，那么就要投入更多的资金、聘任更多的专业人士来达到要求。交互控制/诊断控制系统是有意义的，Teleco 的高层管理者会将自己置于一些指标中，但对于其他指标只是作为"纠错"的控制方式。更重要的是，对于交互控制系统的选择是基于人们所认为的策略的不确定性而不是报告的变化。同时运用几个绩效指标造成的紧张和冲突会导致组织对于一些指标的重视，忽视另一些指标。该研究支持了管理控制系统对于决策过程的影响（西蒙斯，1995），价值系统会影响战略的变化。公司内部各个层级的管理控制系统会保证战略的实施，绩效评估系统保证了在战略制定过程中关键领域的最低绩效标准。

本研究只说明了管理者对正式管理控制系统的观点和反应，主要依赖管理者的描述，但是对于那些非正式控制，例如谈话、社会力量，没有进行调查。

本章小结

管理控制为了帮助管理者协调企业各类业务、各个业务流程，通过调节、沟通和合作促使这些相关部门、人员分散的行动整合统一起来，共同追求企业的整体目标。管理控制的目标主要包括保证正确战略的实施、纠正错误战略、为企业提供适应环境变化的方法和途径、解决代理问题和部门冲突等几个方面。管理控制方法主要包括预算管理、平衡计分卡、战略地图、管理控制具体模式等，这些方法可以同时使用，相互补充。企业的控制机制可以分为信念控制、边界控制、诊断控制和交互控制四个相互影响的方面。

关键词

管理控制　Management control
预算控制　Budgetary control
信念控制　Belief control
边界控制　Boundary control
诊断控制　Diagnostic control
交互控制　Interactive control

即测即评

请扫描右侧二维码进行在线答题并查看答案。

思考题

1. 什么是管理控制？
2. 管理控制的目标是什么？
3. 管理控制方法有哪些？
4. 西蒙斯管理控制的四个子系统有何异同？
5. 管理控制与流程控制/任务控制的关系是什么？
6. 战略控制与财务控制有哪些区别？

案例讨论题

最早、最成功的管理控制系统是杜邦公司的控制系统。早在 20 世纪 20 年代，杜邦公司便为其所有业务单元制定了一种以投资回报率为核心的控制模型。但这一控制模型中不包括创新，只要一个业务单元、一条产品线或一种生产流程处于创新阶段，它在创新上所运用的资本，就不包含在该业务单元必须提供回报的资本基数之内。其中，资本基数是指杜邦公司单个事业部所负责的项目可以支配的资本。有关创新的费用也不包含在该业务单元的费用预算之内，这两者是单独分开的。只有在新产品线投入市场并销售出去两个或两个以上后，才归并到开发的那个事业部的预算之中，并进行业绩评价和控制。

以上做法保证了该事业部的 CEO 不会由于创新威胁到事业的收益和绩效而加以抵制，也保证了创新所花费的费用和投资能够得到严格的控制。持续经营活动的预算和创新活动的预算，不仅应该分开，而且应采取不同的处理方式。持续经营活动所提出的问题是："这项工作是必需的吗？我们是否可以不从事这项工作？""我们需要开展这项工作，最低程度的支持是什么？"创新活动考虑的重要问题是："这是恰当的机会吗？""创新阶段最大限度能够投入多少优秀人员和关键资源，以便有效地开展创新活动？"对于创新活动的评价有三项因素：最终的机会、失败的风险、所需要的努力和费用。在已经从事过的研究领域中，发现任何有价值的东西所要花费的努力和费用正在迅速增加。传统的市场思维模式只会使人误入歧途，很多企业确实因此而失败了。

对于创新最有害的，莫过于确定一个"每年利润增长 5%"的目标。在创新的头 3~5 年里（有时可能更长），利润可能并不会增长，或没有什么利润。在以后的 5~10 年里，利润的增长率可能达到每年 40%，而不是 5%。通常而言，创新项目成熟以后，它所带来的利润才会以每年较小的百分比增长，但这时它们已经不再是创新项目了。创新战略要求创新者在没有常规预算和会计手段的情况下开展，预算和会计手段可以迅速地、可靠地把努力和投资的当前成果反馈过来。创新的考验是：没有任何成果，却要不断地投入资源。除非有中间成果、具体进展、创新过程的"附带结果"，否则创新活动无法控制。20 世纪 20 年代，杜邦公司开始从事聚合物的研究，10 年后终于发明了尼龙。但在当时，没有人愿意或能够预言，掌握了聚合技术后，就能够制造出合成橡胶、合成纤维、合成皮革等。杜邦公司负责研究工作的科学家卡罗瑟斯（Carrothers）博士从一开始就系统地画出一张进程图，表明可能期望得到什么样的发现和成果，什么时候可以得到。这张进程图每隔 2~3 年就修改一次，只有在获得聚合纤维并可以大规模开发时，杜邦公司再进行大量投资。此前，杜邦公司所花费的总成本基本上是支持卡罗瑟斯及其少量助手的费用。

讨论：

（1）杜邦公司管理控制属于战略控制还是财务控制？

（2）试分析杜邦公司管理控制的优点和缺点。

延伸阅读材料

第八章　公司治理层面内部控制

【引言】企业是一个由多层委托代理关系组成的契约集合，除了流程控制、管理控制之外，董事会与经理人、股东之间的委托代理关系也很重要。公司治理层面内部控制是最高层次的内部控制，针对管理层凌驾于内部控制之上的问题，由公司治理主体实施权责配置、制衡、激励约束、协调等，促进管理层履行责任，包容创新失败，促进企业创新发展。董事会是内部控制的主体之一，这是降低代理成本的选择。这一层次的控制目标在于抑制经理人腐败或防范道德风险，监控战略实施，实现价值增值与基业长青。我国《企业内部控制基本规范》和《企业内部控制应用指引第1号——组织架构》涉及治理结构、管理体制和运行机制，监事会对股东（大）会负责，监督企业董事、经理和其他高级管理人员依法履行职责。

第一节　公司治理层面内部控制概述

公司治理是一种制度安排，通过合理配置剩余索取权和控制权，解决股东（投资者）、法人代表、经营管理层以及相关利益群体之间的责、权、利关系，主要用来控制和要求经营者对受托资源履行相关责任，实现科学决策和保护投资者权益，保证企业生存和发展。自1976年简森和麦克林提出委托代理关系以来，公司治理问题就开始受到关注。影响公司治理的四种力量是：资本市场和控制权市场，法律、政治和管制制度，产品和要素市场，以董事会为核心的内部控制。由于股权结构涉及的是财产所有权或资产控制权的分配，而基于财产所有权或资产控制权会衍生出相应的权力，因此股权结构必然会对治理层面的内部控制产生影响。

一、公司治理层面代理问题

公司治理的基本原则是：奠定管理和监督基础/设计治理结构以增加价值、促进道德和负责任的决策、维护财务报告的诚信/及时真实地披露信息、尊重股东的权利、识别和管理风险、建立并完善内部控制、鼓励提升业绩、设立公平的薪酬和责任、确认利益相关者的合法权益、履行法律义务。当大股东掌握公司控制权时，代理问题不是股东与管理者之间的利益冲突，而是控股股东与中小股东之间的利益冲突。例如隧道挖掘（tunneling）问题，表现为控股股东将公司资产以较低的价格出售，为控股股东拥有的其他企业提供贷款担保以及侵占公司的发展机会等。

在股权集中度较高的中国，代理问题主要表现为大股东和中小投资者之间的利益冲突（李维安，2003；陈文斌，陈小悦，2005）。当这类代理问题突出时，需要监管机构制定规范的内部控制以约束大股东行为。内部控制是降低代理成本进而提高企业绩效的方式之一，从股东的角度来看，为了获得最大的收益，希望能够以合理的成本对代理人的行为进行监督，使代理人的行为符合自己的利益；从管理者的角度来看，为了获得股东的信任，长期稳定地得到较高的职位，他（她）希望能够采取行动向股东保证他（她）会为委托人的利益服务。因此，股东和管理者都希望建立一种机制达到利益一致，主要的机制有董事会制度、管理层激励约束与代理问题研究等。

（一）董事会

企业中存在多个团队，团队生产的结果具有不可分性，也就是不能准确地确定每个成员对产出的贡献。在合作生产过程中，由于人的自私和机会主义动机，可能产生偷懒（shirking）和搭便车行为。为了减少这两种行为，有必要实施监控。在团队中至少要包括两类人员：生产人员和监督人员。解决的核心问题有两个，一是要设计一种计量机制和监督机制，目的是衡量各要素投入的生产力；二是要设计一种激励机制，从制度上形成监督机制。从团队生产的角度来研究监督者存在的必要性，侧重于公司内部监控和激励机制研究，从而保证团队更有效率。

股东大会在保留了重大决策权后，将其他权力交给董事会，因而控制权出现了第一次分配或分工。董事会享有决策权，当董事会把管理权和日常经营权交给经理人员后，董事会的经营权出现了分离，控制权发生了第二次分配或分工。董事会为了确保其决策的执行，对经理人员进行监督约束，以防止其行为损害或偏离经营目标。董事会作为一个重要的内部控制工具，为公司的权益资本和管理雇佣契约提供了治理上的安全措施。

当股东和经理人的信任程度较低时，治理成本将会较高，管理控制机制将会更加正式，如更详细的合同文件、更频繁的董事会议和更严格的律师监督。董事会运用归因理论对绩效不佳发生的原因进行分析，根据管理层绩效的不同评价结果，董事会有不同的控制选择。例如，希尔等（Hill and Snell，1989）指出，新产品研发和创新产出要求管理者承担风险，通过这种治理安排，使管理者的风险偏好与股东的利益一致。

（二）管理层激励约束与代理问题研究

如何激励约束处于委托代理关系中的 CEO 是现代公司治理的重要问题，对于管理者的机会主义行为，一个可行的办法是对管理者进行激励，将管理者的长期利益与股东的利益联系起来，使管理者在追求自己利益的同时来实现股东的利益。管理层报酬有两个基本问题：一个问题是报酬水平，如果向管理者提供足够的报酬，管理者利益与股东利益就可能趋于一致，但管理者报酬的快速增长遭到了批评。另一个问题是报酬对业绩的敏感性，即管理层特别是 CEO 的报酬是否与企业业绩相关及管理层的贡献与所得之间的关系。

在心理契约的众多因素中，对晋升的期望在高管心理契约中占举足轻重的地位，心理契约的其他因素都可以随着高管晋升得到实现。高管报酬契约与心理契约之间存在互补效应，在心理契约上受限后，高管会谋求在报酬契约上的补偿。罗宾森（Robinson，1996）的研究发现，心理契约在受到严重破坏时，员工与组织之间的关系会变得更具有交易性，员工会把他们的注意力从隐性契约中转移出来，更加关注眼前的直接经济利益。当高管意识到自己不能够从岗位晋升的心理契约中获利时，会将注意力转移到薪酬等经济利益。报酬收入的激励不足导致其寻租行为。谢福林（Shefrin，2007）认为，管理者倾向于把好的公司业绩归功于自己的能力，从而要求高报酬；当公司业绩不佳时，管理者会倾向于把差的公司业绩归功于坏的运气，从而抵制低报酬，由此可能导致管理层薪酬与公司业绩之间敏感度的下降。

　　管理者的各种激励合约产生的问题是：第一，由于激励合约需要业绩评价，管理者可能操纵业绩指标，需要处理好短期绩效评价与创新发展等长期绩效评价的关系；第二，管理者会将从这些激励中得到的效用与原来的从机会主义行为中得到的效用相比较，并至少要求二者平衡，使得激励的成本很高；第三，在股权分散的情况下，管理者激励合约是由董事会与管理者商定，如果董事会不能较好地履行其职责，则管理者可能谋取私利。埃森哈特（Eisenhardt）早在20世纪80年代就提出针对不同的契约关系设计控制机制，如图8-1所示。

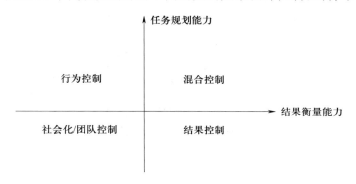

图8-1　不同契约关系中的控制机制

　　管家理论认为企业所有者与经营者之间的关系是信托关系，企业经营者是企业的善良管家，激励企业经营者的主要因素是成就、荣誉和业绩，而非经济利益。与代理理论相对，管家理论认为，代理人愿意显示出合作和有组织的行为，因为他们可以通过合作获得比采用自利行为更多的效用。当代理人做出正确的选择，认识到目标一致并规避风险时，个人效用会增加。

　　考虑经理人员与组织战略的一致性（委托代理利益的一致性）、经理人员之间目标一致性（代理人的目标一致性），经理人员行为并不只受个人机会主义动机的影响，而目标一致性也不只依靠对业绩计量和激励机制的正确选择来改善效率和防范道德风险，基于战略认同和激励改善的目标一致性可以使内部控制系统更有效。管家理论认为，当经理人员自愿采取与组织目标相一致的行为时，监督和激励成本都会下降。当经理人员对组织战略一致认可时，激励在对管理控制系统的设计中将变得不重要。相反，如果经理人员不认可组织的战略，那么基于代理理论设计的内部控制系统就会变得有效。

　　公司治理和内部控制是不可分割的，需要将内部控制纳入公司治理路径之上，否则将形成内部控制的盲控区和弱控区，使内部控制失效问题无法从源头上得到解决。内部控制在实质上是实现企业目标的途径和方法，实现公司治理与内部控制的有机结合，才能从根本上解决控制问题，抑制"内部人控制"（大股东内部人控制和经营者内部人控制）问题。

　　高端矛盾需要高端控制。哈里（Harry）先生是一家中外合作企业外方的董事长兼首席执行官（CEO），他对中国经济发展产生了极大兴趣，每年都要来中国。以前他来中国的所有费用都由公司报销。公司新的财务执行官（CFO）上任后不久，董事长又来中国，在中国旅游、购物、聘用翻译，花了大约 1 万多美元。回国以后他去报销。公司的 CFO 问他，这些钱是怎么花的？董事长说不清楚。CFO 委婉地告诉他不能报销，根据董事会的规定，董事长报销要由审计委员会主席批准。从此以后，公司给董事长定了规矩：第一，与公司业务无关的费用不能拿到公司报销，要自己负担；第二，翻译是为公司工作的，不能让翻译为自己服务，如果请翻译就要自己付费。那么，对董事长和首席执行官的约束属于公司治理层面内部控制吗？这类问题属于治理层面的内部控制，需要重视公司治理的有效性。

公司治理与内部控制的交叉部分（图 8-2 中的交叉区域）即公司治理层面内部控制，内容包括战略控制、财权安排、财务报告、企业预算等。该交叉区域的大小由所有权结构和治理结构的特点决定：所有权与经营权合一时，公司治理与内部控制趋于合一；以内部治理为主的公司，股东、董事会是监控主体，因而交叉区域较大。

图 8-2 公司治理与内部控制的交叉区域

二、公司治理职责分工

股权结构与股权特征影响着内部控制的设计和实施，股权结构决定着公司的财产所有权或资产控制权的分配，基于财产所有权或资产控制权会衍生出相应的权力，因此，股权结构必然会对治理层面的内部控制产生影响。我国《企业内部控制基本规范》指出，企业应当根据国家有关法律法规和企业章程，建立规范的公司治理结构和议事规则，明确决策、执行、监督等方面的职责权限，形成科学有效的职责分工和制衡机制。股东（大）会享有法律法规和企业章程规定的合法权利，依法行使企业经营方针、筹资、投资、利润分配等重大事项的表决权。董事会对股东（大）会负责，依法行使企业的经营决策权。

监事会对股东（大）会负责，监督企业董事、经理和其他高级管理人员依法履行职责。经理层负责组织实施股东（大）会、董事会决议事项，主持企业的生产经营管理工作。董事会负责内部控制的建立健全和有效实施。监事会对董事会建立与实施内部控制进行监督。经理层负责组织领导企业内部控制的日常运行。企业应当成立专门机构或者指定适当的机构具体负责组织协调内部控制的建立实施及日常工作。企业应当在董事会下设立审计委员会。审计委员会负责审查企业内部控制，监督内部控制的有效实施和内部控制自我评价情况，协调内部控制审计及其他相关事宜等。审计委员会负责人应当具备相应的独立性、良好的职业操守和专业胜任能力。

三、公司治理层面内部控制目标

从股东角度分析，公司治理层面内部控制目标包括：抑制经理人腐败或防范道德风险，实施战略监控，化解矛盾、凝聚力量、促进有效管理。近年来发生的一些重大事件表明，很多重要舞弊行为直接来自管理层，管理层面的内部控制难以解决管理层舞弊问题，经营者并不是内部控制的唯一主体。

（一）抑制经理人腐败或防范道德风险

根据委托代理理论，代理问题存在于企业内部的每一个层次上，代理关系虽然可以降低经营成本，但增加了代理成本。为了解决代理问题，就必须建立一个健全的治理结构，以实现企业目标，保护股东为首的利益相关者的权益，降低代理成本。管理层的控制责任和风险如表 8-1 所示。

表 8-1　管理层的控制责任和风险

控制主体	控 制 责 任	风 险
管理层	履行受托责任，有效管理企业并向股东和其他利益相关者提供及时准确的信息，明确企业战略，建立和实施有效的内部控制等	通过盈余管理实现盈利目标，失真或虚假的财务报告将会计系统视为一种利润操纵工具，而不是一个信息系统

管理层为了追求自己的私利，可能会做出逆向选择或产生经理人员腐败，损害股东和其他利益相关者的利益。具体表现为：

（1）在职消费膨胀。包括利用公款建设或购买更大更好的住房，公车私用，公款私存，用公款支付国内外旅游费用，用公款吃喝娱乐等。

（2）侵占和转移企业资产。一些经理人员把企业资产转移到由自己或其亲朋好友开设的公司，或通过关联交易转移利润，还有一些经理人员利用职务之便贪污、私分企业资产等。

（3）高额薪酬。表现为经营管理人员和员工工资、奖金、集体福利等收入增长过快，超过企业成长速度，侵占企业利润。

（4）经营短期行为。一些企业经营管理者的经营决策行为短期化，不考虑企业长期利益和发展，而是把经营决策限定在经营者可预见的、能够为自己带来业绩、地位、利益最大化的时间范围内。

（5）信息披露失真，报喜不报忧，甚至搞"暗箱操作"。一些经营业绩较差的企业经营者，指使财会人员做假账，以掩盖企业的真实经营业绩，为自己谋取利益。

（6）盲目扩大公司规模。表现为过度投资或恶性增资，造成资产使用的低效率，并可能导致企业陷入困境。

例如，深圳市三九物业发展有限公司原总经理林长兴因挪用 1 030 万元公款炒股，于 2006 年 8 月 29 日在深圳市中级人民法院出庭受审。林长兴于 2002 年中期到 2003 年年初，在担任深圳市三九物业发展有限公司总经理期间，未经上级公司及本公司领导同意，将 1 030 万元公款从三九物业公司的某银行账户及借用的深圳市某家居装饰设计有限公司的银行账户转入本人账户及其控制账户进行股票交易。林长兴于 2003 年 10 月 31 日，从证券公司转账 393 万元到三九物业公司账户以归还部分欠款；2003 年年底，林长兴授意公司财务人员将剩余 637 万元欠款中大部分金额以虚假支付工程款、虚假还款的方式在本公司账户及借用的银行账户间虚假支付后再转回，冲抵欠款。其余小部分金额则以未入公司账目的公司售房款方式予以冲抵。通过以上方式，林长兴将三九物业公司的公款人民币 637 万元通过虚假还款的方式予以侵吞。林长兴本人则说："资金动用无须经过领导班子讨论，把公司的钱拿出来炒股，也是为了给公司赚钱"。该例子说明：财务活动要有审批制度，动用大额资金需要董事会或经理会议决策，高级管理人员不得自行决定。

（二）化解矛盾、凝聚力量、促进有效管理

早期人们提倡股东利益至上，近年来利益相关者理论兴起。该理论认为，公司不仅要维护大股东利益，还应该考虑中小股东、员工、经理、债权人、供应商、客户利益，履行企业社会责任等。股东权益是股东基于其对公司的投资依法享有的权力和利益，只有维护了股东的基本权益，才可能维护其他利益相关者的权益。股东权益仍然是对代理问题进行分析的逻辑起点。但经常出现大股东利益侵占企业利益，侵占其他利益相关者权益的问题，主要表现为：

（1）获取超额控制权。大股东通过金字塔的股权结构，投入少量现金，获得远远超过现金投资比例的控制权。

（2）转移企业资产。大股东利用掌握的控制权，将公司资产转移。

（3）分化企业发展机会。大股东获得某一企业控制权后，设法分化该企业的发展机会，例如合资企业的外方投资者将合资公司品牌消灭等。

（4）窃取企业利润。大股东通过担保、关联交易等形式，占用或窃取公司利润。

（5）委派不适当的高层管理人员。大股东委派不称职的高层管理人员，导致企业管理混乱。

（6）大股东置小股东和债权人的利益于不顾，不分红或少分红，长期拖欠大量债务。

公司治理层面内部控制需要协调大股东与中小股东、经理层及其他利益相关者之间的利益关系，形成股东、董事会和经理层三者的权力制衡机制，减轻代理问题，化解各利益相关者之间的利益冲突，凝聚各方力量，保护投资者的投资回报。

（三）实施战略监控

战略实施效果是公司治理主体关注的重要内容，我国《企业内部控制应用指引第2号——发展战略》指出，战略委员会应当加强对发展战略实施情况的监控，定期收集和分析相关信息，对于明显偏离发展战略的情况，应当及时报告。例如，2009年5月，美国大银行压力测试的结果使摩根大通公司的风险管理受到瞩目，在金融危机中，美国四大银行——美国银行、花旗银行、摩根大通、富国银行中，只有摩根大通无须补充资本金。摩根大通总结的成功经验之一是有效的公司治理，各项业务遵守运营委员会推行的公司治理原则和控制规范，公司治理保证了内部控制的实施，战略管理中必须注重细节。

四、公司治理层面内部控制目标的实现方式——治理型内部控制

公司治理层面内部控制目标的实现既不能仅仅依靠公司治理，也不能仅仅依靠管理控制。内部控制的发展演进过程表现为由内部牵制、会计控制、内部控制框架发展到治理型内部控制，如图8-3所示。治理型内部控制兼顾公司治理目标和管理控制目标，即兼顾投资者的权益保护和企业经营管理效率。公司治理与内部控制的关系越来越密切，两者之间有融合和交叉。

法玛和简森（1983）将董事会确立为公司的最高控制系统，董事会监督经理层的有效

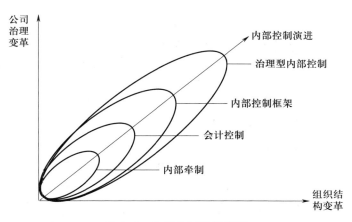

图 8-3　内部控制演进模型

性是内部董事和外部董事结合的函数。有效的内部控制需要延伸到企业的各个方面，从高效的董事会开始，建立审计委员会和内部审计制度，然后影响到管理层、各个业务流程等。管理层有责任建立与公司治理政策相一致的控制程序，进而渗透到管理层的经营管理运作之中。例如，德士古公司董事会在每个财务年度开始时，都要确定其总体责任领域，包括监督公司财务状况、考核 CEO 绩效、评价企业战略等。

（一）建立制衡与问责制度

内部牵制是内部控制发展的最初阶段，但其"不相容职务相分离"的思想作为内部控制的核心却一直沿用至今，内部控制在此基础上遵循相互牵制、制衡制度，进一步细化控制程序来实施监督。公司治理与内部控制都遵循相互牵制、制衡的原则，经理层和董事会的职权要适度分离，如果董事会被内部人控制，将会使决策权、执行权和监督权集于一身，那么内部控制可能流于形式。要避免董事会与经理层职务的过多重叠，建立和健全董事责任追究与免责机制，保证决策是在企业恰当的层次上做出的，并要将风险责任落实到个人，明确奖罚责任。

例如，中国轻骑集团原董事长张家岭被"双规"，轻骑集团经历了从"踏上轻骑，马到成功"到"跌落轻骑"的历程，其中治理层面职责分工和制衡机制的缺陷是重要因素之一。张家岭在改制期间与公司总经理、副总经理以及公司财务人员共谋，隐瞒土地收益 3 520 万元；2002 年 12 月至 2004 年 6 月，集团下属公司在经营过程中指使财务人员通过伪造账簿、记账凭证，不列、少列收入，设置内外二套账的手段偷逃税款 1 126 万元。

（二）建立和完善独立董事制度

董事分为两种类型，即执行董事和非执行董事。执行董事同时又是本公司的内部行政人员，通常是公司的高级经理。非执行董事又分为外部董事、独立非执行董事或独立董事。其中，独立董事是指除了董事身份外与公司没有任何其他契约关系的董事。他（她）们既不是公司的员工及其亲属，也不是公司的供货商、经销商、资金提供者，亦不是向公司提供法律、会计、审计、管理咨询等服务的机构职员或代表，与公司没有任何可能影响其对公司决策独立判断的关系，也不受其他董事的控制和影响。设置独立董事的目的是避免"内部人控制"问题，防止拥有控制权的内部人（大股东、经理人）利用公司资源为自己谋利益。

法玛（1980）等认为，把独立董事引入公司治理能够提高董事会实现低成本监控的有效性，而且也可以降低高层管理者合谋和损害股东利益的可能性。

一些研究认为，独立董事由于不依附或受制于任何利益集团，有利于增强董事会的独立性；独立董事可以为企业带来新信息、新思想、新技能，对企业经营风险、财务风险、违规行为提出警示，对经营战略、投资、预算等提出独立、客观的建议，对管理控制运行效果做出评价；他们还可以考核经理层绩效，监控经营者的不当行为，增加信息透明度，提高董事会决策的科学性和公平性，提高企业社会责任和道德意识，保护中小投资者的利益。但是，独立董事要保持独立性就必须与企业保持一定的距离，而有效的监督又要求独立董事对企业尽可能了解，但接近经营者和各层次员工又对独立性产生不利影响，两者难以兼得。一些研究认为，权责的不对称必然导致独立董事制度效率降低。独立董事的薪酬来自企业，如果让独立董事保护中小股东的利益，而又不与自身利益相冲突，这是独立董事制度建设和实施中要注意的。

（三）建立内部审计制度

内部审计制度是内部控制的一部分，发挥着风险监控、内部控制和公司治理的作用，它包括审计委员会和内部审计机构。在董事会中设立审计委员会，并建立常设的内部审计部门，通过独立性建设，可以保证和提升内部审计效率。内部审计机构为管理当局和审计委员会服务，其使命将从"审计师实施审计"向"审计师帮助创建程序，以期达到组织成功所需的内部控制"的方向发展，确保举报机制、风险监控的有效性。内部审计人员的控制责任和风险如表8-2所示。

表8-2　内部审计人员的控制责任和风险

控制主体	控制责任	风险
内部审计人员	进行合规性审计、经营审计、财务审计，开展确认、咨询服务等，向管理层和董事会/审计委员会报告审计结果，分析过程，评价内部控制，提出确认或咨询报告等	内部审计只关注经营审计，未能关注财务信息可靠性；只向管理层报告审计结果，未对审计委员会提供审计信息；没有对财务活动进行审计

（四）完善信息传递与披露制度

内部控制要保证信息沟通渠道顺畅，解决委托人与代理人之间的信息不对称问题，及时、准确地将经营成果、财务状况、现金流量、重大风险、内部控制执行等情况报告给董事会。要保证信息的真实、完整性，完善信息披露制度，充分利用企业内部、外部信息；实施有效的举报制度，确保与最佳内部控制实践之间的偏差能够控制在一个合理的范围之内。例如，有些公司的审计委员会成员可以进入举报邮箱，从中获得重要的信息，这样有利于提高董事会的治理效率。

第二节　董事会的内部控制职能

董事会是一个受托责任主体，董事会受利益相关者委托管理企业，由不少于法定人数的董事组成，是代表企业行使法人财产权的会议体或组织，是企业法人的决策机构和监督机构。董事会是内部控制的主体之一，是一种减少代理链条、降低代理成本的选择。一个积极主动的董事会对于内部控制是非常重要的。董事会的两个核心职能是监督战略、考核与激励高层管理人员。我国《企业内部控制应用指引第 1 号——组织架构》指出，董事会对股东（大）会负责，依法行使企业的经营决策权。这些环节的不相容职务通常包括：可行性研究与决策审批、决策审批与执行、执行与监督检查等。

一、董事会的功能

以战略管理理论中的资源依赖理论来解释，董事会的主要工作是服务，提供咨询和建议，建立网络关系，进行战略参与。而以代理理论来解释，董事会的主要工作是控制，包括行为控制（单一战略公司）、产出控制（非相关多元化战略公司）和战略控制（相关多元化战略公司）。为保证董事会职能发挥，董事会一般要履行如下职责：

（1）作为代表股东的常设机构，向股东大会报告工作；

（2）对全体股东负责，执行股东大会决议；

（3）制定公司战略、宗旨和使命；

（4）做出公司的重大决策，决定公司的经营计划和投资方案；

（5）负责对公司财务进行审核与控制；

（6）制定公司的基本规章、制度，并监督其执行；

（7）对管理层的行为与董事会决议执行情况进行监督与有效控制；

（8）管理公司信息披露事项；

（9）听取公司董事长/总经理的工作汇报并评价其绩效；

（10）法律、法规或公司章程规定以及股东大会授予的其他职权。

20 世纪 90 年代以前，在跨国公司中，人们认为董事会是 CEO 战略决策的顾问。从 20 世纪 90 年代开始，大型公司的欺诈行为使得股东们对"橡皮图章式"的董事会越来越不满，建立负有更大责任的董事会的呼声不断增强，董事会的职责开始拓展到内部控制和战略管理领域，形成了四项基本功能，即制定战略、确定政策、监督管理者和承担责任。但在具体实践过程中，董事会的活动差异很大。在一个极端，董事会只是任命首席执行官并赋予其充分的权力，而将干预维持在最低限度。在另一个极端，董事会把自己看作最高管理者，提出或批准所有重要决策。

优秀的企业必然有一个有效的管理团队和有效的董事会。马克等人（Kevin Mark 和 Fiegener，2004）依据两种结构来划分董事会：战略控制和财务控制。他们认为，任何一种控制结构都会受到相关因素的影响，如董事会能力、权变因素和环境的不确定性、信息不对称。董事只有两个作用：控制（战略和监督是两个子系统）和资源的利用（合理性以及与其他公司之间的联系）。强调董事的行为，而不是董事会的特征。通过战略控制结构和财务控制结构的特征，构建一个董事会战略评价模型，将董事会的战略角色分为：管理团队型、橡皮图章型、战略控制型、财务控制型，见图 8-4。

在微软公司董事会的 10 个成员中，只有 2 个管理层的成员是执行董事，一个是比尔·盖茨，另外一个是微软的 CEO 史蒂夫·鲍尔默，其余的 8 个人都是独立董事，这些董事会成员与公司没有业务往来，即便是配偶、子女和其他亲属在公司工作也应披露。选择董事的

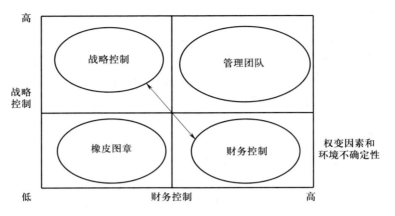

图 8-4　董事会角色划分

时候，微软公司注重其背景的多样性，8 位独立董事中，有两个是根据美国证券法规定有资格被称作财务专家的，一个是摩根大通的前财务执行官，另一个是电话电报（AT&T）公司的财务执行官，这是为了让董事会成员有足够的财务知识；一个哈佛商学院的教授；一个原美国的劳工部长（负责劳工关系）；来自宝马公司的赫尔穆特·庞克是美国本土之外的成员，选择他的目的是为董事会带来有价值的全球视点。微软公司的董事会结构有助于监控经理层吗？董事会的独立性、成员的多样性很重要，这样的董事会结构有利于公司治理，有利于对经理层实施有效治理。

　　从新制度经济学的观点来看，董事会监督职能的发挥存在两方面障碍：一是信息不对称；二是道德风险。如何从制度上保证董事会有足够的激励并约束董事会监督经理层，防止其与经理层合谋？由谁来监督和考核董事会绩效？许多企业董事会没有把保护股东利益、评价经理层绩效视为自己的职责；通常竞争环境、技术、市场等发生了变化，而董事会未能适应这些变化；董事会是会议体，依照法定程序才能发挥"会议"的职能，但董事会会议频度低，难以实施有效监督。威廉姆森（Williamson）认为，董事会是一种笨重的工具而不是界定明确的工具，它所拥有的那种保护力由于各方广泛参与而受到削弱。董事会作为一个整体只充当监督角色而已，监督约束机制对经营者虽然有一定的效果，但作用有限。董事会的控制责任和风险如表 8-3 所示。

表 8-3　董事会的控制责任和风险

控制主体	控　制　责　任	风　　险
董事会	代表股东为首的利益相关者的利益，确保经营活动按公司章程运行，保证所有者和经营者之间的受托责任实现；任免管理人员，监督检查管理人员的工作，评价其业绩并决定其报酬；审核批准重大事项，如并购等；决定企业战略并监督；监督财务报告的编制等	对管理人员监督不力；提供不正当激励的计划，包括对盈余操纵的激励；董事不独立；董事会被管理层控制；缺乏足够的时间或经验、能力履行职责等

　　一个家电公司出台了一项收购计划，为了完成这次收购，公司将花费超过 680 万元，这

对公司来说是很大一笔支出。根据市场分析，这项计划风险很大，可能给公司带来巨大的损失。该公司的一位外部董事担心，如果他不介入此事，收购一旦失败，董事可能会因为没有尽责而被股东投诉。他更为担心的是，近一个月公司董事长已经取消了所有的董事会会议，董事长不是通过董事会，而是自己决定了这项计划。这位董事建议与他共事的部分外部董事召开会议，并要求不能有内部董事出席。结果没有一个外部董事接受他的邀请，并有外部董事把他的建议通报给了公司董事长。这位董事随后收到了公司法律顾问给他的一封信，控告他企图召开"秘密"会议，之后又被告知不会再被提名担任董事之职。这个例子说明这家公司的董事会缺乏有效性，其公司治理存在严重问题。

二、董事的权利、义务、责任

董事在公司权力结构中具有特定的法律地位，需要承担特定的法律责任和义务。董事的义务通常分为勤勉义务（duty of care）和诚信义务（duty of loyalty）。勤勉义务指的是董事有义务对公司事务付出适当的时间和精力，定期参加董事会会议，关注公司经营，并以维护股东和公司最佳利益为原则履行职责。董事们要了解关键的公司治理问题、利益相关者以及对利益相关者的责任。诚信义务要求董事在履行责任时必须诚实且合理地相信其行为符合企业最佳利益，在个人利益与公司利益发生冲突时，保持应有的公正性。

三、董事会所属专门委员会

我国《企业内部控制应用指引第 1 号——组织架构》指出，可按照股东（大）会的有关决议，设立战略、审计、提名、薪酬与考核等专门委员会，明确各专门委员会的职责权限、任职资格、议事规则和工作程序，为董事会科学决策提供支持。专门委员会的设置依据董事会的规模、性质而有所差异。但一般来说，专门委员会不宜过多，因为过多地设立委员会会造成交流过滤以及权力的层次性，权力膨胀的专门委员会可能取代董事会。有效的董事会将重大事项交由全体董事决定，而专门委员会只是做辅助工作或完成专项任务。审计委员会（audit committee）一般由董事会聘请独立董事组成，成员主要来自财会专家、其他专业人员（如法律、金融专家等）。审计委员会并不是要取代财务负责人或者内部审计人员，独立的审计委员会是实现权力制衡的关键之一。

有效的审计委员会具有的特征包括独立性（由独立董事构成）、专业胜任能力（成员了解会计、审计和内部控制，具有批判性思维）、明晰的权责结构（直接听取内部审计师、外部审计师的报告，获得举报信息）、处于领导地位（积极主动、强有力、决定性的地位，有权决定内部审计主管的任免、内部审计预算的审批）、具有前瞻性的方法（分析性复核方法的使用、风险评估技术的应用等），具有信息权（管理层必须告知审计委员会在会计系统及相应内部控制中所有重大的改变）。审计委员会有权聘用和解聘外部审计师，复核审计人员的审计计划和审计结果；审计委员会有权聘用和解聘内部审计部门的负责人，有权制定内部审计活动的预算；审计委员会应该复核内部审计人员的审计计划，并就所有重大审计发现与内部审计部门负责人进行讨论；审计委员会可以收到所有合规性审计报告，并定期与合规性审计师讨论审计人员的发现，听取他们的意见；审计委员会应回避管理层成员，与内部审计师、外部审计师定期单独会面，等等。

审计委员会必须对审计人员的工作质量进行评价，如审计委员会应对参与审计活动的审计师的独立性和胜任能力进行评价和监督，审计委员会应查阅会计师事务所和内部审计部门的质量控制报告，对取得的审计报告的质量、财务报告和内部控制讨论的质量进行评价。审计委员会对审计职能的关注有助于提高审计的独立性和审计师的绩效。审计委员会是改善公司治理的关键机构，审计委员会的成员必须有充足的时间和丰富的经验来履行他们的职责。审计委员会的主席必须是一个相当有能力的人，他（她）愿意并且能够与审计人员和管理层进行经常性的沟通。审计委员会要在公开报告中阐明自己应负的责任，其成员不应轻易地逃避责任。审计委员会的控制责任和风险如表 8-4 所示。

表 8-4　审计委员会的控制责任和风险

控制主体	控 制 责 任	风　险
审计委员会	监督评价内部审计和外部审计工作，任免内部审计部门的总审计师，审批内部审计范围和费用预算；与内部审计师和外部审计师讨论审计结果，向董事会提出建议；选择会计师事务所，批准其提供的审计和非审计服务；监督评价财务报告编制过程以及内部控制报告	缺乏足够的时间或经验提供有效监督；不能与审计师有效沟通；聘任或解聘外部审计师的权力掌握在管理层

四、董事会与管理层关系

之前有关董事会与管理层的关系研究，或者是基于代理理论赞成董事会对管理层的控制，或者是基于管家理论赞成董事会与管理层合作，在讨论董事会与管理层间的关系时，要求二者取其一。事实上，这两类行为都需要，而不是两者取其一。当公司绩效不佳时，董事会通常把公司绩效不佳归因为管理者不努力或能力不足，要对管理层绩效评价。管理层为了保护自己，把自己视为高努力-高能力的人，通过两种方法是可以实现的：一是管理者通过运用制度上所谓"正确的"制定战略的程序努力论证他们决策的质量；二是管理者会隐藏其负面作用。通过控制董事会的议程或特殊仪式会议，管理者可能就避免了董事会的仔细检查，压制绩效评价控制机制和管理层更换机制；或资本化自己独特的专业技术和能力，或者通过他们与员工、供应商建立隐蔽的绑定合同关系等。

第三节　公司治理层面内部控制案例

HZ 科技公司[①]是福建省一家从事信息技术生产经营的上市公司，其前身是 1996 年 10 月组建的福建省 HZ 科技发展有限公司，后经多次增资扩股，于 2002 年 7 月在上海证券交易所挂牌上市。但在上市后一年多就被戴上"ST"（因亏损被特别处理）的帽子，股价从上市之初的 20 多元下跌至 2004 年 7 月的 4 元多，盈利能力大幅度下降。2003 年每股亏损 0.84

---

① 资料来源：陈汉文，刘启亮，余劲松. 国家、股权结构、诚信与公司治理——以宏智科技为例. 管理世界，2005（8）. 经本书作者整理。

元，"南有华为、北有 HZ"的赞誉成为过去。

2002 年 7 月至 2003 年 6 月，公司股票上市后第一任董事长 LQT 代表的是公司第二大股东的利益。2003 年 6 月董事会改选后，代表公司第四大股东利益的 HMM 上任为董事长。这期间，第一大股东 WD 虽然担任公司董事和总经理，但没有掌握公司实际控制权。2003 年 8 月，WD 因对现任董事会不满，愤然辞去总经理职务。2004 年 1 月 11 日，由于 HMM 与 WD 在股东大会主持权上产生了意见分歧，双方分别召开各自的股东大会，分别选举了董事长，出现了两个董事会。两个董事会的存在，导致谁也无法正常办公及开展业务，公司治理处于混乱局面，对员工、股东、客户和供应商都造成极其恶劣的影响。2004 年 4 月 30 日，两个董事会"两张嘴说话"，同时发布了两份《HZ 科技股份有限公司 2003 年年度报告》。从年报中可以发现，上市刚一年的 HZ 科技公司由于内部纷争，主营业务严重滑坡，经营难以为继。2003 年，该公司实现主营业务收入 20 083.3 万元，比去年同期减少 3 301.83 万元；实现主营业务利润为 −4 247.46 万元，比去年同期减少 13 660 万元；报告期内实现净利润 −9 223.72 万元，较去年同期减少 12 710.73 万元。

由 HMM 等组成的董事会认为，造成公司主营业务严重滑坡的主要原因除了"非典"（SARS 病毒）因素影响外，还有募集资金被前任高管人员大量挪用，导致公司无法正常经营，严重影响了公司正常业务的开展；前任高管人员通过其掌控的营销渠道，打着 HZ 科技公司的旗号，利用 HZ 科技公司的开发队伍，将大量的高回报的软件开发合同转签到不受公司控制的其他单位，直接导致报告期内公司新签合同整体毛利率下降，研发和施工费激增。

2004 年 3 月 16 日，WD 诉至福州市中级人民法院，请求判令 HZ 科技公司立即结束法人治理的混乱状态，合理合法地使用公章、营业执照和财务资料，正常开展生产经营活动，停止对其权利的侵害，并对经他提议 2004 年 1 月 11 日召开的临时股东大会所产生的决议进行效力确认。2004 年 5 月 13 日一审判决 HZ 科技公司仍由 HMM 等组成的董事会、监事会管理，WD 不服并上诉至福建省高级人民法院，终审判决维持原判。

HZ 科技公司的前几大股东的情况如下：2002 年 7 月至 2003 年 12 月 31 日，第一大股东是自然人 WD，其持股比例为 18.03%；第二大股东是自然人 LSL，其持股比例为 15.79%；第三大股东是福州 DQ 公司，其持股比例为 13.15%；第四大股东是泉州 MF 物业公司，其持股比例为 5.21%；第五大股东是自然人 CDY，其持股比例为 4.45%；第六大股东是自然人 ZF，其持股比例为 4.14%；第七大股东是石狮 RS 公司，其持股比例为 2.87%。上述股东中，泉州 MF 物业公司的实际控制人是 WYH，石狮 RS 公司的法人代表也是 WYH，自然人 CDY 是 WYH 的私人秘书，而 ZF 与 WYH 的关系也非同一般。因此 HZ 科技公司第 4—7 大股东的控制人实际上均为一个人，这四大股东的股份合计为 16.67%，仅次于第一大股东 WD 的 18.03%。其他两个大股东的股权分别为 15.79%、13.15%，股份差异不大，即"相近持股"（closely-held）。

HZ 科技公司控制性股东的控制权收益有以下几个方面：

（1）募集资金。2002 年 10 月，HZ 科技公司用募集资金 8 945 万元预付给北京 XY 计算机系统公司作为购买设备款，与 XY 计算机系统公司的账面预收账款金额不符。HZ 科技公司 2003 年报披露公司募集资金被前任高管大量挪用，董事长 LQT 为其弟弟控股的福建 KL 公司提供 7 000 万元贷款担保，并于董事会换届选举之前（2003 年 5 月 29 日）将 7 000 万元募集资金汇入福建 KL 公司账户为其还款。

（2）现金支付和其他应付款。公司 2003 年年报"支付其他与经营活动有关的现金"一栏里，有支付给泉州 MF 物业公司 3 115 万元的还款，且账面显示还欠泉州 MF 物业公司 3 885 万元，但从 2002 年年报、2003 年半年报和其他资料未发现 HZ 科技公司与泉州 MF 物业公司之间发生过任何经济往来。HZ 科技公司在 2003 年年报对这两笔款项发生原因只字未提，而这两笔款项发生在 HMM 董事长上任仅半年时间之内。

（3）设立子公司转移资金。2003 年 8 月，HMM 等控制下的董事会通过了在上海成立"上海 HZ 投资公司"（注册资本 3 000 万元）的议案，HZ 科技公司出资 2 835 万元（占 94.5% 的股权）、自然人 ZLM 出资 165 万元（占 5.5% 的股权）。在未经股东大会审议的情况下，HMM 等人于 2003 年 9 月成立了该公司，HMM 任董事长。2003 年 11 月，未经股东大会审议，上海 HZ 投资公司注册资本虚增至 6 100 万元，导致 HZ 科技公司在上海 HZ 投资公司的股份比例下降到 50% 以下，进而丧失了控制权，由此 HMM 等人实现了对上海 HZ 投资公司原 3 000 万元注册资本的控制。

2003 年 9 月，在未经 HZ 科技公司股东大会审议的情况下，HMM 等人控制下的董事会又擅自成立了福建 HZ 信息公司（注册资本 1 000 万元），由 HZ 科技公司出资 900 万元（占 90% 的股权），自然人 ZQL 出资 100 万元（占 10% 的股权）。该公司成立后，未经股东大会审议，将注册资本扩充至 2 450 万元（补充的资金来自上海 HZ 投资公司），使得 HZ 科技公司在福建 HZ 信息公司的股权比例下降到 50% 以下，丧失了控制权。福建 HZ 信息公司增资扩股后，就以上海 HZ 投资公司的名义，将福建 HZ 信息公司的全部资金调走。

（4）转让项目、资产变现。以 HMM 为主的董事会虽然在法庭上获胜，但其代表的第 4~7 大股东的股份之和只有 16.67%，并且 HZ 科技公司的前三大股东已有联合趋势。在控制权动摇时，HMM 等人在胜诉后进行多个项目转让，实现现金回收。2004 年 5 月 31 日，HZ 科技公司与华为公司签订协议，将其在湖北、青海、新疆的 BOSS 项目、BI 项目的已签合同、知识产权全部转让给华为公司，作价 1 000 万元；将北京的项目折价转让，预计损失 1 400 万元。董事会将所有易于变现的资产，包括项目合同、应收账款、对外投资项目均套现。

法院的判决无法令 HZ 科技公司的内部矛盾平息，股东之间的纠纷一步步升级，公司治理层面内部控制失控导致经营管理一度失控。在法律法规不健全而且执法不严的情况下，公司控制权的掌握人更容易为了自身更大的利益而损害公司及股东的利益。HZ 科技公司上市之初，很多募集资金还没有投入使用，公司的现金流量极为丰富，给控制权的所有者提供了牟取私利的机会。从 HZ 科技公司披露的信息来看，作为公司董事长的 LQT 确实存在非法挪用公司募集资金和抽逃子公司注册资本的行为。这种行为严重损害了公司的权益，受到中国证监会的查处，而受此影响，公司股票价格急剧下跌，二级市场股东财富损失严重。公司治理层面内部控制失调，使得公司稳定发展、基业长青的两大目标难以实现。

HZ 公司在治理层面的内部控制是无效的，公司治理影响着公司财务系统和会计控制系统运行，需要在法律法规和股东关系管理方面进一步完善制度建设，以避免 HZ 公司的问题。

本章小结

公司治理层面内部控制是通过治理结构的设计，由公司治理主体实施权责配置、制衡、激励与约束、协调等功能，促使管理人员更好地履行责任。公司治理层面内部控制的目标是：抑制经理人腐败或防范道德风险；化解矛盾、凝聚力量、促进有效管理，实施战略监控。公司治理层面内部控制目标的实现方式是建立治理型内部控制：以董事会为核心，权责分明，建立制衡与问责制度；建立和完善独立董事制度；建立内部审计制度；完善信息传递与披露制度。

关键词

公司治理	Corporate governance
公司治理层面内部控制	Internal control over corporate governance
董事会	Board of directors
战略委员会	Strategy committee
审计委员会	Audit committee
独立董事	Independent director

即测即评

请扫描右侧二维码进行在线答题并查看答案。

思考题

1. 如何理解公司治理层面内部控制？
2. 如何理解治理型内部控制？
3. 独立董事的作用如何发挥？
4. 有效的董事会具有哪些特征？
5. 董事会下设的专门委员会有哪些？

案例讨论题

海信集团公司（以下简称"海信"）是特大型电子信息产业集团公司，成立于1969年。海信坚持"高科技、高质量、高水平服务、创国际名牌"的发展战略，以优化产业结构为基础、技术创新为动力、资本运营为杠杆，这些年来快速成长。从一个小作坊式的收音机生产厂家变成一个涉及电视、计算机、移动通信、网络设备等领域，在国内外拥有 20 多个子公司的电子信息企业集团，在中国电子信息百强企业中名列前茅。通过收购科龙，海信已经拥有海信电器和海信科龙电器两家在沪、深、港三地上市的公司。海信的成长之路并不是一帆风顺，20 世纪 90 年代末期，国内家电企业竞争激烈，展开了价格战，使得企业利润微薄，许多企业在这种激烈的竞争环境中倒闭。

海信经营跨度较大，涉及了家电、IT 以及高新电子技术等多个产业领域，子公司坐落全国各地，这种复杂的内部组织结构导致子公司之间、子公司与集团之间的交流非常困难。公司确立了一项特殊的人力资源考核标准，即在选拔各子公司的总经理时，必须考核财务知识。董事长亲自兼任集团财务中心主任，由集团财务中心向子公司委派财务总监和财务负责人；优化财务人员的结构，招聘了大量较高素质的人员，使财务人员的工作作风得到了根本性的转变；建立了产供销联席会议制度，集团的各个部门、子公司有义务对财务中心提供生产经营活动的所有信息（只要财务部门认为有必要），保证公司财务分析不局限在数字怪圈中。集团每个月召开财务讲评会议，形成"从财务的观点看经营，从经营的观点看财务"的辩证管理思路，不断根据不确定的外部环境形成新的利润计划，指导企业日常经营活动。在讲评会上不仅要对集团总体财务状况进行分析，还对各子公司的共性及特点进行分析。在讲评时注意抓典型、抓两头（即财务考核指标完成情况最好的和最差的），以引起大家的重视。对于财务考核指标完成情况不好的，要求子公司负责人在讲评会上有明确的承诺，并在下月考核时兑现。

业绩考核更关注那些影响公司战略的重要风险因素，海信的战略风险主要体现在融资状况、资金周转以及应收账款回收等方面。为此，海信将考核指标分为 4 类 11 个，即收入类（包括销售收入、销售回款和出口收入 3 个指标）、利润类（包括利润总额和两项费用 2 个指标）、资金周转类（包括存货周转和收支比率 2 个指标）、应收账款类（包括应收账款、预付账款和其他应收账款等 4 个指标）。对于这 11 个指标的考核范围，也做了具体的规定。财务指标的考核采用分值计算方法，对于不同的子公司，其财务考核指标在整个考核体系中所占的权重各不相同。在集团整个考核体系中，财务指标占总分的 80% 以上，而且考核结果和公司经理的年薪，每个部门、每位员工每月的奖金挂钩，保证了财务考核指标的激励与约束作用。业绩考核到了近乎苛刻的地步，如在各子公司总经理的年薪制合同中规定：应收账款超过销售收入的 5%，否决年薪；资产负债率超过集团对其规定，否决年薪；存货周转未达到规定的要求，否决年薪。正是这种严格挂钩的业绩考核制度，促成了利润预算控制系统在集团内部成功实施。

海信在实施并购战略过程中，根据标的企业的情况，实施创新激励，例如在 20 世纪 90 年代，成功地并购科龙集团。海信建立了独具特色的岗位股权激励机制，类似虚拟股票，但又有所不同，即"股依岗定，离岗退股，循环激励"，持股范围仅限于在岗骨干员工，即对企业经营业绩和持续发展有直接或较大影响的经营管理人员、研发人员和业务骨干等，不是平均主义、大锅饭；股权激励实行有偿认购，骨干员工获得股权激励的股份都要个人出资购买，且采用增资扩股方式时，均聘请第三方专业机构开展专项审计评估，并以评估价作为增资价格；员工股权受限流转，只能在公司内部进行有序、合理、按规则的流动，员工只拥有股份的所有权和收益权，没有支配权，股权不得抵押、继承和任意买卖，出现降职、免职、离职、退休的情况时必须转让股权或降低持股标准，以保证股权永远激励在岗员工，避免员工股权固化。股权投资风险自担，所有骨干员工入股与国有股、法人股同等收益共享、风险共担。研发人员的股权激励既有岗位激励，又有创新激励，对于达到岗位激励标准的员工，按照岗位激励进行有偿认购；对于研发创新，按照研发绩效进行技术估值，有成果的员工可以无偿获得股权；如果研发成果可以商业化，则成立创业公司，按照贡献无偿授予研发人员股权，为了激励这些团队继续努力，后期还进行有偿股权激励。

海信制定了《岗位激励股份管理办法》，规定了分配范围、额度、流转、分红等具体操作细节，所有控股子公司骨干员工持股总数原则上不超过总股本的30%。为了避免陷入经营下滑时持有公司股权的骨干员工流失，也避免经营下滑期间公司大量回购股份导致现金流恶化，从而影响公司的正常生产经营，损害公司和股东利益，规定经营下滑期间个人原因退股的，退股价格按照净资产的一定比例确定。退休员工激励待遇管理办法则根据积分建立退休员工激励待遇等级标准，符合条件的退休员工可以保留一定比例的股权至终生，以此避免短期行为与透支企业未来的行为。对于离任股东，为了避免这些股东故意采取脱离持股范围或降低持股层级的方式集中套现从而给公司和其他股东造成损失、给公司经营增加难度甚至造成重大隐患的情况，规定了由于个人原因退出的，股权收益的一定比例需作为离任押金，锁定若干时期。

核心员工和经理层持有的股权均称为 E 股。根据公司管理制度，经理层具有任免骨干员工的权利，有可能将那些与其存在不同意见的员工排挤出骨干员工范围，使其不再成为 E 股股东，E 股股份进而被少数人持有，这将严重背离岗位激励性股份的初衷，破坏在岗骨干员工与企业利益捆绑在一起，进而不利于企业长期稳定发展。因此，海信成立 E 股股份理事会，制定并固化相关股份管理制度，以保障公司的激励性股份永远用于激励在岗的骨干员工，避免管理层将 E 股股份集中到自己手中。海信全方位的内部控制，特别是绩效考核与治理层面的控制机制，促进了公司的长期稳定发展。

讨论：海信公司的内部控制有效吗？

延伸阅读材料

内部控制绩效篇

　　内部控制绩效是指内部控制运行的效果，涉及内部审计和内部控制评价，通过内部审计和内部控制评价，改进和提升内部控制效果。内部控制评价包括三个层次，一是流程控制评价，二是管理控制评价，三是公司治理层面内部控制评价。内部控制评价可由控制主体实施自我评价，也可由内部审计部门进行评价，还可委托专门机构进行评价。

第九章 内部审计

【引言】内部审计是为增加企业价值，改善企业经营管理而进行的独立、客观的保证和咨询活动。它通过系统的方法来评价和改善风险管理、控制以及公司治理的有效性，从而帮助实现既定目标。内部审计提供保证和咨询服务，保证服务是指为企业风险管理、控制或公司治理提供的独立评估为目的的客观的检查证据的活动，如业绩评价、风险分析、财务审计、专门的调查、系统安全与可靠测试等，其服务对象主要是董事会及其所属的专门委员会。咨询服务是指为增加企业价值和改善企业经营提供咨询或顾问的活动，其服务对象主要是经营管理层，例如管理建议、绩效审计、业务流程的设计、员工培训等。

第一节 内部审计目标与作用

内部审计曾被誉为"管理者的耳目"，是对内部控制进行的再控制。现代内部审计的职能已由传统的监督、评价拓展为保证与咨询服务，审计重点由单纯的财务审计转向多目标审计，关注控制、风险以及公司治理。内部审计经常被管理层要求提供改进企业经营、风险管理的方法及改进内部报告的途径，股东、董事会和审计委员会则要求内部审计提供能够实现公司治理目标的服务。企业应当加强内部审计工作，保证内部审计机构设置、人员配备和工作的独立性。内部审计机构应当结合内部审计监督，对内部控制的有效性进行监督检查。内部审计机构对监督检查中发现的内部控制缺陷，应当按照企业内部审计工作程序进行报告；对监督检查中发现的内部控制重大缺陷，有权直接向董事会及其审计委员会、监事会报告。

一、内部审计的产生和发展

19 世纪末 20 世纪初，企业管理发生了重大变化，开始建立内部审计制度。例如，德国克虏伯（Friedrich Krupp）公司在 1875 年设立了较为完整的内部审计制度。内部审计从 20 世纪 50 年代的"内部检查者"，转变为从事复杂的计算机审计、经营审计以及为管理层和董事会提供专门研究报告的部门。企业内部审计制度在 100 多年的时间里发生了重要变化，特别是审计委员会出现之后，学术界和实务界对于内部审计与审计委员会的关系、内部审计与管理层的关系、举报信息处理、审计业务外包、内部审计与风险管理等进行了研究。2002 年 8 月，美国纽约证券交易所要求所有上市公司必须建立内部审计机构，至少要保证有专门的内部审计人员。在我国，内部审计很受重视，国家审计署早在 20 世纪 80 年代就要求大中型国有单位设立内部审计机构，我国证券监管机构于 2002 年建议上市公司建立内部审计制度。内部审计在最近这些年得到快速发展，很多企业自愿设立内部审计机构，内部审计工作逐渐实现法规化、制度化、规范化，进一步加强内部控制和风险管理。

二、内部审计目标

几十年来，内部审计目标经历了多次演变。国际内部审计师协会在 1947 年公布的《内部审计师职责说明书》中指出，内部审计的主要目标是通过提供目标分析、评价、建议以及对经营活动提出中肯意见，帮助管理人员有效地履行自己的责任。

1963 年，美国工业委员会对 177 家公司内部审计目标调查，列举的主要目标依次为：确定内部控制系统的适当性；调查公司方针和规程的符合性；检查资产安全性，防止或揭露欺诈行为；验证会计报告的可靠性；将审计结果报告管理当局，提出改进建议；帮助提高会计工作效率；为人事部门提供培训服务；配合注册会计师完成年度财务审计；评价员工业绩等。1979 年，国际内部审计师协会（IIA）发布的《内部审计实务标准》提到，开展内部审计的目标是：评价内部控制的适当性和有效性、评价实现经营目标情况、评价资源的节约和有效使用。

2001 年，国际内部审计师协会指出，内部审计的目标在于增加价值并改进组织的经营，它通过一套系统、规范的方法评价和改进风险管理、控制和治理的有效性，以帮助组织实现目标。内部审计人员提供能够满足董事会（审计委员会）、高级管理层、运营层这三个不同层次需要的服务，以实现服务价值的最大化。国际内部审计师协会调查结果显示，企业内部不同客户的需求存在差异。审计委员会主要对关于风险和控制的保证服务感兴趣，运营层关注运营效率和控制机制的适当性，高级管理层关心的内容既包括咨询建议也包括风险和控制的保证服务。但他们之间是有重叠的，即运营层可能需要对控制有效性的保障，审计委员会也可能需要关于风险评估和控制流程的咨询。

内部审计对风险管理进行定期的评估，使风险得到恰当的识别和管理；与董事会或审计委员会进行必要的沟通，定期提供内部审计信息，报告内部审计计划和结果、审计活动的成果；保证员工的活动符合政策、准则、程序、法律及管理规则的要求；评价外部审计人员的工作，使企业能够以合理的成本接受外部审计；在审计过程中识别出可以改善管理控制、获利能力和企业形象的机会等。内部审计的活动范围取决于对企业战略的理解以及可能影响这些战略实施的风险。国际内部审计师协会（IIA，2003）调查表明，管理层关注的六项活动按重要性排列分别是：内部控制、遵循性、风险、计算机系统、经营评价、道德遵循性及激进的会计处理。审计委员会关注的活动按重要性排列分别是：内部控制、风险、遵循性、计算机系统、道德遵循情况和激进的会计政策。[①] 内部审计主要活动如图 9-1 所示。

---

① Internal Audit Reporting Relationships: Serving Two Masters. The IIA Research Foundation, 2003.

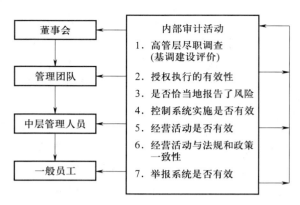

图 9-1　内部审计活动

IBM 公司内部审计实行总部集中管理，专职审计人员有 100 多人，审计目标是各级管理层控制职责的履行情况，特别是 CEO/GM 和 CFO 的控制职责执行情况。审计人员的六项职责是：按照董事会和审计委员会要求确保公司在可控的状况下运作；为管理层和股东提供业务流程的评价；确保公司业务流程被严格遵循；鉴别控制的薄弱环节；查错防弊；改进流程。业务控制部门采用集中管理和分级控制相结合来推进内部控制，总部的任务是设立工作程序和标准，各分支机构在 CFO 领导下设立业务控制部门，配备专职的业务控制人员，这些人员的专业能力在控制方面超越业务执行人员。IBM 公司内部审计组织结构如图 9-2 所示。

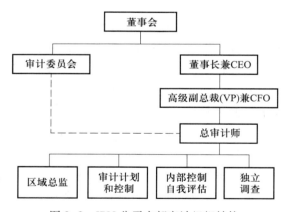

图 9-2　IBM 公司内部审计组织结构

审计之前 2~4 周，提前通知被审计单位需要审核的流程、范围、时间跨度、需要参加的人员、需要提供的资料等，严格按照已有的审计业务规程（audit program）操作，审计业务规程在公司内部网上公布。审计过程中，审计人员会有一份问题清单（data sheet）文件，明确说明审计中发现的问题，不含糊、不回避，并就提出的问题与被审计单位确认，问题清单列出的都是严重的问题。被审计单位负责人和具体的业务流程责任人对此特别紧张，如果问题清单列出的问题超过三个，可能会有人被迫离职。这份"黑名单"中的人可能是 CEO/GM 和 CFO，但是在他们被解聘前，一定会追究直接责任人。

业务控制部门通过检查业务流程、协助内部审计等，实施控制与风险评估。具体日常工作包括业务运作审查及财务审计、控制评估、先期评估、风险意识培训和教育、控制风险分析、控制评估小组讨论和交流、对应用系统控制的审计、专题调查、协助自我评估、收集自我评估资料、流程检查、管理顾问、监控主要业务绩效指标、引导建立控制流程、向上级报告和反映问题等。审计前通常要做好审计准备（audit ready），使审计与业务控制、管理系统、核算系统、控制流程有机结合，保证业务过程控制、风险控制和会计控制有效。IBM 公司的总审计师制度和审计流程值得借鉴。①

三、内部审计的特征

内部审计是一项独立、客观的保证和咨询服务，强调的三个概念是：风险管理、控制和公司治理。风险管理是审计的起点；通过有效控制来实现风险管理目标，控制与风险管理紧密联系；公司治理是确保公司利益相关者权益得到保证，确保所有业务活动都遵循公司政策且受托责任已经建立的过程。现代内部审计向风险管理审计和咨询活动扩展，且独立性增强。

（一）独立性和客观性

国际内部审计师协会将内部审计的独立性定义为，"自由地决定审计或保证服务的范围以及实施、开展适当范围的工作"。内部审计的独立性表现在公司董事会接受和支持内部审计，但其大部分活动都是为管理层服务的。客观性意味着无偏见地为各类当事人服务，审计师在收集、评价审计证据和报告审计结果时保持公正。客观性是内部审计中最为重要的属性，这一属性可以使内部审计人员为管理层和其他人员同时提供保证和咨询服务。

如果审计的独立性和客观性不能得到保证，内部审计的活动将受到限制。但内部审计在取得足够的权威性和较高的报告层次后，如何保证这些权力合理使用，也是要注意的。例如，山东 JH 集团公司内部审计被公司管理层誉为企业内部控制的"杀手锏"。JH 集团公司经营成功的诸多经验之中，对内部审计的重视是一条重要经验。决策层重视内部审计，确保内部审计机构的合理化建议在任何环节被认真贯彻、在任何部门都能被遵照执行。

审计独立性与参与式审计之间的矛盾要合理地解决，例如，对于专职审计师和客座审计师，可以采取轮换和重新分配的方式。要考虑审计人与被审计人的利益关系、自我检查、强势客户施加压力等风险。JH 集团公司审计部位于"董事会之下，所有部门之上"，审计部由董事会直接管理，具有很高的独立性和权威性。管理层尊重内部审计部门的劳动成果，带头遵守内部审计工作的有关规定，"只有审不到的地方，没有不该审的地方""任何部门、任何个人都必须无条件地支持和配合审计部的工作"，这是集团董事会的共识，也是整个决策层带头遵守的规定。在人、财、物上给予倾斜，确保审计资源充足。由于历史原因，目前集团的审计工作有相当一部分是"秋后算账"，虽然问题发现了，漏洞找到了，但损失已经形成。为使内部审计成为企业管理的"杀手锏"，董事会进一步壮大审计队伍，增强审计职能，拓展审计领域。通过"关口"前移，帮助企业建立和完善内部控制，监督内部控制运

---

① 旭东. IBM：让控制成为一种习惯 [J]. 数字财富，2005（8）. 经本书作者整理.

行，从而最大限度地预防和规避各种风险，提高了企业效益。①

内部审计具有较高的报告层次，能够影响企业战略、经营决策等，可以帮助企业所有者或管理者实施价值管理。董事会/审计委员会对内部审计的职能享有决定权，这对于保证内部审计的独立性和内部审计效率是非常重要的。内部审计主管按照审计章程规定，定期通过合理的方式向管理层和审计委员会报告。内部审计部门的预算应当在咨询高级管理层及董事会/审计委员会后制定，董事会/审计委员会对内部审计部门的经费预算制定有最终的批准权，并可以聘请/解聘内部审计主管。例如，我国 FLJ 公司以陶瓷产品为主业，营销网点遍及国内许多地方，股东会委托董事会经营，由董事会聘任经理人员；每年年初由经营班子提出经营预算和财务预算，董事会讨论后报股东会审查决定，年终考核；由董事会直接领导内部审计；内部审计与经理层职能分离，审计机构、审计人员、审计部办公地点实行封闭式管理，保证了内部审计的独立性。

（二）保证与咨询

国际内部审计师协会（2001）把保证服务定义为：为企业风险管理、控制或公司治理提供的独立评估为目的的、客观的检查证据的活动，接受保证服务的当事人是董事会/审计委员会、高级管理层、经营管理人员等。保证服务包括风险分析、控制分析、业绩评价、合规性、信息安全与可靠、经营效率评价、符合性测试、专门的调查、应有的职业谨慎评价等，保证服务可以改善企业信息处理质量、控制效率、信息可靠程度，提高与公司章程、法律规范或政府政策的一致程度以及经营效率和效果。国际内部审计业务准则将咨询服务定义为：为增加企业价值和改善企业经营提供咨询或顾问的活动，其服务种类和范围要经过委托人的同意或批准，例如管理建议、业务流程的设计、员工培训等。

（三）增加价值

内部审计参与企业价值创造活动，在参与过程中显示其价值创造的贡献，从而使管理层、董事、股东了解其存在的必要性和重要性。在评价内部审计部门和人员的绩效时，不应把成本降低的幅度或效益增长的幅度等作为衡量内部审计绩效的标准，因为内部审计对价值创造的贡献通常是间接的，如果过于强调内部审计的直接贡献，有可能削弱内部审计的独立性和客观性。

YTZY 集团内部审计对遍及全国各地的仓库进行了全面审计，发现仓库布局不合理，不按照市场需求调货，发货没有执行先进先出规定，导致 300 万元产品长期积压，库存盘亏65 万元。公司管理层根据内部审计建议调整了市场营销环节的内部控制，成立仓库管理中心，对异地仓库垂直管理，重新布局仓库，增加定额考核，解决了异地库存的问题。公司内部审计为价值增加做出了贡献。

（四）系统化和规范化的方法

这一特点强调内部审计应用系统化和规范化的审计程序与方法。建立在内部审计准则和内部审计章程基础之上的内部审计，被认为是实施审计的关键。审计程序和方法需要与经营管理和公司治理过程有效结合才能挖掘出内部审计师的潜力，只有获得充分的、有力的审计证据，才能发表审计意见或对业务提出改进意见。常用的方法有检查、分析、观察、询问、

---

① 柳富林. 使内审成为企业管理的"杀手锏"[J]. 中国内部审计，2005（2）.

外部调查、重新计算、重新操作等。

（五）为促进组织目标的实现而服务

将内部审计关注的活动提升至组织整体的层次，并将内部审计与企业的核心业务流程和关键成功因素联结在一起，要求内部审计为促进组织目标的实现而发挥作用。例如，亚星公司除了由采购部门掌握供货信息外，还派出内部审计人员参加展销会，掌握产品、服务市场信息、价格信息等，防止信息不对称。

四、内部审计的作用

内部控制与内部审计具有相同的目标取向，内部审计是内部控制的一个重要环节，同时又是内部控制有效性的重要保证，体现了对内部控制进行再控制的功能。

（一）控制作用——为管理层服务

内部审计对企业风险管理加以评估，关注内部控制领域中的风险，评价控制标准的适当性，检查是否存在薄弱环节；与管理层合作，制定适当的评价标准。组织实施内部控制/风险自我评估，提高内部控制效率、降低控制成本。

1. 信息系统可靠性测试

为了保证信息可靠性，许多企业建立了 ERP（企业资源规划系统）；为了测试其计算机信息系统的安全性，内部审计人员利用各种技术定期执行信息的安全性和控制的复核。内部审计人员既是审计专家，又是信息系统专家，通过对计算机信息系统及软硬件进行技术性审计来保证系统的可靠性。

2. 控制效果评估

一个独立的、客观的内部审计部门通过对风险管理过程、内部控制和经营有效性的独立评估来帮助管理层。内部审计人员通常也对控制文件的有效性进行测试，这些控制文件可以为内部控制的质量提供保证。内部审计人员既关注采购、生产、营销流程是否有效执行，也关注银行存款余额调节表、订购单是否被合理实施或批准。企业管理层认为内部审计的目的在于评估控制过程，控制有效性的评价是内部审计重要的工作之一。

XF 化学工业公司是一家在新加坡上市的外商独资企业，公司审计室（审计部）直属董事会下审计委员会领导。根据审计计划对采购业务的控制测试，按照请购单、订购单合同评审、验收单、卖方发票、付款凭单、付款凭证及卖方对账单等内部控制流程进行。内部审计人员从请购单→询价比价→选择供应商→合同评审→合同的签订出发，对原始单据进行测试。发现以下情况：① 在询价比价的过程中，采购员要求各供应商报价的产品规格、型号不一致，从而使得询价、比价的作用不能发挥，导致该采购员确定的供应商的产品价格最高；② 该采购员在合同报告中没有说明供应商提供增值税专用发票的要求，从而使得供应商以偷逃税款的方式降低报价，没有全面真实反映实际情况，却告知领导是最低价采购，误导了主管审核、批准行为；③ 签订合同时原合同报告中的供应商名称又变成了没有法人资质的二级代理商，该二级代理商不具有一般纳税人资质，为企业以后对卖方发票的抵扣不足留下隐患；④ 抽查该采购员所签合同，供应方发票没有要求增值税专用发票的规定（公司是外企，购买国内设备享有退税政策）；⑤ 审计部门电话询价和网上询价发现，此采购员所选供应商价格比同类厂家价格高出近 10 万元。

从采购作业制度来看，请购单、订购单合同评审、验收单、卖方发票、付款凭单、付款凭证及卖方对账单等内部控制流程已经相当完善，但在执行过程中，由于部分采购员为谋求个人利益，给公司造成损失。

针对以上情况，建议：① 采购员应做到货比三家；② 采购过程增加透明度，加强责任心，提高采购员自身素质；③ 严格仓库验收入库手续，所有采购必须经验收才可领用；④ 财务部门加强与卖方的对账工作；⑤ 把对供应商的付款职能由采购处划归财务部控制；⑥ 建立对重要岗位的定期轮换制度。对采购流程审计引起了管理层的高度重视，立即进行了整改并落实了责任人和整改期限。具体包括：① 辞退了该名采购员；② 财务部从上述供应商的应付款中扣除 13% 的进项税款，金额近 6 万元，并取消了此供应商的合格供应商资格；③ 公司在往来账管理办法中增加了卖方对账的规定，同时要求财务部每半年对所有往来账核对一次；④ 严格规定了结账、报账、入账的时限。通过审计，为公司减少了损失近 7 万元，同时也改善了公司内部控制，得到了公司董事会和管理层的认可。①

3. 经营效果和效率评价

经营审计是对企业经营活动、系统和控制的效率、效果和经济性进行评价，为改进经营提供建议。经营审计不局限于复核会计记录和财务活动，而是对企业经营全面了解。经营审计的目的在于评估业务活动的质量和效率，识别改进的机会以及为改进提供意见，如采购价格鉴证、投资项目尽职调查、管理程序改进等。审计人员、管理人员和审计委员会将经营审计目标建立在风险分析与企业发展机会联系的基础上，风险越高，所接受的审计就越多。例如，审计人员发现分支机构有较高的坏账率，则要检查控制环节以确定其是否存在缺陷。在评价经营效率时需要一定的标准，这些标准包括过去的业务活动、相似业务的最佳实践、既定的管理目标等。

强调内部审计更多地参与并实施双向互动，要求审计人员关注业务、关注现场。鉴于审计成本的约束，难以长期配置各专业领域的审计师，遇到综合性强的审计项目时，采取跨专业使用其他部门客座审计师的方式。但如何保证客座审计师的独立性，是审计部门借用外力时要注意的。同时，审计部门大量参与各种经营审计，尤其是采购价格鉴证、投资项目尽职调查、管理程序改进等，在审计之后仍出现失误或发生问题，划分责任成为审计实务中的一个难点。当出现需要业务部门决策的疑难问题或敏感事件时，业务部门转嫁决策责任，审计部门的风险就会增大，这也是审计人员要注意的。

经营审计由以下多个步骤构成：了解经营范围和管理层感兴趣的审计范围；了解被审计范围的相关背景信息；对经营效率设立目标；对被审计范围进行初步的风险分析，包括分析性复核；进行详细的风险分析；找出并分析可能存在问题的数据；进行调查与测试以确定问题产生的根源，提出改进意见；对经营活动与控制进行详细测试；总结发现的问题，与经营管理层进行讨论，准备报告给高级管理层与审计委员会；建立跟踪机制，确定达成的改进意见是否已经执行。

美国通用电气公司（GE）内部审计目标是：超越账本、深入业务。审计目标定位使其在检查和改善下属单位的经营状况、保证投资符合公司战略、培养管理人才方面开创了成功

① 孙国林. 警惕采购作业中的人为风险 [J]. 中国内部审计, 2005 (4).

的范例。审计人员首先从查账入手，但决不止步于查账，而是花费更多的时间和精力去研究可能存在问题的业务，从中发现经营效果、资源的开发利用、产品质量和服务等各个方面有无可以改进之处。尤其关注风险大的事项，因为人们习惯于明哲保身，可能出现低效率、浪费、不求进取等问题，这些领域正是审计人员关注的重点。为了实现审计目标，审计人员可以做需要做的任何工作，即便找到了解决办法，事情也未结束，要把实施方案变成一种日常工作，具体落实后才肯罢手，以便在审计人员离开后能够坚持下去。平均每三个月，审计人员便接受一项新使命，每次都是不同的审计对象，不同的组成人员，不同类型的业务。在设计解决方案时，会将其他审计对象的经验融入方案，提高了内部审计的效率和效果，促进了内部审计价值的实现。内部审计成了 GE 管理层对下属企业进行控制的最有效工具，GE 的经验是，企业再大也是可以控制的，强化内部审计就是正确的选择。[①]

4. 符合性审计

符合性审计是一种针对经营活动和会计处理是否与管理政策以及相关法律、规则相一致的审计，符合性审计包括对企业政策执行的评价，关注是否符合董事会政策和控制规程，如重要交易是否有适当的授权，法律法规的符合性、公司政策的符合性、经营目标实现的符合性等。符合性审计可以改善经营效率并为企业遵守相关法律法规提供保证，能够增加企业的价值。

（二）风险管理作用——为管理层和治理主体服务

内部审计的风险管理是在一般部门所进行的风险管理基础上实施的。国际内部审计师协会（2001）认为，内部审计应帮助组织发现并评价重要的风险因素、帮助改进风险管理与控制体系。风险评估和风险管理已经变成了内部审计活动的一个重要组成部分，风险评估对于管理层和审计委员会来说都是重要的。一些经营失败的企业在控制方面表现出严重的缺陷，如管理层破坏行为准则或越权、董事会疏忽等。许多企业因未能监控经营活动风险而处于困境之中，内部审计通过评估风险管理过程的有效性对企业提供帮助，将评估结果及时报告审计委员会，审计委员会要讨论公司主要财务风险的披露和管理层风险监控流程的披露。

企业需要系统的过程来识别风险，从而控制不利结果的出现。比如，在产品进入市场之前的市场调查、客户分析、新产品的成本分析，判断新成品不能满足市场需要的风险；对高管层基调建设情况评价，分析公司治理风险等。审计人员不可能对企业的每一个事项审查，但风险分析可以帮助审计人员判断哪些领域应该优先审计。内部审计关注的风险主要有：财务和经营信息不足，政策、计划、程序、法律和标准贯彻失败，资产流失，资源浪费和无效使用，不能达到目标等。审计人员执行风险分析有三个原因：一是审计人员不可能审计公司的每一个事项，风险分析已经成为决定审计人员关注哪个领域的基础，风险分析可以帮助审计人员判断哪些领域应该优先审计；二是管理层和董事会需要获得风险已经得到充分、有效管理的保证；三是对高管层基调建设（尽职调查）情况评价，分析公司治理风险等。

对于许多企业来说，计算机信息系统的风险越来越大。内部审计在辅助管理层和审计委员会来评价这些领域的控制质量方面扮演了重要角色。国际内部审计师协会（2003）的调查表明，大约80%的首席审计官在信息系统和信息安全审计中，对控制质量进行了

---

① 季大成. 美国通用电气公司的内部审计值得借鉴 [J]. 中国内部审计，2004（12）. 经本书作者整理.

详细报告。首席审计官和审计委员会在将信息系统看作一个主要的风险领域这方面是一致的，但审计委员会对于特定的风险报告过程更加重视、关注财务报告质量、关心风险管理过程的有效性、关注欺诈和关联方交易。但审计委员会对风险领域的理解与首席审计官的存在不一致，反映了审计委员会认为重要的领域与内部审计人员在该领域所花费的审计时间方面的脱节。

某外贸集团公司下属十多家子公司，集团内部审计师对这些子公司 1998 年下半年业务合同签订与执行情况进行了审核，发现在 1 000 万元以上大金额进口商品合同中，仅豆粕一种商品就占 16%，涉及金额 5 亿元。按照国际惯例，购买豆粕须提前半年签订期货合同，各子公司不约而同地进口豆粕，对整个集团来说，占压在某个商品上的资金过多，势必会增大经营风险。内部审计师立即向集团管理层提出建议：豆粕进口须做套期保值以避免价格下降造成的经营风险。1999 年国际市场豆粕价格一路狂跌，内部审计师的建议使集团避免了近 2 亿元的损失。

集团审计部在决定所要审计的内容之前，不仅要评估相关的风险类型，还要评估当前有多大风险。按照各待审内容风险水平的顺序排列，首先审查高风险的内容。风险的计算公式为：风险 = 导致损失的可能性×涉及的金额。内部审计师调查了公司的五项工作：① 应收款的收取，涉及金额 3 700 万元；② 境外市场开拓，涉及前期投入资金 460 万元；③ 配额商品——大蒜的出口招标管理，涉及金额 1 500 万元；④ 豆粕进口业务合同签订，涉及金额 800 万元；⑤ 某食品加工厂投资立项控制，涉及金额 1.4 亿元。根据以前的审计情况和所调查业务的性质，结合内部审计师的经验判断确定：第①项"出现坏账的风险"为 32%；第②项"市场开拓不理想的可能性"为 63%；第③项"未中标的可能性"为 43%；第④项"执行合同出现损失的可能性"为 15%；第⑤项"投资立项有可能造成损失的概率"为 1.1%。

按照前述的公式，五项调查内容的损失风险排序为第①项（3 700×32% = 1 184 万元）；第 3 项（1 500 万元×43% = 645 万元）；第②项（460 万元×63% = 289.8 万元）；第⑤项（14 000 万元×1.1% = 154 万元）；第④项（800 万元×15% = 120 万元）。第①项业务可能造成损失的金额最大，应当优先列入审计日程。当然，这种风险识别是最初级的，随着审计工作的深入进行，对风险程度的识别还会有所改变。[①]

（三）内部审计为董事会/审计委员会提供治理服务

董事会或审计委员会需要获得风险已经得到恰当评估、控制运行有效以及业务处理过程能够实现财务报告目标的保证。除了正常的审计报告外，内部审计人员可以通过以下方式来帮助审计委员会。国际内部审计师协会（2002）指出，健全的公司治理是建立在四个主要条件的协同之上的，这四个主要条件是：董事会、管理层、内部审计师和外部审计师。这四个部分是公司治理的基石，要充分考虑公司治理四个群体的作用。内部审计以多种方式扮演"前线运动员"的角色，为治理活动参与者提供关键的信息。

在实务中，制约审计委员会有效性的主要因素之一是信息来源，除了正常的审计报告外，内部审计帮助审计委员会建立信息系统，帮助审计委员会对风险、控制及财务报告进行

---

① 张兆平．内部审计在企业风险管理中的作用 [J]．中国内部审计，2003（3）．

系统分析，执行特殊项目调查；监督举报活动的有效性；评估公司是否实现了其内部和外部的报告目标；评价财务报告质量，评价季度报告控制以及季度报告可靠性；将评估结果及时报告审计委员会。内部审计对高管层基调建设状况评价，减少管理层舞弊和道德风险。例如，杜邦公司实施的审计服务包括高管层基调的调查与评价、高管层基调培训等，与管理层面对面地沟通，以专题讨论会的形式开展这一活动。结合企业经营行为指南、发生的错误案例等进行研讨，帮助管理者保持良好的道德标准，并提示管理人员高管层基调对于维护控制有效性的重要性。

1. 总体上的帮助

影响审计委员会有效性的主要因素之一是信息质量和数量，内部审计可以帮助审计委员会建立一套"信息系统"，该系统应当包括对风险、控制及财务报告系统的客观分析。内部审计在对外部审计职能的质量进行评估这一领域具有替代作用，这源自审计委员会对会计质量的关注。为审计委员会提供信息，使得对公司关键的财务和经营风险的监督得以简化；执行审计委员会所要求的特殊项目及调查，监督举报活动的有效性，从而针对员工或管理层舞弊采取有效的行动。

2. 财务报告方面的帮助

由于一些公司通过财务造假隐藏其失败的经营状况，财务报告风险增大了，如表外融资、关联方交易、特殊目的实体的设置、通过并购增长、不符合条件的收入确认等。内部审计帮助审计委员会评估公司是否实现了内部和外部的报告目标，这些目标包括交易处理方法的一致性、稳健性等；评价财务报告质量，包括是否采用了与环境相适应的会计政策。通过内部审计人员的"第二意见"，提高财务报告质量的评估水平。内部审计人员还提供季度报告过程的控制水平以及关于季度报告中信息可靠性方面的意见和信息，并由审计委员会评估这些控制的监督活动是否有效。[①]

3. 舞弊调查

企业可以要求内部审计人员分析可能存在的舞弊并执行相关的调查，当审计人员发现舞弊嫌疑时，应该告诉最高管理层和审计委员会吗？如果报告了，但最高管理层和审计委员会无动于衷，审计人员应该怎么办？如果审计人员披露了信息，他（她）可能被企业开除，其他单位也不会聘用这样的员工。如果不报告舞弊问题，审计人员会被指责帮助或参与了犯罪，内部审计人员的"举报"问题是实务中非常复杂的问题。

舞弊审计针对企业内部舞弊行为进行检查，是内部审计的重要内容。审计人员分析可能存在的舞弊并执行相关的调查，例如企业内部某些环节、部门或业务单元的管理者、员工可能违反制度规定，出现截留收入、贪污挪用公款、财务报告造假等舞弊问题。

DF 集团公司内部审计师对集团所属贸易公司进行审计时发现"短期借款"科目有如下疑点：① 借款源于该公司的国内客户而非银行部门；② 款项归还次数多、金额小，不符合整笔还贷的一般特点；③ 审计人员索要贷款合同时，财会人员不能提供。内部审计师对涉及该客户的产品进口业务，从签订合同到进口报关、货款结算的整个业务流程进行详细审

---

① Larry E. Rittenberg, Bradley J. Schwieger. 审计学：变化环境中的概念［M］. 程新生，译. 北京：清华大学出版社，2007.

核，发现财会人员对于客户汇来的货款，部分未记入"营业收入"，而是记入了"短期借款"账户，截留了部分收入形成"小金库"，偿还贷款实际是用于发放部分员工福利。审计人员建议将体外循环的资金按照财务制度规定纳入账内核算，防止资金失控造成进一步损失，制止了小团体的侵权行为。

国际内部审计师协会（2017）的道德规范明确了内部审计人员应该"遵守法律，并按法律和职业要求充分披露"，审计人员"不该参与非法行为，也不应该参与有损于内部审计职业或公司信誉的活动"。"如果内部审计人员知道了舞弊的存在，但是未采取任何行动，这种不当行为是否会损害审计职业的可靠性？"里腾伯格（Rittenberg）等学者（2007）总结出，"审计人员应该记录审计发现，并反映在审计报告中；把审计发现报告给董事会、审计委员会以及高级管理人员中合适的人员；咨询律师，找出在这种情况下可以采取的合理的行动；考虑采取进一步行动的必要，从而将自己从合谋的角色中解脱出来。"在美国一些司法案例中，没有采取行动使自己从非法行为中解脱出来的审计人员，往往被认为参与了非法行为。

美国世界通信公司（World Com Co.，世通）舞弊事件是由公司的三名内部审计人员在超越了授权范围以后进行追查发现的。审计人员顶住了财务执行官苏利文（Scott D. Sullivan）的压力，将舞弊行为公开。这三个人是：内部审计部副总经理辛西亚·库柏（Cynthia Cooper）、擅长电脑技术的内部审计师摩斯（Gene Morse）以及内部审计部高级经理，辛西亚的助理史密斯。根据世通公司的职责分工，内部审计部只负责经营审计，从事业绩评估和预算控制，财务审计外包给了会计师事务所。2002年3月初，辛西亚从世通无线通信业务的负责人约翰·思图帕克（John Stupka）那里得知一笔坏账准备被苏利文要求冲回，以提升公司对外报告盈利的消息。这件事引起了辛西亚对会计事项处理的怀疑，在审计委员会的支持下，辛西亚要求将内部审计的范围由经营审计秘密扩展到财务审计，具体工作由摩斯负责。

审计小组发现了无法解释的巨额资本性支出，2001年前三个季度，世通对外披露的资本支出中有20亿美元没有纳入当年度的资本支出，也没有获得任何授权，这一严重违反内部控制的做法，使辛西亚和摩斯怀疑世通可能将经营费用转作资本支出，以此增加利润。但有关证据存放在公司会计信息系统之中，必须经过苏利文的批准才能进入。他们秘密进入了会计信息系统，利用信息部安装和测试新系统的机会，获得了自由进出会计信息系统的机会，将重点放在"内部往来"业务，收集了经营费用"包装"成资本支出的直接证据，金额达20亿美元。此事引起了苏利文的注意，他是参与舞弊的人员之一，苏利文要求立即终止关于资本支出的审计。辛西亚担心苏利文可能采取行动掩盖舞弊行为，便及时向审计委员会主席报告，在审计委员会的支持下，审查范围扩大了，审计人员发现，通过将支付给其他电信公司和网络公司的线路成本38.5亿美元由经营费用转作资本支出，虚增了公司对外报告的利润，隐瞒公司当年巨额亏损。丑闻曝光后，公司于2002年7月21日被迫申请破产保护，当月即被证券交易所摘牌，美国司法当局以欺诈罪逮捕了财务执行官苏利文。可见，内部审计在一定条件下可以发挥公司治理作用。

五、内部审计提供服务时的冲突

内部审计为不同的用户提供服务时存在潜在的冲突，例如，运营管理层对改进运营效率的审计建议感兴趣，因为这将改善运营的效率和效果；高级管理层对直接影响其激励的活动感兴趣；审计委员会更关心如何管理其风险，并要求对风险管理和控制活动给予重视。但管理层和审计委员会对控制的复核水平要求不同，审计委员会想要独立、客观评价财务报告的控制质量，当管理层不希望对这些领域进行详细复核时，内部审计人员就会有一些压力存在。这些相互竞争的要求从图9-3可显示出来。

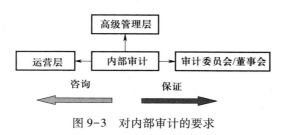

图9-3　对内部审计的要求

六、内部审计人员及其职业道德规范

审计人员的知识、技能、经验、职业道德以及职业资格对于审计作用的发挥很重要。国际内部审计师协会的道德规范要求内部审计人员应该诚实、勤奋、负责地完成工作；不应该参加影响或可能影响内部审计人员公正评价的活动；应当披露他们知道的所有重大事项，如果没有法律或职业义务的要求，内部审计人员未经授权不得披露这些信息；只能从事他们有相应知识、技能和经验的服务，等等。

通用电气公司内部审计人员的选拔严格、结构合理，内部审计人员绝大多数是工作过几年的年轻人，约80%的人具有财会方面的学历；15%的人有相关产业知识背景和管理等方面的经验；5%的人从事信息处理。公司每年从几百个报名者中精心挑选几十名进入审计部门，同时从审计部门中输送同样数量的人去充实GE各业务集团的管理队伍。包括副总裁在内的各级管理人员中很多人有审计工作经历，中级以上财务管理人员中有60%~70%是由审计部门输送的。每年离开审计部门的人员中约有40%可以直接提升为中级以上管理人员。选用内部审计人员时，并不过多考虑审计人员原先所学的专业，而注重素质和才能，要求每个新人能给审计部门带来他人所没有的或无法做到的新贡献、新思想。不同的经历和见解有助于问题的发现和解决，入选的审计人员大多能保持这一机构传统的献身精神。审计人员工作专注，有很高的自觉性、积极性和创造性。

第二节　内部审计程序与方法

内部审计活动受到审计独立性、审计章程和公司章程等方面的影响。审计计划应当由管理层提出，然后提交董事会审核、批准，审计工作结束后向管理层和治理层提交审计报告。

一、内部审计章程

内部审计章程是企业关于内部审计工作范围、职能、权责等方面的规章制度。内部审计章程的作用在于：一是界定内部活动的范围；二是界定存在的各种报告关系，明确规定内部审计的报告去向，包括内部审计活动中审计委员会成员、高级管理层以及经营管理人员的关系。内部审计章程中应明确内部审计主管及内部审计人员的职权：可以接触的经营活动、记录、财产、员工的范围；为实现审计目标，是否可自由地分配审计资源，决定审计时间和范围，选择审计对象，采用审计方法与技术；得到被审计部门必要的支持，也可以得到企业内部和外部专家的服务等。

内部审计章程通常规定内部审计主管及人员没有以下授权：从事企业的生产经营活动；同意或批准内部审计部门处理企业会计业务；指导其他不属于内部审计部门员工的活动，除非这些员工已经被恰当地指派到审计项目小组或帮助审计人员。有些学者及部分监管文件对COSO 中的"监督"概念的理解存在偏差：过分强调了内部审计在其中的责任，而忽略或淡化了管理层对各项控制的监督责任，在制定内部审计章程中要注意这些问题。

二、内部审计方法

内部审计方法较多，除了常用的内部控制测试、舞弊检查等方法之外，还有审计询问法、控制自我评价法等，本书重点介绍后面的这两种审计方法。

（一）询问法

审计询问是查证工作现场所观察到的情况是否属实、政策和程序是否被贯彻执行的主要手段，通常围绕列出的书面问题进行，其目的是识别控制制度的薄弱环节、经营低效、配合不佳或其他问题。作为获得信息的手段，审计师必须掌握询问技巧。但事实上，有效询问的技能并不一定被人们所掌握。审计询问远不只是搜集信息，它在信息沟通上起着支配作用。审计询问能够将注意力集中于关键性问题，并对该问题直接采取对策。恰当的询问还可以减少冲突，促进协调，减少情绪化反应的危害等。正确地运用审计询问，审计师就容易使被审计方接受审计建议。[1]

1. 审计询问是有效信息交流的前提条件

询问最主要的功能是搜集信息，但信息的可靠性以审计师与被审计人之间的无障碍沟通为基础，有效的交流最终取决于彼此双方的理解。如果缺乏对问题细节的追问，一般的或非具体的回答无助于识别核心问题或得到有意义的结论。询问时要注意没说到的问题，没说到可能是由于被审计人没有全面理解审计师询问的用意，或自己认为该回答与询问的问题无关而疏忽某些信息。例如，作为内部控制调查问卷的一部分，审计师会问："你们是每月核对银行账单吗？"回答"不是"，审计师就会在调查表上作"不是"的标记，这可能预示银行内部控制制度不完善。实际上，他们每周都收到并核对银行账单，而被审计人对此却没有说明。

---

① 王长友，柴娜琳．审计询问的技巧与作用［J］．中国内部审计，2003（10）．

2. 审计询问能减少冲突和误解

审计师与被审计方发生冲突是常见的行为，在不损害将来的沟通或不妨碍落实审计建议的情况下双方应处理好这些问题。当冲突发生时，审计师必须牢记：在与被审计方对立的情况下，分出输赢胜败的想法是不合时宜的。解决冲突的唯一方式是妥协和合作，让冲突双方都感到这种结果符合他们的需要。把注意力集中在审计目标上而不是障碍上，审计师就能在其他人不合作或持有敌意的情况下保持积极向上的行为。询问的目的是将注意力集中在基本问题上，而不是斗气。询问也是对被审计方正义感的呼唤，审计师向被审计方承认自己的过错，并请求被审计方帮助自己认识和改正错误。

研究人员已经发现一些工作方式与生俱来就与其他方式存在冲突，除非假定一种工作方式比另一种工作方式更好或更差。如，擅长分析和专注于工作的人通常发现自己很难与把人际关系看得比完成任务更重要的人一起工作。通过观察被审计人员的行为举止和对问题的询问，审计师就能识别出被审计人员所偏爱的工作方式并采取正确的步骤改进他们之间的沟通及工作关系。熟悉各种不同的工作方式应当成为审计师解决对立问题的重要工具。通过对工作方式的了解，审计师就能找到调整自己以适应他人的工作作风的方式。

3. 审计询问是说服和协商的工具

当审计师简单地告诉被审计人如何解决问题或改正其不足时，被审计方可能会漠然处之或低估了审计师的建议。尽管有效的询问比简单给出结论难度更大，但却是一种更有效的说服手段。使被审计人相信特殊审计建议有用或有效的最好方法，就是让被审计人自己说服自己。通过询问，审计师把被审计人引导到正确的思路上来。最好让被审计人感觉到仿佛是他们自己逐渐提出了审计建议。

（1）作为售货员的审计师。诚恳说服的前提是在合理需求和担心得到理解的基础上建立信任关系。建立信任关系的最有效办法是广泛的、无明确限制的询问。例如，审计师开展经营审计时可能会问道："你们部门当前所面临的最大挑战是什么？"审计师可利用既定的更加详细的问题跟踪询问，以探讨被审计人回答中的特定含义。该询问继续下去，直到审计师清楚地了解被审计人的需要，此时，审计师才可以询问既定好的问题，帮助被审计人确信他们的需要有所变化。例如，审计师可以以工作流程能更好地满足被审计人需要的方式重新设计，要求被审计人描述将要得到的利益，向被审计人解释审计建议如何解决特殊问题并指出预期获得的收益。

（2）作为协调员的审计师。在拥有共同目标且能凝聚成一体的组织中，促进自我说服的询问是一种有用的审计手段。然而在某些组织中，审计师面对的是一些为实现自己的目标而相互竞争的部门经理、雇员。在这种情形下，审计师发现要赢得被审计人的信任和弄清他们真实的需要及所关注的事情相当困难。这种组织常常把信息视为一种资源或权威，员工们对外界任何人（包括审计师）共享他们自己部门的信息资源有抵触情绪。在这种情况下，审计师用磋商和劝说的询问方式也许能够影响被审计人。磋商要求审计师摸清被审计人的弱点和敏感性。成功协调的第一步是尽可能多地了解其他被审计人的需要。审计师应当从赞成组织内共知的、认可的惯例开始询问，最好询问被审计人容易确认的问题，而不要马上侵入被审计人的私人领域，以利于维护坦率、合作的气氛，使审计师被看作组织内高层管理者或竞争部门的同盟。直到审计师能够区分被审计人的私人信息和被审计人认为有义务保护或防范的问题后，才能进行详细的询问。审计师的询问必须向被审计人表明：合作和交流才能通向双赢的结局。

4. 审计询问要做到有效倾听

一旦审计师开始询问，他（她）必须以机警、安定和全神贯注的姿态，对听到的回答表现出浓厚的兴趣。审计师必须特别注意不要被外部的事情（譬如电话铃声、同事的交谈声或工作现场的其他活动）所干扰。一个容易分心走神或者在与被审计人员交谈时翻阅材料的审计师，发出的信息就是被审计人的谈话没有受到应有的关注。被审计人说话的声调、措辞和心情与其提供的信息一样重要。对于被审计人的情绪，审计师应当不予置评、不予判断地发出共鸣。这样，对被审计人情绪的把握，能帮助审计师区别主要问题和次要问题。例如某个被审计人对每个月向管理部门的报告反复地表露出激动或苦恼情绪，实际上可能发出一种信号，表明那个报告的内容可能与重大问题有关。

善于听取别人谈话是重要的能力。带着偏见听取别人的谈话，只会将注意力集中在特定期望结果的信息上，与其无关的信息都会被过滤掉。无论有意还是无意，被询问人都会认为审计师只对某种特定信息敏感，从而据此调整他对询问的答复。因此，被询问人在回答问题时可能会限定、曲解，甚至隐瞒重要的审计信息。询问代表了审计师驾驭审计对话内容、气氛和方向的能力。询问能产生合作、建立信任、解决对立情绪并表明对被询问人的支持和尊重。在内部互相竞争并互相保密的组织中，询问是获取信息的谈判工具。询问有助于被审计人内省，并领会审计师建议的含义。

5. 避免被对方知悉谈话意图

面谈时审计师应努力做到不让对方知道谈话的意图，以防其有所准备，审计师应对被审计人的烦躁不安有所警觉，这可能暗示着存在问题；面谈时审计师应鼓励员工举报舞弊行为；根据被审计人的心理特征，审计师可以有针对性地对被审计人进行心理测试或者测谎，心理测试由专门机构和专职人员实施。

（二）控制自我评价（CSA）

控制自我评价是员工参与评价企业重要目标实现的有效过程，这一过程包括由员工参加简化的工作会议，从而评价管理层在支持企业实现业务目标时业绩的状况和有效性。这一会议能提供与业务过程相关的深层次的信息，这些信息能够用于识别和评价商业问题、商业风险、控制以及控制技术。实施控制自我评价的内部审计更加注重高风险的领域，而且具有无偏性。CSA 必须依赖有效的讨论以及业务人员与审计人员之间无障碍的沟通。瞿特（Tritter）等人（1996）指出，控制自我评价与传统审计的区别在于：可以从参与者那里得到"纯洁的记录"，即公开的对话、基于以前经验的无偏见分析；衡量参与者对商业过程中不同领域风险的认识；使各相关方参与到对风险以及合理控制的讨论中来；确定合理的控制程序；确保参与者能够参与及执行；在提高客户评价控制有效性的同时，关注"软控制"。

三、内部审计报告

在现场审计结束后，审计师与企业管理层一起讨论审计结论，研究是否忽略了某些重要的审计领域，对审计意见是否存在误解。管理层可能会提出一些改进意见，这些改进意见应当包括在审计报告中。内部审计报告的去向有两个：

1. 向管理当局报告

向管理当局提交的报告应包括所有的审计活动,包括质量保证、人力资源开发咨询、准备向审计委员会提交的内容以及与管理当局的沟通结果等。给管理当局的报告应该在审计委员会的会议召开之前完成,以便对相关内容进行再处理。

2. 向审计委员会报告

内部审计的角色之一就是帮助审计委员会实现其监督职能,向其提供审计信息,包括内部控制测试报告、重要事项的总结、审计部门的现状等。内部审计人员通过以下三种方式来实施这一功能:检查财务报告内部控制的质量,提供相关信息;在重大会计问题上提供独立意见;对经营效率以及经营活动是否遵守了管理方针提供反馈信息。

第三节 内部审计案例

一、武钢公司国际化运作的内部审计模式[①]

近年来,武汉钢铁公司(以下简称武钢)在不断优化产品结构,加快技术进步和技术改造,努力拓展国内外市场的同时,注重建立健全监控机制,发挥内部审计的作用。把内部审计当作适应组织结构变化和管理任务变化,实现组织增值、提高组织运作效率的一种机制。公司调整了审计委员会,重新认识审计在新形势下的使命,按照国际内部审计理念进行定位。

(一)从传统的财务收支审计转向为公司识别、防范风险服务

内部审计关注风险问题标志着内部审计工作重心的转变。为了找准管理的重点和难点,审计部 2002 年在全公司开展审计风险调查,调查涉及公司产、供、销、人、财、物等 32 类168 项问题,覆盖了公司领导、管理人员及职工代表各个层面。根据近千份问卷的统计分析,企业的风险在于投资、采购、建设工程领域以及容易被忽视的专项费用、福利费用的使用,进而形成了应对风险的审计总体规划。每年初,公司都以一号文件下发审计计划,为规范审计行为提供了依据。

(二)经济责任审计从事后评价向事中约束延伸

公司治理被视为微观的民主与法制的框架,领导人经济责任制度成为公司治理的核心。武钢的内部审计与时俱进适应了这一转折。早在 2001 年,全公司领导干部离任审计率就已经达到100%,监事会对子公司经营者现职评价率达到100%(国家五部委要求离任审计的比例是30%)。武钢内部审计加大对现职领导的审计力度,提高了广大领导干部增加全面履行职责、确保资产保值增值的自觉性。在经济责任审计的推动下,勇于创新、廉洁勤政、积极清理前任遗留问题、带领职工艰苦创业、实现企业效益持续增长的领导者不断涌现。

(三)拓展职业空间的专项审计渗透到深层领域

武钢致力于发挥内部审计"经济良医"和"管理顾问"的服务作用。主要措施有:

1. 审计公示

审计公示是在被审计单位的中层以上干部及职工代表中公布审计报告。审计公示有助于

[①] 资料来源:别必爱. 武钢内部审计创新之路[J].《中国审计》2004(12). 武汉钢铁(集团)公司. 构建内部会计控制体系,充分发挥财务管理作用[J]. 会计研究,2004(4). 经本书作者整理。

与被审计对象进行互动，并以简捷的方法收到审计成效，被基层领导誉为"难得的机会、难得的教育、难得的交流。"

2. 培训被审计者

审计部举办了 20 多场培训班，参训人包括武钢公司领导、厂矿长、管理人员在内，达数千人次。通过对审计理念的宣传、审计案例的剖析，被审计者对审计的认识从抵触到了解，从了解到理解，从理解到支持，从支持到严格自律，减少了冲突，形成了良性循环。

3. 审计奖励制度

审计部对公司 45 家二级单位经营管理者、150 个项目进行专项审计，审计过程客观公正，据实提供审计结果，维护激励政策的严肃性和公正性，对被审计单位由硬约束转为正面激励，保证了激励效果。对工程项目的重大奖励使审计产生了亲和力，而非物质性奖励也被基层人员认可为更深层次上的激励。

4. 审计问责

审计问责是对审计中发现问题的责任单位和责任人进行责任追究、处理处罚、整改落实、加大审计威慑力的有力措施。实行审计问责制，本着"审计必须严格，责任必须追究，问题必须整改"的思路，对管理中的不作为、乱作为实施责任追究。审计问责的对象，一是责任单位的直接领导，二是责任单位的领导，三是具体管理人员。审计问责的措施，一是向组织部门提出组织处理建议，二是直接给予经济处罚，三是建议纪检监察部门给予行政处分。审计问责为加强管理、挽救干部发挥了积极作用。

5. 审计共建

将审计从传统的监督者身份中解脱出来，以企业的"管理顾问"和"经济良医"的角色出现，减少审计带来的误解、偏见和冲突，实现了互动性的"双赢"。2004 年年初，审计部针对炼铁厂检修工程费用居高不下及工程管理中的漏洞，与该厂签署了《检修工程管理共建协议》，监督者与被监督者形成合作，共同构筑检修工程管理"防火墙"。共建双方严格履行各自职责，内部审计人员对炼铁厂的管理人员提供了工程管理、内部控制等培训，并定期提供审计咨询服务；炼铁厂将内部审计作为加强内部控制的重要资源，一边抓生产管理，一边配合审计工作，管理成果逐步显现，炼铁厂的检修工程管理及备件管理水平上了一个新的台阶，为企业创造了显著价值。

（四）内部审计在内部控制框架构建中的联动效应

武钢审计部汇集了来自集团各管理岗位的力量，针对各类难题联手攻关。这种无边界的组织效应和新型的"借脑"运作，产生了合力效应。审计的重点是管理环节的接口部位，促使相关部门主动承担责任、联手管理。在投资环节实施"信息真实性审计"，增强了投资者对资产的安全感；在物资采购环节实施"四大循环审计"，改善了"阳光采购"；在资产重组、资源利用的管理接口部位联合实施"审计穿行试验技术"，促进了资产的保值增值。通过评价内部控制，促进规范管理，评价营销制度，促进开拓市场，评价采购制度，促进增收节支，评价市场风险，促进优化决策。通过后续审计，追本溯源，促进部门之间合作管理。

（五）创新审计方法

审计工具和技术与管理方法兼容并存，不少控制难点的突破往往是方法上的突破。武钢审计部门建立了方法体系：移植内部控制理念及实务技术，在内部审计资源管理中建立标准系统，在企业横向管理中创建了跨部门的多元循环法，评价业务流程的接口部位突破法、网络比价法、民主监督法、同级审计制；同时，双向承诺制、审计备案法、穿行试验、内部控制矩阵图、多维分析表等审计的工具和技术的应用，促进了企业管理水平的同步提高。

（六）建立审计网络

审计质量的提高，推动了管理向深层次的延伸，内部审计在部门之间架起闭环运行的链条。公司各级领导把审计的监管视为本部门管理创新的一部分，依靠审计部门比其他部门聚集信息更多、管理范围更大、内容更丰富、审计意见更具权威性的特点，将其纳入公司财务、工程、合同预算、物资、纪委监察、工会、经济责任制考核等各部门日常管理范围内，使审计建议和措施尽快被采纳。内部审计在基层已经建立起有 26 个成员单位、89 名专兼职审计人员的审计网络；8 个监事会分布在 25 个全资子公司并配合督办内部审计结论的落实、实施子公司在职审计；以审计意见为主实施的联手管理项目日益增多。

（七）建立学习型的工作团队

武钢审计部明确提出"创学习型群体、促管理创新"的目标，提高审计队伍的整体素质。2002 年，全体审计人员参加了国际注册内部审计师（CIA）考试，监事会成员通过了会计证取证考试，工程审计处人员都取得注册造价工程师资格，审计部还有 30% 的人员参加了高级技术职称的考试和评审，发表 95 篇论文。

（八）武钢内部审计效果

武钢审计部率先在行业实践国际内部审计师协会颁布的《内部审计实务标准》，使审计工作向纵深进展，审计质量不断提高。以氧气公司为代表的一批子公司将审计成果转化为竞争力。在审计定位、审计战略、审计资源利用、审计循环、工具及技术运用、工作方式、沟通渠道、激励政策、内部控制环境、团队建设等方面，发生了重要变化。以内部控制评审为重点，在粉末冶金公司实施了该公司有史以来最彻底的存货盘点；对工程项目实施全过程跟踪审计。审计部在公司双文明评比指标确认、子公司承包兑现确认、经营者年薪兑现中具有一票否决权，严肃了利益分配的规则，维系了激励政策的公平与效力。近 500 条审计建议被各级领导采纳，为企业创造效益 7 500 万元。

（九）案例评述

武钢审计部不断改进审计方法，关注技术与经济相结合的部位。内部审计取得骄人成绩，一个重要的因素是审计环境的改善。公司领导对内部审计工作的重视及直接指导，是审计工作顺利实施的保证；公司在审计地位、激励等方面保证了审计人员具有胜任能力和正直品行；公司审计委员会定期召开会议，听取工作汇报，研究和指导审计工作。这种战略也潜移默化地影响着企业的文化，影响着各部门对审计工作的配合和理解。一批高水平的审计报告在公司产生影响，内部审计形成良性循环。

二、TSL 公司（集团）内部审计案例[①]

TSL 公司是一家民营企业，经过十余年的发展，已经成为在上海证券交易所上市的股份

---

① 资料来源：张玮莹. 明确审计目标、为企业持续健康发展服务. 中国内部审计，2009（8）；张晓瑜. 打造增值型内部审计促进集团健康发展. 中国内部审计，2011（11）.

公司。公司根据发展需要，设置了内部控制经理这一岗位，选拔内部控制经理的具体要求是：本科以上学历；五年以上审计工作经验；对公司内部控制有系统的理解；丰富的处理不同部门间事务的经验与技巧；具有领导能力与沟通技能；英语与计算机技能良好。

（一）TSL 公司内部控制经理的岗位任务

该岗位的主要任务是：① 跟踪内部审计问题，确保这些问题在要求的时间内解决；② 针对突出的内部审计问题，联络、沟通内部审计部门和被审计部门使问题得到解决；③ 在内部审计期间，参与每周的审计会议；④ 审阅内部审计计划，发现潜在的审计问题；⑤ 审阅目前高风险领域的内部控制；⑥对日常业务产生的问题进行调查并帮助解决，并与业务人一起制定控制措施；⑦ 建立、调整并执行公司原始记录归档政策；⑧ 监督法定要求和公司内部政策的符合性；⑨ 培训内部控制及符合性知识；⑩ 协助完成财务计划和报告部门的工作，包括定期抽查总账等。

（二）TSL 公司审计业务

公司固定资产投资、物资采购量随着企业规模和业务的扩展逐年增长，固定资产投资过程中的土建工程、设备采购以及日常采购的增长对于完善其业务管理模式和流程，以及在业务管理模式和流程中嵌入内部控制体系提出了较高的要求。为了对工程成本、设备采购成本、原辅料等物资采购成本实施控制，降低采购支出，公司于 2005 年组建了招标办公室，对单项金额超过 5 万元的采购进行招标控制，审计部门作为监督和帮助实施招标的主要力量参与并推进了这一控制机制的建设。

在招标办公室成立后的最初一段时间的运行中，审计部门对其运行状况和效果进行了跟踪评估。评估结果出乎招标办公室筹建者的初衷：存在中标价格高出市场价格，招标部门和业务部门各自推荐投标厂家、然后又参与评标，评标没有标准，对标书或投标技术方案缺乏专业评审等问题。招标对于价格的控制效果并不明显。对这些问题，审计部门采取深入业务过程并与招标、采购等业务部门合作的方式对采购、招标流程进行了梳理，并采取了以下内部控制改善方案：

（1）根据跟踪评估结果分析，对中标价格的控制效果不明显的根本原因是没有独立的评标小组，并且招标办公室现有的评标人员缺乏专业技术知识，例如不懂设备、工程等相关知识，难以评判投标内容和价格的合理性。针对这一问题，审计部门与招标部门采取联合行动，引入两名造价工程师作为专职的标书评审人员，在供应商投标后对标书进行专业评审。此外，建立外部专家库，对不同标的的招标从外部专家库中随机选择对应的行业专家作为评标小组中的外部评委，同时在企业内部由提出采购需求的用户部门以及用户部门以外的其他业务部门随机选择相关专业人员作为内部评委。

（2）针对评标没有标准问题，在解决了评标人员的专业能力问题后，采取了由技术方案、供应商资质、服务质量、产品质量、价格等组成的评标得分项目。原先的评标流程中，招标部门及业务部门无人对价格负责，对于价格的确认与控制程序出现漏洞。对此，审计部门与招标部门经多次探讨及协商后，确定在开标后、确定中标人之前增加对投标报价进行分项分析、通过询价后与市场价格验证的程序，由招标部门、审计部门联合对标的物的市场价格进行市场调查、询价，并建立基本物料的价格信息库，从而完善流程对价格的控制。

（3）结合对招标项目的价格控制措施，审计部门对于 5 万元以下的未招标项目建立周期性价格回顾措施，由采购部门在采购时进行比价，审计部门进行周期性市场访谈来实施监督。对于招标后的设备、工程，审计部门建立跟踪过程、实施现场造价监理的现场审计工作模式，将审计控制前移，并建立客座审计师制度，由审计部门专职或客座的审计师和造价工程师对现场安装、施工、变更、货物验证、结算等实施监控。同时对涉及成本费用发生的大型项目，建立项目立项通报制度，审计部门及其领导的跨领域的审计团队在项目立项时即开始介入，实施项目过程跟踪，从而达到预防问题发生、将问题在萌芽阶段解决的审计效果。审计效果如表 9-1 所示。

表 9-1　改善前后采购成本变化对比

	2005 年		2006 年	2007 年
	改善前	改善后		
设备采购中标价格与市场价格相比	高	持平	低 10%	低 10%～15%
年平均节约工程造价	—	—	500 万元	1 600 万元

（三）TSL 公司内部控制培训

TSL 公司在加强内部审计、完善内部控制的同时，在集团高层、业务经理等范围内大力推广内部控制培训，力图使业务部门和领导层理解内部控制的效用和功能，从而应用内部控制。公司内部采取上下结合的内部控制培训方式，推进内部控制教育：对公司高层，以加强高层基调等控制环境为目的，由审计总监结合内部审计过程中发现的控制缺陷、管理问题和舞弊案例为实际背景，向高层进行内部控制培训，积极从道德价值观和管理理念上输入内部控制观念和意识；对于管理层及关键业务部门职员，则针对原辅料采购与管理、备品备件采购与管理、生产环节的批记录、在产品管理、销售订单与信用等具体业务的控制程序与容易存在的控制盲点实施内部控制讲解，结合具体实例推进内部控制意识和技能的建立。

（四）TSL 公司内部控制自我评价

TSL 公司内部审计人员认为，内部控制自我评价是内部控制制度评审的一种方法，是企业监督和评估内部控制的主要工具，它让管理层甚至业务的直接操作人员更多地参与运行和维持内部控制的过程，使员工、内部审计师与管理人员合作评估控制程序的有效性，共同推进内部控制的评估与建设。

通过内部控制自我评价，内部控制可从事后发现内部控制薄弱环节转向事前防范；从单纯强调内部控制转向积极关注利用各种方法来改善公司的经营业绩。通过内部控制自我评价，可以发挥管理人员的积极性，他们可以学到风险管理、控制的知识，熟悉本部门的控制过程，使风险更易于发现和监控，纠正措施更易于落实，并在自我评价过程中认识流程或程序的缺陷，使得改良活动等易于实施，业务目标的实现更有保证。

TSL 公司使用内部控制自我评价方法，由审计部门利用一次舞弊审计的机会，向各子公司推荐了其自行设计的内部控制评价工具，发动各子公司结合舞弊案例对自身业务进行内部控制自我评价。这种评估工具以 COSO 标准（2004）为基础，具体框架包括内部环境（机构文化）、目标设定、事件识别、风险评估、风险应对、控制活动（政策和程序）、信息和沟通、监督（评价和反馈）八个方面。表 9-2 是针对控制结构的评价标准。

表 9-2　控制结构的评价标准

分　值	状　况
5	控制结构、程序健全
4	控制结构、程序健全，可能存在一些进一步改善的机会
3	除了一项或几项控制薄弱环节外，控制结构是可以接受的
2	控制结构、程序不适当，存在严重控制薄弱环节
1	实际上不存在控制结构和程序

2007 年，TSL 公司利用内部控制自我评价方法，对集团所属各公司的生产、采购、物流、设备、质量、财务、技术、安全、人力资源等业务实施诊断，发现重大不合格 30 多项，轻微不合格 100 多项，建议改进 300 多项，对这些缺陷，由相应的负责人制定整改措施和指定整改责任人，限期整改，最后 400 多项缺陷得到较好整改，对于促进管理优化起到了重要作用。

（五）TSL 公司内部审计不足

TSL 公司内部审计不能对管理层进行监督，容易出现"审下面，成果累累；审上面，困难重重"的现象。68.6% 的内部审计人员认为公司审计委员会是个会议制组织，其成员主要由兼职的独立董事组成，这些人员各有繁重的本职工作，通常一个季度开一次会议，完成"审核企业内部控制及其实施情况""监督检查本企业的内部审计制度及其实施情况""处理有关投诉与举报""审核企业的财务报告及有关信息披露内容"等，需要大量的时间，履行这些职责存在很大的困难；公司内部审计、审计委员会、监事会职责存在重复问题。

本章小结

内部审计的作用包括三个方面：控制、风险管理、公司治理。内部审计是内部控制的组成部分，内部审计由"管理者耳目"发展到了风险管理阶段。在风险导向审计下，将审计范围扩大到企业经营管理过程中面临的不能实现其目标的各种风险，并将其作为确定审计项目及审计重点的依据。内部审计的独立性和客观性是其职能发挥的前提。增加价值的内部审计活动包括：风险分析、控制有效性评价（含内部控制/风险自我评估）、经营审计、符合性审计、信息系统可靠性审计、舞弊审计等。内部审计应向管理层和董事会/审计委员会提交审计报告。

关键词

内部控制	Internal control
内部审计	Internal auditing
国际内部审计师协会	the Institute of Internal Auditors
审计独立性	Audit independence
企业风险管理	Enterprise risk management

即测即评

请扫描右侧二维码进行在线答题并查看答案。

思考题

1. 简述内部审计的目标。
2. 内部审计具有哪些作用？
3. 内部审计如何发挥控制作用？
4. 企业为什么需要制定内部审计章程？
5. 内部审计主管向管理层和公司审计委员会报告的内容会有不同吗？

案例讨论题

HG 公司对于 2019 年度内部审计工作进行总结，向董事会提交的年度审计工作报告如下。

董事会各位成员：

根据《HG 股份有限公司章程》《内部审计章程》及相关规定赋予的岗位职责，向董事会提交 2019 年度审计工作报告，现将该工作报告提请各位董事评议。

审计部按照董事会的工作要求，以公司发展工作为中心，树立合规风险管理的审计理念，寓审计监督于服务之中，认真组织审计检查，改进审计方法，突出审计重点，切实强化后续审计，加大处罚力度，推动和促进公司依法合规经营。

内部审计采取常规审计与专项审计相结合，现场检查与非现场检查相结合，督促整改与后续审计相结合，违规问责警示与促进制度完善相结合的方法，突出监督重点，拓展监督领域，创新工作机制，加大检查力度，努力提高审计工作的延续性、整体性、针对性和有效性。

（一）强化队伍建设，提高监督能力

公司建立了总部垂直管理的内部审计体系，强化总部对各分支机构的直接监督能力，构建"统一领导、管理垂直、业务独立、工作有效"的审计体系。主要体现在以下几方面：

一是明确了职责。总部设立审计监察部，对董事会负责，加大审计监督检查力度，增强审计监督的权威性、内控管理的有效性，督促审计对象有效履行职责。

二是调整用人机制。按照"优中选优、队伍精干"的原则，淘汰了 9 名原审计人员，将 56 名业务素质较高、工作能力较强的人员充实到审计队伍中，年轻化、专业化明显增强。同时，建立起审计人员"能进能出、合理流动"的用人机制。

三是统一审计流程，规范审计操作。制定了审计工作管理办法等一系列规章制度，涉及审计工作管理制度和办法3项，流程类5项，同时制发《审计工作纪律》等十余个规范性文件，有力推进了审计工作制度化、操作流程化。在日常管理中，建立审计整改台账和销号制。做到查处与整改并重，有效地控制了违规问题屡查屡犯的现象；建立审计督办制度，专人负责，按进度督促落实各项任务；建立动态信息报送制度，为领导决策提供第一手资料；统一制作规范化的审计工作底稿、文字记录、资料调阅清单等，实现了审计工作文本格式化、规范化、标准化。

（二）增强常规审计的延续性，强化对经营管理行为的及时有效监督

1. 强化经济责任审计，促进领导人员正确履职

坚持把经济责任审计作为"管干部、正作风、促发展"的重要措施，加强对各级领导人员的经济责任审计监督，并充分利用审计成果为选人用人决策提供了重要的参考依据。全年对涉及岗位调整的各级管理人员进行离任审计44人次，严格按照岗位分工、授权的制度要求，全面检查相关人员的履职情况，并结合部门或单位管理情况提出了整改建议，对个别严重违规问题及时予以通报，对有关责任人进行了责任追究，发挥了审计在干部使用和防范风险方面的监督职能。同时，根据我公司改制需要和监管部门对高管任职资格的准入要求，统筹安排、精心组织，集中时间、人力，对全公司192名高管人员进行了审计，及时、准确地反映了相关高管人员的履职情况，强化了对高管人员的监督管理。通过上述序时常规审计，共下发审计意见书31份，落实整改意见68项，审计工作效能有了明显提高。

2. 增强专项审计的针对性，确保对重点工作、重点部位的监督及时到位

2019年下半年，根据业务经营管理的实际情况，及时捕捉风险点，有针对性地进行深度审计。注重收集和分析各方面的风险信息，从常规审计与日常监督发现的突出问题或薄弱环节入手，开展了招投标、内控合规等专项审计。

（1）积极探索开展内控制度合规审计评价。集中两周时间，通过对9家分支机构和总部营业部的抽查，对内控制度建设、业务流程管理和制度执行方面进行审计评价，分别从内控制度缺失、现行制度存在缺陷、新旧制度衔接出现断层、制度执行不到位以及内部控制失效等方面提出了评价意见和整改建议。

（2）突出审计重点，防范操作风险。针对控制环境、流程风险，重点对采购业务相关制度及操作规程严重缺失、关键不相容岗位未分离、部分岗位权限无制约、操作随意性大等风险隐患，提出7项审计建议，对有关责任人进行处理，并确定专人督促整改。

（3）规范招投标流程，强化采购管理。为加强我公司招投标工作的管理，进一步规范招投标工作流程，有效规避和防范招投标工作操作风险，促进我公司招标工作依法合规地开展，12月份对涉及电子机具、通信设备、办公自动化设备、计算机辅助设备、办公家具等26个自主招标的项目进行了检查。针对部分招标项目运作周期较长、效率不高、缺乏专业人员对项目的技术服务把关等7方面的问题提出5项整改意见。对检查发现的风险隐患及时通过"审计专报"向决策层报告，提出审计建议26条，同时加强风险预警，编发审计工作简报6期，加强与各部门的信息沟通，充分发挥了审计监督的建设性作用，促进了各项业务健康发展。

（三）加大非现场审计和后续审计力度，强化即时监督和整改

1. 发挥非现场审计优势，及时揭示和有效控制风险

为发挥非现场审计的效力，进一步明确岗位分工，5 名非现场审计人员实行包片负责制，坚持"谁包片、谁负责"的原则，每天调阅非现场数据与系统影像资料进行抽检分析，建立非现场工作日志和台账，并充分发挥非现场检查时效性强、信息处理量大、效率高、成本低等优势，通过大量数据采集、分析，及时捕捉风险点，为各类常规及专项现场检查及时进行风险提示和个案引导，并配合现场检查对违规行为进行责任认定，提出处理意见。通过非现场审计与现场审计相互补充，明显提高了审计工作效率，强化了对各项业务的全面监督和风险预警。

2. 加强后续审计监督，确保整改落实到位

坚持把落实整改意见作为审计的重点工作之一，建立了被查单位限期整改、相关条线部门指导整改、审计部门督促整改的"三位一体"整改机制，审计部门建立问题台账，坚持专人管理、协调督办、销号登记制度。配合监管部门现场检查，在加强与监管部门、行内相关机构沟通协商的基础上，组织落实监管意见，协调有关部门落实了 8 大类 30 个问题的整改工作。

（四）维护资产安全，强化责任追究

根据改革需要和监管部门要求，采取分步、分批实施的办法，完成 2016—2018 年不良应收账款责任认定及追究工作。共涉及相关责任人 215 人，其中解除劳动合同 15 人、免职（解聘）17 人、降职 3 人、记大过 3 人、记过 19 人、警告 34 人、下岗清收 6 人、经济处罚 168 人（含行政处分并经济处罚）、其他处理 8 人，收缴处罚金额共计 185.6 万元。同时，根据审计、信访调查等有关情况，加强对分支机构查处违纪违规问题的指导督办，对有违规违纪问题的 13 名责任人落实了责任追究，其中免职 3 人，解除劳动合同 4 人，下岗清收 2 人，警告处分 4 人。

（五）巩固案防成果，全面提升案件防控水平

宣传案件防控成果，推进合规文化建设。为加强重点时期的案件防控，挖掘风险隐患，组织 11 个检查组对业务规模较大，或以往检查频率较少的 44 个机构有关重点业务进行突击检查，提出了整改要求，并对相关违规责任人提出问责意见。

一年来，在董事会的领导下做了一些工作，取得了一些成绩，但与我公司整体发展需要、董事会的要求相比还存在一些差距和不足。主要表现在：一是初步建立的审计条线管理模式还不能完全适应一级法人管理模式的需要；二是非现场审计应用系统有待完善，还不能适应新的审计流程和工作要求，非现场审计检查的应用效率和作用发挥还不够明显；三是审计的深度和广度有待加强，现有审计人员的业务技能和综合分析能力还有待提升；四是在新的管理体制框架下，落实整改要求，逐步实现违规行为零容忍，还需不断加大责任追究力度。

以后应紧密结合我公司发展实际，落实董事会工作要求，积极探索内部审计特点，进一步转变观念，创新审计思路，增强审计时效，把有限的审计资源配置到领导和员工最为关注及风险较高的领域中，使业务合规发展和风险控制同步进行，从单纯监督向监督与服务并重转变，不断提高审计工作整体水平，为我公司审慎、稳健、合规、持续发展服务，确保风险

可控、资金安全运行、资产保值增值。

讨论：

（1）你是如何理解以上审计工作报告的？

（2）通过该审计工作报告，你是否可以分析出该公司内部控制存在的不足？

延伸阅读材料

第十章　企业内部控制评价

【引言】企业通过内部控制评价，查找、分析内部控制缺陷并有针对性地督促落实整改，促进企业内控体系持续改善。进行流程控制与管理控制评价，保证企业业务处理过程与企业政策和法律规则相一致、业务处理过程的有效性，确保内部控制能够适应企业管理的要求。除了重视流程控制与管理控制评价之外，还要进行公司治理层面内部控制评价，从而在监控与诊断控制机制的完善、企业声誉约束、防范治理风险等方面发挥作用。在进行公司治理层面的内部控制评价时，首先要对合规性进行评价。我国《企业内部控制规范》指出，企业应当结合内部监督情况，定期对内部控制的有效性进行自我评价，出具内部控制自我评价报告。

第一节　内部控制评价概述

企业内部控制评价是指企业董事会或类似权力机构对内部控制有效性进行全面评价、形成评价结论、出具评价报告的过程。应当根据《企业内部控制评价指引》，结合内部控制设计与运行的实际情况，制定具体的内部控制评价办法，规定评价的原则、内容、程序、方法和报告形式等，明确相关机构或岗位的职责权限，落实责任制，按照规定的办法、程序和要求，有序开展内部控制评价工作。企业董事会应当对内部控制评价报告的真实性负责。

一、内部控制评价的原则与指标体系

（一）内部控制评价原则
企业对内部控制评价至少遵循以下原则：全面性原则、重要性原则和客观性原则。
1. 全面性原则
评价工作应当包括内部控制的设计与运行，涵盖企业及其所属单位的各种业务和事项。
2. 重要性原则
评价工作应当在全面评价的基础上，关注重要业务单位、重大业务事项和高风险领域。
3. 客观性原则
评价工作应当准确地揭示经营管理的风险状况，如实反映内部控制设计与运行的有效性。
（二）内部控制评价指标体系
根据内部控制目标设立内部控制评价指标体系，包括具体环节和关键控制点的评价指

标。例如，有完整的绩效评价体系，是否有风险控制预警系统，是否建立了举报人制度及其是否有效，如表 10-1 所示。

表 10-1 内部控制评价体系部分指标描述

序　　号	指　标　描　述
1	企业有明确的监督主体，监事会发挥制衡、监督作用，内部审计能够对各作业层级进行审计监督
2	企业通过内部控制自我评价和内部审计，对各类风险进行识别和评价
3	企业能够识别和评价环境变化，及时调整内部控制体系
4	企业建立了内部控制缺陷认定机制、补充方案评估、改进确认机制
5	企业设置了舞弊举报制度、举报人保护的反舞弊机制等
6	内部审计建议得到采纳和执行
7	定期与客户核对应付账款、与供应商核对应付账款

二、内部控制评价的内容

企业应当围绕内部环境、风险评估、信息传递与沟通、内部监督等要素，确定内部控制评价的具体内容，对内部控制设计与运行情况进行全面评价。

（一）内部环境评价

企业组织开展内部环境评价，应当以组织架构、发展战略、人力资源、企业文化、社会责任等应用指引为依据，结合本企业的内部控制制度，对内部环境的设计及实际运行情况进行认定和评价。组织架构评价可以重点从机构设置的整体控制力、权责划分、相互牵制、信息流动路径等方面进行；发展战略评价可以重点从发展战略的制定合理性、有效实施和适当调整三方面进行；人力资源评价应当重点从企业人力资源引进结构合理性、开发机制、激励约束机制等方面进行；企业文化评价应从建设和评估两方面进行，从而促进诚信、道德价值观的提升，为内部控制的完善夯实人文基础；社会责任评价可以从安全生产、产品质量、环境保护与资源节约、促进就业、员工权益保护等方面进行。

（二）风险评估机制有效性评价

企业组织开展风险评估机制有效性评价，应当以《企业内部控制基本规范》有关风险评估的要求，以及各项应用指引中所列主要风险为依据，结合本企业的内部控制制度，对日常经营管理过程中的风险识别、风险分析、应对策略等进行认定和评价。企业组织开展控制活动评价，应当以《企业内部控制基本规范》和各项应用指引中的控制措施为依据，结合本企业的内部控制制度，对相关控制措施的设计和运行情况进行认定和评价。

（三）信息传递与沟通评价

企业组织开展信息传递与沟通评价，应当以内部信息传递、财务报告、信息系统等相关应用指引为依据，结合本企业的内部控制制度，对信息收集、处理和传递的及时性、反舞弊机制的健全性、财务报告的真实性、信息系统的安全性以及利用信息系统实施内部控制的有效性等进行认定和评价。可以从下列方面调查了解信息系统控制情况：一是保障信息系统正常运行的稳定性、有效性、安全性等方面的控制；二是保障信息系统产生的数据的真实性、完整性、可靠性等方面的控制。存在下列情形之一的，应当检查相关信息系统的有效性、安全性：① 仅评价电子数据不足以为发现重要问题提供适当、充分的证据；② 电子数据中频繁出现某类差异。

（四）内部监督有效性评价

企业组织开展内部监督有效性评价，应当以《企业内部控制基本规范》有关内部监督的要求，以及各项应用指引中有关日常管控的规定为依据，结合本企业的内部控制制度，对内部监督机制的有效性进行认定和评价，重点关注监事会、审计委员会、内部审计机构等是否在内部控制设计和运行中有效发挥监督作用。

内部控制评价工作应当形成工作底稿，详细记录企业执行评价工作的内容，包括评价要素、主要风险点、采取的控制措施、有关证据资料以及认定结果等。评价工作底稿应当设计合理、证据充分、简便易行、便于操作。

三、内部控制评价的程序

企业应当按照内部控制评价办法规定的程序，有序开展内部控制评价工作。内部控制评价程序一般包括：制定评价工作方案、组成评价工作组、实施现场测试、认定控制缺陷、汇总评价结果、编报评价报告等环节。企业可以授权内部审计部门或专门机构（以下简称内部控制评价部门）负责内部控制评价的具体组织实施工作。具体评价程序可以选择：① 以内部控制目标为起点的内部控制评价；② 以风险管理为起点的内部控制评价；③ 通过穿行测试，调查内部控制运行情况。

企业内部控制评价部门应当拟订评价工作方案，明确评价范围、工作任务、人员组织、进度安排和费用预算等相关内容，报经董事会或其授权机构审批后实施。企业应当根据经批准的评价方案，组成内部控制评价工作组，具体实施内部控制评价工作。评价工作组应当吸收企业内部相关机构熟悉情况的业务骨干参加。评价工作组成员对本部门的内部控制评价工作应当实行回避制度。

企业可以委托中介机构实施内部控制评价。为企业提供内部控制审计服务的会计师事务所，不得同时为同一企业提供内部控制评价服务。内部控制评价工作组应当对被评价单位进行现场测试，综合运用个别访谈、调查问卷、专题讨论、穿行测试、实地查验、抽样和比较分析等方法，充分收集被评价单位内部控制设计和运行是否有效的证据，按照评价的具体内容，如实填写评价工作底稿，研究分析内部控制缺陷。

四、内部控制缺陷的认定

内部控制缺陷包括设计缺陷和运行缺陷。企业对内部控制缺陷的认定，应当以日常监督和专项监督为基础，结合年度内部控制评价，由内部控制评价部门进行综合分析后提出认定意见，按照规定的权限和程序进行审核后予以最终认定。企业在日常监督、专项监督和年度评价工作中，应当充分发挥内部控制评价工作组的作用。内部控制评价工作组应当根据现场测试获取的证据，对内部控制缺陷进行初步认定，并按其影响程度分为重大缺陷、重要缺陷和一般缺陷。

重大缺陷，是指一个或多个控制缺陷的组合，可能导致企业严重偏离控制目标。重要缺陷，是指一个或多个控制缺陷的组合，其严重程度和经济后果低于重大缺陷，但仍有可能导致企业偏离控制目标。一般缺陷，是指除重大缺陷、重要缺陷之外的其他缺陷。重大缺陷、重要缺陷和一般缺陷的具体认定标准，由企业根据上述要求自行确定。

2014 年 1 月中国证监会和财政部联合发布的《公开发行证券的公司信息披露编报规则第 21 号——年度内部控制评价报告的一般规定》指出，公司内部要进行评价，通常对财务报告内部控制缺陷评价的定量标准以利润总额来判断。重大缺陷：错报 ≥ 利润总额的 5%；重要缺陷：利润总额的 3% ≤ 错报 < 利润总额的 5%；一般缺陷：错报 < 利润总额的 3%。

非财务报告内部控制缺陷认定的定量标准为：重大缺陷是员工 10 人及以上死亡，或 50 人及以上重伤的生产安全责任事故；重要缺陷是员工 3 人及以上 10 人以下死亡，或者 10 人以上 50 人以下重伤的生产安全责任事故；一般缺陷是员工 3 人以下死亡，或者 10 人以下重伤的生产安全责任事故。

财务报告内部控制缺陷认定的定性标准为：重大缺陷是指管理层存在任何程度的舞弊，董事会对内控体系和风险管理体系建设及运行未履行监督职责，经营活动严重违反国家法律法规且予以处罚，内控评价结果中的重大缺陷或重要缺陷未得到整改。重要缺陷是指审计委员会未有效履行对内部控制的监督职责，内控评价结果中的重要缺陷或一般缺陷未得到整改。一般缺陷是指除重大、重要缺陷之外的其他缺陷。

企业内部控制评价工作组应当建立评价质量交叉复核制度，评价工作组负责人应当对评价工作底稿进行严格审核，并对所认定的评价结果签字确认后，提交企业内部控制评价部门。企业内部控制评价部门应当编制内部控制缺陷认定汇总表，结合日常监督和专项监督发现的内部控制缺陷及其持续改进情况，对内部控制缺陷及其成因、表现形式和影响程度进行综合分析和全面复核，提出认定意见，并以适当的形式向董事会、监事会或者经理层报告。重大缺陷应当由董事会予以最终认定。企业对于认定的重大缺陷，应当及时采取应对策略，切实将风险控制在可承受度之内，并追究有关部门或相关人员的责任。

五、内部控制评价报告

企业应当明确内部控制评价报告编制程序和要求，按照规定的权限报经批准后对外报出。内部控制评价报告应当分别就内部环境、风险评估、控制活动、信息与沟通、内部监督等要素进行设计，对内部控制评价过程、内部控制缺陷认定及整改情况、内部控制有效性的结论等相关内容做出披露。根据年度内部控制评价结果，结合内部控制评价工作底稿和内部控制缺陷汇总表等资料，按照规定的程序和要求，及时编制内部控制评价报告。

内部控制评价报告应当报经董事会或类似权力机构批准后对外披露或报送相关部门。应当关注自内部控制评价报告基准日至内部控制评价报告发出日之间是否发生影响内部控制有效性的因素，并根据其性质和影响程度对评价结论进行相应调整。企业内部控制审计报告应当与内部控制评价报告同时对外披露或报送。企业应当建立内部控制评价工作档案管理制度。内部控制评价的有关文件资料、工作底稿和证明材料等应当妥善保管。

第二节 流程控制与管理控制评价

企业通过对流程控制和管理控制进行评价，对内部控制有效性发表意见，包括内部控制设计的有效性和内部控制运行的有效性。评价时着重考虑以下几个方面：① 相关控制在评价期内是如何运行的；② 相关控制是否得到了持续一致的运行；③ 实施控制的人员是否具备必要的权限和能力。需要强调的是，即使同时满足设计有效性和运行有效性标准的内部控制，受内部控制固有局限性影响，只能为内部控制目标的实现提供合理保证，而不能提供绝对保证。

一、流程与任务控制评价

流程与任务控制评价是对流程控制和任务控制进行的评估和检查，对关键控制点进行测试、分析控制目标实现程度、评价控制程序有效性等。例如，检查所有取得的存货是否都已记录，所有供应商提供的零部件数量是否与供应商的账单保持一致。

（一）流程与任务控制评价的内容

流程与任务控制评价可以由参与或负责流程与任务控制的人员（营销部门、生产部门人员、财会人员等）自我评估，也可由独立第三方评价。许多管理人员并不知道信息成本，也不了解为了满足决策所需信息的要求，组织浪费的时间成本是多少，组织花费在报告和计划方面的时间成本是多少。通过评价可以共同推动组织效率提升。对流程与任务控制评价包括控制系统健全性评价和控制有效性评价，还应对流程内部控制的运行情况、管理会计信息提供情况及管理方法的运用等方面进行评价。

（二）流程与任务控制评价的程序

流程与任务控制评价的程序可以分为以下几个步骤：

1. 调查内部控制、明确关键控制点

通过审阅公司的规章制度、组织机构设置表，现场询问有关人员，以及通过实地观察、调查问卷等方式，调查了解内部控制的详细情况，然后将调查结果描述出来，确定关键控制点。调查的内容主要包括，是否遵循了不相容职务控制、业务程序标准化控制、复查核对控制等。

第一，调查了解企业是否对不相容职务进行了分离，如经济业务的处理是否进行了合理分工；资产的记录与资产的保管是否进行了合理分工；内部审计部门是否具有独立性。

第二，调查企业是否采取了标准化处理程序控制方式，经办人员是否按照科学的程序办事，有无职责不清，不按规定程序办事的现象。

第三，调查了解企业财会部门是否按照标准化程序的要求处理业务，关键员工是否有合理的分工；对重要凭证是否规定了整理、归档、调运、销毁等要求和手续，是否建立了严格的经济业务复查、核对制度。

在调查了解内部控制内容以后，用适当的方法将内部控制描述出来，如文字描述法、调查表法、流程图、网络图法等，并确定关键控制点。

2. 测试内部控制

在调查了解内部控制的基础上，测试企业内部控制是否正在发挥作用，是否被有效执行。方法主要有实地考察法、亲历实验法和检查证据法。实地考察法是到现场实地察看有关经办人员是否按照内部控制的规定执行，通常不事先通知有关的经办人员。亲历实验法是根据内部控制规定的程序和办法，将有关经办人员的工作重做一遍，测试其是否按照规定履行指定的责任。检查证据法是通过检查有关的凭证、资料等，测试经办人员是否按照规定的程序处理业务，有无差错。

3. 评价内部控制

这是针对内部控制的完整性、合理性和有效性进行评价。完整性是指企业根据生产经营的需要，应该设置的内部控制已经设置，对生产经营活动的全过程进行自始至终的控制。合理性是指内部控制设计和执行时的适用性。有效性指设计完整、合理的内部控制在企业的生产经营过程中，能够得到贯彻执行并发挥作用，能够为提高经营效率与效果、提供可靠财务报告、遵循法律法规、实施战略提供合理保证。

NV 公司管理层委托内部审计师对采购与付款业务循环内部控制进行评价。内部审计师首先了解并描述采购与付款业务的内部控制，包括以下几个方面。

一是查阅物资采购、仓库保管、付款等方面的制度文件，走访并实地观察采购部门、仓库、验收部门和财会部门等，深入了解企业采购与付款管理的各方面制度是否健全，手续是否完备，观察验收部门是否独立于仓库保管和记账职责，观察采购职责是否与批准采购部门、验收货物部门分离，有无分级授权采购制度。经过调查了解，以文字描述方式，将内部控制情况记录下来。设计良好的控制应该能够确保所有的采购都经过批准，能够密切跟踪长期合同，监督过度的请购，确认潜在的损失，保证采购质量，以及由独立机构和人员检查存货系统的设计与维护等。

二是抽查部分采购业务。常见的问题是个别员工有可能虚构供应商，使得企业为从来没有收到的商品付款，从而将资金转移到企业外部。必须详细了解与供货方之间的关系，并抽查发货数量、时间和质量标准的重要合同；通过购货业务测试，检查控制环节的设置与执行情况。抽查的方法是从采购部门的业务档案中抽取订货单样本，可对采购物品较重要或金额较大的采购业务重点审查。内部审计师索取其采购业务的各种文件资料，沿着采购业务的正常程序加以追踪，进行相关的检查与验证，内容包括以下几个方面。

（1）核对请购单与订购单是否一致，请购单是否经过适当的授权人批准，订购单是否连续编号。

（2）核对采购合同上确定的价格、付款日期与财会部门核准的支付条件是否一致。

（3）检查合同是否经过有关部门审查，核对卖方发票上所购物品的数量、规格、品种与合同是否一致。

（4）抽验部分付款凭单，检查其是否附有请购单、订购单、验收单，付款凭单和验收单是否连续编号，验证验收环节的有效性。

（5）核对采购合同、卖方发票、验收单与入库单是否一致。

（6）检查购入材料计价正确与否，采用永续盘存制核算时，复核计价正确性。

三是询问。与重要岗位的员工会谈，了解职责划分、授权状况、凭证或文件产生、重要控制活动的执行和实施、业务的全部特性。询问需要一定的技能和技巧，要以恰当的方式提出恰当的问题，以达到询问的目的。

四是对生产经营现场和业务流程巡视。控制程序依赖于信息的可靠性。例如，产品制造人员能提供关于货物从投入到完成制造过程的信息，测试人员可以通过车间巡查以及与员工会谈来获得信息。

五是抽查应付款项偿付业务，查明其付款的依据是否正确无误，付款及记录、过账是否及时，对应账户是否正确，有关现金折扣的处理是否符合规定。

（1）了解应付款项记录、付款业务是否分开，如应付款项记录人员与出纳员的职责是否分开；了解有关凭证的传递过程。

（2）抽查应付款项明细账，检查应付款项各明细账向银行存款（或现金）日记账和向总分类账的过账情况，证实应付款项会计控制的有效性；抽取明细账所附的原始凭证，例如订货单、供货方发票、验收单和已付支票，验收原始凭证的合法性、正确性以及核对原始凭证记载的金额与相关明细账的一致性，证实各有关部门内部控制的有效性。

（3）审核货款结算手续，检查应付款项明细账上金额与订购单、验收单、卖方发票是否完全一致。

（4）抽取部分支票，检查签发的支票是否有授权人的签字，支票中各个项目与卖方发票是否一致。

（5）追查材料采购明细账、原材料明细账与银行存款日记账或应付款项账户的过账是否正确。

（6）审查现金折扣的合理性。企业购货时的现金折扣如果单独记账，通过计算当期获得的现金折扣与进货总额的比率，将该比率与以前各期相比较，确定现金折扣的合理性。现金折扣比率如果显著下降，其原因可能有进货条件变更、未曾取得折扣或有关人员舞弊等，应对此给予应有的关注。

（7）检查应付票据内部控制。① 走访观察应付票据记录与业务经办是否独立，职责分工是否合理。签发票据、记录、付款有无一人负责的情况。如果票据仅由一人签发或名义上虽为两人而实际上其中一人已预先在票据上盖章，或将印章交由有权签发票据的另一人代办，在这种情况下应特别注意。② 抽查部分作废的、退回的票据，查明是否予以注销，是否编号保存。③ 了解是否定期与债权人对账。

对每项采购和付款业务都应该取得适当批准的证据，纸质文件可通过签字提供批准证据，计算机系统通过"限制进入"和"例外报告"实施控制。对于这些控制的测试，由内部审计师进行全面审核。例如，审核进入日志以确定是否存在未授权的进入样本。

六是调查问卷。内部控制调查问卷针对当事人提出若干问题，要求进行书面回答（也可以是电子版）。提出问题的否定答案可能显示关键控制活动的缺失或不相容职务的划分不清，要对否定答案进一步分析。调查问卷的优点是应用广泛、简单，不足是标准化的问题缺乏灵活性，而且对否定答案的含义难以准确把握。表10-2列举了一些标准化问题。

表 10-2　产品销售与收款循环内部控制调查表

表 10-2　产品销售与收款循环内部控制调查表

调查内容	调查结果			回答"是"后测试结果	回答"否"后测试结果
	是	否	不适应		
1. 产品赊销是否考察了客户的"6C"系统					
2. 发货后是否及时登记产成品账户					
3. 是否与客户定期对账					
4. 盘点是否由仓库保管员以外的人负责					
……					

业务流程负责人：×××　　　　　　　　　　内部控制调查人：×××

日期：2020 年××月××日

二、管理控制评价

管理控制评价是对管理控制程序、控制方法、控制效果等进行的评估和检查。通过评价，促进提升企业战略的综合执行力，确保企业战略得到切实有效的执行。首先要明确什么样的管理控制是有效的，其次要确定评价内容和指标体系。

（一）有效的管理控制

通过建立与战略执行相匹配的激励约束机制，并在战略执行的过程中及时纠正出现的偏差，可以帮助企业实现战略目标。管理控制有效运行具有以下几个特征。

1. 循序渐进、与环境互动的管理控制

有效的管理控制是通过循序渐进的方式进行的。在战略实施的初期，管理控制行为往往是带有试验性和反复性的，通过对管理控制的检验，获悉反馈信息，达到适时、适事地控制。战略目标的确定、战略绩效标准的建立以及信息的搜集均需与外界进行交流、沟通，需要利用外界信息来提高管理控制质量。战略随环境变化，管理控制的路径随战略变化，从而提高管理控制效果。

2. 系统化、普及性的管理控制

一个战略会分解为多个子战略，如新产品的开发、技术革新、企业兼并等。每个子战略都有其特质，在时间要求和实施进度上有所区别，管理控制要根据战略目标对子战略进行协调。战略要渗透到组织的各个层面，因为员工对环境变化的感受可能是最为直接、最为迅速的，管理控制脱离了员工这一层面，控制效果就可能降低。通过正式控制与非正式控制，提高管理控制质量。

3. 完整的战略绩效评价体系

管理控制的行为建立在战略绩效评价之上，战略绩效评价直接影响控制方式与控制效果。在评价体系中，既要有定量指标，又要有定性指标；既要有总体战略描述，又要兼顾子战略的绩效评价；既要平衡战略绩效指标的相关性，又要明确战略绩效标准的容差范围。在建立战略绩效评价体系时，至少应包含四条标准：战略一致性、可行性、协调性和战略优势（在特定的业务领域使企业创造和保持竞争优势）。其中，一致性和可行性主要是针对企业内部状况评价，协调性和战略优势主要是针对企业外部评价和比较。

4. 战略风险预警系统

战略风险预警系统包括经营目标预警和竞争力预警，经营目标预警是指建立评价指标体系、确定临界值，对企业经营目标的实现做出综合判断；竞争力预警是对企业竞争力信息进行分析，选择具有指示功能的超前或同步指标来推断企业竞争力的变动方向和程度。管理人员在警兆（风险信号）不连续出现的早期制定处理方案，将问题解决于萌芽状态，而不是在警兆密集时才加以控制。

5. 多种管理控制手段并举

传统的管理控制手段局限于诊断型控制。在诊断型控制中，管理者更多地考虑财务绩效评价指标，有可能忽视战略的根本目的。为了克服诊断型控制的弊端，企业管理层还应采用其他控制手段，如信念控制、边界控制、交互控制等。

管理控制评价的目的是改善管理控制的效果。管理控制的过程分为四个步骤，即建立战略绩效标准、衡量实际战略绩效、评价实际战略绩效、采取必要的纠正措施，每一步骤中都可能会出现不足，对这些不足可采取的对策见表10-3。

表 10-3　管理控制的注意点[①]

管理控制阶段	建　　议
战略共识：战略任务明确；管理者共识；员工共识	明确区分战略任务与日常业务；保证日常经营压力不影响管理控制机制的有效性；管理者、员工对企业战略的认同程度高
战略协同：组织协同，运营协同，人力资源和信息系统支持	部门功能的完备程度；部门之间的协同程度；业务流程与战略执行过程的匹配程度；人力资源、信息系统支持战略执行的程度高
战略目标的确定	基于竞争优势的分析；目标数量不宜过多；能够测量短期的进展；给出未来业绩的指标；设立的项目要针对竞争优势提升
战略绩效标准的建立	客观与精确；由组织上下人员磋商；有竞争性；与预算相协调
对战略性业绩完成的控制	系统性的监视与回顾；个人报酬与战略目标的实现挂钩；干预影响战略目标的业绩
战略计划与管理控制	提出战略计划，作为管理控制的基础；战略计划中运用战略回顾分析方法
减少官僚主义	避免大的职能部门与冗长的报告；避免特意采集的数据；开展面对面的讨论；正规讨论与非正规讨论结合
……	……

（二）管理控制评价内容与指标体系

管理控制评价指标主要包括战略共识、战略执行中的协同、管理控制、战略执行效果四个方面，这些因素共同决定着战略执行力，最终影响管理控制结果。战略执行协同要求部门

---

① 许庆瑞．管理学［M］．2 版．北京：高等教育出版社，2007．作者进行了整理和补充．

之间密切协作，如运营部门、人力资源规划、信息系统与战略执行相匹配，才能保证管理控制达到预期目标。战略任务的细分则是将战略目标从最高管理层、战略单元、职能部门层层细分，最终将战略目标进一步细分到基层单位和员工，从而使战略目标变得清晰、可行。综合上述对于有效的管理控制评价的分析，从以下几方面分析管理控制评价内容和指标。

1. 管理控制的总体状况

管理控制对象较多，应优先控制对战略实施有重要意义的事件以及超出预算设定容许范围的例外事件，抓住管理控制的重点。管理控制系统中还应包含激励管理控制执行主体的行为，确保管理控制总体的有效性。

2. 管理控制环境与目标

该指标衡量管理控制是否体现了与战略环境的交互特征，衡量企业是否存在多种控制系统，如正式控制、非正式控制、行为控制和结果控制等，这些控制系统能否实现战略目标并与控制环境相适应，并对管理控制运行提供保障。管理控制的每一个环节均受制于战略目标，特定的战略目标与特定的管理控制相协调。

3. 管理控制评价标准

有效的管理控制应具备完整的战略绩效评价体系，对战略绩效的度量包括将实际结果与预期结果进行比较、分析实际进程对计划的偏离、评价个人业绩和在实际目标过程中已取得的进展，这些需要以完整的且完善的战略绩效评价体系为基础。战略实施需要企业各方面资源的保障，如财务预算和人力资源规划，可将这些预算或规划作为标准。

4. 管理控制手段和战略信息

在管理控制体系中，控制手段不是唯一的，除了传统的诊断控制外，评价战略手段的多样化同样作为评价管理控制的内容，自我控制是众多控制方法中成本最低的手段。管理控制是否有效一定程度上还取决于战略信息，充分、及时、准确的战略信息是保障战略实施的重要条件。

管理控制评价内容与指标体系见表 10-4。

表 10-4　管理控制评价内容与指标体系

因　　素	评 价 指 标	评 价 标 准
最高管理层	战略目标可行性；短期目标与战略目标的一致性程度	可行，一致
经营单位或事业部层	总体战略与经营单位目标的一致性	一致
总体运行情况	保持弹性、重点明确、自我控制、循序渐进、系统化、普及程度	是
管理控制环境	与环境交互影响	是
	正式控制	应用
	非正式控制	应用
	组织文化	实施

因　　素	评价指标	评价标准
战略目标	基于竞争优势	是
	明确且易理解	是
	财务部门等职能部门目标与战略目标、经营单位或事业部目标的一致性	一致
战略财务预算	为战略制定的财务预算有效支持战略规划的程度	高
战略人力资源规划	人力资源规划与战略规划的一致性程度	高
战略绩效评价体系	一致性、协调性、可行性、战略优势	是
激励约束机制	业绩评价与战略执行、激励机制与战略执行的匹配程度	匹配
战略信息	建立从上到下的战略宣传机制，使成员理解并参与战略过程	理解
	一线员工对战略信息的敏感度	高
	提供战略信息的及时性、充分性和准确性	是
	战略信息提供过程中的协同程度（同级部门之间）	高
管理控制方法	边界控制	跟踪和监督战略执行效果；纠正战略执行中出现的偏差
	交互控制	
	诊断控制	
	战略预算	
	平衡计分卡与战略地图	
	战略审计	
	战略预警系统	
……	……	……

第三节　公司治理层面内部控制评价

公司治理层面内部控制评价以董事会评价为核心，针对管理层凌驾于内部控制之上的问题、财务报告内部控制质量等进行评估。董事会评价本身也是内部控制评价中的重要内容之一，董事会评价在实务界受到重视。通过评价，可以促进董事会有效运作、形成完善的决策与监督机制，降低代理成本并促使代理人为企业长期发展而努力。

一、公司治理层面内部控制评价概述

越来越多的投资者不仅关注公司绩效，而且关注公司治理有效性，因此产生了评价的需求。但是在评价公司治理层面的内部控制的有效性之前，先要对内部控制的合规性进行评价。合规性是有效性的前提，公司治理层面内部控制的合规性是指内部控制的政策和措施没有与法律法规相抵触的地方，同时也没有与企业的伦理、内部规章制度以及社会规范、道德行为准则相违背的地方。对合规性的评价可以考虑的因素有：是否受到过监管机构的通报批评、是否受到行政处罚、治理层有没有发生违规操作等。

公司治理层面内部控制评价系统的设计必须考虑企业所处的制度环境，应基于公司治理环境和经营管理特点而设计，包括董事会、监事会、经理层等方面，每个维度又分为若干二级指标（主因素层）。① 例如，董事会评价主因素层有五个指标，包括董事权利与义务、董事会运作效率、董事会组织结构、董事薪酬、独立董事制度。里滕伯格和施维格依据美国《萨班斯法案》提出了公司治理、公司治理文化、道德准则、管理控制及其影响的分析框架，见表 10-5。

表 10-5　公司治理状况分析框架

项　　目	分 析 内 容
公司治理	董事会是否独立并具有专业知识？董事会会议是否经常足以理解公司活动和潜在的问题？董事会是否被管理层控制
公司治理文化	公司治理文化的性质是什么？如何奖励员工？如何执行监督？收入目标的压力是什么？员工是否理解他们个人对内部控制的责任？领导能力的质量标准是什么？如何处理错误问题？是否定期评价公司道德准则的遵循情况
道德准则	公司是否有道德准则？道德准则是否得到了遵循？是否存在不符合准则的情况？公司资产是否存在不恰当使用的情况
管理控制及其影响	管理当局是否有能力对下级施加不正当的影响，向下级人员灌输对控制系统有不利影响的不正确思想？是否向关键人员提供贷款，但最终不打算收回贷款

二、董事会治理评价

董事会治理评价是对董事会结构合理性、董事会运作、董事会治理效果等进行的评估和检查。法玛（1980）将董事会描述成公司的最高控制系统，并认为拥有良好董事会的公司将持续创造更好的业绩。随着美国安然、世通等大公司财务丑闻的爆发，董事会治理有效性成为人们关注的焦点。

董事会的有效性主要体现在董事行为的合法性和董事会运作的有效性。董事及由其组成的董事会必须通过诚信尽责和有效率的工作实现股东的利益最大化。但是在现实中，董事职务要由有行为能力的自然人来担任，担任董事职务的自然人可能存在私人目标和职务目标之间的矛盾，如果对董事行为约束不力，可能出现放任自流、渎职、谋私等行为。

对董事会运作进行评价，有利于提高董事会治理效率。全美公司董事联合会和蓝带委员会（1999）认为，只要存在一个恰当的董事会评估程序，就有助于提高公司业绩。随着机构投资者发言权的增强，投资者对董事的能力和专业背景提出了更高的要求。公司董事会质

---

① 资料来源：李维安，程新生，等. 公司治理评价与指数研究 [M]. 北京：高等教育出版社，2005.

量已经成为机构投资者的一个重要评价因素，认为董事会行为至少与财务报表同等重要。例如美国加州退休人员基金提出，公司董事会应当建立定期考核董事业绩的机制，对董事出席会议、准备、参与和正直等建立相应的考核标准。

董事会评价应密切结合企业的治理环境，充分考虑法律赋予董事会的职责以及董事会的特征，从保障公司科学决策的目标出发，注重董事行为的合法性和董事会运作的有效性。基于上述考虑，从董事的权利与义务、董事会的有效性、董事会组织结构、董事薪酬和独立董事制度五个维度，设置评价董事会治理的指标体系。

（一）董事的权利与义务

董事在公司权力结构中具有特定的法律地位，同时需要承担特定的法律责任和义务。董事义务通常可以分为勤勉义务和诚信义务。勤勉义务要求董事能够称职地履行职责，包括参加会议的时间、关注公司的经营、按照公司的最佳利益诚实行事、禁止从事损害公司利益的行为等。在一个高效的董事会中，每一个成员都是重要的，必须通过董事候选人的选拔、明确权利义务来规范董事的行为。

（二）董事会的有效性

董事会是股东大会选举的、由个人董事组成的会议体和决策机构。董事会的职责主要是进行战略决策、监督和对经理人员进行激励约束。因此，董事会运行的有效性在于董事会的职责履行和企业目标的实现等。

有些指标可进一步深化，例如对董事会和审计委员会运作的评价可以从以下几个方面实施：公司是否拥有包括有胜任能力的独立董事在内的有效的董事会？是否由董事会批准组织战略行动？是否提供给董事会足够的信息用于决策？公司是否拥有独立的审计委员会？审计委员会是否定期与内部审计、外部审计人员单独会面，对财务报告过程是否进行了有效的监督？独立董事对于重大财务事项是否发表了独立意见？董事能否理解公司外部环境变化情况？董事会所有成员是否充分了解公司战略？董事会是否有制定以及审批战略的规范程序？董事会是否对董事长/总经理绩效表现进行评价并建立评价程序？董事会是否了解重要岗位更新计划、规划程序？董事会是否建立具有活力的自我评估及改进程序？董事会是否建立成员自我更新机制，以满足企业发展需要？等等。

（三）董事会组织结构

董事会的高效率取决于董事会内部分工与协作的质量，其中专业委员会在董事会中起着关键的作用。专业委员会的设立有助于董事会工作的合理分工和高效率，有助于董事会更好地履行其职能。因此，专业委员会的存在和构成是董事会独立性的重要标志，需要建立相应的指标来评价各个专业委员会的建设和运行状态。

（四）董事薪酬

赋予董事责任的同时，还必须给予一定的激励，包括董事的物质激励和精神激励。为了有效实施对董事的激励，建立科学的董事评价标准就十分必要，它包括董事的薪酬水平、薪酬方式和考核机制、董事持股等。

（五）独立董事制度

建立独立董事制度可以保证董事会的独立性和决策的科学性，而独立董事制度的建设、独立董事独立性和尽职状况等是影响董事会效率的重要因素，同时也是考核董事会治理的重要评价指标。独立董事制度执行状况包括独立董事的比例、独立董事的独立性、独立董事的激励与约束等。

例如，通过资料研读、问卷调查和访谈获取 MP 公司的数据，可以对 MP 公司董事会治理状况进行评价。所有评价指标的分值分布区间都是［0，10］；当指标得分大于等于 7 分时，认为公司董事会在这方面的表现良好；当指标得分小于 4 分时，认为公司董事会在这方面表现较差；当指标得分处于区间［4，6］时，认为公司董事会在这方面有待改善。选择 16 家同行业上市公司董事会的治理状况作为对照样本。评价结果见表 10-6。

表 10-6　MP 公司董事会评价得分

评价指标		评价得分										
		10	9	8	7	6	5	4	3	2	1	0
董事素质与遴选	1. 董事遴选					√						
	2. 董事的能力考核						√					
	3. 董事培训						√					
董事会规模与结构	4. 董事会规模			√								
	5. 董事的来源							√				
	6. 董事的专业背景				√							
	7. 独立董事比例								√			
	8. 公司领导权结构						√					
	9. 专门委员会设置			√								
	10. 专门委员会独立性								√			
	11. 专门委员会运行状态						√					
董事会运作与决策履行	12. 董事会会议次数				√							
	13. 董事会会议议题				√							
	14. 董事会会议气氛					√						
	15. 董事会信息来源							√				
	16. 董事会决策程序与方式			√								
	17. 董事会决策履行				√							
	18. 董事会对 CEO 的选拔与考核								√			
	19. 独立董事参加会议的积极性								√			

续表

评价指标		评价得分										
		10	9	8	7	6	5	4	3	2	1	0
董事薪酬与绩效考评	20. 董事薪酬水平				√							
	21. 董事薪酬形式						√					
	22. 独立董事激励								√			
	23. 董事绩效评价								√			
	24. 董事长业绩评价							√				
	25. 董事退出机制								√			
	26. 董事的问责制									√		
董事会文化建设	27. 董事会的集体信任						√					
	28. 董事成员的沟通					√						
	29. 董事会自我评估									√		
	30. 董事的勤勉尽责					√						
董事会与经理层权责分工	31. 董事长与总经理边界				√							
	32. 董事会与经理层边界						√					
	33. 董事会对经理层的监控能力				√							

从表 10-6 MP 公司董事会评价指标的打分结果看，其中 10 项指标的得分在 7 分以上（包括 7 分）；14 项指标的得分在 4 分到 6 分之间（包括 4 分和 6 分）；9 项指标的得分在 3 分以下（包括 3 分）；33 项指标得分的均值为 5.1 分。

MP 公司董事会治理表现优秀的指标主要分布在董事会制度建设以及机构设置等方面，即 MP 公司的董事会具有比较完善的制度与运行程序，在这方面已经达到了一些优秀上市公司的标准。在董事会决策履行、董事长与总经理的边界、董事会对经理层的监控能力上，MP 公司表现较好，这与董事会构成中内部董事较多有一定的联系。

MP 公司董事会治理表现较差的指标有两方面：一是董事会的独立性，二是对董事的考核、问责及退出机制的建设。董事会的独立性差表现在独立董事比例偏低、独立董事作用有限、缺乏独立董事激励机制。对董事的考核、问责及退出机制建设滞后，没有明确规定董事的考核及问责机制。MP 公司董事会治理有待改善的指标主要集中在董事会的具体运作与董事会文化建设、董事会制度和规程等方面。

借鉴国内外优秀公司董事会治理的经验，MP 公司董事会建设应该注意以下问题：

1. 进一步强化董事会功能、明确董事角色

MP 公司董事会在制定企业发展战略和重大事项决策上表现出较高的水准。公司于 2016 年引入战略投资者，董事会的作用有所加强。但在公司风险的识别、控制与防范、公司治理方面，董事会做得还不够。MP 公司董事会所属的公司治理委员会已经开始在风险控制及改善公司治理方面开展工作，这将会进一步提高董事会的作用。

2. 从投资者的角度考虑董事会的建设问题

董事会与投资者的关系表现在两个方面：第一，董事会要对投资者（股东）负责，保证实现股东利益最大化；第二，董事会要能够吸引潜在的投资者。股东希望董事会能够高效率运作，保障其利益；潜在投资者希望能从董事会的运作效率来判断公司发展前景。董事会建设时要给潜在的投资者传递一个信息——MP 公司的董事会是能够保护投资者权益的。

3. 重视独立董事的作用

国内外很多知名公司重视独立董事的作用，独立董事的比例远远超出法律规定的底线，这成为董事会治理的一个重要标志。MP 公司董事会构成中，独立董事比例偏低，而且作用不突出。董事会专门委员会不是以独立董事为主，降低了董事会的独立性，导致小股东的权益不能得到有效保障。这给资本市场传递了一个信息——MP 公司的董事会是否值得信赖？建议增加独立董事比例，发挥独立董事的作用。

4. 建立和完善董事绩效考评与问责制、开展自我评估

一些董事对其职责认识不清，参加董事会会议只是例行公事。为了激励董事勤勉尽责，应该加大对董事的绩效考评力度，并追究其不作为的责任。MP 公司对董事的绩效考评宽松，缺乏董事责任追究机制。董事会建立自我评估机制，有利于及时发现自身存在的问题并进行改进。

5. 对董事长期激励

MP 公司对执行董事的激励主要是薪酬、津贴形式，并与公司业绩挂钩，容易导致董事短期行为，产生不利于企业长期发展的决策或行为。应把董事与企业的长期利益捆绑在一起，例如，采取股票期权或虚拟股票期权计划。

6. 建立积极、开放、诚实、信任、创新的董事会文化

董事会应该欢迎不同的观点，并需要建设性的否定意见。董事除了能提出建设性的否定意见外，董事会内部还要互相信任、真诚坦率、勇于负责、开展自我评估及改进，并与包括 CEO 在内的管理层之间开展交流，建立积极、开放、诚实、信任、创新的董事会文化。在董事长威望和影响较大的董事会中，董事长应在董事会文化建设中起到率先垂范的作用。

7. 改善经理层监控效果

对经理层的监督与约束是董事会的重要职能，公司曾经出现过恶性增资问题，原因是董事会没有发挥应有的职能，使得经理层的决策空间过度膨胀，导致决策失控。在引入战略投资者以后，MP 公司获得较丰富的资源（资金、专利技术等），要求董事会明晰与经理层的权责界限，对经理层进行有效监督。

将 MP 公司与 16 家同行业上市公司的董事会治理状况比较，发现 MP 公司在某些方面达到或超过样本公司，但也有一些方面明显滞后。与一些国际知名企业相比，MP 公司董事会治理在底线附近波动，需要摆脱底线这一参照标准对董事会建设的影响。在企业发展过程中，特别是市场快速拓展并且面对客户的需求差异化时，企业风险加大。MP 公司正处于这样一个发展阶段，要求董事会具有风险预警与控制能力。总之，战略决策、风险监控、有效监督和激励是 MP 公司董事会的主要任务。

第四节　企业内部控制评价案例

企业内部控制评价案例包括：YXK 公司流程控制与管理控制评价案例以及从公司治理

层面进行的 MP 公司内部控制评价。

一、流程控制与管理控制评价案例

该案例主要以 YXK 公司总部对 JJ 子公司的内部控制评价为背景，介绍内部控制评价程序和方法。[①] 案例中，由集团内部控制部（原内部审计部门）组织实施管理控制评价。

（一）YXK 公司概况

YXK 有限责任公司是一家外资企业，从事汽车零部件制造。JJ 子公司是由 YXK 公司在中国投资的外商独资企业，是 YXK 公司零部件集团的重要成员之一。

（二）YXK 公司内部控制评价体系的设计

1999 年，YXK 公司建立了《YXK 公司内部控制管理程序》，共三分册 88 个项目。每个项目基本上由五部分组成：目的、要求、职责图、文件与记录、参考资料。2002 年，作为《YXK 公司内部控制管理程序》的配套项目，YXK 公司总部又建立了内部控制评价体系。2006 年，公司总部对内部控制评价体系进一步修订。对每一个内部控制项目按八个要素进行分类，将评价中发现的问题归到每一个内部控制项目，再评出内部控制的总体得分情况，以反映企业内部控制风险的高低。YXK 公司内部控制评价体系的设计如下：

1. 内部控制评价范围和内容

内部控制的评价范围是企业构建的全部内部控制，将 88 个内部控制项目按照大类划分为 14 个业务循环：综合项目、环保与职工健康安全、资金和资产控制、信用管理、财务报告、销售与收款、采购与付款、生产与物流、法律事务、IT 安全、安全保卫、投资管理、人力资源、质量管理。

内部控制评价的内容是对内部控制执行的有效性进行评价，主要包括控制环境评价、管理程序建设、人员培训、风险评估、实际风险控制活动的开展情况、文档资料的收集保管、与其他部门的交流等方面，全面涵盖业务中可能存在的重要风险点。

2. 内部控制评价标准和方法

对内部控制进行评价时，以现场抽样调查为主，辅以访谈、计算核实、观察、检查等手段，实际工作时将根据项目内容确定。

3. 内部控制评分标准

内部控制评价由以下三部分组成：基本项目、以前评价中发现问题纠正情况、外部审计师管理建议落实情况。

（1）基本项目（该部分满分为 70 分）。基本项目评价是指评价人员依据内部控制项目评价和各项目权重加权得出的分值，是评分的主要内容。由于各个具体项目评价内容所包含的风险不同，将根据其风险大小分为高、中、低三级；同时给每个风险等级赋予一个权重，分别设为 5、3、1。权重间距越大，不同风险等级问题的区别会越明显。为考核企业管理水平，将每个具体评价项目所对应的业务完成程度分为 5 级：100%、75%、50%、20%、0%，如表 10-7 所示。

---

① 资料来源：于增彪，麻蔚冰，王竞达. 亚新科公司内控评价体系的构建［J］. 新理财，2006（10）；陈汉文，张宜霞. 企业内部控制的有效性及其评价方法［J］. 审计研究，2008（3）. 本书作者进行了整理、补充和修改.

表 10-7　具体评分项目业务完成程度分级

完成程度	具 体 含 义
100%	全部完成（或做到）。程序完善，完全按程序实施
75%	完成或基本完成（做到）。有程序，但不是很完善；基本按照程序实施
50%	完成（或做到）一部分。有一定的程序，但程序极不完善，也未完全按照程序实施
20%	完成程度很低，大部分风险未能得到有效控制。没有书面程序，但有一定的习惯做法；完全凭习惯或主管领导指示办事。有一定的风险控制意识
0%	完全未做，与该业务相关风险没有任何防范措施。没有书面程序，也没有具有控制意识的习惯做法；办事随意，各行其是，缺乏风险控制意识

每个评价项目的得分 = ∑（该评价项目中每个具体评价项目的权重×完成程度）

基本项目得分 = ∑评价项目分值×70%

（2）以前评价中发现问题纠正情况（该部分满分为 20 分）。这是为了跟踪公司运营、及时解决已经发现的内部控制薄弱环节而进行的评价，该项得分和内部控制薄弱环节跟踪改进完成程度直接相关。

第二部分项目得分 = 20%×已经改进完成的问题数/上年评价提出的问题数

（3）外部审计师管理建议落实情况（该部分满分为 10 分）。该部分是指企业的外部审计师在进行年度审计后针对企业存在的管理风险提出的改进建议，针对这些改进建议是否得到了企业的重视并贯彻落实的情况而进行的检查和评价。

第三部分项目得分 = 10%×已经完成整改数/上年度外部审计师提出的整改数

三个部分得分总和即为公司的内部控制评价得分。

4. 内部控制评价等级

这是对企业的内部控制制度进行的一个总体评价。YXK 公司内部控制评分采用百分制，评价等级按五级确定，如表 10-8 所示。

表 10-8　内部控制评价等级

等　　级	分　　值	优良程度
第一级	90 分（含）以上	优
第二级	71—89 分	良好
第三级	60—70 分	合格但不足
第四级	40—59 分	不合格
第五级	40 分以下	差或极差

（三）YXK 公司内部控制评价具体操作

下面以 YXK 公司进行的评价为例，说明内部控制评价的具体操作过程。

1. 按照内部控制项目进行分类，确定每一个内部控制基本项目的分值

如前所述，YXK 公司的内部控制项目可以划分为 14 个业务循环（基本项目）。在内部

控制评价体系的设计过程中，考虑到每个业务循环的风险等级和重要性不同，按照风险等级，赋予每个业务循环以不同权重。

2. 明确内部控制评价标准、评价方法和权重

对于内部控制基本项目的评价按照 COSO 委员会风险管理框架（ERM）中的八要素展开，再将每一要素按照关键控制点拆分成更为具体的内部控制评价指标和标准，明确其风险等级划分方法以及权重。以销售与收款流程内部控制评价为例，H 表示高风险，M 表示中等风险，L 表示低风险，如表 10-9 所示。

表 10-9　销售与收款流程内部控制评价标准表

八要素	内部控制评价标准	风险等级	评价方法	权　重
内部环境	建立了与管理控制程序相一致的销售管理程序	M	询问、检查	3
	对全体销售人员进行销售管理程序培训	M	询问、检查	3
	公司与所有销售人员签订保密协议书	M	检查	3
	有完整的驻外销售分支机构管理程序	H	询问、检查	5
目标设定	选定的目标支持和切合该单位的使命，并且与风险容量相符	M	询问、检查	3
事件识别	识别影响目标实现的内部和外部事项，区分风险和机会，使机会被反馈到管理当局的战略或目标制定过程中	M	询问、检查	3
风险评估	销售部对本部门存在的高风险领域进行评估，对相应的高风险领域提出控制办法	H	询问、检查	5
风险应对	风险应对策略——回避、承担、降低或者分担风险，以便把风险控制在本单位的风险容忍度和风险容量以内	M	询问、检查	5
控制活动	定期编制各类销售计划	M	询问、检查	3
	对所有重要客户定期进行信用调查	M	询问、检查	5
	销售合同的签订经过评审并按授权批准	M	询问、检查	3
	销售部门或人员不得直接收取现金	H	询问、测试	5
	外埠仓库不能由销售部门直接控制	M	询问	3
	与财务人员共同对寄存客户方的产品定期盘点	H	询问	5
	销售人员个人收入与销售回款、销售额等有关指标挂钩	M	询问、检查	3
	对销售人员进行利益冲突调查	M	询问、检查	3
	……	……	……	……

八要素	内部控制评价标准	风险等级	评价方法	权　重
信息与沟通	销售资料的管理符合公司档案管理规定并及时归档	H	询问、检查	5
	销售部定期与财务、物流等部门核对应收账款等	H	询问、检查	5
	销售退货有完整的记录	M	检查	3
	分支销售机构掌握的客户档案及时更新并归入母公司档案	M	询问、检查	3
	销售人员按公司要求建立销售台账	M	询问、检查	3
监控	公司对销售计划的准确性进行考核	L	检查	1
	财务部按期对销售部及驻外销售机构的工作进行检查监督	M	询问、检查	5
	……	……	……	……

3. 综合评价

根据基本项目得分（本次评价中发现的新问题扣分）、以前评价中发现问题纠正情况得分、外部审计师管理建议落实情况得分三项综合得出内部控制评分数，如表10-10所示。

表10-10　YXK公司内部控制评分表

内部控制	目　标　值	实　际　值	比　率
1. 基本项目			
财务报告	10.00	8.73	87.30
销售与收款	12.00	10.53	87.75
采购与付款	10.00	9.13	91.30
生产与物流	8.00	7.01	87.63
投资管理	10.00	8.75	87.50
资金和资产控制	15.00	15.00	100.00
信用管理	5.00	4.04	80.80
信息安全	5.00	4.95	99.00
……	……	……	……
小计	100.00	88.85	88.85
基本项目实际权重及得分	70%	62.20	
2. 以前评价中发现问题纠正情况得分	20%	13.01	
3. 外部审计师管理建议落实情况得分	10%	5.62	
小计	100%	80.83	

YXK 公司内部控制评价是公司从自身实际需要出发，对内部控制评价所做的尝试。本案例需要提示的是，对内部控制及其风险进行评价不只是针对一个子公司或某一个单位，而是要重视关键环节和关键业务的控制，重视业务流程的控制风险，这是在以后的内部控制评价中需要转变的观念。企业内部和外部环境变化后，如新技术、新材料出现对企业产品成本可能造成很大影响，应建立风险反应机制，使不利影响降至最低。要关注过程控制风险，将剩余风险限制在风险容忍度之内。不仅要重视基本项目的评价，还要关注以前内控评价的改进及注册会计师审计建议的整改情况。

二、MP 公司内部控制评价——公司治理层面的分析

MP 公司是一家有知名度的电子企业，其董事会治理在一些方面表现出了自己的优势和特色。参考中国公司治理评价系统确定 MP 公司董事会评价的指标体系，从董事素质与遴选、董事会规模与结构、董事会运作与决策履行、董事薪酬与业绩考核、董事会文化建设、董事会与经理层的职责分工等方面对董事会治理状况进行评价与诊断。将董事会考核的每个方面细化成若干具体化的指标，并对每个具体指标的考核目的进行说明。

对 MP 公司进行的内部控制评价涉及三个维度：① 授权。主要评价企业是否有完整的授权体系，包括董事会对经理层授权合理性、经理层向部门授权合理性、部门之间的权利与责任配置状况等。② 监督。主要包括企业财务的独立性程度、监事会是否定期对内部控制进行评价、审计委员会对于内部控制的作用如何、内部审计的独立性与效率状况、风险预警制度实施情况等。③ 制度与作业。主要评价企业规章制度的设计程序及制度健全性、财务报告内部控制有效性等。评价结果共分 10 级，级别越高，指标表现越好。20 个指标的分值分布区间及得分情况如表 10-11 所示。

表 10-11 内部控制评价表

序　号	项　　　目	10	9	8	7	6	5	4	3	2	1
1	公司治理及其变动信息等			√							
2	公司治理机制运行及重大决策信息披露						√				
3	主要股东能否及时获得相关、完整的信息			√							
4	董事会成员能否获得相关、完整的信息						√				
5	监事会成员能否获得相关、完整的信息					√					
6	经营业绩、管理控制有效性等信息不对称性					√					
7	市场信息不对称性					√					
8	关键员工效率信息的不对称性							√			
9	子公司管理层面信息		√								
10	子公司作业层面信息		√								
11	是否有完整的授权体系				√						

续表

序　号	项　　　目	10	9	8	7	6	5	4	3	2	1
12	财务独立性				√						
13	监事会对于内部控制的作用					√					
14	内部审计的独立性							√			
15	审计委员会效率评价			√							
16	风险预警情况					√					
17	内部控制制度的健全性						√				
18	内部控制制度执行的有效性						√				
19	子公司人员与组织行为控制			√							
20	子公司资金管理						√				

在所有指标中，表现优秀的有两项，分别是第九项"子公司管理层面信息"，第十项"子公司作业层面信息"。为什么对这两个项目给以高分？一是因为对子公司的 KPI 做得很好，信息沟通如果不好，这方面的工作是不可能做好的；另一个原因是作业层面的信息主要是考察市场层面与公司层面的沟通，重要的市场信息都能及时地出现在决策层面的有关会议上。

表现良好的有五项：第一项、第三项、第十一项、第十五项、第十九项。指标表现中等偏下的共有五项：第二项、第四项、第十七项、第十八项、第二十项。指标表现较差的有两项：第八项"关键员工效率信息的不对称性"，从访谈以及相关资料显示，公司对关键员工的关注并没有纳入重点管理的日程，实际上，对关键员工的管理是极其重要的；第十四项"内部审计的独立性"，调查发现审计工作虽然很有效率，但工作独立性不强。

公司应建立畅通、高效的信息交流渠道和重大事项报告制度，以及内部员工和客户的信息反馈机制，确保信息准确传递，确保股东的知情权以及董事会、监事会、经理人员和监督检查部门及时了解公司的经营和风险状况。

本章小结

对流程控制与管理控制评价，关注高风险控制点，评价的具体方法包括询问、对现场观察和经营巡视、以前档案分析、调查问卷等。公司治理层面内部控制评价以代理理论为指导，根据一定的指标体系，对照评价标准，通过定量分析与定性分析，以量化形式对内部控制做出系统、客观的分析。评价指标体系设置要考虑企业所处的制度环境，董事会治理评价是考察的重点。通过公司治理层面内部控制状况评价，促进代理人履行责任，改善内部控制，保护投资者权益。

关键词

内部控制评价	Internal control evaluation
流程控制评价	Process control assessment
管理控制评价	Management control assessment
公司治理评价	Corporate governance evaluation
董事会评价	Board governance evaluation

即测即评

请扫描右侧二维码进行在线答题并查看答案。

思考题

1. 流程控制与管理控制评价主要包括哪些内容？
2. 请设计一个采购业务流程控制评价系统。
3. 为什么要对公司治理层面内部控制进行评价？
4. 公司治理层面内部控制评价的内容有哪些？
5. 为什么要对董事会治理进行评价？董事会评价的内容包括哪些？

案例讨论题

　　上海 NTF 传动轴有限公司（以下简称 NTF）是一家合资企业，公司建立了以成本控制为中心的精益管理制度。从 1990 年开始，NTF 成立了成本管理中心，负责企业的成本管理，并在下属的各个车间、工段和部门分设了 36 个成本中心，形成了一个覆盖企业的成本监控网络，把企业全部经营活动纳入成本中心有效监控之下。成本中心参与企业的财务预算、决算、重大技改项目的预测和决策、技术设备引进、质量控制、营销开发等一系列生产经营活动。十几年来，NTF 共进行了多次重大技改。为了避免决策失误，减少投资风险，成本管理中心每年都要进行三年期的市场预测，对每项重大投资项目进行大量调研并进行严密科学论证和可行性分析，使之万无一失。经过四期技改，NTF 的年产能力从 6 万台套、10 万台套、20 万台套直至发展到 40 万台套，始终保持与市场需求同步发展的好势头。由于精确计算、"量体裁衣"、用足资产存量、设备满负荷运转，每期项目投资都没有产生生产能力和设施放空的现象。公司较早就提出了"零缺陷"的质量目标，实施 ISO9000 质量保证体系。在提高工艺工装设备先进性的同时，不断加强职工的技术培训和质量培训。在实施精益管理的同时，严格控制各种办公费用，坚持压缩非生产性开支，对各种支出和费用严格审批，管理作风和管理控制得到外方股东的赞赏和信任。

讨论：运用管理控制的知识，对 NTF 公司内部控制进行评价。

延伸阅读材料

参 考 文 献

[1] 郭泽光，敖小波，吴秋生. 内部治理、内部控制与债务契约治理 [J]. 南开管理评论，2015 (1).

[2] 金彧昉，李若山，徐明磊. COSO 报告下的内部控制新发展——从中航油事件看企业风险管理 [J]. 会计研究，2005 (2).

[3] 徐虹，林钟高. 分工、组织信任与适度内部控制的研究 [J]. 江西财经大学学报，2010 (1).

[4] 张小林，戚振江. 组织公民行为理论及其应用研究 [J]. 心理学动态，2001，9 (4).

[5] 王宣喻，瞿绍发，李怀祖. 私营企业内部治理结构的演变及其实证研究 [J]. 中国工业经济，2004 (1).

[6] 杨晓光. 从中航油新加坡事件看国有海外企业的风险管理 [J]. 管理评论，2005 (3).

[7] 闫艳玲，周二华，刘婷. 职场排斥与反生产行为：状态自控和心理资本的作用 [J]. 科研管理，2014，35 (3).

[8] 尹美群，盛磊，李文博. 高管激励、创新投入与公司绩效——基于内生性视角的分行业实证研究 [J]. 南开管理评论，2018，21 (1).

[9] 陈志斌. 现代企业战略现金流管理的三维均衡 [J]. 管理世界，2006 (3).

[10] 郭天赐. 财务管理集中化在厦门国际航空港集团的实践 [J]. 财务与会计，2004 (11).

[11] 胡响钟. 宝钢股份的内部会计控制 [J]. 财务与会计，2004 (10).

[12] 姜秀华，孙铮. 治理弱化与财务危机：一个预测模型 [J]. 南开管理评论，2001 (5).

[13] 李万福，杜静，张怀. 创新补助究竟有没有激励企业创新自主投资——来自中国上市公司的新证据 [J]. 金融研究，2017 (10).

[14] 汤谷良，杜菲. 试论企业增长、盈利、风险三维平衡战略管理 [J]. 会计研究，2004 (11).

[15] 刘立国，杜莹. 公司治理与财务信息质量关系的实证研究 [J]. 会计研究，2003 (2).

[16] 王泽霞，梅伟林. 中国上市公司管理舞弊重要红旗标志之实证研究 [J]. 杭州电子科技大学学报（社会科学版），2006，2 (3).

[17] 郑朝晖. 上市公司十大管理舞弊案分析及侦查研究 [J]. 审计研究，2001 (6).

[18] 韦华宁. 中国企业战略执行现状研究 [J]. 商业经济与管理，2005 (2).

[19] 赵莹，韩立岩，李惠敏. 中国上市公司利润操纵的行为特质：基于 Benford 律的研究

[J]. 审计研究，2007（6）.

[20] 钟标. 值得关注的帕玛拉特财务欺诈案 [J]. 中国注册会计师，2004（3）.

[21] 薛云奎，齐大庆，韦华宁. 中国企业战略执行现状及执行力决定因素分析 [J]. 管理世界，2005（9）.

[22] 中国财政部、证监会、审计署、银监会、保监会五部委. 企业内部控制规范 [M]. 北京：中国财政经济出版社，2010.

[23] 刘焱，姚海鑫. 高管权力、审计委员会专业性与内部控制缺陷 [J]. 南开管理评论，2014（2）.

[24] 程新生，孙利军，耿祎雯. 内部审计制度改善了财务控制效果吗 [J]. 当代财经，2007（2）.

[25] 柴娜琳. 审计询问的技巧与作用 [J]. 中国内部审计，2003（10）.

[26] 蔡春，蔡利，田秋蓉. 内部审计功能与公司价值 [J]. 中国会计评论，2011（3）.

[27] 孙国林. 警惕采购作业中的人为风险 [J]. 中国内部审计，2005（4）.

[28] 徐德. 论现代内部审计的风险管理控制方法 [J]. 审计研究，2005（2）.

[29] 劳伦斯·索耶. 现代内部审计实务 [M]. 北京：中国财政经济出版社，2005.

[30] 罗伯特·莫勒尔. 布林克现代内部审计学 [M]. 李海风，译. 北京：中国时代经济出版社，2006.

[31] 旭东. IBM：让控制成为一种习惯 [J]. 首席财务官，2005（8）.

[32] 李晓慧，孟春. 有效内部控制的关键环节研究——来自巴林银行、兴业银行和瑞士银行的多案例对比 [J]. 财政研究，2012（2）.

[33] 赵息，张西栓. 内部控制、高管权力与并购绩效 [J]. 南开管理评论，2013（2）.

[34] 中国财政部、证监会、审计署、银监会、保监会五部委. 企业内部控制规范 [M]. 北京：中国财政经济出版社，2010.

[35] Abernethy M. A. , P. Brownell. Management control systems in research and development organizations: the role of accounting, behavior and personnel controls [J]. *Accounting, Organizations and Society*, 1997, 22（3）.

[36] Bernard. J. Jaworski. Toward a theory of marketing control: environmental context, control types and consequences [J]. *Journal of Marketing*, 1988（7）.

[37] Down Jonathan T. Matching internal governance mechanism to strategic process: an agency theory perspective on implementing strategic decision [M]. Ph D. dissertation, University of Washington, 1998.

[38] Henri Jean – Francois. Management control systems and strategy: a resource – based perspective [J]. *Accounting, Organizations and Society*, 2006, 31（6）.

[39] James C. Selman. Coaching and the art of management [J]. *Organizational Dynamics*, 1990（18）.

[40] Zoltan P. Matolcsya, Peter Boothb, Bernhard Wiedera. The empirical research on the economic effects of ERP application [J]. *Accounting and Finance*, 2005, 45.

[41] Malina M A, F H Selto. Communicating and controlling strategy: an empirical study of the

effectiveness of the balanced scorecard [J]. *Management Accounting Research*, 2001, 13.

[42] Eisenhardt K. Control: organizational and economic approaches [J]. *Management Science*, 1985 (31).

[43] Hitt M A, Hoskisson R E, Moesel D D. Mergers and acquisitions and managerial commitment to innovation in M-form firms [J]. *Strategic Management Journal*, 1990 (11).

[44] Hitt M A, Hoskisson R E, Moesel D D. The market for corporate control and firm innovation [J]. *Academy of Management Journal*, 1996, 29 (5).

[45] Jensen M., Meckling W. Theory of the firm: managerial behavior, agency costs and ownership structure [J]. *Journal of Financial Economics*, 1976, 39.

[46] Kaplan Robert S, Norton David P. Using the balanced scorecard as a strategic management system [J]. *Harvard Business Review*, 1996 (1).

[47] Marginson D. E. Management control systems and their effects on strategy formation at middle-management levels: evidence from a U. K. organization [J]. *Strategic Management Journal*, 2002, 23 (11).

[48] Nilsson Fredrik, Olve Nils-Goran. Control systems in multibusiness companies: from performance management to strategic management [J]. *European Management*, 2001, 19.

[49] Gong Y., Wu J., Zhang Z. Dual tuning in creative processes: joint contributions of intrinsic and extrinsic motivational orientations [J]. *Journal of Applied Psychology*, 2017, 102 (5).

[50] Banker R. D, G. Potter, D. Srinivasan. An empirical investigation of an incentive plan that includes non-financial performance [J]. *The Accounting Review*, 2000, 75 (1).

[51] Baysinger Barry, Hoskisson R. E.. The composition of boards of directors and strategic control effects on corporate strategy [J]. *Academy of Management Review*, 1990, 15 (1).

[52] Jensen M C, Meckling W. Theory of the firm: managerial behavior, agent cost and ownership structure [J]. *Journal of Financial Economics*, 1976 (3).

[53] Kang J. K., Liu W. L., Low A. Friendly boards and innovation [J]. *Journal of Empirical Finance*, 2018, 45.

[54] Shefrin, H. Behavioral corporate finance: decisions that create value [M]. McGraw-Hill International Edition, 2007.

[55] Walsh J P, Seward J K. On the efficiency of internal and external corporate control mechanisms [J]. *Academy of Management Review*, 1990, 15 (3).

[56] Williamson O. E. Corporate governance [J]. *Yale Law Journal*, 1984, 93 (7).

[57] Shleifer Andrei, Robert Vishny. Large shareholders and corporate control [J]. *Journal of Political Economy*, 1986 (94).

[58] Sundaramurthy C, Lewis M. Control and collaboration: Paradoxes of governance [J]. *Academy of Management Review*, 2003, 28 (3).

[59] Faccio M. The ultimate ownership of western european corporations [J]. *Journal of Financial Economics*, 2002, 65.

[60] Fama E. Agency problems and the theory of the firm [J]. *Journal of Political Economy*, 1980 (88).

[61] April Klein. Audit committee, board of director characteristics and earnings management [J]. *Journal of Accounting and Economics*, 2002, 33.

[62] Baysiner B, R E Hoskisson. The composition of directors and strategic control: effect on corporate strategy [J]. *Academy of Management Review*, 1990 (15).

[63] Cheng M, Dhaliwal D, Zhang Y. Does investment efficiency improve after the disclosure of material weaknesses in internal control over financial reporting? [J]. *Journal of Accounting and Economics*, 2013 (56).

[64] Gramling A., Maletta M., Schneider A. The role of the internal audit function in corporate governance: A synthesis of the extant internal auditing literature and directions for future research [J]. *Journal of Accounting Literature*, 2004, 23.

[65] Gramling A., Hermanson D. What role is your internal audit function playing in corporate governance [J]. *Internal Auditing*, 2006 (6).

[66] Mei Feng, Chan Li, McVay S. Does ineffective internal control over financial reporting affect a firm's operations [J]. *The Accounting Review*, 2015 (9).

教学支持说明

    建设立体化精品教材，向高校师生提供整体教学解决方案和教学资源，是高等教育出版社"服务教育"的重要方式。为支持相应课程教学，我们专门为本书研发了配套教学课件及相关教学资源，并向采用本书作为教材的教师免费提供。

    为保证该课件及相关教学资源仅为教师获得，烦请授课教师清晰填写如下开课证明并拍照后，发送至邮箱：jingguan@ pub. hep. cn。也可加入高教社财会教师服务群（群号：329885562），直接向编辑索取。

    咨询电话：010-58581020

证　　明

    兹证明_____大学_____学院/系第_____学年开设的_____课程，采用高等教育出版社出版的《　　　　　　　　　》（　　主编）作为本课程教材，授课教师为_____，学生_____个班，共_____人。授课教师需要与本书配套的课件及相关资源用于教学使用。

    授课教师联系电话：_____ E-mail：_____

学院/系主任：_____（签字）

（学院/系办公室盖章）

20____年____月____日